leo

Matutinas

lecturas
Matutinas

365
Lecturas diarias

editorial clie

C.H. Spurgeon

EDITORIAL CLIE
Ferrocarril, 8
08232 VILADECAVALLS (Barcelona) ESPAÑA
E-mail: libros@clie.es
Internet: http:// www.clie.es

LECTURAS MATUTINAS
365 lecturas diarias

Colección: Devocionales

© 2007 por Editorial CLIE para esta edición.

Traductor: S. Daniel Daglio
Revisión y adaptación: Carmen González

ISBN: 978-84-8267-449-0

Printed in Colombia

Clasifíquese:
2160 DEVOCIONALES
Meditaciones diarias
CTC: 05-31-2160-15
Referencia: 224628

PREFACIO

Al escribir estas breves reflexiones sobre algunos pasajes de las Sagradas Escrituras, el autor ha tenido en vista la ayuda para la meditación privada de los creyentes.

Un niño puede a veces sugerir una consolación que de otra manera no hubiese llegado al corazón abatido. Aun una sonriente flor que se levanta del césped puede dirigir los pensamientos hacia el cielo. ¿No podemos esperar, por la gracia del Espíritu Santo, que el lector oiga la suave voz de la Palabra de Dios dirigida a su alma, mientras cada mañana lee nuestra página?

La mente se cansa si se fija en una sola cosa. En vista de esto, hemos procurado la variedad, cambiando constantemente nuestro método. Algunas veces exhortamos, otras usamos el soliloquio, y otras conversamos. Empleamos la primera, la segunda y la tercera persona de singular y de plural, y todo esto con el deseo de evitar la monotonía y la pesadez.

Hemos escrito impulsados por nuestro propio corazón, y la mayor parte de las porciones son recuerdos de palabras que nos refrigeraron a nosotros mismos. Es por eso que esperamos que estas meditaciones diarias no carecerán de sabor para nuestros hermanos. Sabemos que si el Espíritu de Dios descansa sobre ellos, no será así. Nuestra ambición nos ha llevado a esperar que nuestro pequeño volumen pueda también servir de ayuda al culto matutino de las familias, donde cada mañana arde el altar de Dios.

Si no hubiese tiempo para leer la página diaria de este libro y el pasaje de la Biblia que, como cristianos, debemos leer cotidianamente, rogamos con todo ardor que nuestro libro sea dejado de lado, pues sería para nosotros una muy penosa aflicción saber que alguna familia lee menos la Palabra de Dios por nuestra culpa.

Nuestro propósito es guiar a nuestros amigos a escudriñar la Biblia más que nunca, y con ese fin hemos sacado pasajes de los rincones y escondrijos de las Escrituras para que la curiosidad pueda inducir al lector a buscar el contexto.

Si, a pesar de todo lo dicho, llegamos a ocupar, con la lectura de estas notas, un solo momento del tiempo que debe emplearse para escudriñar la Palabra de Dios, nuestro designio quedará frustrado y nuestras esperanzas defraudadas.

Con mucha oración para que Dios derrame su bendición sobre éste nuestro trabajo de amor, dedicamos humildemente esta obra al honor del trino Dios, y la presentamos respetuosamente a la Iglesia Cristiana.

C.H. Spurgeon.

Los frutos del Año Nuevo

Comieron de los frutos de la tierra de Canaán aquel año
(Josué 5:12)

La Biblia en un año:
• Génesis 1–3
• Mateo 1

La peregrinación de Israel había ya concluido y el prometido reposo había llegado. No más traslado de carpas, no más serpientes ponzoñosas, no más fieros amalecitas ni yermos desiertos. Llegaron a la tierra que fluía leche y miel y comieron el añejo grano de la tierra. Quizás este año, lector, éste sea tu caso o el mío. Gozosa es esta esperanza; y si la fe se muestra activa nos dará inmaculado placer. Estar con Cristo en el reposo que queda para el pueblo de Dios es, en verdad, una esperanza gozosa, y esperar esta gloria tan pronto es doble gloria. La incredulidad se estremece ante el Jordán que aún corre entre nosotros y la hermosa tierra, pero estemos seguros de haber experimentado ya mayores males que los que la muerte, en el peor de los casos, nos puede causar. Desechemos todo temor y regocijémonos con gran gozo en la esperanza de que este año empezaremos a estar con el Señor. Una parte del ejército permanecerá este año en la tierra para servir al Señor. Si ésta fuere nuestra suerte, no hay razón por la que este texto no sea verdadero aun en este caso. Entramos en el reposo los que hemos creído. El Espíritu Santo es la garantía de nuestra herencia; la gloria que él nos da comienza aquí. Los que residen en el cielo están seguros, y los que estamos en la tierra somos preservados en Cristo. Allí ellos triunfan de sus enemigos, aquí nosotros también obtenemos victorias. Los espíritus celestiales tienen comunión con el Señor, nosotros también la tenemos. Ellos cantan sus alabanzas, nosotros también gozamos de este privilegio. Recogeremos este año frutos celestiales en la tierra, donde la fe y la esperanza han hecho el desierto semejante al jardín del Señor. El hombre comió antiguamente el alimento de los ángeles, ¿y por qué no ahora? ¡Que la gracia nos enseñe a alimentarnos de Jesús, y podamos este año comer fruto de la tierra de Canaán!

2 enero

La oración, nuestro lazo de unión con Cristo

Perseverad en oración
(Colosenses 4:2)

> **La Biblia en un año:**
> • Génesis 4–6
> • Mateo 2

Es interesante observar cuántos pasajes en las Escrituras se ocupan de la oración, dando ejemplos, inculcando preceptos y haciendo promesas. Apenas abrimos la Biblia leemos: «Entonces los hombres empezaron a invocar el nombre del Señor» (Gn. 4:26, versión inglesa). Y poco antes de acabar el Libro, hallamos el amén de una ardiente súplica. Hay innumerables ejemplos: Aquí hallamos a Jacob que lucha, allá a Daniel que ora tres veces por día, y más allá a David que clama a Dios con todo su corazón. En el monte vemos a Elías, en el calabozo, a Pablo y Silas. Tenemos multitudes de mandamientos y miríadas de promesas. ¿Qué otra cosa nos enseña esto, sino la sagrada importancia y la necesidad de la oración? Estemos seguros de que cualquier cosa que Dios ha destacado en su Palabra, desea que ocupe un lugar importante en nuestras vidas. Si ha hablado mucho de la oración, es porque sabe que tenemos necesidad de ella. Tan grandes son nuestras necesidades que hasta llegar al cielo no debemos cesar de orar. ¿No necesitas nada? Temo que no conoces tu pobreza. ¿No tienes merced que pedir a Dios? Entonces que la misericordia de Dios te muestre tu miseria. Un alma sin oración es un alma sin Cristo. La oración es el balbuceo del niño en la fe, el clamor del creyente que lucha y la música del santo que agoniza y duerme en Jesús. La oración es la respiración, la consigna, el consuelo, la fortaleza y el honor del cristiano. Si eres hijo de Dios, buscarás el rostro de tu Padre y vivirás en su amor. Pide a Dios te conceda este año ser santo, humilde, celoso y paciente. Ten una comunión más íntima con Cristo y entra más frecuentemente en el banquete de su amor. Pídele que te haga un ejemplo y una bendición a otros, y que te ayude a vivir más para la gloria del Maestro. La divisa de este año debe ser: «Perseverad en oración».

Todo lo suyo
nos pertenece

Jesucristo mismo es la esencia y la substancia de la alianza, y, como uno de los dones de la misma, es Él la posesión de todo creyente. Hermano, ¿puedes apreciar lo que has logrado en Cristo? «En él habita toda la plenitud de la deidad corporalmente.» Considera la inmensidad de la palabra Dios, y luego medita en aquel «hombre perfecto» y en toda su hermo-

Te daré por pacto al pueblo
(Isaías 49:8)

La Biblia en un año:
• Génesis 7–9
• Mateo 3

sura, pues todo lo que Cristo como Dios y hombre ha tenido o puede tener es tuyo de pura gracia, dado a ti para que sea perpetuamente tu heredada posesión. Nuestro bendito Jesús, como Dios, es omnisciente, omnipresente y omnipotente. ¿No te consuela saber que todos estos grandes y gloriosos atributos son completamente tuyos? ¿Jesús tiene poder? Entonces ese poder es tuyo para sostenerte y fortalecerte; para vencer a tus enemigos y preservarte hasta el fin. ¿Jesús tiene amor? Entonces ten presente que no hay en su corazón una partícula de ese amor que no sea tuya; puedes sumergirte en el inmenso océano de su amor y decir: «Todo es mío». ¿Jesús tiene justicia? Éste parece un atributo severo, sin embargo es tuyo, pues Jesús desea que todo lo prometido en el pacto de la gracia te sea, por su justicia, enteramente asegurado. Todo lo que Él tiene, como hombre perfecto, es tuyo. Como hombre perfecto que fue, el Padre se agradó en Él y lo aceptó. Hermano, la aceptación que Dios hizo de Cristo es tu aceptación. ¿No sabes que el amor que el Padre depositó en el perfecto Cristo lo deposita ahora en ti? Lo que Cristo hizo es tuyo.

Esa perfecta justicia que Cristo logró cuando, por su inmaculada vida, cumplió la ley y la magnificó, es tuya y te es imputada. Cristo está en el pacto.

En la tormenta es mi sostén.   El pacto que juró y selló.
Su amor es mi supremo bien,   Su amor que mi alma

4 enero

Mejor comprensión de Jesucristo

Antes bien, creced en la gracia y conocimiento de nuestro Señor y Salvador Jesucristo (2 Pedro 3:18)

La Biblia en un año:
• Génesis 10–12
• Mateo 4

Creced en la gracia. No solo en una gracia, sino en toda gracia. Creced en la *fe*, que es la gracia fundamental. Creced en las promesas más firmemente de de lo hecho hasta ahora. Que la fe crezca en plenitud, en constancia y en candor. Creced también en amor. Pedid que vuestro amor sea más amplio, más intenso y práctico; que influya en cada pensamiento, palabra y obra. Creced asimismo en humildad, y conocer más vuestra propia nulidad. A medida que crecéis hacia abajo en humildad, procurad crecer también hacia arriba, aproximándoos más a Dios en oración y teniendo más íntima comunión con Jesús. Que el Espíritu Santo os permita crecer en el conocimiento de nuestro Señor y Salvador. El que no crece en el conocimiento de Jesús rehúsa ser bendecido. «Conocerle es vida eterna», y progresar en el conocimiento es crecer en felicidad. El que no ansía conocer más de Cristo, aún no conoce nada de Él. Cualquiera que haya bebido de este vino ansía beber más, pues aunque Cristo satisface, es ésa una satisfacción en la cual el apetito no se sacia, sino más bien se estimula. Si tú conoces el amor de Jesús entonces «como el siervo brama por las corrientes de las aguas» tú bramarás por más profundos tragos de su amor. Si no deseas conocerle mejor, entonces no lo amas, pues el amor siempre exclama: «Cerca, más cerca». La ausencia de Cristo es infierno, pero la presencia de Cristo es cielo. Busca conocerlo más en su divina naturaleza, en su humildad, en su obra, en su muerte y resurrección, en su gloriosa intercesión y en su futuro advenimiento como Rey. Permanece mucho cerca de la cruz e investiga el misterio de las heridas del Señor. Un aumento de amor hacia Jesús y una mejor comprensión de su amor para con nosotros, es una de las mejores pruebas de crecimiento en la gracia.

Luz y tinieblas no tienen comunión

Y vio Dios que la luz era buena; y separó Dios la luz de las tinieblas
(Génesis 1:4)

La Biblia en un año:
• Génesis 12–15
• Mateo 5:1-26

La luz bien puede ser buena, pues emana de este mandato de bondad: «Sea la luz». Los que gozamos de esa luz debiéramos ser más agradecidos, y ver más de Dios en la luz y por la luz. Salomón dice que la luz natural es agradable, pero la luz del Evangelio es infinitamente más agradable, porque nos revela cosas eternas y ministra a nuestras naturalezas inmortales. Cuando el Espíritu Santo nos da luz espiritual y abre nuestros ojos para contemplar la gloria de Dios en la faz de Jesucristo, vemos el pecado en sus colores reales y nos vemos a nosotros mismos en nuestra verdadera posición. Vemos al Santísimo Dios cómo se revela a sí mismo; vemos el plan de misericordia como Él lo presenta y al mundo venidero como Él lo describe. La luz espiritual tiene muchos colores y destellos prismáticos, pero ya sean conocimiento, gozo, santidad o vida eterna, todos son divinamente buenos. Si la luz recibida es tan buena, ¡qué será la luz en esencia, y cuán glorioso será el lugar donde Él se revela a sí mismo! ¡Oh Señor, ya que la luz es tan buena danos más luz, más de ti mismo, que eres la verdadera luz! En cuanto algo bueno viene al mundo en seguida es necesaria una división. La luz y las tinieblas no tienen comunión. Dios las ha dividido; no las confundamos, pues. Los hijos de luz no deben tener comunión con los hechos, las doctrinas y las falsedades de las tinieblas. Los hijos del día deben ser sobrios, honestos e intrépidos en la obra del Señor, dejando las obras de las tinieblas a aquellos que habitan por siempre en ellas. Nuestras iglesias deben, por disciplina, dividir la luz de las tinieblas y cada uno en particular, por su distinta separación del mundo, debe hacer lo mismo. Al juzgar, obrar, oír, enseñar, debemos discernir entre lo precioso y lo vil y mantener la gran distinción que Dios hizo el primer día del mundo.

6 enero

Dios nunca ha rehusado llevar tus cargas

Él tiene cuidado de vosotros
(1 Pedro 5:7)

> **La Biblia en un año:**
> • Génesis 16–17
> • Mateo 5:27-48

La aflicción se mitiga al persuadirnos de que Dios cuida de nosotros. Cristiano, no deshonres tu profesión mostrando siempre un rostro que revela preocupación. Ven, echa tu carga sobre tu Señor. No tambalees más bajo un peso que tu Padre no sentiría si lo tuviese sobre Él. Lo que para ti es una carga aplastante, sería para Él como una imperceptible partícula de polvo sobre una balanza. ¡Oh hijo del sufrimiento!, sé paciente, Dios no te ha pasado por alto en su providencia. Él, que alimenta a las aves, te dará lo que necesitas. No desesperes, espera siempre. Toma las armas de la fe para hacer frente a cualquier tribulación, y así tu heroica resistencia pondrá fin a tus dolores. Hay uno que sin cesar te cuida; su mirada está fija en ti; su corazón late de piedad por tu dolor, y su mano omnipotente te dará sin tardar la ayuda necesaria. Las más oscuras nubes derramarán lluvias de misericordia. Las más densas tinieblas darán lugar a una luminosa mañana. Si eres miembro de su familia, Él mismo vendará tus heridas y sanará tu quebrantado corazón. Que la tribulación no te haga dudar de su gracia, antes bien te haga comprender que Él te ama tanto en el tiempo de la bonanza como en el de la angustia ¡Qué vida serena y apacible tendrías si dejaras la solución de tus problemas al Dios de la providencia! Con un poco de aceite en la botija y un puñado de harina en la tinaja Elías sobrevivió al hambre, y tú harás lo mismo. Si Dios tiene cuidado de ti, ¿por qué necesitas estar siempre en angustiosa ansiedad? ¿Puedes confiar en Él para las necesidades de tu alma y no puedes hacer lo propio para las necesidades de tu cuerpo? Dios nunca ha rehusado llevar tus cargas, ni tampoco ha desfallecido bajo el peso de las mismas. Ven, entonces alma, abandona ese molesto cuidado y deja todas tus preocupaciones en manos del Dios de la gracia.

Jesús ha de ser el modelo en nuestra vida

Para mí el vivir es Cristo
(Filipenses 1:21)

La Biblia en un año:
• **Génesis 18–19**
• **Mateo 6:1-18**

El creyente no siempre vivió para Cristo. Empezó a hacerlo cuando el Espíritu Santo lo convenció de pecado y cuando, por la gracia, fue llevado a ver al Salvador que agonizaba en propiciación por la culpa de los hombres. Desde el momento del nuevo y celestial nacimiento, el hombre empezó a vivir para Cristo. Jesús es para nosotros, los creyentes, la única perla de gran precio, para conseguir la cual deseamos desprendernos de todo lo que tenemos. Él ha ganado nuestro amor de tal manera que nuestro corazón sólo late por Él. Quisiéramos vivir para su gloria y morir en defensa del Evangelio. Él es el modelo de nuestra vida y el dechado según el cual quisiéramos esculpir nuestro carácter. Las palabras de Pablo significan más de lo que la mayor parte de los hombre piensan. Indican que el propósito de la vida de Pablo era Cristo; sí, Jesús era su vida. Según las palabras de un cristiano de la antigüedad Pablo «comió, bebió y durmió la vida eterna». Jesús era para Pablo su mismo aliento, el alma de su alma, el corazón de su corazón, la vida de su vida. ¿Puedes decir, como cristiano, que vives para este ideal? ¿Estás haciendo tus negocios para Cristo, o los haces para agradarte a ti mismo y para provecho de tu familia? Tú preguntarás: «¿Acaso es éste un motivo mezquino?». Para el cristiano, sí. Él profesa vivir para Cristo, ¿cómo puede, pues, vivir para otro fin sin cometer adulterio espiritual? Los hay que en alguna medida cumplen con este principio, pero, ¿quién osa decir que ha vivido por entero para Cristo como lo hizo el apóstol? Sin embargo, solo ésta es la verdadera vida de un creyente. Su fuente, su sostén, su modelo, su fin, todo se resume en una palabra: *Jesucristo*. Señor, acéptame; aquí me presento pidiendo vivir *solo* en ti y para ti. Permíteme ser como el buey que está entre el arado y el altar, para trabajar o para ser sacrificado, y que mi lema sea: «Listo para todo».

8 enero

Bajo el verde césped se esconden las orugas

El pecado de las cosas santas
(Éxodo 28:38)

> **La Biblia en un año:**
> • Génesis 20–22
> • Mateo 6:19-34

¡Qué velo se levanta con estas palabras, y qué revelación es hecha! Será para nosotros humillante y provechoso a la vez, detenernos y ver este triste espectáculo. Las iniquidades de nuestro culto público: su hipocresía, formulismo, irreverencia, divagación de corazón y olvido de Dios. ¡Qué medida tan completa! Nuestra obra por el Señor: su rivalidad, egoísmo, descuido, flojedad e incredulidad. ¡Qué montón de profanación! Nuestras devociones privadas: flojedad, frialdad, negligencia, somnolencia y vanidad. ¡Qué montaña de tierra muerta! Si miramos con más cuidado veremos que esta iniquidad es mayor de lo que parece a primera vista. El Dr. Payson escribe así a su hermano: «Mi parroquia, como mi corazón, se asemeja mucho al jardín del holgazán; y, peor aún, hallo que buena parte de mis deseos por el mejoramiento de ambos proceden de la jactancia, de la vanidad o la indolencia. Miro la mala hierba que cubre mi jardín y siento deseos de desarraigarla. ¿Por qué? ¿Qué despierta ese deseo? Quizás el pensamiento de que así podré pasearme por allí y decir para mis adentros: "¡En qué perfecto orden se conserva mi jardín!" Esto es jactancia. O la idea de que mis vecinos lo miren y digan: "¡Cuán hermoso florece su jardín!". Esto es vanidad. O puedo desear que la mala hierba sea destruida porque estoy cansado de arrancarla. Esto es indolencia». Así que aun nuestros deseos de santidad pueden mancharse de malos motivos. Bajo el césped más verde se esconden las orugas; no necesitamos mucho para descubrirlas. ¡Cuán alentador es pensar que cuando el sumo sacerdote llevaba el pecado de las cosas santas ponía en su frente las palabras: *Santidad a Jehová*. También Jesús, con la carga de nuestros pecados, presenta ante su Padre no nuestra falta de santidad, sino su propia santidad. ¡Que el Señor nos dé gracia para ver con los ojos de la fe a nuestro Sumo sacerdote!

La principal de todas las promesas

Yo seré a ellos por Dios
(Jeremías 31:33)

> **La Biblia en un año:**
> • **Génesis 23–24**
> • **Mateo 7:1-29**

Cristiano, aquí está cuanto puedes pedir. Para ser feliz necesitas algo que te satisfaga. ¿No te basta lo que te ofrece este versículo? Si puedes vaciar en tu copa esta promesa, ¿no dirás con David «mi copa está rebosando» tengo más de lo que mi corazón puede desear? Cuando se cumpla en ti el «Yo soy tu Dios», entonces poseerás todas las cosas. El deseo es, como la muerte, insaciable; pero el que hinche todas las cosas en todo, puede satisfacerlo. ¿Quién puede medir la capacidad de nuestros deseos? Pero la inconmensurable riqueza de Dios puede sobrellenarla. ¿No te sientes lleno cuando Dios es tuyo? ¿Necesitas alguna cosa aparte de Dios? ¿No basta su suficiencia para satisfacerte, aunque todo lo demás fracase? Pero tú anhelas algo más que una reposada satisfacción; deseas en tus deleites llegar al éxtasis. Ven, alma, en esta porción hay música apropiada para el cielo, pues el Creador del cielo es Dios. Ningún instrumento produce una melodía como la producida por esta promesa: «Yo seré su Dios». En esas palabras hay un profundo mar de gloria, un ilimitable océano de gozo. Ven, baña tu espíritu en Él. Nada un siglo y no hallarás ribera; sumérgete por una eternidad y no hallarás fondo. «Yo seré su Dios.» Si esto no hace centellear tus ojos de gozo y saltar tu corazón de felicidad entonces es seguro que tu alma no goza de salud. Pero tú deseas algo más que deleites para el presente; ansías algo en lo cual puedas ejercer esperanza. ¿Qué otra cosa puedes esperar que no sea el cumplimiento de esta gran promesa: «Yo seré su Dios»? Ésta es la principal de todas las promesas. El goce de la misma nos hace anticipar el cielo. Creyente, permanece en la luz de tu Señor y permite que tu alma sea siempre atraída por su amor. Saca el meollo y la grosura que te da este versículo. Vive en consonancia con tus privilegios y regocíjate con gozo inefable.

10 enero

Todo el pueblo de Dios entrará en el cielo

*Me está guardada
la corona de justicia*
(2 Timoteo 4:8)

La Biblia en un año:
• Génesis 25–26
• Mateo 8:1-17

Oh, tú que dudas, tú que has dicho varias veces «temo que nunca entraré en el cielo», ¡no temas!, ¡todo el pueblo de Dios entrará allá! Me agrada la preciosa expresión del hombre que en su agonía exclamó: «No temo irme al hogar; todo lo mío está allá; ahora la mano de Dios está sobre el picaporte de mi puerta, y yo ya estoy listo para permitirle entrar». «Pero, dijo alguien, ¿no temes perder tu herencia?» «No, respondió, hay una corona en el cielo que el ángel Gabriel no podría usar, una corona que solo va bien a mi cabeza. Hay un trono en el cielo que el apóstol Pablo no podría ocupar, pues fue hecho para mí, y yo lo poseeré.» ¡Oh cristiano, qué gozoso pensamiento! Tu porción es segura: «Queda un reposo para el pueblo». «Pero, dirás, ¿no es posible que lo pierda?» No, hermano, ese reposo está asegurado. Si soy un hijo de Dios, no lo perderé. Es tan mío como si yo ya estuviese allí. Ven, creyente, sentémonos en la cumbre del monte Nebo y miremos la buena tierra de Canaán. ¿Ves aquel arroyo de la muerte que centellea a la luz del sol? ¿Ves al otro lado del arroyo las torres de la eterna ciudad? ¿Logras ver el grato país y a todos sus alegres habitantes? Ten presente, pues, que si tú pudieses andar a través de esa ciudad, verías escritas en una de sus tantas mansiones: «Ésta es para Fulano de Tal; reservada solo para él. Su poseedor será llamado un día para vivir eternamente con Dios». ¡Oh, tú que dudas!, mira la hermosa herencia: es tuya. Si crees en Jesús, si te has arrepentido de tus pecados, si tu corazón ha sido renovado, entonces eres un componente del pueblo del Señor. Hay un lugar, una corona y un arpa especial reservadas para ti. Ningún otro podrá tomar tu porción, pues está reservada en los cielos para ti; tú la poseerás dentro de poco, pues en la gloria no habrá tronos desocupados cuando todos los elegidos se reúnan allá.

Arraigarse en Jesús con fidelidad y amor

Éstos no tienen raíces
(Lucas 8:13)

La Biblia en un año:
- **Génesis 27–28**
- **Mateo 8:18-34**

Alma, examínate a la luz de este texto. Tú has recibido con gozo la Palabra y tus sentimientos han sido vivamente impresionados; pero, tienes que recordar que recibir la Palabra en los oídos es una cosa y recibir a Jesús en el alma es muy otra cosa. La emoción superficial se une frecuentemente a la dureza de corazón, y la viva impresión, que suele hacer la Palabra, no siempre es duradera. En la parábola se nos dice que una parte de la semilla cayó sobre la piedra, en la cual había un poco de tierra. Cuando la semilla empezó a echar raíces, su desarrollo se vio impedido por la dureza de la roca, y, en consecuencia la planta empleó su fuerza en ramas y en hojas, pero como su raíz no tenía humedad, se secó. ¿Es éste mi caso? ¿He estado haciendo externa exhibición de cristianismo sin tener la vida interior correspondiente? Las plantas, para tener un desarrollo normal, tienen que crecer para arriba y para abajo al mismo tiempo. ¿Estoy yo arraigado en Jesús con sincera fidelidad y con amor? Si mi corazón queda sin ser ablandado y fertilizado por la gracia, la buena semilla puede germinar por un tiempo, pero al fin se secará, pues no puede florecer en un corazón pedregoso, indómito y no santificado. Debo temer a la piedad que crece y se seca tan pronto como la calabacera de Jonás. Tengo que saber lo que cuesta ser seguidor de Jesucristo; ante todo, tengo que sentir la energía de su Espíritu Santo, y entonces poseeré en mi alma una simiente duradera. Si mi mente permanece tan insensible como lo fue por naturaleza, el sol de la prueba la secará, y mi duro corazón contribuirá a que el calor se proyecte más terriblemente sobre la semilla mal cubierta; mi religión morirá pronto y mi desesperación será terrible. En vista de esto, árame primero, oh celestial sembrador, siembra en mí la verdad, y permíteme producir para ti una abundante cosecha.

12 enero

Perteneciendo a Cristo

Y vosotros de Cristo
(1 Corintios 3:23)

La Biblia en un año:
• Génesis 29–30
• Mateo 9:1-17

«Vosotros sois de Cristo.» Tú eres suyo por donación, pues Dios te dio a su Hijo; suyo por compra de sangre, pues pagó tu redención; suyo por relación, pues te ha consagrado para Él; suyo por relación, pues llevas su nombre y eres uno de sus hermanos y coherederos. Esfuérzate por mostrar al mundo que eres el siervo, el amigo y la esposa de Jesús.

Cuando te sientas tentado a pecar, di: «Yo no puedo cometer esta horrenda maldad, pues yo soy de Cristo». Principios que reputamos inmortales prohíben pecar al que es amigo de Cristo. Cuando ante ti haya riquezas que puedan ganarse ilegalmente, di que eres de Cristo y no las toques. ¿Estás expuesto a dificultades y daños? Permanece firme en el día malo, recordando que eres de Cristo. ¿Te colocas donde otros se sientan ociosos y no hacen nada? ¡Levántate a trabajar con todas tus fuerzas! Y cuando empieces a sudar y te sientas tentado a holgazanear, grita: «Yo no puedo parar, pues soy de Cristo». Si no fuese comprado con sangre, podría, como Isaac, «recostarme entre las majadas», pero «yo soy de Cristo y no puedo holgazanear». Cuando la música del placer quiera tentarte para apartarte de la senda recta, contesta: «Tu música no puede fascinarme, pues yo soy de Cristo». Cuando la causa de Dios te llame, conságrate a ella; cuando el pobre te pida, dale tus bienes y date a ti mismo, pues tú eres de Cristo.

Nunca desmientas tu profesión. Sé siempre uno de esos cuyos modos son cristianos, cuya palabra es como la del Nazareno, cuya conducta y conversación tienen tanta fragancia de cielo que cuantos te vean digan que tú eres del Salvador y reconozcan en ti sus facciones de amor y su semblante de santidad. «Yo soy romano», era el antiguo motivo para vivir íntegramente. Con mayor razón, pues, sea «Yo soy de Cristo» tu argumento para vivir en santidad.

Confiando en la Providencia

Josafat había hecho naves de Tarsis, que habían de ir a Ofir por oro mas no fueron, porque se rompieron en Ezión-geber (12 Reyes 22:48)

La Biblia en un año:
• Génesis 31–32
• Mateo 9:18-38

Las naves de Salomón volvieron seguras, pero las de Josafat nunca llegaron a la tierra del oro. La Providencia prospera a uno y frustra los deseos del otro en el mismo negocio y en el mismo lugar; sin embargo, el Gran Gobernador es tan bueno y sabio en un caso como en el otro. Bendigamos hoy al Señor, al recordar este texto, por los navíos rotos en Ezión-geber, y también por las naves cargadas de bendiciones temporales. No envidiemos a los que tienen más éxito que nosotros, ni murmuremos por nuestras pérdidas, como si nuestras pruebas fueran mayores que las de otros. Aunque nuestros planes terminen en el fracaso, somos, como Josafat, de gran estima delante de la presencia del Señor. La causa de la pérdida de Josafat es muy digna de ser notada, pues es la causa de una buena parte de los sufrimientos del pueblo de Dios. La causa fue su alianza con una familia pecadora. En 2 Crónicas 20:37 se nos dice que Jehová envió a un profeta a declarar lo siguiente: «Por cuanto has hecho compañía con Ocozías, Jehová destruirá tus obras». Éste fue un castigo paternal que parece le sirvió de bendición, pues en el versículo que sigue al de esta mañana, lo hallamos rehusándose a permitir que sus siervos navegaran en los mismos navíos en que navegaban los siervos del rey impío. Quiera Dios que la experiencia de Josafat sirva de advertencia al resto de su pueblo para que eviten «juntarse en yugo desigual con los infieles». Una vida de miseria es por lo regular, la suerte de los que se unen en matrimonio o en cualquiera otra relación con los hombres de este mundo. ¡Ah! si pudiéramos tener tal amor a Jesús que, a semejanza de Él, pudiésemos ser santos, inocentes, limpios y apartados de pecadores (He. 7:26), pues de no ser así, podemos esperar oír frecuentemente las siguientes palabras: «Jehová destruyó tus obras».

14 enero

Cristo es «poderoso» para salvar

Grande para salvar
(Isaías 63:1)

> **La Biblia en un año:**
> • Génesis 33–35
> • Mateo 10:1-20

Por la frase «para salvar» entendemos el conjunto de la gran obra de la salvación, desde el primer deseo santo hasta la completa santificación. Estas palabras encierran *multum in parvo*. En realidad, tenemos aquí toda la misericordia en una palabra. Cristo no solo es poderoso para salvar a los que se arrepienten, sino también para hacer que los hombres se arrepientan. Él llevará al cielo a los que creen; y, además, es poderoso para dar nuevos corazones a los hombres y producir en ellos fe. Jesús puede hacer que el hombre que odia la santidad, la ame; y que el que desprecia su nombre, doble ante Él sus rodillas. Más aún, pues el poder divino se ve igualmente en la obra posterior. La vida del creyente es una serie de milagros realizados por el «poderoso Dios». La zarza arde pero no se consume. Jesús es poderoso para mantener a los suyos en la vida de santidad en que los colocó, y para preservarlos en su temor y su amor, hasta perfeccionar, en el cielo, sus vidas espirituales. El poder de Cristo no consiste en hacer que uno crea para, luego, dejarlo que se las arregle por sí solo. Todo lo contrario, pues el que empezó la buena obra, la perfeccionará. El que imparte el germen de la vida al alma muerta, sigue la obra y la fortalece hasta romper toda ligadura pecaminosa y hasta que el alma suba perfeccionada de la tierra al cielo. Creyente, aquí tienes estímulo. ¿Oras por algún amado? No dejes de orar, pues Cristo es «poderoso para salvar». Tú eres impotente para domar al rebelde, pero tu Señor es todopoderoso. Préndete de ese potente brazo y excítalo para que dé su fuerza. ¿Te inquieta tu situación? No temas, su poder es suficiente también para ti. Tanto para empezar la obra en otros como para proseguir la que ha empezado en ti, Jesús es «poderoso para salvar». La mejor prueba de esto: Él te ha salvado, y también ha derramado mil bendiciones sobre ti.

TÚ
lo has dicho

*Haz conforme
a lo que has dicho*
(2 Samuel 7:25)

La Biblia en un año:
• **Génesis 36–38**
• **Mateo 10:21-42**

Las promesas de Dios nunca fueron destinadas a ser puestas de lado como papel viejo. Dios determinó que se usaran. El oro de Dios no es la moneda del avaro, sino es oro acuñado para negociar. Nada place más al Señor que ver sus promesas puestas en circulación. Él se goza cuando ve que sus hijos le presentan las promesas y le dicen: «Haz conforme a lo que has dicho». Glorificamos a Dios al solicitarle el cumplimiento de sus promesas. ¿Piensas que Dios será más pobre por darte las riquezas que prometió; menos santo por darte santidad, o menos puro por lavarte de tus pecados? Él ha dicho: «Venid luego y estemos a cuenta: si vuestros pecados fueren como la grana, como nieve serán emblanquecidos; si fueren rojos como el carmesí, vendrán a ser cual blanca lana». La fe, al echar mano de la promesa de perdón, no se entretiene diciendo: «Es ésta una preciosa promesa: quisiera saber si es verdadera», sino que va directo al trono y la presenta diciendo: «Señor, aquí está la promesa, haz conforme has dicho». El Señor contesta: «Sea hecho contigo como quieres». Cuando un cristiano halla una promesa, si no la lleva a Dios, lo deshonra: pero si corre al trono de la gracia y clama: «Señor, no tengo nada que me recomiende, excepto esto: «Tú lo has dicho», entonces lo que desea le será concedido. Nuestro banquero celestial se deleita en pagar sus propios pagarés. Nunca permitas que la promesa se enmohezca. Desenvaina la palabra de promesa y esgrímela con santa violencia. No pienses que el Señor se fastidiará porque le recuerdes importunamente sus promesas. A Él le agrada oír los fuertes gritos de almas necesitadas, y dar bendiciones. Está más pronto a oír que tú a pedir. El sol no se cansa de alumbrar ni la fuente de fluir. Es característica de Dios mantener sus promesas. Ve en seguida al trono y di: «Haz conforme a lo que has dicho».

16 enero

El Dios eterno es tu ayudador

Yo te ayudaré, dice el Señor
(Isaías 41:14)

La Biblia en un año:
• Génesis 39–40
• Mateo 11

Oigamos esta mañana a Jesús, mientras nos dice a cada uno: «Yo te ayudaré». Para mí es poca cosa el ayudarte. Considera lo que ya he hecho. ¡Qué!, ¿no te ayudé? Yo te compré con mi sangre. ¡Qué!, ¿no te ayudé? Yo he muerto por ti, y si he hecho lo más grande, ¿no haré lo más pequeño? ¡Ayudarte! Esto es lo menos que siempre he hecho por ti. He hecho más y haré más. Antes que el mundo fuese formado, te elegí. Hice un pacto para ti; por ti puse de lado mi gloria y me humané; di mi vida por ti. Si hice todo esto, no hay duda de que te ayudaré también ahora. Al ayudarte, te estoy dando lo que ya he comprado para ti. Si necesitaras mil veces tanta ayuda como la que suelo darte, te la daría. Tú pides poco en comparación con lo que estoy dispuesto a darte. Para ti es mucho el pedir, pero para mí es nada el dar. ¿Ayudarte? ¡No temas! Si hubiese una hormiga a la puerta de tu granero pidiendo ayuda, ¿te llevaría a la ruina si le dieras un puñado de trigo? Pues tú no eres otra cosa que un insignificante insecto a la puerta del Dios Omnipotente. ¡Oh alma mía!, ¿no te alcanza esto? ¿Necesitas más poder que la Omnipotencia de la unida Trinidad? ¿Necesitas más sabiduría que la que existe en el Padre, más amor que el que se manifiesta en el Hijo, o más poder que el que se manifiesta en las obras del Espíritu Santo? Trae aquí tu cántaro vacío, este manantial, sin duda alguna, lo llenará. ¡Apúrate!, junta tus necesidades y tráelas aquí: tu vaciedad, tus dolores y tus necesidades. He aquí, este río de Dios está lleno para suplirlas. ¿Qué otra cosa puedes desear?

Alma mía, sal esta mañana fortalecida con esta promesa. El Dios eterno es tu ayudador. «No temas, que yo soy contigo, no desmayes que yo soy tu Dios que te esfuerzo, siempre te ayudaré.»

El apóstol Juan tuvo el privilegio de mirar dentro de las puertas del cielo, y, al describir lo que vio, empieza con las siguientes palabras: «Miré y he aquí el Cordero». Esto nos enseña que el principal objeto de contemplación en el cielo es «el Cordero de Dios que quita el pecado del mundo». Ninguna otra cosa atrajo tanto la atención del apóstol *como* la persona del Ser Divino, que nos redimió con su sangre.

Quitando los pecados de todos nosotros

Después miré, y he aquí el Cordero estaba en pie sobre el monte Sion
(Apocalipsis 14:1)

La Biblia en un año:
• Génesis 41–42
• Mateo 12:1-23

Él es el tema de los cánticos de todos los espíritus glorificados y de todos los santos ángeles. Cristiano, aquí hay gozo para ti; tú has mirado y visto al Cordero. A través de las lágrimas tus ojos han visto al Cordero de Dios quitando tus pecados. Regocíjate, pues. Dentro de poco, cuando las lágrimas de tus ojos habrán sido enjugadas, verás al mismo Cordero exaltado en su trono. Mantener comunión diaria con Jesús es el gozo de tu corazón. En un grado mayor, tendrás en el cielo el mismo gozo. Gozarás de la constante visión de su presencia; vivirás con Él para siempre. «Miré y he aquí el Cordero.»

El Cordero es el mismo cielo, pues como bien dice Rutherford: «Cielo y Cristo son la misma cosa». Estar con Cristo es estar en el cielo y estar en el cielo es estar con Cristo. Aquel prisionero del Señor escribe muy elegantemente en una de sus cartas: «¡Oh mi Señor Jesucristo!, si yo estuviese en el cielo sin ti, el cielo sería un infierno; y si yo estuviese en el infierno contigo, el infierno sería un cielo para mí, puesto que tú eres todo el cielo que yo anhelo». Cristiano, ¿acaso no es esto verdad? ¿No dice lo mismo tu corazón? Todo lo que tú necesitas para ser feliz, inmensamente feliz, es «estar con Cristo».

18 enero

Suspirando para el reposo

Queda un reposo para el pueblo de Dios
(Hebreos 4:9)

> **La Biblia en un año:**
> • Génesis 43–45
> • Mateo 12:24-50

¡Cuán diferente de lo que es aquí será el estado del creyente en el cielo! Aquí ha nacido para fatigarse y sufrir cansancio, pero en la región del Inmortal, la fatiga nunca existirá. El creyente, en su ansia de servir al Maestro, ve que su fuerza no es igual a su celo. Su constante clamor es: ¡Ayúdame a servirte, Dios mío! Si es realmente activo, tendrá mucho que hacer; no tanto –por cierto– como desea, pero sí más que suficiente para sus fuerzas, de modo que clamará: «No me hallo cansado *del trabajo*, sino por el *trabajo*».

¡Ah, cristiano!, el fatigoso día de cansancio no durará siempre; el sol que se está acercando al ocaso se levantará otra vez, trayendo un día más brillante que los que hasta ahora has visto, en una patria donde los redimidos sirven a Dios día y noche, aunque «descansen de sus labores!» Aquí el descanso es parcial, allí es perfecto; aquí el cristiano está siempre perturbado, sabe que aún «no ha alcanzado», allí todos descansan, pues han logrado la cima de la montaña, han ascendido al seno de Dios; más arriba no pueden ir. ¡Oh trabajador abatido por el cansancio, piensa sólo en el tiempo cuando descansarás para siempre! ¿Puedes concebir esto? Ese descanso es eterno: descanso que dura. Aquí mis mejores joyas tienen sobre sí la palabra «mortal»; mis hermosas flores se marchitan; mis delicados cálices están secos del todo; mis pájaros más melodiosos caen ante las flechas de la muerte; mis días más placenteros se cambian en noches; y el flujo de mi felicidad se disminuye en un reflujo de tristeza. Pero allí todo es inmortal: las arpas nunca se enmohecen, las coronas no se marchitan, los ojos no se oscurecen, la voz no titubea, el corazón no vacila y el ser inmortal se halla completamente absorto en deleite infinito. ¡Feliz, feliz aquel día, cuando la mortalidad será eliminada por la vida y empiece el eterno descanso!

Buscando a Cristo en tu corazón

Lo busqué y no lo hallé
(Cantares 3:1)

> **La Biblia en un año:**
> • **Génesis 46–48**
> • **Mateo 13:1-30**

Dime dónde perdiste a Cristo y yo te mostraré el lugar más probable dónde hallarlo. ¿Lo has perdido en tu cámara secreta, por descuidar la oración? Si así es, allí debes buscar y hallarlo. ¿Lo perdiste a causa del pecado? Entonces solamente lo hallarás abandonando el mal y tratando de mortificar, con la ayuda del Espíritu Santo, los miembros en los cuales reside la concupiscencia, ¿Lo perdiste por ser negligente en el estudio de las Escrituras? Entonces debes buscarlo allí. Dice un proverbio: «Busca la cosa perdida en el lugar donde se te cayó, pues allí está». Así, pues, busca a Cristo en donde lo perdiste, pues Él no se fue.

Pero retroceder en busca de Cristo es pesada labor. Bunyan nos cuenta que el peregrino consideró el camino desandado hacia el cenador, donde había perdido el rollo, el más duro de todos los que había andado. Resulta más fácil andar veinte kilómetros hacia adelante, que desandar uno en busca del testimonio perdido. Procura, por tanto, al hallar al Maestro, estar estrechamente unido a Él. Pero, ¿cómo es que lo has perdido? Cualquiera hubiese pensado que tú jamás te separarías de tan precioso amigo, cuya presencia es tan dulce, cuyas palabras son tan consoladoras y cuya compañía es tan querida. ¿Cómo es que no lo miraste continuamente por temor de perderlo de vista? Sin embargo, ya que lo dejaste ir, es una bendición que ahora lo estés buscando, aunque gimas tristemente, diciendo: «¡Oh, si supiese dónde hallarlo!» Continúa buscándole, pues es peligroso estar sin el Señor. Sin Cristo eres igual a una oveja sin pastor; igual a un árbol sin agua; igual a una hoja marchita en la tempestad, no unida al árbol de la vida. Búscalo con corazón íntegro y lo encontrarás. Entrégate a una búsqueda insistente, y, sin duda, lo hallarás para tu gozo y contentamiento.

20 enero

Dando paz eterna a los lavados en la sangre

Fue Abel pastor de ovejas
(Génesis 4:2)

> **La Biblia en un año:**
> • **Génesis 49–50**
> • **Mateo 13:31-58**

Como pastor, Abel santificó su obra para gloria de Dios, ofreciendo un sacrificio de sangre sobre su altar, y Jehová miró con agrado a Abel y a su ofrenda. Este tipo antiguo de nuestro Señor es muy claro y distinto. Igual que el primer rayo de luz que tiñe el horizonte a la salida del sol, este pasaje no lo revela todo, pero manifiesta claramente el gran hecho de que el sol se acerca. Al mirar a Abel, pastor y sacerdote a la vez, ofreciendo un sacrificio de suave olor a Dios, descubrimos al Señor llevando ante su Padre un sacrificio que Dios miró con agrado. Abel fue, sin causa, odiado por su hermano. Lo mismo pasó con el Salvador. El hombre carnal y natural odió al hombre acepto, en quien fue hallado el Espíritu de gracia, y no descansó hasta que su sangre fue derramada. Abel cayó y roció su altar y su sacrificio con su propia sangre. Este hecho nos muestra a Jesús, muerto por el odio del hombre, mientras oficiaba como sacerdote delante del Señor. «El buen pastor su vida da por las ovejas.» Lloremos al verle muerto por el odio del género humano, tiñendo los cuernos del altar con su propia sangre. La sangre de Abel habla. Jehová dijo a Caín: «La voz de la sangre de tu hermano clama a mí desde la tierra». La sangre de Jesús tiene un lenguaje poderoso, y su potente grito no es de venganza, sí de misericordia. Es precioso estar junto al altar de nuestro buen pas-tor, para verlo sangrar como sacerdote sacrificado, y oír después, a su sangre, hablar de paz para todo su rebaño: paz en nuestra conciencia, paz entre judíos y gentiles, paz entre el hombre y su ofendido Hacedor, paz eterna para los hombres lavados en la sangre. Abel fue el primer pastor en cuanto a tiempo, pero nuestros corazones siempre podrán a Jesús primero en cuanto a excelencia. ¡Sublime guardador de las ovejas, el pueblo de tu dehesa te bendecimos de corazón al verte herido por nosotros!

Cuando Moisés cantó ante el mar Rojo, se gozó en gran modo sabiendo que todo Israel estaba salvo. Ni una gota de agua cayó de aquella sólida muralla hasta que el último hombre del Israel de Dios hubo puesto sus pies con seguridad en la otra ribera del mar. Hecho esto, las aguas se juntaron otra vez, pero no hasta entonces. He aquí una parte de aquel

Conduciendo a su pueblo hacia la salvación

Y luego todo Israel será salvo
(Romanos 11;26)

La Biblia en un año:
• Éxodo 1–3
• Mateo 14:1-21

canto: «Condujiste en tu misericordia a este pueblo, al cual salvaste». En el día postrero, cuando los elegidos cantarán el canto de Moisés, siervo de Dios y del Cordero, éste será el canto triunfal de Jesús: «De los que me diste, ninguno de ellos perdí». En el cielo no habrá tronos desocupados. Todos los que han sido elegidos por Dios, todos los que han sido redimidos por Cristo, todos los que han sido llamados por el Espíritu Santo, todos los que creyeron en Jesús, cruzarán seguros el mar. No todos han desembarcado, pues parte de la hueste ha cruzado el mar y parte lo está cruzando ahora. La vanguardia del ejército ya ha llegado a la costa. Nosotros estamos marchando a través de las profundidades, estamos en este día siguiendo con dificultad a nuestro Guía en el corazón de la mar.

Estemos de buen ánimo, puesto que la retaguardia pronto estará donde ya está la vanguardia; el último de los escogidos muy pronto habrá cruzado el mar, y entonces se oirá el canto de triunfo, cuando todos estén seguros. Si uno de los suyos estuviese ausente, si uno de su escogida familia fuese desechado, habría una eterna disonancia en el canto de los redimidos, y esto mellaría las cuerdas de las arpas del paraíso de tal forma que nunca podría conseguirse música de ellas... Pero esto no acontecerá, pues todos los suyos tienen que estar allá.

22 enero

Siendo la vid de Dios

Hijo de hombre, ¿qué es la madera de la vid más que cualquier otra madera? ¿Qué es el sarmiento entre los árboles del bosque?
(Romanos 11:26)

La Biblia en un año:
• Éxodo 4–6
• Mateo 14:22-36

Estas palabras fueron dichas para humillación de los que forman el pueblo de Dios. Se les llama vid de Dios, pero, ¿qué son ellos, por naturaleza, más que los otros? Por la bondad de Dios llegaron a ser fructíferos, tras haber sido plantados en buen terreno. El Señor los ha guiado por las murallas del santuario y así llevan fruto para su gloria. Pero, sin Dios, ¿qué son? ¿Qué son sin la influencia continua de su Espíritu, que los hace fructíferos? ¡Oh, creyente!, aprende a rechazar el orgullo, viendo que no tienes base para tenerlo. Seas lo que fueres, no tienes nada por lo que puedas mostrarte orgulloso. Cuanto más tienes más debes a Dios, y tú no debieras estar orgulloso de lo que te hace deudor. Considera tu origen. Mira atrás a lo que eras. Considera lo que serías si no fuese por la gracia divina. Mírate tal cual eres. ¿No te reprocha tu conciencia? ¿No están delante de ti tus mil extravíos diciéndote que no eres digno de ser llamado su hijo? Y si el Señor te ha cambiado en algo, ¿no te das cuenta de que es la gracia de Dios lo que te ha hecho cambiar? Creyente, tú habrías sido un gran pecador, si Dios no te hubiese cambiado. Tú, que ahora te muestras valiente en defensa de la verdad, si la gracia no te hubiese alcanzado, te mostrarías valiente en defensa del error. No seas, pues, orgulloso. Aunque ahora tienes una rica herencia, y una amplia posesión de gracia, nunca tuviste una simple cosa que pudiese llamarse exclusivamente tuya, excepto tu pecado y tu miseria. Extraña infatuación es ésta, que habiendo tú pedido prestado todo lo que tienes, pienses ahora en exaltarte a ti mismo; que siendo tú un pobre inválido, dependiente de la generosidad de tu Salvador y uno que tiene una vida que se extinguiría si no fuese por el manantial de vida que procede de Jesús, seas, sin embargo, orgulloso. ¡Vaya contigo, necio corazón!

¿Por qué fue Jesús escogido de entre el pueblo? Habla, corazón mío, pues los pensamientos del corazón son los mejores. ¿Acaso no fue para que pudiera ser nuestro hermano en el bendito vínculo de consanguinidad? ¡Oh, qué parentesco hay entre Cristo y el creyente! El creyente puede decir: «Tengo un hermano en el cielo; yo quizás sea pobre, pero tengo un hermano que es rico y es rey. ¿Me dejará a mí en la

Contando con Cristo en todas nuestras aflicciones

He exaltado a un escogido
de mi pueblo
(Salmos 89:19)

La Biblia en un año:
• Éxodo 7–8
• Mateo 15:1-20

---

necesidad estando Él en el trono? ¡Oh, no! Él me ama; es mi hermano». Creyente, lleva este precioso pensamiento en el cuello de tu memoria como si se tratara de un collar de diamantes. Ponlo en el dedo del recuerdo como si fuese un anillo de oro y úsalo como el anillo particular del Rey que sella las peticiones de tu fe con la seguridad del éxito. Él es un hermano que ha nacido para la adversidad; trátalo como tal. Además, Cristo fue elegido de entre el pueblo para que conociese nuestras necesidades y se compadeciese de nosotros. Él fue tentado en todo según nuestra semejanza, pero sin pecado. En todas nuestras aflicciones contamos con su simpatía. Tentaciones, penas, desengaños, flaquezas, cansancio: todo es conocido por Él, pues Él experimentó todo. Recuerda esto, cristiano, y consuélate en ello. Por más dificultoso y penoso que sea tu camino, recuerda que por allí pasó tu Salvador; y aun cuando llegues al oscuro valle de la sombra de la muerte y a las profundas aguas del turbulento Jordán, allí hallarás sus pasos. En cualquier lugar a donde vayamos, Él ha estado ya. Cada una de las cargas que llevemos han sido una vez puestas sobre los hombros de Emmanuel. ¡Coraje, pues; los pies del Rey han dejado una marca de sangre en el camino, y consagró para siempre la espinosa senda!

24 enero

Diversos modos de librarse

*Él te librará
del lazo del cazador*
(Salmos 91:3)

La Biblia en un año:
• Éxodo 9–11
• Mateo 15:21-39

Dios libra a los suyos del lazo del cazador en dos sentidos: *Del lazo*, y *fuera del lazo*. Él los libra del lazo no permitiendo que caigan en él; y, si caen, los libra sacándolos *fuera de allí*. La primera promesa es la más preciosa para algunos; la segunda es la mejor para otros. «*Él te librará del lazo.*» ¿En qué manera? La aflicción es frecuentemente el medio por el cual Dios nos libra. Dios sabe que nuestra rebeldía terminará pronto en nuestra destrucción, y entonces Él, en su misericordia, envía la vara. Nosotros decimos: «Señor, ¿por qué me pasa esto?», ignorando que nuestra aflicción ha sido el medio para librarnos de un mal mayor.

Muchos, por sus aflicciones y contrariedades, han sido librados de la ruina; esas aflicciones han espantado a los pájaros que estaban por caer en la red. En otras ocasiones Dios guarda a los suyos *del* lazo del cazador dándoles gran fortaleza espiritual, de modo que cuando sean tentados a hacer lo malo digan: «¿Cómo es posible que yo haga este horrible mal y peque contra Dios?» Pero, ¡qué bendición es pensar que si el creyente, en mala hora, cayere en el lazo, Dios lo sacará *fuera* de allí! ¡Oh, extraviado, entristécete, mas no te desesperes! Aunque te has extraviado, oye lo que te dice tu Redentor: «Convertíos, hijos rebeldes; yo sanaré vuestras rebeliones». Tú dices que no puedes convertirte por ser un cautivo. Entonces presta atención a esta promesa: «Él te librará del lazo del cazador». Tú serás sacado del mal en el cual has caído, y aunque nunca cesarás de arrepentirte de tus actos, sin embargo, el que te ama nunca te echará fuera. Jesús te recibirá y te dará gozo y alegría para que se recreen tus huesos abatidos. Ningún pájaro del Paraíso morirá en la red del cazador.

Nos libró de nuestras ligaduras

*De las misericordias de Jehová
haré memoria,
de las alabanzas de Jehová,
conforme a todo lo que
Jehová nos ha dado*
(Isaías 63:7)

La Biblia en un año:
• Éxodo 12–13
• Mateo 16

¿Y no puedes tú hacer lo mismo? ¿No has experimentado alguna vez las misericordias de Dios? Aunque ahora estés triste, ¿puedes olvidar aquella bendita hora cuando Jesús te halló y te dijo: «Ven a mí»? ¿No puedes recordar aquel glorioso momento cuando Él rompió tus grillos, cuando arrojó al suelo tus cadenas y te dijo: «Vine para romper tus ligaduras y dejarte en libertad»? Si el amor de tu desposorio cayó en el olvido, ¿no habrá, por ventura, en el camino de tu vida algún mojón, en el que pueda leerse una inscripción que te recuerde la misericordia que Jesús tuvo para contigo? ¡Qué!, ¿nunca tuviste una enfermedad semejante a la que estás sufriendo ahora? ¿Y no te curó Él? ¿Nunca antes fuiste pobre? ¿Y no suplió Jesús todas tus necesidades? ¿Nunca antes estuviste en aprietos? ¿Y no te libró Él? ¡Levántate!, ve al río de tu experiencia, arranca unos cuantos juncos y haz con ellos una arquilla en la cual tu fe infantil pueda flotar confiadamente sobre la superficie de las aguas. No olvides lo que Dios ha hecho por ti. Repasa el libro de tu memoria y considera los días antiguos. ¿No puedes recordar el monte de Mizar? ¿Nunca te halló el Señor en el monte Hermón? ¿Nunca has subido a las montañas de las Delicias? ¿Nunca has sido socorrido en tiempos de necesidad? Sí, tú has experimentado estas cosas. Echa una mirada retrospectiva a las preciosas bendiciones de ayer, y si los momentos por los cuales pasas *ahora* son oscuros, enciende las lámparas del pasado, ellas brillarán en medio de las tinieblas y tú estarás confiado en el Señor hasta que amanezca el día y huyan las sombras. «Acuérdate, Señor, de tus conmiseraciones y de tus misericordias, que son perpetuas.»

26 enero

Digamos con agradecimiento: ¡Abba, Padre!

Vuestro Padre celestial
(Mateo 6:26)

> **La Biblia en un año:**
> • Éxodo 14–15
> • Mateo 17

Los que constituyen el pueblo de Dios son hijos suyos en doble sentido: por creación y por adopción en Cristo. Por eso tienen el privilegio de llamarlo «Padre nuestro que estás en los cielos». ¡Padre! ¡Oh, qué preciosa es esta palabra! En ella hay autoridad: «Si yo soy Padre, ¿dónde está mi honor? Si vosotros sois hijos, ¿dónde está vuestra obediencia?». En esta palabra hay también afecto mezclado con autoridad; una autoridad que no provoca rebelión; una obediencia solicitada que se cumple con alegría, y que, aunque se pudiese, no debiera negarse. La obediencia que los hijos rinden a Dios debe ser amorosa. No vayas al trabajo que te señala Dios como vas o el esclavo al que le asigna su amo. Entra más bien en la senda de sus mandamientos, porque es la senda de tu Padre. Presenta tu cuerpo como instrumento de justicia, pues la voluntad de tu Padre es justa y su voluntad debe ser la voluntad de sus hijos. ¡Padre! Hay aquí un atributo regio, tan delicadamente cubierto con amor, que la corona del Rey pasa inadvertida al mismo Rey, y su cetro se transforma no en vara de hierro, sino en un plateado cetro de misericordia. En realidad, el cetro pasa desapercibido en la tierna mano del que lo empuña. ¡Padre! En esta palabra hay honor y amor. ¡Cuán grande es el amor de un padre hacia sus hijos! Lo que la amistad no puede hacer ni la mera benevolencia procurará, lo hace para sus hijos el corazón y la mano de un padre. Son sus vástagos, por tanto debe bendecirlos; son sus hijos, debe defenderlos con todo vigor. Si un padre terrenal vela por sus hijos con amor y cuidado incesantes, ¿cuánto más lo hace nuestro Padre Celestial? ¡Abba, Padre! El que puede decir esto, ha dado expresión a una melodía mejor que la que los querubines y serafines pueden producir. Hay un cielo en la profundidad de la palabra Padre. Tengo todo en todo por toda la eternidad cuando puedo decir: ¡Padre!

Plenitud en diversos y muchos sentidos

*Porque de su plenitud
tomamos todos*
(Juan 1:16)

La Biblia en un año:
• Éxodo 16–18
• Mateo 18:1-20

Estas palabras nos dicen que en Cristo hay plenitud. Una plenitud de esencial deidad, porque «en Él habita la plenitud de la deidad». Hay una plenitud de humanidad, pues en Él, corporalmente, esa deidad se reveló. Hay en su sangre una plenitud de eficacia expiatoria, porque «la sangre de Jesucristo su Hijo nos limpia de todo pecado». Hay en su vida una plenitud de justicia que justifica, pues «ahora ninguna condenación hay para los que están en Cristo Jesús». Hay en su ruego una plenitud de divina superioridad, pues «Él puede salvar eternamente a los que por Él se allegan a Dios, viviendo siempre para interceder por ellos». Hay en su muerte una plenitud de victoria, pues por la muerte destruyó al que tenía el imperio de la muerte, o sea, al diablo. Hay en su resurrección una plenitud de eficacia, pues por ella el Señor nos ha regenerado en esperanza viva. Hay en su ascensión una plenitud de triunfo, pues, «subiendo a lo Alto, llevó cautiva la cautividad y dio dones a los hombres». Hay plenitud de bendiciones de toda suerte. Una plenitud de gracia para perdonar, para preservar, y para perfeccionar. Una plenitud para todas las ocasiones: plenitud de consuelo en la aflicción, plenitud de dirección en la prosperidad. Una plenitud de todos los atributos divinos: sabiduría, poder, amor. Una plenitud que es imposible valorar y mucho menos explorar. «Agradó al Padre que habitase en Él toda plenitud». ¡Oh, qué plenitud será ésta de la cual todos reciben! Allí tiene que haber en verdad, plenitud, pues, a pesar de que la corriente siempre fluye, el manantial crece tan abundante, rico y completo como siempre. Ven, creyente, y satisface tus necesidades; pide abundantemente y recibirás con abundancia, pues esta plenitud es inagotable y está allí donde todas las necesidades pueden alcanzarla, es decir, en Jesús, Emmanuel, Dios con nosotros.

28 enero

Lo imperfecto perfecto

Perfecto
en Cristo Jesús
(Colosenses 1:28)

La Biblia en un año:
• Éxodo 19–20
• Mateo 18:21-35

¿No sientes en tu propia alma que la perfección no está en ti? ¿No te enseña esto mismo la experiencia de todos los días? Cada lágrima que sale de tus ojos llora «imperfección»; cada suspiro que brota de tu corazón habla de «imperfección»; cada palabra áspera que procede de tus labios indica «imperfección». Conoces bastante bien tu propio corazón como para ni soñar siquiera que pueda haber en ti alguna perfección. Pero en medio de este conocimiento de tu imperfección, hay para ti un consuelo: tú eres «perfecto en Cristo Jesús». En la presencia de Dios eres «cumplido en Él». Ahora mismo eres «acepto en el Amado». Pero hay una perfección que aún tiene que realizarse y que es segura para toda la simiente. ¿No es agradable mirar hacia adelante, al tiempo cuando toda mancha de pecado que tenga el creyente le será quitada, y cuando será presentado delante del trono sin falta, sin mancha, sin arruga ni cosa semejante? La Iglesia de Cristo será entonces tan pura que ni aun el ojo de la Omnisciencia verá en ella mancha o tacha alguna; será tan santa y gloriosa que Hart no exagera cuando dice: «Vestido con las ropas de mi Salvador seré santo como Él es santo». Entonces conoceremos, probaremos y sentiremos la felicidad de esta vasta sentencia: «Cumplidos en Cristo». Hasta que no lleguemos a ese momento, no comprenderemos plenamente las alturas y las profundidades de la salvación de Jesús. ¿No salta de gozo tu corazón al pensar en esto? Negro como eres, serás blanco un día; manchado como eres, serás limpio. ¡Es ésta una maravillosa salvación! Cristo toma un gusano y lo transforma en un ángel; toma algo negro y deformado y lo hace limpio e incomparable en gloria y en belleza, y lo pone en condiciones de estar con los serafines. ¡Oh, alma mía, detente y admira esta bendita verdad de perfección en Cristo!

Mirando hacia la eternidad

Las cosas que no se ven
(2 Corintios 4:18)

La Biblia en un año:
• Éxodo 21–22
• Mateo 19

Es bueno que la mayor parte del tiempo de nuestra peregrinación, estemos mirando hacia adelante. Más allá está la corona, más allá, la gloria. El futuro debe ser, al fin y al cabo, el gran objeto del ojo de la fe, pues él nos trae esperanza, nos comunica gozo, nos consuela e inspira nuestro amor. Al mirar hacia el futuro, vemos eliminado el mal, vemos deshecho el cuerpo del pecado y de la muerte y al alma gozando de perfección y puesta en condiciones de participar de la herencia de los santos en luz. Mirando aún más allá, el iluminado ojo del creyente puede ver cruzado el río de la muerte, vadeado el sombrío arroyo, y alcanzadas las montañas de luz donde está la ciudad celestial. El creyente se ve a sí mismo entrando por las puertas de perla, aclamado como más que vencedor, coronado por las manos de Cristo, abrazado por Jesús y sentado con Él en su trono, así como Él ha vencido y se ha sentado con su Padre en su trono. La meditación en este futuro puede disipar la noche del pasado y la niebla del presente. Las alegrías del cielo compensarán las tristezas de la tierra. ¡Afuera mis temores! La vida en este mundo es corta; pronto la acabaré. ¡Afuera mis dudas!, la muerte es solo un arroyuelo; pronto lo cruzaré. ¡Cuán corto es el tiempo! ¡Cuán larga la eternidad! ¡Cuán breve es la muerte, cuán infinita es la inmortalidad! Me parece estar ahora mismo comiendo de los racimos de Escol y bebiendo del manantial que está del otro lado de la puerta. ¡El viaje es tan corto...! ¡Pronto estaré allí!

Cuando aquí de mi vida mis afanes cesen ya
Y se anuncie bella aurora celestial,
En las playas del cielo mi llegada esperará
Mi Señor con bienvenida paternal.
Podré entonces conocerle, y seguro en su seno estaré.
Cara a cara espero verle y con Él, redimido, viviré.

30 enero

A por un nuevo Pentecostés

Y cuando oigas ruido como de marcha por las copas de las balsameras, entonces te moverás
(2 Samuel 5:24)

La Biblia en un año:
• Éxodo 23–24
• Mateo 20:1-16

Los miembros de la Iglesia de Cristo tienen que ser muy afectos a la oración, buscando siempre que la unción del Santo repose sobre sus corazones, para que el reino de Dios venga y se haga «su voluntad en la tierra como en el cielo». Pero hay ocasiones cuando Dios parece favorecer a Sion de modo especial; esas ocasiones deben ser para ellos como un estruendo que va por las copas de los morales. En esos casos es necesario que estemos aún más dedicados a la oración; es menester ser celosos, luchando ante el trono de la gracia más intensamente que nunca. La acción en estos casos debe ser pronta y vigorosa. La marea crece; boguemos ahora hacia la costa, valientemente. ¡Ojalá experimentemos un nuevo pentecostés! Cristiano, en ti mismo hay ocasiones «cuando oyes un estruendo que va por las copas de los morales». Tienes un poder particular en la oración; el Espíritu Santo te da gozo; la Biblia es clara; las promesas son apropiadas; caminas a la luz de la presencia de Dios; tienes una confianza y una libertad particular en la devoción y una comunión más íntima con Cristo. En esas gozosas ocasiones, «cuando oyes un estruendo que va por las copas de los morales», es tiempo de moverte. Ahora, mientras el Espíritu Santo ayuda a tu flaqueza, es tiempo para que te libres de cualquier mal hábito. Despliega las velas de tu nave, pero no olvides que solo Dios puede enviar el viento para hacerla andar. Lo único que debes procurar es estar seguro de que las velas están desplegadas. No malogres el viento favorable por no haber preparado el velamen de antemano. Busca la ayuda de Dios para que seas más diligente, cuando seas hecho más fuerte en la fe; para que seas más constante en la oración cuando tengas más libertad ante el trono, y para que seas más santo en tu conversación mientras vivas más cerca de Cristo.

Siendo perfectos en Cristo Jesús

Jehová, justicia nuestra
(Jeremías 23:6)

La Biblia en un año:
• Éxodo 25–26
• Mateo 20:17-34

El cristiano siempre experimentará grande calma, quietud, alivio y paz al pensar en la perfecta justicia de Cristo. ¡Cuán a menudo los santos de Dios están abatidos y tristes! Sin embargo, no debiera ser así. Creo que no se sentirían abatidos si tuviesen presente la perfección que poseen en Cristo. Hay algunos que siempre hablan de la corrupción de la depravación del corazón y de la innata maldad del alma. Esto es muy cierto, pero, ¿por qué no ir un paso más adelante y recordar que somos perfectos en Cristo Jesús? No hay por qué admirarse de que los que se detienen a considerar su propia corrupción, muestren tal aspecto de abatimiento, pero si recordamos que «Cristo es hecho por nosotros justicia», estaremos de buen ánimo. Aunque la pena me aflija, aunque Satán me asalte, aunque haya muchas cosas que tenga que gustar antes de llegar al cielo, en el pacto de la gracia todo esto fue cumplido en mi favor; no hay nada que falte a mi Señor, Cristo lo hizo todo. En la cruz dijo: «Consumado es», y si está consumado, entonces yo estoy completo en Él y puedo regocijarme con gozo inefable y glorificado, «no teniendo mi justicia que es por la ley, sino la que es por la fe de Cristo, la justicia que es de Dios, por la fe». No hallaréis de este lado del cielo gente más santa que aquella que recibe en sus corazones la doctrina de la justicia de Cristo. Cuando el creyente dice: «Yo vivo sólo en Cristo, confío para mi salvación únicamente en Él, y creo que, aunque indigno, soy, sin embargo, salvo en Jesús», entonces viene este pensamiento como un motivo de gratitud: «¿No viviré para Cristo? ¿No lo amaré y serviré, viendo que soy salvo por sus méritos?» «El amor de Cristo nos constriñe.» «Los que viven, no vivan ya para sí, sino para el que murió por ellos.» Si somos salvos por justicia imputada valoraremos grandemente la justicia impartida.

1 febrero

Dejemos nuestra carga al pie de la Cruz

Y cantarán de los caminos de Jehová
(Salmos 138:5)

> **La Biblia en un año:**
> • Éxodo 27–28
> • Mateo 21:1-22

El tiempo en que los cristianos empiezan a «cantar de los caminos de Jehová» es cuando por primera vez sueltan su carga al pie de la cruz. Ni aun los cantos de los ángeles parecen tan dulces como el primer canto que brota de lo hondo del alma del hijo de Dios que ha sido perdonado. Tú recuerdas, sin duda, cómo Juan Bunyan describe esto. Él dice que cuando el pobre peregrino dejó su carga al pie de la cruz, dio tres grandes saltos, y siguió su camino cantando:

¡Bendita cruz! ¡Bendita sepultura!
¡Y más bendito quien murió por mí!

Creyente, ¿recuerdas el día cuando cayeron tus cadenas? ¿Recuerdas el día cuando Jesús te halló y te dijo: «Con amor eterno te amé; yo deshice como a nube tus rebeliones y como a niebla tus pecados; ellos no serán nunca mencionados contra ti»? ¡Oh, cuán dulce es el momento cuando Jesús quita el castigo del pecado! Cuando el Señor perdonó mis pecados, me sentí tan gozoso que apenas pude contener el deseo de saltar. Pensaba, mientras me dirigía a casa desde el lugar donde el Señor me había puesto en libertad, que era mi deber decir aun a las piedras de las calles la historia de mi liberación. Tan llena de gozo estaba mi alma, que deseaba manifestar a cada copo de nieve, que en ese momento caía del cielo, el admirable amor de Jesús, quien había borrado los pecados de uno de los principales rebeldes. Pero no solo al principio de la vida cristiana tienen los creyentes motivos para cantar. En el curso de sus vidas hallarán nuevos motivos para cantar de los caminos del Señor, y la experiencia que tengan de Él, les hará decir: «Bendeciré a Jehová en todo tiempo; su alabanza será siempre en mi boca». No te olvides, hermano, de magnificar hoy al Señor.

Derrimidos de pecado por su sangre

*Sin derramamiento de sangre
no se hace remisión*
(Hebreos 9:22)

La Biblia en un año:
• Éxodo 29–30
• Mateo 21:23-46

Esta es la voz de la verdad inalterable. En ninguna ceremonia judía –aun típicamente considerada– se hacía remisión de pecados sin derramamiento de sangre. En ningún caso y por ningún medio puede el pecado ser perdonado sin expiación. No hay para mí esperanza fuera de Cristo, pues no hay otro derramamiento de sangre que sea considerado como expiación por el pecado. ¿Estoy yo creyendo en Él? ¿Es realmente aplicada a mi alma la sangre de su expiación? En cuanto a la necesidad que tienen de Cristo, todos los hombres están en el mismo nivel. Por más morales, generosos, amantes y patriotas que seamos, esta regla no será alterada por hacer para nosotros una excepción. El pecado no cede a nada que sea menos potente que la sangre de aquel a quien Dios envió como propiciación. ¡Qué bendición que haya un medio de perdón! ¿Por qué buscar otro? Los que profesan una religión meramente formal, no se explican cómo podemos regocijarnos de que todos nuestros pecados han sido perdonados por Cristo. Sus obras, rezos y ceremonias les dan un consuelo muy pobre; bien pueden estar intranquilos, pues menosprecian la grande salvación y se empeñan en conseguir sin sangre la remisión. Alma mía, siéntate y contempla la justicia de Dios, que se ve obligada a castigar al pecado. Mira todo ese castigo infligido a tu Señor, humilde arrodíllate y besa los queridos pies de aquel que hizo expiación por ti. No vale nada, cuando la conciencia está despierta, recurrir, para hallar consuelo, a sentimientos y evidencias; es éste un hábito que aprendimos en el Egipto de nuestra legal esclavitud. Lo único que restaura, a una conciencia convicta de pecado, es la visión de Cristo sufriendo en la Cruz. «La sangre es la vida de ella», dice la ley levítica. Estemos seguros de que la sangre es la vida de la fe, del gozo y de todas las otras santas gracias.

3 febrero

Deudores a Dios

Así, que, hermanos, deudores somos (Romanos 8:12)

> **La Biblia en un año:**
> • Éxodo 31–33
> • Mateo 22:1-22

Como criaturas de Dios todos somos deudores. Debemos, pues, obedecerlo con todo nuestro cuerpo, toda nuestra alma y toda nuestra fuerza. Por haber quebrantado sus mandamientos, somos deudores a su justicia y le debemos una suma tan crecida que nos es imposible pagarla. Pero del cristiano se puede decir que no debe nada a la justicia de Dios, pues Cristo pagó la deuda de los suyos. Por esta razón el creyente debe amar más. Soy deudor a la gracia de Dios, pero no a su justicia, pues Él nunca me acusará de una deuda que ha sido pagada. Cristo dijo: «Consumado es», y con esto quiso decir que todo cuanto su pueblo debía, fue cancelado para siempre del libro del recuerdo. Cristo ha satisfecho enteramente la justicia divina; la cuenta quedó saldada, la cédula fue clavada en la cruz, el recibo fue entregado y nosotros no somos más deudores a la justicia de Dios. Pero por el hecho de que no somos deudores de nuestro Dios en ese sentido, hemos llegado a constituirnos en diez veces más deudores de Él de lo que lo hubiéramos sido de otro modo. Cristiano, detente y considera por un momento cuán deudor eres a la soberanía divina, cuánto debes a su desinteresado amor, pues Él dio a su propio Hijo para que muriese por ti. Considera cuánto debes a su gracia perdonadora que, tras diez mil afrentas, te ama tan infinitamente como siempre. Considera lo que debes a su poder, cómo te levantó de la muerte del pecado, cómo te ha guardado de caer, cómo ha preservado tu vida espiritual y cómo –aunque diez mil enemigos cercaron tu camino– te hizo capaz de andar por él sin titubeos. Considera lo que debes a su inmutabilidad. Tú has cambiado diez mil veces, Él no ha cambiado ni una. Estás en deuda con los atributos de Dios. Tú mismo te debes a Dios y le debes cuanto tienes; ríndete como un sacrificio vivo, pues éste es tu racional culto.

Creyente, echa una mirada retrospectiva a través de tu experiencia y recuerda el camino del desierto por el cual el Señor te guió. Considera cómo te ha alimentado y vestido todos los días, cómo soportó tu mala conducta, cómo sufrió tus murmuraciones y tus ansias por las ollas de Egipto, cómo abrió la roca para satisfacer tu sed y cómo te alimentó con el maná que

Aquel que te amó y perdonó, no cesará de amar

El amor de Jehová
(Oseas 3:1)

> **La Biblia en un año:**
> • Éxodo 34–35
> • Mateo 22:23-46

descendió del cielo. Piensa cómo su gracia te bastó en tus tribulaciones, cómo su sangre te limpió de todo pecado y cómo su vara y su cayado te infundieron aliento. Cuando hayas considerado el amor que Dios te tuvo en el pasado, procura entonces que la fe te haga ver el amor que te tendrá en el futuro, pues, recuerda, el pacto y la sangre de Cristo tienen en sí algo más que el pasado. El que te amó y te perdonó, nunca cesará de amar y de perdonar. Él es el alfa y será también la omega: el primero y el último. Por lo tanto, ten presente que, cuando pases por el valle de la sombra de la muerte, no tienes que temer mal alguno, porque Él está contigo; cuando estés en las frías aguas del Jordán no tienes necesidad de temer, pues la muerte no te puede separar de su amor, y cuando entres en los misterios de la eternidad no tienes que temblar «pues estoy cierto que ni la muerte, ni la vida, ni ángeles ni principados, ni potestades, ni lo presente ni lo porvenir, ni lo alto ni lo bajo, ni ninguna criatura nos podrá apartar del amor de Dios que es en Cristo Jesús Señor nuestro». Alma, ¿acaso no reaviva esto tu amor? ¿No te induce a amar a Jesús? Un vuelo a través del ilimitado espacio del éter del amor, ¿no inflama tu corazón y te impulsa a deleitarte en el Señor tu Dios? A medida que meditamos en «el amor de Jehová» nuestros corazones arden en nosotros y ansiamos amarlo más.

5 febrero

La salvación vino del Padre

El Padre ha enviado al Hijo, el Salvador del mundo (1 Juan 4:14)

La Biblia en un año:
• Éxodo 36–38
• Mateo 23:1-22

Es agradable pensar que Jesús no vino al mundo sin el consentimiento, sin el permiso, sin la autoridad y sin la asistencia de su Padre. Fue enviado por el Padre para que fuese el Salvador de los hombres. Estamos propensos a olvidar que si bien hay distinciones en cuanto a las personas de la Trinidad, no las hay en cuanto al honor de las mismas. Por otra parte, atribuimos con mucha frecuencia el honor de nuestra salvación –o por lo menos la profundidad de su bondad– más a Cristo Jesús que al Padre. Éste es un grave error. ¿No fue el Padre el que envió a Jesús? Si Jesús habló maravillosamente, ¿no fue el Padre quien derramó gracia en sus labios para que fuese ministro capaz del nuevo pacto? El que conoce al Padre, al Hijo y al Espíritu Santo como debe conocerlos, los ama a todos por igual; los ve a los tres en Belén, en Getsemaní y en el Calvario, igualmente interesados en la obra de la salvación. ¡Oh, cristiano!, ¿has puesto tu confianza en el Hombre Cristo Jesús? ¿Has puesto tu fe únicamente en Él? ¿Estás unido a Él? Entonces cree que estás también unido al Dios del cielo. Por el hecho de que para el Hombre Cristo Jesús eres un hermano y tienes con Él íntima comunión, tú estás unido al Dios eterno, y el «Anciano de días» es tu Padre y tu amigo. ¿Consideraste alguna vez la profundidad del amor que había en el corazón de Jehová, cuando Dios Padre preparó a su Hijo para la gran empresa de misericordia? Si no lo has hecho, medita hoy en esa verdad. ¡El Padre lo envió! Reflexiona en esta declaración. Piensa cómo Jesús obró lo que el Padre deseaba. Mira el amor del gran YO SOY en las heridas del agonizante Salvador. Que cada pensamiento relacionado con Jesús sea conectado con el Eterno, el Dios bendito para siempre, pues «Jehová quiso quebrantarlo, sujetándolo a padecimiento».

Oración insistente y tenaz

*Orando
en todo tiempo*
(Efesios 6:18)

La Biblia en un año:
• Éxodo 39–40
• Mateo 23:23-39

¡Qué multitud de oraciones hemos elevado desde el primer momento en que aprendimos a orar! Nuestra primera oración fue hecha en favor de nosotros mismos; pedimos a Dios que tuviera misericordia de nosotros y borrara nuestros pecados. Él nos oyó. Cuando borró nuestros pecados, en seguida hicimos más oraciones en favor de nosotros. Hemos tenido que orar por la gracia que santifica, por la que impulsa a hacer lo bueno y por la que impide hacer lo malo. Hemos sido guiados a pedir nueva certidumbre de fe, a implorar la consoladora aplicación de la promesa, a rogar que se nos librase de la hora de la tentación, a pedir ayuda para el cumplimiento del deber y socorro para el día de la prueba. Hemos sido impulsados a ir a Dios para bien de nuestras almas, pidiendo cuanto necesitábamos. Da testimonio, hijo de Dios, de que nunca pudiste lograr en otra parte algo para tu alma. El pan que tu alma ha comido vino del cielo, y el agua que ha bebido fluyó de la roca de la vida, que es Cristo Jesús. Tu alma nunca se ha enriquecido por sí misma; ha sido más bien una pensionista diaria de la bondad de Dios. De modo que tus oraciones han subido al cielo en una hilera de bondades casi infinitas. Tus necesidades fueron innumerables, y en consecuencia las provisiones infinitamente grandes. Tus oraciones han sido variadas, y las mercedes recibidas incontables. En vista de esto, ¿no tienes motivo para decir «Amo al Señor porque Él oyó la voz de mi ruego»? Pues así como fueron muchas nuestras oraciones, también han sido muchas las respuestas de Dios. Él te oyó en el día de la angustia; te fortaleció y te ayudó, aun cuando tú lo afrentaste por temblar y dudar en el propiciatorio. Haz que tu corazón se llene de gratitud a Dios, que oyó tus pobres y débiles oraciones. «Bendice, alma mía, a Jehová y no olvides ninguno de sus beneficios.»

7 febrero

Para olvidar la fatiga

Levantaos y andad
(Miqueas 2:10)

La Biblia en un año:
• Levítico 1–3
• Mateo 24:1-28

La hora se aproxima cuando este mensaje vendrá a nosotros como viene a todos: «Levántate y sal del hogar en que habitas, de la ciudad en la cual has hecho tus negocios, del lado de tu familia y del lado de tus amigos; levántate y emprende el último viaje». ¿Y qué conocemos nosotros de ese viaje? ¿Qué conocemos del país al que estamos destinados? Algo conocemos, algo nos ha sido revelado por el Espíritu Santo, pero ¡cuán poco conocemos de los reinos del futuro! Sabemos que hay un oscuro y tormentoso río llamado «muerte». Dios nos manda cruzarlo y nos promete estar con nosotros. ¿Y qué viene después de la muerte? ¿Qué mundo de maravillas se presentará ante nuestra vista? ¿Qué escena de gloria se desplegará delante de nosotros? Ningún viajero ha vuelto de allá para hacérnoslo saber. Pero, sin embargo, conocemos lo suficiente de la patria celestial, como para responder con gozo y alegría a la invitación que se nos hace para ir allá. El viaje de la muerte puede ser tenebroso, pero nosotros lo emprenderemos sin temor, sabiendo que Dios estará con nosotros cuando andemos en el valle de la sombra de la muerte; y, por lo tanto, no tendremos necesidad de temer mal alguno. Nos separaremos de todo lo que conocemos y amamos aquí, pero iremos a la casa de nuestro Padre, donde está Jesús, iremos a aquella «ciudad que tiene fundamentos, el artífice y hacedor de la cual es Dios». Esta será nuestra última separación para ir a habitar por siempre con aquel a quien amamos, para habitar en medio de su pueblo y en la presencia de Dios. Cristiano, medita mucho en el cielo; esto te ayudará a seguir adelante y olvidar la fatiga del camino. Este valle de lágrimas no es otra cosa que el camino real que nos conduce a la patria mejor; este mundo no es sino el puente que nos lleva a un mundo de bienaventuranzas.

El nombre
más significante

*Llamarás su nombre
Jesús*
(Mateo 1:21)

> La Biblia en un año:
> • Levítico 4–5
> • Mateo 24:29-51

Si una persona es querida, cualquier cosa que tiene que ver con ella se hace querida por su causa. Así, tan preciosa es la persona del Señor Jesús en el concepto de todos los creyentes, que cada una de las cosas tocante a Él la consideran de inestimable valor. «Mirra, áloes y casia exhalan todos sus vestidos», dice David, como si los vestidos mismos del Salvador fueran tan embalsamados por su persona que Él no podría sino amarlos. En verdad, no hay lugar que esos santificados pies hayan pisado, ni palabra que los benditos labios hayan expresado, ni siquiera un pensamiento que su amorosa Palabra haya revelado que no nos sea precioso más allá de toda ponderación. Y esto es también verdadero en cuanto a los nombres de Cristo: son todos dulces en los oídos del creyente. Ya se le llame el esposo de la Iglesia, o novio, o amigo; ya se le designe como el Cordero inmolado desde la fundación del mundo, rey, profeta o sacerdote, cada uno de los títulos de nuestro Maestro: Shiloh, Emmanuel, Admirable, Dios Fuerte y Consejero, cada uno de sus nombres es comol panal que destila miel, cuyas gotas son deliciosas. Pero si para el oído del creyente hay un nombre más dulce que otro, ese nombre es Jesús. ¡Jesús!, el nombre que hace que las arpas del cielo toquen armoniosamente. ¡Jesús!, la vida de todos nuestros goces. Si hay un nombre más fascinador que otro, más precioso que otro, ese nombre es Jesús. Está entrelazado en la misma trama y urdiembre de nuestro himnario. Muchos de nuestros himnos empiezan con este nombre, y apenas habrá alguno que valga algo que acabe sin Él. Es la suma total de todos los deleites. Es la música con la cual las campanas del cielo tocan; un canto en una palabra; un océano por su significado, aunque una gota por su brevedad; un resumen de las aleluyas de la eternidad en cinco letras.

9 febrero

No demos ningún paso sin Dios

Y consultando David a Jehová
(2 Samuel 5:23)

> **La Biblia en un año:**
> • Levítico 6–7
> • Mateo 25:1-30

Cuando David hizo esta consulta acababa de luchar con los filisteos y de obtener una significativa victoria. Los filisteos subieron en gran número, pero, por la ayuda de Dios, David les puso en fuga fácilmente. Notemos, sin embargo, que cuando los filisteos vinieron por segunda vez, David no les salió al encuentro antes de consultar a Jehová. Como había salido victorioso una vez, podía haber dicho, como lo han hecho muchos en otros casos: «Saldré victorioso otra vez; puedo estar seguro de que si he conquistado una vez, triunfaré aún otra vez. ¿Tengo, pues, que esperar para consultar al Señor?». David no procedió así. Ganó una batalla por el poder del Señor; pero no se aventurará en otra hasta asegurarse el mismo poder. Él preguntó al Señor: «¿Iré contra ellos?», y esperó hasta que la señal de Dios le fue dada. Aprendamos de David a no dar ningún paso sin Dios. Cristiano, si quieres conocer la senda del deber, ten a Dios por brújula; si deseas dirigir tu barco a través de las imponentes olas, pon el timón en las manos del Todopoderoso. Muchas rocas podrían ser esquivadas si permitiésemos que nuestro Padre gobernase el timón; muchos bancos de arena podrían ser evitados si dejáramos a su soberana voluntad escoger y mandar.

Debemos darnos cuenta de que la providencia de Dios nos guía; y si la providencia tarda, esperemos hasta que la providencia llegue. El que se antepone a la providencia, se sentirá gozoso si vuelve otra vez al lugar de partida. «Te enseñaré el camino en que debes andar», es la promesa que Dios hace a su pueblo. Llevemos a Él todas nuestras perplejidades y digámosle: «Señor, ¿qué quieres que haga?» No dejes tu casa esta mañana sin inquirir primero la voluntad del Señor.

Hay muchos que «saben estar humillados», pero que no han aprendido cómo «tener abundancia». Si son colocados en la cima de una montaña se marean y caen de inmediato. El cristiano deshonra más a menudo su profesión en la prosperidad que en la adversidad. Es peligroso ser próspero. El crisol de la adversidad es una prueba menos severa para el creyente que el refinamiento de la prosperidad.

Saber en todo momento ser rico

Sé tener abundancia
(Filipenses 4:12)

> **La Biblia en un año:**
> • Levítico 8–10
> • Mateo 25:31-46

¡Cuánta debilidad de alma y cuánto descuido de lo espiritual nos ha venido a través de las mercedes y abundancias de Dios! Empero, no debe necesariamente ser así, pues el apóstol nos dice que él sabe cómo tener abundancia. Cuando tenía mucho, sabía cómo usarlo. La gracia abundante lo capacitaba para poseer abundante prosperidad. Cuando su barco iba viento en popa, lo cargaba con mucho lastre, y así flotaba. Se necesita más que habilidad humana para llevar la rebosante copa de gozo mortal con mano firme. Sin embargo, el apóstol había aprendido aquel arte, pues dice: «En todo y por todo estoy enseñado, así para hartura como para hambre». Saber cómo estar hartos es algo que solo Dios puede enseñarnos. Los israelitas estuvieron hartos una vez, pero, con la carne aún en sus bocas, la ira de Dios vino sobre ellos. Muchos han pedido bendiciones solo para satisfacer la codicia de sus corazones. La abundancia de pan ha producido abundancia de sangre y eso trajo, en consecuencia, desenfreno de espíritu. Cuando tenemos muchas mercedes providenciales de Dios, suele acontecer que tenemos poco de la gracia de Dios, y sentimos poca gratitud por las abundancias recibidas. Estamos hartos, y olvidamos a Dios; estamos satisfechos con las cosas terrenales, y nos resignamos a dejar de lado el cielo. Es más difícil saber cómo estar hartos que aprender a sufrir hambre. ¡Ten cuidado de pedir en tus oraciones que Dios te enseñe «cómo estar harto!»

11 febrero

Siendo retratos de Jesús en el mundo

Y les reconocían que habían estado con Jesús
(Hechos 4:13)

La Biblia en un año:
- Levítico 11–12
- Mateo 26:1-25

Un cristiano debe ser un fiel retrato del Hijo de Dios. Tú habrás leído biografías de Jesús correcta y elocuentemente escritas, pero la mejor biografía de Cristo es la biografía viviente, grabada en las palabras y en los hechos de su pueblo. Si fuéramos lo que profesamos ser, seríamos retratos de Cristo; seríamos tan semejantes a Jesús que el mundo no diría (después de haber estado con nosotros largo tiempo): «Sí... algo se parece...», sino, al vernos, exclamaría: «Éste ha estado con Jesús, ha sido enseñado por Él, es semejante a Él, ha entendido el pensamiento del santo Hombre de Nazaret y lo pone en práctica en su vida y acciones de cada día». El cristiano debe asemejarse a Cristo en su intrepidez. Cristiano, nunca te avergüences de tu religión, pues no será para ti motivo de oprobio. Hónrala siempre con una vida ejemplar. Sé semejante a Jesús: muy valiente en favor de tu Dios. Imítalo en su benignidad. Piensa, habla y obra afectuosamente, para que los hombres puedan decir de ti: «Éste ha estado con Jesús». Imítalo en su santidad. ¿Se mostró Jesús celoso por *su Dios?* Muéstrate tú también; busca siempre hacer lo bueno. No desperdicies el tiempo, que es muy precioso. ¿Se negó Jesús a sí mismo, no mirando nunca su propio interés? Sé tú lo mismo. ¿Fue piadoso? Sé ferviente en tus oraciones. ¿Se sometió Él a la voluntad de su Padre? Sométete tú también. ¿Fue paciente? Aprende tú también a soportar; y sobre todo, aprende, como el más acabado retrato de Jesús, a perdonar a tus enemigos como Él hizo, y haz que las palabras de tu Maestro «Padre, perdónalos porque no saben lo que hacen», resuenen siempre en tus oídos. Perdona como esperas ser perdonado. Recuerda: hacer bien por mal es asemejarse a *Dios.* Sé semejante a *Dios,* pues, y en todos los caminos y por todos los medios vive de modo que todos puedan decir de ti: «Éste ha estado con Jesús».

Consolación a la medida de la prueba

Porque de la manera que abundan en nosotros las aflicciones de Cristo, así abunda en Cristo nuestra consolación
(2 Corintios 1:5)

> **La Biblia en un año:**
> • Levítico 13
> • Mateo 26:26-50

Aquí hay una *bendita* proporción. El gobernador de Providencia lleva una balanza. En un platillo pone las pruebas de su pueblo, en el otro sus consolaciones. Cuando el platillo de la prueba está casi vacío, el de la consolación se halla casi en el mismo estado. Y cuando el platillo de la prueba está lleno, el de la consolación se halla en la misma condición. Cuando se amontonan las negras nubes, es cuando más claramente se nos revela la luz. Cuando llega la noche y se acerca la tormenta, el Capitán Celestial está más cerca de la tripulación. ¡Verdad bendita ésta: cuando estamos abatidos es cuando nos sentimos más aliviados por las consolaciones del Espíritu! Una de las razones de esto estriba en que las pruebas hacen más lugar para la consolación. Los grandes corazones solo se hacen en las grandes pruebas. La azada de la aflicción ahonda el pozo del consuelo y hace un lugar más espacioso para la consolación. Dios viene a nuestro corazón y lo halla lleno. Rompe nuestras comodidades y lo vacía; entonces hay más lugar para la gracia. Cuanto más humillado esté un hombre, tanto más consuelo tendrá, pues estará en mejores condiciones para recibirlo. Otra razón por la que somos más felices en nuestras pruebas es ésta: Tenemos entonces una comunión más íntima con Dios. Cuando el granero está lleno, el hombre puede vivir sin Dios; cuando el bolsillo rebosa de oro, estamos tentados a vivir sin mucha oración. Pero cuando se secan nuestras calabazas, entonces sentimos necesidad de nuestro Dios; cuando los ídolos de nuestra casa son quitados, entonces nos sentimos constreñidos a adorar a nuestro Dios. No hay mejor clamor que el que viene de las partes bajas de las montañas, y no hay oración que tenga ni la mitad del fervor que tiene la que sale de las profundidades del alma, a través de intensas pruebas y aflicciones.

13 febrero

Somos hijos de Dios

Mirad cuál amo nos ha dado el Padre, para que seamos llamados hijos de Dios; por esto el mundo no nos conoce, porque no le conoció a Él. Ahora somos hijos de Dios (1 Juan 3:1, 2)

La Biblia en un año:
• Levítico 14
• Mateo 26:51-75

«Mirad cuál amor nos ha dado el Padre.» Si consideramos lo que hemos sido y lo que todavía somos cuando la corrupción muestra en nosotros su funesto poder, nos admiraremos de que Dios nos haya adoptado como hijos. Sin embargo, ésa es la verdad, pues el pasaje dice que somos llamados hijos de Dios. ¡Qué sublime relación es la de un hijo y qué privilegio entraña! ¡Qué cuidado y qué cariño el hijo espera de su padre y qué amor el padre siente para con su hijo! Pero nosotros, por medio de Cristo, tenemos todo eso y mucho más. En cuanto a los momentáneos sufrimientos que compartimos con nuestro Hermano Mayor, los aceptamos como un honor. «El mundo no nos conoce porque no lo conoce a Él.» Nos alegramos de ser, juntamente con Jesús, desconocidos en su humillación, pues sabemos que juntamente con Él habremos de ser exaltados.

«Amados, ahora somos hijos de Dios.» Es fácil leer esto, pero no es fácil sentirlo. ¿Cómo se halla tu corazón esta mañana? ¿Se halla en la profundidad de la aflicción? ¿La corrupción se levanta dentro de tu espíritu y la gracia se asemeja a una pobre chispa pisoteada bajo los pies? No temas; tú no tienes que vivir de tus dones ni de tus sentimientos; solo debes vivir por fe en Cristo. Aunque todo nos sea contrario, aunque estemos en la profundidad de la aflicción, ya estemos en la montaña o en el valle, el pasaje dice que «ahora somos hijos de Dios». «Pero —dices tú— yo no estoy bien ataviado, mis dones no se destacan y mi justicia no brilla esplendorosamente.» Hermano, lee otra vez el texto: «Aún no se ha manifestado lo que hemos de ser, pero sabemos que cuando Él apareciere seremos como Él es». El Espíritu Santo purificará nuestras mentes y el poder divino perfeccionará nuestros cuerpos, y entonces lo veremos como Él es.

Joaquín no fue sacado del palacio real con un depósito de alimentos que le durase por algunos meses, sino le fue dada una provisión diaria. Joaquín representa en esto la feliz posición de todo el pueblo de Dios. Porción diaria es lo que realmente necesita el hombre. No necesitamos provisiones para mañana; ese día no ha llegado aún y sus necesidades no exis-

14 febrero

Saciándonos con la porción necesaria

Y diariamente le fue dada su comida de parte del rey, de continuo, todos los días de su vida
(2 Reyes 25:30)

La Biblia en un año:
• **Levítico 15–16**
• **Mateo 27:1-26**

---

ten todavía. La sed que tendremos en junio no necesita ser satisfecha en febrero, pues aún no la sentimos. Si a medida que van llegando los días, tenemos lo suficiente para cada día, nunca sabremos qué es necesidad. Lo que baste para el día es todo lo que podemos disfrutar. No podemos comer y beber o vestir más que la provisión de alimento o vestido que necesitamos a diario. El sobrante nos deja la inquietud de almacenarlo y la ansiedad de estar en guardia contra el ladrón. Un báculo ayuda al viajero, pero un paquete de báculos es una pesada carga. Cuando nuestro Padre no nos da más, debemos estar satisfechos con la porción cotidiana. El caso de Joaquín es el nuestro; tenemos una porción segura, una porción que nos es dada de parte del rey, una porción de gracia, una porción perpetua. Hay aquí una base segura para el agradecimiento.

Amado lector cristiano, necesitas también en cuanto a la gracia de Dios, una porción diaria. Tú no tienes un depósito de fuerzas. Debes procurar conseguir día tras día fuerzas de lo Alto. Puedes estar seguro de que te será dada una porción cada día. Por la lectura de la Palabra, por la instrumentalidad del pastor, por la meditación, por la oración y por la confianza en Dios, recibirás renovadas fuerzas. En Jesús están guardadas para ti todas las cosas que necesitas. Entonces, disfruta de tu continua ración. Mientras el pan de la gracia esté sobre la mesa de la misericordia, nunca te vayas con hambre.

15 febrero

Tributando a Jesús la gloria debida

A Él sea gloria ahora y hasta el día de la eternidad
(2 Pedro 3:18)

> **La Biblia en un año:**
> • Levítico 17–18
> • Mateo 27:27-50

Los cielos serán colmados con las incesantes alabanzas de Jesús. ¡Eternidad!, tus incontables años apresurarán su curso eterno, pero por los siglos de los siglos «a Él sea gloria». ¿No es Jesús sacerdote eterno según el orden de Melquisedec? «A Él la gloria.» ¿No es Él rey eterno, Rey de reyes y Señor de los señores, Padre eterno? «A Él la gloria hasta el día de la eternidad.» Nunca cesarán sus alabanzas. Lo que fue comprado con sangre merece durar el tiempo que dura la eternidad. La gloria de la cruz nunca debe ser eclipsada. El brillo de la tumba y de la resurrección no han de ser empañados. ¡Oh Jesús!, tú serás alabado siempre. Tanto como viven los espíritus inmortales, tanto como perdura el trono de Dios, por siempre y para siempre a Él sea gloria. Creyente, al tributar gloria a Jesús, estás anticipando el tiempo cuando te reunirás con los santos en el cielo. Pero, ¿lo estás glorificando ahora? Así dijo el apóstol: «A Él sea gloria ahora y hasta el día de la eternidad». ¿No deseas hacer tuya hoy la oración?: «Señor, ayúdame a glorificarte. Soy pobre, ayúdame a glorificarte conformándome con lo que tengo; estoy enfermo, ayúdame a honrarte con mi paciencia; tengo talentos, ayúdame a ensalzarte usándolos para ti; dispongo de tiempo, ayúdame a redimirlo para poder servirte; tengo un corazón para sentir, permite, Señor, que mi corazón no sienta otro amor que el tuyo y no se inflame con otra llama que la del amor a ti; tengo una mente para pensar, ayúdame, Señor, a pensar en ti y por ti, Tú me has puesto en el mundo con un propósito, muéstrame, Señor, cuál es, y ayúdame a cumplirlo. Yo no puedo hacer mucho, pero como la viuda puso las dos blancas, que constituían todo su haber, yo pongo mi tiempo y eternidad en tu tesorería. Soy todo tuyo; tómame y capacítame para glorificarte ahora en todo lo que digo, hago y tengo».

Estas palabras demuestran que el contentamiento no es, en el hombre, una inclinación natural. «La mala hierba crece pronto.» Codicia, descontento y murmuración son en el hombre tan naturales como lo son las espinas en el campo. No necesitamos sembrar espinas y cardos; crecen solos, pues la tierra los produce en todas partes. No necesitamos enseñar a los hombres a que se lamenten; ya se lamentan bastante sin enseñanza alguna. Pero las cosas preciosas de la tierra tienen que ser cultivadas. Si queremos trigo, tenemos que arar y sembrarlo. Si queremos flores tenemos que tener un jardín y contar con los cuidados de un jardinero. Pero el contentamiento es una de las flores del cielo y, si queremos tenerlo, hemos de cultivarlo; no crecerá en nosotros por él mismo. Solamente la nueva naturaleza puede producirlo, y aun entonces debemos mostrarnos cuidadosos y vigilantes en mantener y cultivar la gracia que Dios haya sembrado en nosotros. Pablo dice: «Yo *he aprendido...* a contentarme», por lo que nos da a entender que hubo un tiempo cuando no lo sabía. Sin duda le costó bastante llegar a comprender el misterio de esta gran verdad. Quizás a veces pensaba que lo había aprendido, pero luego cayó otra vez. Cuando al fin lo alcanzó, pudo decir: «He aprendido a contentarme con lo que tengo». En ese entonces ya era anciano, hombre canoso; estaba al borde de la sepultura, estaba pasando en Roma, en la cárcel de Nerón, sus últimos días terrenales. Si podemos alcanzar la graduación espiritual de Pablo, podremos soportar las enfermedades de Pablo y participar con él de la fría cárcel. Creyente, no des lugar a la idea de poder estar contento sin aprender, y aprender sin disciplina. No es ésta una virtud que se puede ejercer por naturaleza; debemos aprenderla gradualmente como una ciencia. Sabemos esto por experiencia.

febrero 16

Sembrando y cultivando el contentamiento

He aprendido a contentarme, cualquiera que sea mi situación
(Filipenses 4:11)

La Biblia en un año:
• Levítico 19–20
• Mateo 27:51-66

17 febrero

Vivamos siempre en la presencia del Dios vivo

Y habitó Isaac junto al pozo del viviente que me ve
(Génesis 25:11)

> **La Biblia en un año:**
> • Levítico 21–22
> • Mateo 28

Allí Agar fue librada una vez de su prueba, e Ismael bebió de las aguas que tan benignamente le mostró el Dios que vive y que ve a los hijos de los hombres. Pero ésta era una visita casual, como las que hacen los mundanos al Señor en tiempo de necesidad y para su propio provecho. Claman a Él en la aflicción pero lo olvidan en la prosperidad. Isaac, en cambio, habitó allí, y el pozo del Dios que vive y todo lo ve fue su constante fuente de provisión. El tenor habitual de la vida del hombre y el lugar donde su alma vive constantemente, constituyen la verdadera piedra de toque de su estado espiritual. La gracia providencial que experimentó Agar impresionó la mente de Isaac y le condujo a reverenciar aquel lugar. Su nombre místico ganó su cariño. Las frecuentes meditaciones de Isaac sobre el borde de este pozo, a la tarde, hicieron que él se familiarizara con este lugar. El encuentro que allí tuvo con Rebeca hizo que su espíritu se sintiese cómodo allí. Pero fue sobre todo el hecho de haber gozado allí de íntima comunión con el Dios viviente lo que hizo que Isaac eligiese ese lugar santificado como habitación suya. Aprendamos a vivir en la presencia del Dios vivo. Oremos para que en éste y en todos los días podamos experimentar esta verdad: «Tú eres el Dios de la Vista». Que el Señor sea para nosotros como un pozo delicioso, confortante, seguro, que salte para vida eterna. Las botellas de las criaturas se rompen y secan, pero el pozo del Creador nunca falla. ¡Feliz es el que habita junto al pozo y así tiene a mano abundantes y continuas provisiones! El Señor ha sido a otros un constante ayudador: su nombre es *Shaddai*, Dios todopoderoso. Nuestros corazones han tenido frecuentes y deliciosas relaciones con Él. Por intermedio del Padre nuestras almas hallaron al glorioso esposo, el Señor Jesús. Permanezcamos, pues, en estrecha comunión con Él.

Pruebas que nos hacen crecer en la gracia

Hazme entender por qué pleiteas conmigo
(Job 10:2)

> **La Biblia en un año:**
> • **Levítico 23–24**
> • **Marcos 1:1-22**

Quizás, oh alma probada, el Señor está haciendo esto para desarrollar tus dones. Algunos de tus dones nunca se descubrirían si no fuese por las pruebas. ¿No sabes que tu fe nunca aparece tan grande en la estación estival como en la invernal? El amor es con frecuencia como una luciérnaga: si no está en medio de tinieblas presenta muy poca luz. La esperanza es semejante a una estrella; no se ve ante el sol de la prosperidad, pero se revela en la noche de la adversidad. Las aflicciones constituyen a menudo el oscuro joyero en el que Dios coloca las alhajas espirituales de sus hijos, con el fin de que brillen mejor. Hace apenas unos momentos que, estando sobre tus rodillas, decías: «Señor, temo no tener fe; permíteme saber que realmente la tengo». ¿No estabas con esto pidiendo pruebas? Porque, ¿cómo puedes saber que tienes fe, si no la ejercitas? Ten esto por cierto: Dios a menudo nos envía pruebas para manifestar nuestros dones y para que nos cercioremos de la excelencia de los mismos. Además, las pruebas nos traen un real crecimiento en la gracia. Dios suele quitar nuestras comodidades y nuestros privilegios con el fin de hacernos mejores cristianos. Él no ejercita a sus soldados en las carpas de la tranquilidad y la lujuria, sino que los saca de allí y los ejercita con marchas forzadas y duros trabajos. Les hace vadear arroyos, nadar por ríos, trepar montañas y andar muchas y largas millas con pesadas mochilas de aflicción puestas sobre sus espaldas. Bien, cristiano, ¿no explica esto las aflicciones por las que estás pasando? ¿No está Dios sacando a luz tus dones y haciéndolos crecer? ¿No es precisamente con ese fin que el Señor está contendiendo contigo? «Las pruebas hacen que las promesas nos sean agradables; las pruebas dan nueva vida a la oración; las pruebas me llevan a los pies de Cristo, me humillan y me guardan allí.»

19 febrero

Oración, preludio de la bendición

Así ha dicho Jehová el Señor: Aún seré solicitado de la casa de Israel
(Ezequiel 36:37)

> **La Biblia en un año:**
> • Levítico 25
> • Marcos 1:23-45

La oración es la precursora de la compasión. Vuelve a la Sagrada Historia y verás que apenas vino alguna vez alguna gran bendición a este mundo que no haya sido anunciada por la súplica. Tú mismo en tu experiencia has hallado esta verdad. Dios te ha dado muchos favores no solicitados, y sin embargo la oración ferviente ha sido siempre para ti el preludio de una gran bendición. Cuando al principio hallaste paz por la sangre de la cruz, hacía tiempo que estabas orando e intercediendo con fervor ante Dios para que removiese tus dudas y te librase de tus penas. Tu confianza fue el resultado de la oración. Al experimentar goces sublimes y desbordantes, te has visto obligado a considerarlos como resultado de tus oraciones. Cuando has sido librado de terribles pruebas y has contado, en tus calamidades, con alguna ayuda poderosa, has podido decir: «Busqué al Señor y Él me oyó, y me libró de todos mis temores». La oración es siempre el preludio de una bendición, y va delante de ésta como si fuese una sombra que ella proyecta. Cuando el sol de la misericordia de Dios se eleva sobre nuestras necesidades proyecta sobre el campo la sombra de la oración. O, para usar otra ilustración: cuando Dios levanta una montaña de bendiciones, Él mismo alumbra detrás de esas bendiciones y proyecta sobre nuestros espíritus la sombra de la oración, de modo que podemos estar seguros (si oramos mucho) de que nuestras súplicas constituyen las sombras de la bendición que pedimos. De esta manera, la oración se conecta con la bendición pedida para mostrarnos su valor. Si obtuviésemos las bendiciones sin pedirlas, las consideraríamos cosas comunes, pero las oraciones hacen que nuestras bendiciones sean más preciosas que el diamante. Lo que pedimos es precioso, pero no nos apercibimos hasta que lo hemos buscado ardientemente.

¿Y quién consuela como Él? Ve a algún melancólico y angustiado hijo de Dios; comunícale dulces promesas y pon en sus oídos selectas palabras de consuelo; él será ante ellas como una serpiente sorda que no responde a la voz del encantador, aunque éste trate de encantarla más sutilmente que nunca. Él está bebiendo ajenjo y hiel. Trata de consolarlo

febrero 20

Las consolaciones de Dios alegran mi alma

Dios, que consuela a los humildes
(2 Corintios 7:6)

La Biblia en un año:
• Levítico 26–27
• Marcos 2

como quieras, lo único que conseguirás será una o dos notas de lastimera resignación. No lograrás sacar de él ningún salmo de alabanza, ninguna aleluya y ningún soneto de gozo. Pero deja que se le acerque Dios y le levante el rostro, y entonces los ojos del afligido brillarán de esperanza. ¿No lo oyes cantar? : «Si tú estás aquí esto es un paraíso; si te vas, es un infierno». Tú no pudiste alegrarlo, pero el Señor lo ha hecho. «Él es el Dios de toda consolación.» No hay bálsamo en Galaad, pero sí lo hay en Dios. No hay médico entre las criaturas, pero el Creador es Jehová-rophi. ¡Es maravilloso ver cómo una palabra de Dios hace cantar al cristiano! Una palabra de Dios es igual a un pedazo de oro; el cristiano es el batidor de ese oro, y puede machacar esa palabra de promesa por semanas enteras. Siendo así, pobre cristiano, no necesitas echarte a la desesperación. Ve al Consolador y pídele que te dé consolación. Tú eres un pobre pozo seco. Has oído decir que cuando una bomba se seca, debes, ante todo, echarle agua, y entonces ella a su vez te dará agua. Y así, cristiano, cuando estés seco, ve a Dios, pídele que derrame en tu corazón abundante gozo, y entonces tu gozo será cumplido. No vayas a los amigos terrenales, porque, después de todo, hallarás en ellos consoladores de Job; pero ve primero y ante todo a tu «Dios, que consuela a los humildes», y pronto dirás: «En la multitud de mis pensamientos dentro de mí, tus consolaciones alegran mi alma».

21 febrero

Escudriñando las Escrituras

Él dijo
(Hebreos 13:5)

> **La Biblia en un año:**
> • Números 1–3
> • Marcos 3

Si por fe podemos posesionarnos de estas solas palabras, poseeremos un arma que todo lo conquista. ¿Qué duda no morirá ante esta espada de dos filos? ¿Qué temor no caerá herido con herida mortal ante esta flecha del arco del pacto de Dios? Las penas de la vida y las ansias de la muerte, las corrupciones internas y las trampas externas, las pruebas de arriba y las tentaciones de abajo, ¿no aparecen como leves aflicciones cuando nos escondemos bajo el baluarte de «Él dijo»? Sí, sea para deleite en nuestra tranquilidad, o para fortaleza en nuestra aflicción, «Él dijo» debe ser nuestro diario recurso. Esto nos enseña cuánto vale escudriñar las Escrituras. Puede haber en la Palabra una promesa que se adapte justo a tu caso, pero no la conoces y, por tanto, careces del consuelo que te puede comunicar. Eres como los prisioneros cerrados en un calabozo. Puede haber en el manojo de llaves que está a tu alcance una llave que podría abrir la puerta; y, al abrirla, quedarías en libertad. Pero si no la buscas, permanecerás para siempre en la prisión, aunque la libertad esté en tus mismas manos. Puede haber en la gran farmacopea de la Escritura una poderosa medicina que cure tu mal; pero, si no examinas ni escudriñas las Escrituras para descubrir lo que «Él dijo», seguirás enfermo. Además de leer la Biblia, has de enriquecer tu memoria poniendo en ella las promesas de Dios. Puedes recordar dichos de grandes hombres, aprendes de memoria versos de renombrados poetas, ¿no debes, pues, tener un conocimiento profundo de las palabras de Dios, de suerte que puedas citarlas en seguida cuando desees resolver una dificultad o matar una duda? Ya que «Él dijo» es la fuente de toda sabiduría y de todo consuelo, haz que permanezca en ti como «una fuente de agua que salta para vida eterna». Así crecerás sano, fuerte y feliz en la vida espiritual.

Nada podemos sin el poder de Dios

Mas su arco se mantuvo poderoso, y los brazos de sus manos se fortalecieron por las manos del fuerte de Jacob
(Génesis 49:24)

La Biblia en un año:
• Números 4–6
• Marcos 4:1-20

La fortaleza que Dios da a sus Josés es una fortaleza real. No es una fortaleza jactanciosa, o ficción, algo de lo que los hombres hablan pero que acaba en humo. Es más bien una fortaleza verdadera y divina. ¿Por qué José resistió a la tentación? Porque Dios lo ayudó. No hay nada que podamos hacer sin el poder de Dios. Toda fortaleza verdadera viene del «Fuerte de Jacob». Mirad en qué modo familiar y bendito Dios da su fortaleza a José: Los brazos de sus manos se corroboraron por el «Fuerte de Jacob». Aquí se representa a Dios como poniendo sus manos sobre las manos de José y colocando sus brazos sobre los brazos del mismo. Como un padre enseña a sus hijos, así el Señor enseña a los que le temen. Él pone sus brazos sobre ellos. ¡Maravillosa condescendencia! El Dios Todopoderoso, eterno y omnipotente se inclina desde su trono y pone su mano sobre la mano del hijo, extendiendo su brazo sobre el brazo de José, para que sea fuerte. Esta fortaleza era además una fortaleza del pacto, pues se atribuye al «Fuerte de Jacob». Ahora bien, en cualquier lugar de la Biblia donde leas acerca del Dios de Jacob, has de recordar el pacto que Dios hizo con él. Los cristianos sienten placer en pensar en el pacto de Dios. Todo el poder, toda la gracia, las bendiciones, las mercedes, todo consuelo, todo cuanto tenemos, proceden para nosotros del gran manantial y por medio del pacto. Si no hubiera pacto tendríamos que perecer indefectiblemente, pues todas las bendiciones proceden de Él como la luz y el calor vienen del sol. Ningún ángel asciende o desciende por otra parte que no sea la escala que vio Jacob, en cuya cabeza está colocado un pacto de Dios. Cristiano, puede ser que los arqueros te hayan atormentado seriamente y te hayan tirado y herido, pero tu arco aún queda en fortaleza. Atribuye, pues a Dios, sin dudar, toda la gloria.

23 febrero

Confiando en su promesa de ampararnos

No te desampararé, ni te dejaré
(Hebreos 13:5)

La Biblia en un año:
• Números 7–8
• Marcos 4:21-41

No hay ninguna promesa de particular interpretación. Cualquier cosa que Dios haya dicho a alguno de sus santos la dice a todos. Cuando abre una fuente para uno, lo hace para que beban todos. Cuando abre la puerta de algún granero para dar alimento, aunque la causa de ese acto sea un solo hambriento, todos los creyentes sin distinción pueden venir y alimentarse. Aunque originalmente Dios haya dado la palabra de promesa a Abraham o a Moisés, ahora te la da también a ti, como componente de la simiente del pacto. No hay bendición que sea demasiado elevada para ti, ni merced que sea demasiado grande. Levanta ahora tus ojos, mira al Norte y al Sur, al Este y al Oeste, porque todo es tuyo. Sube a la cumbre del Pisga y mira el último límite de la promesa divina, porque la tierra es toda tuya. No hay un arroyo de aguas vivas del cual no puedas beber. Si la tierra fluye leche y miel, come la miel y bebe la leche, porque ambas cosas son tuyas. Sé osado para creer, pues Él ha dicho: «No te desampararé, ni te dejaré». En esta promesa Dios da a su pueblo todas las cosas. «Yo no te dejaré.» Ningún atributo de Dios dejará de ser empleado para nuestro bien. ¿Dios es poderoso? Entonces manifestará su poder en bien de los que en Él confían. ¿Es amor? Entonces con amor desinteresado tendrá misericordia de nosotros. Cualquier atributo que forme parte del carácter de la deidad, será empleado en tu favor. En resumen: No hay nada que puedas desear, no hay nada que puedas solicitar, no hay nada que puedas necesitar en el tiempo o en la eternidad; nada que haya en este mundo o en el venidero; nada que haya en el momento presente ni en la mañana de la resurrección; y, por fin, nada que haya en el cielo, que no esté contenido en este texto «No te desampararé, ni te dejaré».

Necesitamos de su gracia para ser santos

Y haré descender la lluvia en su tiempo; lluvias de bendición serán
(Ezequiel 34:26)

La Biblia en un año:
• **Números 9–11**
• **Marcos 5:1-20**

Aquí hay una misericordia soberana: «Yo haré descender la lluvia en su tiempo». ¿No es ésta una misericordia soberana y divina? ¿Quién puede decir «haré descender la lluvia», sino solo Dios? Hay una sola voz que puede hablar a las nubes y ordenarles dar lluvia. ¿Quién envía sobre la tierra la lluvia? ¿Quién la esparce sobre la hierba? ¿No soy yo, dice el Señor? De modo que la gracia es don de Dios y, por tanto, no ha de ser creada por el hombre. Además es ésta una gracia que necesitamos. ¿Qué haría la tierra sin la lluvia? Puedes arar, sembrar tu simiente, pero ¿qué puedes hacer sin la lluvia? De igual modo es del todo necesaria la bendición divina. Hasta que Dios te conceda lluvia abundante y te envíe la salvación trabajas en vano. Además, es abundante. «Haré descender la lluvia.» No dice: «Les enviaré gotas, sino lluvias». Así pasa con la gracia. Si Dios da una bendición, la suele dar en tal medida que no hay suficiente sitio para recibirla. ¡Gracia abundante! Necesitamos esa abundancia para conservarnos humildes, ser afectos a la oración y ser santos; precisamos de gracia abundante para ser celosos, preservarnos del mal en el curso de esta vida y, por fin, para ser llevados al cielo. No podemos estar sin ser empapados con la lluvia de la gracia. Esta gracia es también una gracia oportuna. «Haré descender la lluvia *en su tiempo*.» ¿Qué tiempo es éste para ti? ¿Es el de la seca? Entonces éste es el tiempo para las lluvias. «Como tus días será tu fortaleza.» Hay, por fin, una bendición variada: «Lluvias de bendición serán». La palabra está en plural. Dios enviará toda clase de bendiciones, que van juntas como eslabones de una cadena de oro. Si Él da la gracia que convierte dará también la gracia que consuela. Él enviará «lluvias de bendiciones». ¡Oh, planta mustia, abre tus hojas y tus flores para recibir la lluvia celestial!

25 febrero

¡Cuán espantosa es la ira de Dios para todo pecador!

La ira venidera
(Mateo 3:7)

> **La Biblia en un año:**
> • Números 12–14
> • Marcos 5:21-43

Es agradable pasar por un campo después de una tormenta, es grato aspirar la frescura de las hierbas después de cesar la lluvia, y es placentero mirar las gotas de agua cuando relucen como diamantes purísimos a la luz del sol. Es ésa la posición de un cristiano. Peregrina por una tierra en la que la tormenta se descargó sobre la cabeza de su Salvador, y si aún caen algunas gotas de aflicción, esas gotas proceden de las nubes de la misericordia, y Jesús lo conforta con la seguridad de que ellas no son para su destrucción. Pero, ¡cuán terrible es presenciar el espantoso avance de un huracán –como ocurre algunas veces en los trópicos– y aguardar en terrible temor hasta que el viento se precipita con furia, desarraigando árboles, derribando las rocas de sus pedestales y tirando abajo toda habitación. Y, sin embargo, pecador, ésta es tu posición presente. Todavía no cayó ninguna gota caliente, pero una verdadera lluvia de fuego se acerca. Ningún viento furioso sopla aún en derredor nuestro, pero hay una tempestad divina que está reuniendo toda su espantosa artillería. Las aguas inundantes están hasta ahora retenidas por la misericordia, pero pronto serán sueltas. Los rayos de Dios se encuentran todavía en sus depósitos, pero, ¡ay!, la tempestad se avecina y ¡cuán espantoso será aquel momento cuando Dios, vestido de venganza, marchará con furor! ¿Dónde, dónde, dónde, oh pecador, esconderás tu cabeza o adónde huirás? ¡Oh, que la mano de la misericordia te guíe ahora a Cristo! En el Evangelio Cristo se te presenta gratuitamente. Su costado herido es la roca de protección. Tú sabes que necesitas de Él. Cree en Él, apóyate en Él, y entonces la furia pasará para siempre a otro lado.

La salvación es obra de Dios. Él solo vivifica al alma «muerta en sus delitos y pecados» y, además, la sostiene en la vida espiritual. Él es el Alfa y la Omega. «La salvación es de Jehová.» Si soy una persona afecta a la oración, es Dios quien me da esa inclinación. Si estoy revestido de dones, es porque el Señor me los dio. Mantengo una vida consecuente porque Él me sostie-

Toda mi fortaleza viene únicamente del cielo

La salvación es de Jehová
(Jonás 2:9)

La Biblia en un año:
• Números 15–16
• Marcos 6:1-29

ne con *Su* mano. Nada hago yo para mi propia preservación fuera de lo que Dios obra primero en mí. Cualquier cosa que tenga, pertenece al Señor. Lo único que es propiamente mío es el pecado. Pero si hago algo recto, ese algo es de Dios entera y completamente. Si he rechazado a algún enemigo espiritual, es porque Dios fortaleció mi brazo. ¿Vivo ante los hombres una vida consagrada? Esto no es por mí, sino por Cristo que vive en mí. ¿Estoy santificado? Yo no me limpio a mí mismo; es el Espíritu de Dios el que me santifica. ¿Estoy apartado del mundo? Esto se efectuó por las santificadoras pruebas que Dios envió para mi bien. Si estoy creciendo en conocimiento es porque el gran Maestro me enseña. Todas mis joyas están trabajadas con arte celestial. Hallo en Dios todo lo que necesito. Pero en mí mismo no hallo otra cosa que miseria y pecado. «Él solo es mi roca y mi salvación.» ¿Me alimento de la Palabra? Esa Palabra no podría alimentarme si el Señor no le hubiese comunicado esa virtud, y si Él no me ayudase a alimentarme de ella. ¿Vivo del maná que viene del cielo? ¿Qué es ese maná, sino Jesucristo mismo, cuyo cuerpo y sangre como y bebo? ¿Voy recibiendo nuevas fuerzas? ¿De dónde consigo el poder? Mi fortaleza viene del cielo. Sin Jesús nada puedo hacer. Como un pámpano no puede llevar fruto si no estuviere en la vid, tampoco yo puedo hacerlo si no permanezco en Él. Que lo que Jonás aprendió en las profundidades, lo aprenda yo esta mañana en mi cámara secreta: «La salvación es de Jehová».

27 febrero

Morada inconmovible

Porque has puesto a Jehová, que es mi esperanza, al Altísimo por tu habitación (Salmos 91:9)

La Biblia en un año:
• Números 17–19
• Marcos 22:4

Mientras estuvieron en el desierto, los israelitas estaban continuamente expuestos a cambio. Cuando la columna de nubes se detenía, plantaban las carpas; pero al día siguiente, antes que saliese el sol de la mañana, sonaba la trompeta, el arca se ponía en movimiento, y la ardiente columna de nube marcaba el camino, bien a través de los estrechos desfiladeros de las montañas, bien a lo largo del árido y desolado desierto. En cuanto descansaban un poco, oían la voz de «¡Afuera, éste no es vuestro reposo; debéis ir más adelante peregrinando hacia Canaán!». Nunca permanecían mucho tiempo en un lugar. Ni pozos ni palmeras podían detenerlos. Pero, a pesar de esto tenían en Dios un hogar permanente. El techo de ese hogar era la columna de nube y su lumbre la columna de fuego. Tenían que marchar de lugar en lugar, cambiando continuamente, sin tener nunca tiempo para establecerse en un lugar y decir: «Ahora estamos seguros; permaneceremos aquí». «Sin embargo –dice Moisés– tú, Señor, nos has sido refugio de generación en generación.» Con relación a Dios, el cristiano no conoce ningún cambio. Puede ser rico hoy y pobre mañana; puede estar un día bien y otro día mal; puede gozar hoy de prosperidad y estar mañana en apretura, pero con relación a Dios, no experimenta cambio alguno. Si me amó ayer me ama también hoy. Mi inconmovible mansión de descanso es mi bendito Señor. Que se desvanezcan mis buenas perspectivas, que se esfumen mis esperanzas, que cese mi gozo, que los tizones destruyan todo; yo no he perdido nada de lo que tengo en Dios. Él es «mi fuerte habitación en la que puedo descansar continuamente». Yo soy un peregrino en este mundo, pero en el cielo que es mi hogar, está mi Dios. En la tierra soy un peregrino, pero en Dios habito como en tranquila habitación.

Nuestra esperanza en Dios, que nunca nos falla

De Él es mi esperanza
(Salmos 62:5)

La Biblia en un año:
• **Números 20–21**
• **Marcos 7:1-9**

Usar este lenguaje es privilegio del creyente. Si él espera algo del mundo, está esperando en vano. Pero si espera en Dios para que Él supla sus necesidades, entonces tanto en las bendiciones materiales como en las espirituales, su esperanza no será en vano. Puede constantemente sacar fondos del banco de la fe y hacer que sus necesidades queden satisfechas por las riquezas de la bondad de Dios. Esto sé: prefiero tener a Dios como banquero que a todos los multimillonarios. Mi Señor nunca falla en cumplir sus promesas y, cuando las llevamos ante su trono, jamás las devuelve sin cumplir. Por tanto, solo ante su puerta aguardaré, pues la abre con la mano de la generosa gracia. Lo probaré otra vez en esta ocasión. Pero nosotros tenemos también esperanzas para más allá de esta vida. Pronto moriremos, y entonces podremos decir: «De Él es nuestra esperanza». ¿No esperamos que, en el lecho del dolor, Él envíe a sus ángeles para llevarnos a su seno? Creemos que cuando nos falle el pulso y nuestro corazón palpite con dificultad algún mensajero angélico estará a nuestro lado y con ojos amorosos nos mirará diciendo: «Espíritu hermano, vamos». Y al acercarnos a la puerta celestial, esperamos oír esta invitación de bienvenida: «Venid benditos de mi Padre, heredad el reino preparado para vosotros desde la fundación del mundo». Esperamos arpas de oro y coronas de gloria; y estar pronto entre la multitud de seres resplandecientes que están delante del trono. Miramos hacia adelante y ansiamos que llegue el tiempo cuando seremos semejantes a nuestro glorioso Señor, porque lo «veremos como Él es». Si éstas, alma mía, son tus esperanzas, vive para Dios, vive con el deseo y la resolución de glorificar a aquel de quien vienen todas las provisiones, y por cuya gracia demostrada en tu elección, redención y llamamiento, tienes esperanza de la gloria venidera.

29 febrero

El amor vence siempre la batalla

Te prolongué mi misericordia
(Jeremías 31:3)

> **La Biblia en un año:**
> • **Números 22**
> • **Marcos 7:10-15**

Los truenos de la ley y los terrores del juicio se usan para conducirnos a Cristo, pero la victoria final la efectúa la misericordia. El pródigo partió para la casa de su padre con una sensación de necesidad, pero su padre lo vio estando aún lejos, y corrió a su encuentro; de modo que los últimos pasos que el pródigo dio hacia la casa de su padre, los dio llevando aún en sus mejillas la impresión del beso paternal, y en los oídos la música de bienvenida. Mientras la ley y los terrores obren solos, no hacen otra cosa que endurecer, pero la sensación del perdón comprado con sangre, disolverá el corazón de piedra. El Maestro vino una noche a la puerta y golpeó con la férrea mano de la ley; la puerta retumbó y cimbró sobre sus goznes, pero el hombre amontonó contra la puerta sus muebles y dijo: «No lo admitiré». El Maestro se fue, pero tras un rato volvió y con mano suave, usando en especial la parte donde los clavos habían penetrado, golpeó otra vez suavemente. Esta vez la puerta no retumbó, pero, ¡cosa rara!, se abrió, y allí sobre sus rodillas estaba el que en la visita anterior estuviera tan mal dispuesto. Todo había cambiado; ahora sentía gozo al poder dar la bienvenida a su huésped. «Entra, entra –le dijo–; has golpeado de forma que mis entrañas se conmovieron de amor por ti. Al pensar en tu mano taladrada que dejaba una marca de sangre en mi puerta, no pude dejarte ir. Tu cabeza está bañada de rocío y tus guedejas con las gotas de la noche. Yo me rindo a ti; tu amor me ha vencido.» Así es siempre: el amor vence la batalla. Lo que Moisés con sus tablas de la ley nunca pudo hacer, Cristo lo hace con su mano herida. Tal es la doctrina del llamamiento eficaz. ¿Lo experimenté yo? ¿Puedo decir «Él me atrajo y le seguí gozoso, al reconocer su divina voz»? Que siga el Señor atrayéndome, hasta que al fin me siente en las bodas del Cordero.

Cualquier cosa es mejor que la calma mortal de la indiferencia. Bien pueden nuestras almas desear el Aquilón de la prueba si únicamente ese Aquilón puede extraer el perfume de nuestros dones. Mientras no se diga «Jehová estaba en el viento», no podremos evitar el ventarrón más tormentoso que jamás haya soplado sobre las plantas de la gracia divina. ¿No se somete aquí

No nos resignemos a la inutilidad

Levántate, Aquilón, y ven, Austro; soplad en mi huerto, despréndanse sus aromas (Cantares 4:16)

La Biblia en un año:
• Números 23–25
• Marcos 7:16-37

humildemente la esposa a los reproches de su amado, suplicándole solo que le envíe su gracia en alguna forma, no poniendo ninguna condición en cuanto al modo de enviarla? ¿No estaba ella, como nosotros, tan aburrida de calma mortal e impía que ansiaba tener algo que hacer? Con todo, deseaba también el cálido viento del consuelo, las sonrisas del amor divino y el gozo de la presencia del Redentor. Estas cosas suelen ser muy eficaces para despertar nuestra perezosa vida. Ella desea una cosa o la otra, o ambas, con tal de poder deleitar a su amado con los frutos de su jardín. No puede resignarse a ser inútil, ni tampoco lo podemos nosotros. ¡Cuánto nos alienta pensar que Jesús puede hallar satisfacción en nuestros pobres y débiles dones! ¿Lo hallará en verdad? Esto parece demasiado bueno para ser verdadero. Bien podríamos solicitar la aflicción –y aun la muerte– si nos ayudaran a alegrar el corazón de Emmanuel. Que nuestros corazones sean pulverizados si solo por medio de eso nuestro suave Señor puede ser glorificado. Los dones que no se ejercen son como los suaves perfumes que dormitan en los cálices de las flores. La sabiduría del Gran Labrador domina las diversas causas que se oponen a que se produzca el resultado deseado, y hace que tanto la aflicción como la consolación extraigan los gratos perfumes de la fe, el amor, la esperanza, la paciencia, la resignación, el gozo y de las otras flores hermosas del jardín. ¡Ojalá conozcamos por experiencia lo que esto significa!

2 marzo

Adaptándonos a la obra del Señor

Todos los de Israel tenían que descender a los filisteos para afilar cada uno la reja de su arado, su azadón, su hacha o su hoz
(1 Samuel 13:20)

> **La Biblia en un año:**
> • Números 26–27
> • Marcos 8:1-21

Estamos empeñados en una gran guerra con los filisteos del mal. La predicación, la enseñanza, la oración, las dádivas: todo debe ser puesto en acción, y los talentos que hemos considerado demasiado inferiores para el culto divino, deben ahora ser empleados. Rejas de arado, hachas y azadones pueden ser útiles para matar filisteos. Las herramientas rústicas pueden dar rudos golpes; lo que se necesita no es matar con elegancia, sino con eficacia. Cada momento, en sazón o fuera de ella, cada fragmento de talento natural o de habilidad conseguida por medio de la instrucción, cada oportunidad favorable o desfavorable, deben ser utilizados. La mayor parte de nuestras herramientas necesitan ser afiladas. Necesitamos percepción vivaz, necesitamos tacto, energía y diligencia. En una palabra: necesitamos completa adaptación a la obra del Señor. El sentido común y práctico escasea mucho entre los conductores de empresas cristianas. Si lo deseamos, podemos aprender de nuestros enemigos y hacer que los filisteos afilen nuestras armas. Pongamos hoy suficiente atención para afilar nuestro celo con la ayuda del Espíritu Santo. ¡Considera la energía de los papistas, cómo rodean la mar y la tierra por hacer un prosélito! ¿Monopolizarán ellos el celo? ¡Observa a los devotos paganos, qué tortura soportan en el culto de sus ídolos! ¿Solo ellos deben exhibir paciencia y sacrificio personal? ¡Fíjate también en los príncipes de las tinieblas, cómo perseveran en sus esfuerzos, cuán descarados son en sus tentativas, qué temerarios en sus planes, precavidos en sus proyectos, y enérgicos en todo! Los demonios están unidos como un solo hombre en su infame rebelión, mientras los creyentes en Jesús estamos divididos en el culto que debemos rendir a Dios, y apenas una que otra vez trabajamos unánimes. ¡Dios quiera que aprendamos a servir de bendición!

Fuertes en la aflicción, pues Él nos ha escogido

*Te he escogido
en horno de aflicción*
(Isaías 48:10)

La Biblia en un año:
• **Números 28–30**
• **Marcos 8:22-38**

Consuélate, probado creyente, con el siguiente pensamiento: Dios dice: «Te he escogido en horno de aflicción». ¿No viene a nosotros esta palabra como si se tratara de una tenue lluvia que mitiga los ardores de la llama? ¿No es acaso como una coraza de asbesto contra la cual el fuego no tiene poder? Que venga la aflicción; Dios me ha escogido.

Pobreza, puedes golpear a mi puerta; Dios ya está dentro de mi casa y me ha escogido. Enfermedad, puedes entrar; ya tengo el bálsamo: Dios me ha escogido. Cualquier cosa que me acontezca en este valle de lágrimas, yo sé que Él me ha escogido. Creyente, si tú buscas un consuelo aun mayor, recuerda que tú tienes al Hijo del Hombre contigo en el horno. En tu solitaria habitación se sienta uno junto a ti, a quien no has visto, pero a quien amas; y quien frecuentemente, cuando tú ni te das cuenta de ello, hace blanda tu cama y suave tu almohada. Tú te hallas en pobreza, es cierto, pero el Señor de vida y gloria es en tu desolado hogar un asiduo visitador. A Él le agrada ir a esos lugares solitarios para visitarte. Tu amigo se pone junto a ti muy estrechamente. No puedes verle, es cierto; pero puedes sentir el apretón de sus manos. ¿No oyes su voz? Aun en el valle de la sombra de la muerte te dice: «No temas que yo soy contigo; no desmayes que yo soy tu Dios». Recuerda aquella noble palabra de César: «No temas, tú llevas a César y toda su fortuna».

No temas, cristiano: Jesús está contigo. En todas tus ardientes pruebas su presencia es tu consuelo y tu seguridad. Él nunca dejará a uno que ha escogido para sí. «No temas que yo soy contigo» es la segura palabra de promesa a sus escogidos que están en el «horno de la aflicción».

4 marzo

Su gracia en todas nuestras pruebas

Bástete mi gracia
(2 Corintios 12:9)

La Biblia en un año:
• Números 31–33
• Marcos 9:1-29

Si ninguno de los cristianos fuera pobre o atribulado, no conoceríamos ni la mitad de los consuelos de la divina gracia. Cuando hallamos al errante que no tiene donde reclinar su cabeza, pero aún puede decir: «Seguiré confiando en el Señor»; cuando vemos al pobre que muere de hambre y de sed, pero que sin embargo se gloría en Jesús; cuando vemos a la desolada viuda sumida en la aflicción, pero que a pesar de eso conserva su fe en Cristo, ¡oh qué honor esa actitud significa para el Evangelio! La gracia de Dios queda demostrada y engrandecida en la pobreza y en las pruebas del creyente. Los santos cobran ánimo bajo cualquier descorazonamiento, porque creen que todas las cosas obran para su bien, y que, de los males aparentes, una bendición real vendrá al fin; que su Dios los librará de las pruebas en seguida, o, con toda seguridad, los sostendrá mientras estén pasando por ellas. Esta paciencia de los santos demuestra el poder de la gracia divina. Hay un faro en la mar; la noche es tranquila; yo no puedo, pues, decir si su construcción es sólida. La tempestad debe bramar en torno de él, y entonces sabré si permanecerá. Así es con la obra del Espíritu. Si no fuera muchas veces circundada con aguas tempestuosas, no sabríamos si es real y fuerte; si los vientos no soplaran sobre ella, no sabríamos cuán firme y segura es. Las obras maestras de Dios son esos hombres que permanecen firmes e inconmovibles. El que quiera glorificar a su Dios debe tener presente que ha de encontrarse con muchas pruebas. Ningún hombre puede ser ilustre delante de Dios, a no ser que sus conflictos sean muchos. Por tanto, si fueres muy probado, regocíjate en ello, porque mostrarás mejor la todopoderosa gracia de Dios. No pienses ni un momento que Él te pueda faltar; desecha tal pensamiento. El Dios que ha sido suficiente hasta ahora, lo será hasta el fin.

Hay muchos medios para promover la vigilancia cristiana. Entre otros, instamos a los cristianos a conversar juntos sobre los caminos del Señor. Cristiano y Esperanza, mientras viajaban hacia la Ciudad Celestial, se decían una a otra: «Para guardarnos de dormitar en este lugar, empecemos un buen discurso». Cristiano dijo: «Hermano, ¿por dónde empezamos?»

Siempre alerta, así evitaremos cualquier tentación

No durmamos como los demás
(1 Tesalonicenses 5:6)

> **La Biblia en un año:**
> • Números 34–36
> • Marcos 9:30-50

Esperanza respondió: «Por donde empezó Dios con nosotros». Entonces Cristiano cantó:

Cuando los santos empiezan a dormir, vengan aquí
Y oigan cómo los dos peregrinos platican.
Sí, aprendan de ellos en algún modo
A tener abiertos sus adormecidos y soñolientos ojos.
El compañerismo de los santos debidamente cultivado
Los guardará despiertos, a pesar del infierno.

Los cristianos que se aíslan y viajan solos, son propensos a dormitar. Ten compañía cristiana y, por su influencia, te conservarás despierto, refrigerado y animado a progresar más rápido en el camino hacia el cielo. Mientras en la senda de Dios vas tomando sanos consejos de otros, cuida de que tu tema de conversación sea Jesús. Que el ojo de la fe esté siempre fijo en Él; que tu corazón esté lleno de Él; y tus labios hablen cosas dignas de Él. Amigo, vive cerca de la cruz, así no dormirás. Si tienes presente que viajas hacia el cielo, no dormirás en el camino. Si piensas que el infierno está detrás de ti y el diablo te está persiguiendo, no malgastarás el tiempo. ¿Dormirá el homicida teniendo tras de sí al vengador de sangre, y delante la ciudad de refugio? Cristiano, ¿dormirás mientras las puertas de perlas están abiertas, mientras los cantos de los ángeles aguardan tu llegada y mientras te espera una áurea corona? ¡Oh, no! Sigue orando y vigilando en santa comunión para no entrar en tentación.

6 marzo

Renovándonos con su obra sobrenatural

Os es necesario nacer de nuevo
(Juan 3:7)

> **La Biblia en un año**
> • Deuteronomio 1–2
> • Marcos 10:1-31

La regeneración es una doctrina que está colocada en la base misma de la salvación. Tendríamos, pues, que ser diligentes en considerar si hemos «nacido otra vez», porque hay muchos que pretenden haber pasado por esta experiencia, pero en realidad no es así. Ten por cierto que el nombre de cristiano no es la naturaleza cristiana; y que haber nacido en un país llamado cristiano y haber sido reconocido como uno que profesa la religión cristiana no significa nada, a menos que a esto se añada algo más: «nacer otra vez» por el poder del Espíritu Santo. El nuevo nacimiento es tan misterioso que las palabras humanas no lo pueden describir. «El viento de donde quiere sopla, y oyes su sonido; mas no sabes de dónde viene ni a dónde va; así es todo aquel que es nacido del Espíritu.» Pero es éste un cambio *conocido* –por las obras de santidad– y *sentido* –por la experiencia de la gracia–. Es una obra sobrenatural. No la lleva a cabo el hombre por sí mismo. Se nos comunica un nuevo principio que obra en el corazón, renueva el alma y afecta al ser. No el cambio de mi nombre, sino una renovación de mi naturaleza, por lo que yo ya no soy el hombre que solía ser, sino un nuevo hombre en Cristo Jesús. Lavar y vestir un cadáver es cosa muy distinta de comunicarle vida. El hombre puede hacer lo primero, solamente Dios puede hacer lo segundo. Ahora bien, si has nacido otra vez, debes confesar: «Señor Jesús, eterno Padre, tú eres mi progenitor espiritual. Si tu Espíritu no hubiese soplado en mí hálito de vida nueva, santa y espiritual, habría permanecido hasta hoy en mis delitos y pecados. Mi vida celestial viene enteramente de ti; a ti la atribuyo. Mi vida está escondida con Cristo en Dios. No vivo ya yo, sino Cristo vive en mí». Que el Señor me permita estar seguro de ello; pues no ser regenerado es como estar sin salvación, ni perdón, sin Dios y sin esperanza.

La fe es el pie del alma con el cual ésta puede marchar a lo largo del camino de los mandamientos. El amor puede hacer que los pies se muevan velozmente, pero la fe es el pie que lleva al alma. La fe es el óleo que pone a punto de marcha las ruedas de la devoción y de la piedad; sin fe las ruedas salen de sus ejes y marchamos dificultosamente. Teniendo fe, puedo hacer todas las cosas; sin fe no tendré ni la inclinación ni el poder para hacer algo en la causa de Dios. Si deseas hallar a los hombres que mejor sirven a Dios, tienes que buscarlos entre los de mayor fe. «Poca Fe» salvará al hombre, pero no puede hacer grandes cosas para Dios. El pobre «Poca Fe» no podría haber luchado contra Apolión; fue necesario que Cristiano lo hiciera. El pobre «Poca Fe» no podría haber matado al «Gigante Desesperación»; se requería el brazo de «Gran Corazón» para derribar al monstruo. «Poca Fe» irá al cielo sin duda alguna, pero a menudo tiene que esconderse en una cáscara de nuez y, excepto sus joyas, lo pierde todo. «Poca Fe» dice: «Este es un camino áspero, lleno de filosas espinas y de grandes peligros; temo andar por él». Pero «Grande Fe» recuerda esta promesa: «Hierro y metal tu calzado, y como tus días tu fortaleza»; y así se aventura osadamente. «Poca Fe» se desalienta y mezcla sus lágrimas con el diluvio; pero «Grande Fe» canta: «Cuando pasares por las aguas, yo seré contigo; y por los ríos, no te anegarán». Y así vadea en seguida el río. ¿Quieres estar satisfecho y feliz? ¿Quieres gozar de la religión? ¿Quieres tener la religión de la alegría y no la de la tristeza? Entonces, ten fe en Dios. Si amas las tinieblas y estás satisfecho con habitar en la pesadumbre y en la miseria, entonces conténtate con «Poca Fe»; pero si amas la luz solar, y quieres cantar cantos de regocijo, entonces codicia ardientemente este don superior: «Grande Fe».

marzo 7

Luchemos, con fe, por la causa de Dios

Tened fe en Dios
(Marcos 11:22)

La Biblia en un año:
• **Deuteronomio 3–4**
• **Marcos 10:32-52**

8 marzo

No es senda fácil la que lleva a Dios

Es necesario que a través de muchas tribulaciones entremos en el reino de Dios
(Hechos 14:22)

La Biblia en un año:
• Deuteronomio 5–7
• Marcos 11:1-18

El pueblo de Dios tiene sus pruebas. Dios, al elegir a su pueblo, no tuvo el designio de que fuese un pueblo no probado. Al contrario, sus componentes fueron elegidos en el horno de aflicción; nunca fueron elegidos para la paz mundanal y el goce terrenal. Ni se les prometió quedar inmunes de la enfermedad y del dolor de la mortalidad. Cuando el Señor les extendió el título de privilegio, incluyó, entre otras cosas, el castigo, del cual inevitablemente serían herederos. Las aflicciones son parte de nuestra suerte; fueron predestinadas para nosotros en los solemnes decretos de Dios y legadas para nosotros en el último testamento de Cristo. Tan cierto como que las estrellas fueron formadas por sus manos y sus órbitas fueron fijadas por Él, es que las aflicciones nos han sido destinadas. Dios ha dispuesto tiempo, lugar e intensidad de estas aflicciones, y ha dispuesto también el efecto que ellas han de tener sobre nosotros. Los hombres buenos no deben esperar quedar libres de pruebas. Si esperan esto, se decepcionarán, pues ninguno de sus predecesores ha vivido sin ellas. Ve la paciencia de Job, recuerda a Abraham, que tuvo sus pruebas, y por su fe llegó a ser el padre de los creyentes. Observa bien las biografías de todos los patriarcas, los profetas, los apóstoles y los mártires, y descubrirás que ninguno de aquellos a quienes Dios hizo vasos de misericordia, dejó de pasar por el fuego de la aflicción. Fue establecido desde antiguo que la cruz de la aflicción sea grabada en cada vaso de misericordia, como marca real por la cual se distinguen los honorables vasos del Rey. Pero aunque la tribulación es la senda de los hijos de Dios, ellos tienen el consuelo de saber que su Maestro la ha experimentado antes que ellos; además cuentan con su presencia y simpatía que los animan, su gracia que los sostiene y su ejemplo que les enseña cómo soportar.

Contemplando toda su perfección y belleza

Él es del todo amable
(Cantares 5:16)

> **La Biblia en un año:**
> • **Deuteronomio 8–10**
> • **Marcos 11:19-33**

La belleza superlativa de Jesús es enteramente atractiva; no tanto con el fin de que sea admirada, sino para que sea amada. Jesús es más que agradable y hermoso, es amable. Sin duda alguna el pueblo de Dios puede justificar plenamente el uso de esta áurea palabra, pues Jesús es el objeto de su más ardiente amor, fundado en la excelencia intrínseca de su persona y en la completa perfección de sus encantos. Mirad, oh discípulos de Jesús, los labios de nuestro Maestro y decid, ¿no son dulcísimos? ¿No hacen sus palabras arder nuestros corazones mientras nos habla en el camino? Contemplad, adoradores de Emmanuel, su cabeza ceñida de oro finísimo, y contestad: ¿no son para vosotros preciosos sus pensamientos? ¿No se embalsama con afecto vuestra adoración mientras os inclináis reverentes ante aquel rostro que es cual Líbano, excelente como los cedros? ¿No hay encantos en sus facciones y no es fragante toda su persona por el perfume de suaves ungüentos, que hacen que los suyos lo amen? ¿Hay algún miembro de su glorioso cuerpo que no sea atractivo, alguna parte de su persona que no sea puro imán para nuestras almas, algún ministerio que no sea una fuerte cuerda que ata nuestro corazón? Nuestro amor no es solo como sello puesto sobre su corazón, sino que está también unido a su poderoso brazo. No hay una sola parte de su ser en la que el amor no se fije. Debemos imitar su vida entera; hemos de poseer su carácter. En los otros seres vemos alguna falta, pero en Él todo es perfección. Aun el mejor de sus favorecidos santos tiene manchas en sus vestidos y arrugas en su frente; Él, en cambio, es todo belleza. Todos los soles terrenales tienen sus manchas; el mundo tiene sus desiertos. No podemos amar todo lo amable, pero Cristo es oro sin mezcla, luz sin tinieblas, gloria sin nube. «Él es del todo amable».

10 marzo

La prosperidad en todo es una gran desgracia

En mi prosperidad dije yo: No seré jamás conmovido (Salmos 30:6)

> La Biblia en un año:
> • Deuteronomio 11–13
> • Marcos 12:1-27

«Moab sobre sus heces ha estado reposado, y no fue trasegado de vaso en vaso.» Da riquezas a un hombre, deja que sus naves lleven de continuo ricas cargas a su hogar, que tanto el viento como el oleaje lo favorezcan para llevar sus barcos a través de los océanos, que sus campos produzcan abundantemente, que el tiempo le sea propicio para sus cosechas, que tenga ininterrumpidos progresos, que figure entre los hombres como un próspero comerciante que siempre goza salud. Déjale andar por el mundo con nervios vigorosos y con ojos radiantes y vivir felizmente. Concédele un espíritu alegre y haz que el canto esté siempre en sus labios y que sus ojos estén siempre centelleando de gozo. La consecuencia natural de toda esta vida fácil (aunque él sea el mejor de los cristianos) será el engreimiento. El mismo David dijo: «No seré jamás conmovido», y nosotros no somos mejores que él. ¡Ojo con los lugares llanos del camino! Si caminas por ellos; o si, al contrario, caminas por lugares escabrosos, da, de cualquier modo, gracias a Dios. Si Dios nos meciera siempre en la cuna de la prosperidad; si nos mimara en el regazo de la fortuna; si no tuviéramos ni una mancha en la columna de alabastro; si no hubiera ni una nubecilla en el firmamento; si no tuviéramos algunas gotas amargas en el vino de esta vida, nos llegaríamos a intoxicar con el placer, pensaríamos «estar firmes». Y, en efecto, estaríamos firmes, pero lo estaríamos como sobre una cumbre; y así, a semejanza de un hombre dormido sobre un mástil, peligraríamos a cada momento. Bendigamos a Dios por nuestras aflicciones; ensalcemos su nombre por las pérdidas de nuestros bienes, pues nos damos cuenta de que si no nos hubiera corregido así, podríamos haber llegado a sentirnos demasiado seguros. La continua prosperidad en las cosas de esta vida es una gran desgracia.

Considerando al pecado causante de la muerte de Cristo

Pecado sobremanera
pecaminoso
(Romanos 7:13)

La Biblia en un año:
• Deuteronomio 14–16
• Marcos 12:28-44

¡Cuidado con considerar ligeramente el pecado! En el momento de la conversión, la conciencia se enternece tanto que nos espantamos aun del más leve pecado. Los recién convertidos tienen una santa timidez y un piadoso temor de ofender a Dios. Pero, ¡ay!, muy pronto la hermosa lozanía de estos primeros frutos maduros, desaparece por la ruda manipulación del mundo que los circunda. La sensitiva planta de la naciente piedad se torna en sauce en la vida posterior, demasiado flexible, y fácil de doblar. Ésta es la triste verdad: que aun el cristiano puede endurecerse gradualmente y que el pecado que una vez lo espantaba, ahora ni siquiera lo alarme. Los hombres poco a poco se familiarizan con el pecado. El oído acostumbrado al estampido del cañón no percibirá los sonidos suaves. Al principio, un pecado leve nos espanta, pero pronto decimos: ¡Bah, es insignificante! Luego cometemos otro mayor, y después otro, hasta llegar a considerar el pecado como un mal sin importancia; y entonces sigue esta impía vanidad: «No hemos caído en pecados escandalosos –decimos– cometimos un pequeño desliz, es cierto, pero en lo más importante nos portamos bien. Habremos, quizás, pronunciado una palabra profana, pero la mayor parte de la conversación fue consecuente con nuestra profesión». Así excusamos el pecado, le echamos un manto encima y lo calificamos con delicadeza. ¡Cuidado, cristiano, con pensar en el pecado de modo liviano! ¡Procura no caer poco a poco! ¿Es el pecado poca cosa? ¡Fue él que ciñó las sienes del Redentor con espinas y traspasó su corazón: el que le hizo sufrir angustias, y amarguras! Si pudieras pesar el más leve pecado en la balanza de la eternidad, huirías de él como de una serpiente y aborrecerías aun la apariencia del mal. Considera al pecado como lo que crucificó al Salvador: verás que es sobremanera pecante.

12 marzo

Amar al prójimo, pobre o rico

Amarás a tu prójimo
(Mateo 5:43)

La Biblia en un año:
• Deuteronomio 17–19
• Marcos 13:1-20

Ama a tu prójimo. Quizás él esté nadando en las riquezas y tú seas pobre y vivas en tu choza, que está justo al lado de su mansión señorial; ves todos los días sus lujos, sus linos finos y sus espléndidos banquetes. Dios le ha dado esos favores; no codicies sus riquezas ni pienses mal de él. Conténtate con tu propia suerte si no puedes mejorarla; pero no te fijes en tu prójimo, deseando que él sea como tú. Ámalo, y entonces no le envidiarás. Quizás, por otra parte, tú seas rico y residas cerca de un pobre. No te avergüences de llamarlo prójimo. Reconócelo, estás obligado a amarlo. El mundo considera a tus prójimos como inferiores tuyos. Pero, ¿en qué son inferiores? Ellos son más bien iguales a ti, pues «Dios de una sangre ha hecho todo el linaje de los hombres para que habitasen sobre toda la faz de la tierra». Tus vestidos son mejores que los de ellos, pero tú de ninguna manera eres mejor que ellos. Ellos son seres humanos, ¿y qué eres tú más que eso? Procura amar a tu prójimo aunque vista harapos y esté sumido en la pobreza. Puede que digas: «No puedo amar a mi prójimo porque en pago de todo el bien que le hago me devuelve ingratitud y desprecio». Si es así, eso te da un motivo aún mayor para el heroísmo del amor. ¿Prefieres ser un soldado mimado en lugar de estar dispuesto a soportar la ruda batalla del amor? El que se atreva a hacer más, ganará más. Si tus sendas de amor fueren ásperas, transítalas con valentía, amando a tus prójimos a pesar de todo. Amontona ascuas de fuego sobre sus cabezas, y si tus prójimos son difíciles de conformar, procura agradar no a ellos, sino a tu Maestro; y recuerda que si ellos desprecian tu amor, tu Maestro no lo desprecia, y tu obra es tan aceptable delante de Él como si hubiese sido aceptable delante de ellos. Ama a tu prójimo, porque haciéndolo así, estás siguiendo las huellas de Cristo.

Quien nada arriesga nada obtiene

Querido lector, este libro fue escrito especialmente para la edificación de los creyentes, pero si tú aún no eres salvo, nuestro corazón suspira por ti y quisiéramos de buena gana decirte una palabra que te sirva de bendición. Abre la Biblia, lee la historia de los leprosos y observa su posición, que es en mucho igual a la tuya. Si permaneces donde estás morirás, pero si vas a

¿Para qué nos estamos aquí hasta que muramos?
(2 Reyes 7:3)

La Biblia en un año:
• Deuteronomio 20–22
• Marcos 13:21-37

Jesús no morirás. «El que nada arriesga nada obtiene», dice un antiguo proverbio; y en tu caso el riesgo no es grande. Si permaneces quieto en obstinada desesperación ninguno tendrá compasión de ti cuando venga tu ruina, pero si murieses buscando merced (si tal cosa fuere posible) serías objeto de universal simpatía. Nadie que rehúse mirar a Jesús se salva, mas sabes que, sea como fuere, algunos son salvos por creer en Él, pues alguno de tus conocidos han alcanzado misericordia. Entonces, ¿por qué no la alcanzas tú también? Los ninivitas dijeron: «¿Quién sabe?» Obra tú sobre la misma esperanza y prueba la misericordia de Dios. Es tan espantoso morir, que si hubiese una simple paja a nuestro alcance, el instinto de conservación nos llevaría a asirnos de ella. Hasta aquí te he estado hablando de tu posición de incredulidad; ahora deseo asegurarte de parte del Señor, que si lo buscas lo hallarás. Jesús no echa fuera a ninguno que vaya a Él. Si confías en Él no morirás; al contrario, hallarás tesoros más ricos que el que hallaron los leprosos en el campo de los sirios. ¡Que el Espíritu Santo te anime a ir a Jesús en seguida! Si crees en Él no creerás en vano. Y cuando te sientas salvado, anuncia a otros las buenas nuevas. No escondas tu paz; da primero las nuevas a los de la casa del Rey y únete a ella. Haz que el portero de la ciudad, el ministro, se informe de tu descubrimiento, y entonces proclama las buenas nuevas en todo lugar. Que el Señor te salve hoy antes que se ponga el sol.

14 marzo

Dime de qué presumes...

El que piensa estar firme, mire que no caiga
(1 Corintios 10:12)

La Biblia en un año:
• Deuteronomio 23–25
• Marcos 14:1-26

Es curioso que haya tal cosa como enorgullecerse de la gracia. Uno dice: «Yo tengo mucha fe, no caeré; ése, que tiene poca fe, sí puede caer, pero yo nunca». Otro dice: «Yo puedo estar firme; no hay peligro de que vuelva atrás». El que hace alarde de la gracia, tiene poca gracia de que jactarse. Algunos de los que proceden así, creen que sus dones los pueden guardar, no sabiendo que el arroyo debe fluir constantemente con el agua que recibe de la fuente principal, de lo contrario pronto se secará. Si a través de la mecha no pasa una continua corriente de kerosén, alumbrará bien hoy, pero se apagará mañana, echando mal olor. Ten cuidado de no gloriarte de tus dones; gloríate y confía más bien en Cristo y en su poder, porque sólo así podrás ser preservado de caídas. Permanece mucho en oración. Invierte mucho tiempo en santa adoración. Lee las Sagradas Escrituras más devota y constantemente. Vigila tu vida más cuidadosamente. Vive más cerca de Dios. Ten, como tu dechados a los mejores ejemplos. Que tu conversación tenga fragancia de cielo; que tu corazón esté perfumado con un profundo afecto por las almas de los hombres. Vive de tal forma que los hombres puedan conocer que has estado con Jesús y que has sido enseñado por Él. Y cuando llegue aquel dichoso día en el cual aquel a quien has amado te diga: «Sube acá», tengas el gozo de oírle decir: «Tú has peleado la buena batalla, has acabado la carrera, has guardado la fe; ahora hay para ti una corona de justicia que no se marchita». ¡Adelante, cristiano, con cuidado y cautela; adelante con santo y piadoso temor; adelante con fe y confianza en Jesús! Que tu constante oración sea: «Susténtame conforme a tu palabra». Solamente Él «es poderoso para guardarnos sin caída, y preservarnos delante de su gloria irreprensibles con grande alegría».

Gracia condicionada

Esfuérzate en la gracia que es en Cristo Jesús
(2 Timoteo 2:1)

La Biblia en un año:
• Deuteronomio 26—27
• Marcos 14:27-53

Cristo tiene en sí gracia inconmensurable, pero no la retiene para sí. Como el tonel vacía su contenido en las botellas, así Cristo ha comunicado su gracia a su pueblo. «De su plenitud tomamos todos y gracia por gracia.» Parece que Él posee con el único fin de darnos. Es como fuente que siempre fluye, pero que solo corre para satisfacer a cántaros vacíos y a los labios ardientes que se acercan. Cristo, como los árboles, lleva dulces frutos no para ser colgados de las ramas, sino para ser cosechados por los que los necesitan. La gracia, sea su cometido perdonar, purificar, preservar, fortalecer, iluminar, despertar o restaurar, siempre se obtiene sin dinero y sin precio. No hay una sola obra de gracia que Cristo no haya otorgado a su pueblo. Como la sangre del cuerpo, aunque tiene su punto de partida en el corazón, pertenece por igual a cada miembro, así los influjos de la gracia son la herencia de cada santo que está unido al Cordero. En esto hay entre Cristo y su Iglesia dulce comunión, pues ambos reciben la misma gracia. Cristo es la cabeza sobre la cual se derrama el óleo que después desciende hasta el borde de sus vestiduras; de modo que el creyente más sencillo tiene la unción del mismo óleo costoso que fue derramado sobre la cabeza. Hay verdadera comunión cuando la savia de la gracia corre desde la raíz hasta las ramas, y cuando entendemos que la raíz está sostenida por la misma sustancia que alimenta a las ramas. A medida que, día a día, recibamos la gra-cia de Jesús y más reconozcamos que ésta viene de Él, veremos a Jesús en comunión con nosotros y gozaremos de la felicidad de la comunión con Él. Hagamos todos los días uso de las riquezas y acudamos siempre a Él, que es nuestro Señor por el pacto, tomando de Él las provisiones que necesitemos, con la misma libertad con que la gente toma el dinero de sus propios bolsillos.

16 marzo

Felices en nuestro peregrinaje por este mundo

Extranjero soy contigo
(Salmos 39:12)

> **La Biblia en un año:**
> • Deuteronomio 28–29
> • Marcos 14:54-72

Sí, oh Señor, extranjero *contigo*, pero no a *ti*. Tu gracia ha quitado mi alejamiento de ti; ahora, en comunión contigo, ando por el mundo pecador como un peregrino en país extraño. Tú eres extranjero en tu propio mundo. El hombre te olvida, te deshonra, establece nuevas leyes y extrañas costumbres y no te conoce. Cuando tu Hijo vino a los suyos, éstos no lo recibieron. Él estaba en el mundo y el mundo fue hecho por Él y el mundo no lo conoció. Nunca extranjero alguno fue tan extraño entre los ciudadanos de cualquier país como lo fue tu Amado Hijo entre los hermanos de su madre. No extraña si yo, que vivo la vida de Jesús, soy en este suelo desconocido y extranjero. Su mano herida desató las cuerdas que una vez ataron mi alma a la tierra, y ahora me hallo como extranjero en el mundo. Mi habla parece a estos babilonios, entre quienes vivo, un habla extranjera; y mi conducta y mis acciones les son extrañas. Se sentiría más cómodo un noble entre plebeyos que yo en las guaridas de los pecadores. Pero aquí está la bondad de mi suerte: Yo soy extranjero *contigo*. Tú eres mi compañero en el sufrimiento y en la peregrinación. ¡Qué gozo es andar en tan bendita compañía! Mi corazón arde dentro de mí en el camino mientras me hablas, y aunque soy un peregrino, soy sin embargo más feliz que los que se sientan en tronos, y me siento más cómodo que los que habitan en casas lujosas.

> A cualquiera parte sin temor iré
> Si Jesús dirige mi inseguro pie:
> Sin su compañía todo es pavor,
> Mas si Él me guía no tendré temor.
> Con Jesús por guía donde quiera voy;
> Caminando en pos de Él seguro estoy.
> Y aunque padre y madre me puedan faltar,
> Jesucristo nunca me abandonará.

Seamos ricos
en buenas obras

*Que nos acordásemos
de los pobres
(Gálatas) 2:10*

La Biblia en un año:
• Deuteronomio 30–31
• Marcos 15:1-25

¿Por qué Dios permite que tantos de sus hijos sean pobres? Si quisiera, podría enriquecerlos, poner ante sus puertas bolsas de oro, enviarles una crecida renta o derramar alrededor de sus casas abundantes provisiones, como cuando envió codornices en bandadas al campamento de Israel y derramó pan del cielo para su alimento. El creyente no tiene necesariamente que ser pobre, a menos que Dios así lo permita por ser más conveniente. «Los millares de animales en los collados» son suyos; Él podría dárselos. Y podría hacer que el más rico, el más grande y poderoso llevara todo su poder y riqueza a los pies de sus hijos, pues el corazón de todos los hombres está bajo su dirección. Pero Dios no determinó obrar así. Permite más bien que sufran necesidades y que languidezcan en miseria y humillación.

¿Por qué obra así? Hay varias razones: Una de ellas es dar, a los que tienen abundancia, una oportunidad de mostrar su amor a Jesús. Mostramos nuestro amor a Cristo cuando cantamos y cuando oramos; pero si no hubiese necesitados en el mundo, perderíamos el grato privilegio de evidenciar nuestro amor, dando a los hermanos más pobres. Él nos ha mandado que mostremos así que nuestro amor no consiste en palabras solo, sino en obra y en verdad. Si realmente amamos a Cristo tendremos cuidado de los que son amados por Él. A quienes Él ama, serán amados también por nosotros. No consideramos un deber, sino un privilegio, socorrer a los pobres del rebaño del Señor, recordando las palabras de Jesús: «En cuanto lo hicisteis a uno de estos mis hermanos pequeñitos, a mí lo hicisteis». Sin duda esta convicción es suficientemente grata y este motivo lo bastante fuerte para inducirnos a ayudar a otros con mano generosa y corazón amante, recordando que lo que hagamos para los suyos es gratamente aceptado por Cristo como hecho para Él.

18 marzo

Todos, hijos de Dios: el fuerte y el débil

Pues todos vosotros sois hijos de Dios por la fe en Cristo Jesús
(Gálatas 3:26)

La Biblia en un año:
- Deuteronomio 32–34
- Marcos 15:26-47

La paternidad de Dios es común a todos sus hijos. ¡Ah «Poca Fe»!, tú has dicho a menudo: «Oh si yo tuviese el coraje de "Gran Corazón", si yo pudiera blandir su espada y pudiera ser tan valiente como él! Pero, ¡ay!, yo tropiezo aun con una pajita y me asusto hasta de una sombra». Escúchame, «Poca Fe», «Gran Corazón» es hijo de Dios, y tú también lo eres, «Gran Corazón» no es ni un ápice más hijo de Dios de lo que eres tú. Pedro y Pablo, apóstoles altamente favorecidos eran de la familia del Altísimo; y tú también perteneces a esa familia El cristiano débil es tan hijo de Dios como el fuerte.

Todos los nombres se encuentran en el mismo registro de familia. Quizás uno tenga más dones que otro, pero Dios, nuestro Padre Celestial, tiene el mismo corazón de ternura para con todos y cada uno de ellos. Quizás uno haga obras más poderosas y tribute a Dios más gloria que otro, pero el más pequeño en el reino de los cielos es tan hijo de Dios como los que se encuentran entre los poderosos hombres del Rey. Que esta verdad nos alegre y aliente cuando nos acerquemos a Dios y le digamos: «Padre nuestro». Sin embargo, mientras nos alentamos al conocer esto, no nos satisfagamos con una fe débil, sino pidamos, a semejanza de los apóstoles, que nos sea aumentada. Aunque nuestra fe sea débil, con tal de que sea fe real en Cristo, llegaremos al cielo; pero no glorificaremos mucho al Maestro en nuestra peregrinación, ni tendremos abundancia de gozo y paz. Por consiguiente, si deseas vivir para la gloria de Cristo y ser feliz en su obra, procura estar más y más lleno del espíritu de adopción, hasta que el perfecto amor eche fuera el temor.

La fe es el mensajero entre el alma y el Señor Jesús

Se fortaleció en fe
(Romanos 4:20)

La Biblia en un año:
• Josué 1–3
• Marcos 16

Cristiano, ten mucho cuidado de tu fe, pues la fe es el único medio por el cual puedes obtener bendiciones. Solamente la fe puede traernos bendiciones. La oración no nos traerá respuestas del trono de Dios, a menos que sea la oración fervorosa del hombre que cree. La fe es el mensajero angélico entre el alma y el Señor Jesús, que está en la gloria. Si ese mensajero se retira, no podemos ni elevar oraciones ni recibir contestaciones. La fe es el alambre telegráfico que liga la tierra con el cielo. Por medio de él, los amorosos mensajes de Dios vuelan tan rápidamente que, antes que clamemos, Él nos responde, y, aun estando nosotros hablando, Él nos oye. Pero si el hilo telegráfico de la fe se rompe, ¿cómo recibiremos la promesa? ¿Estoy en aflicción? Entonces puedo conseguir ayuda por la fe. ¿Estoy perseguido por el enemigo? Entonces mi alma se apoya por la fe en su querido refugio. Pero si quitamos la fe, clamaré a Dios en vano, pues no habrá medio de comunicación entre mí y el cielo. Aun en el más crudo invierno, la fe es una senda por la cual la oración puede transitar; pero si bloqueáis el camino, ¿en qué forma podremos comunicarnos con el gran Rey? La fe me une a la divinidad. La fe me cubre con el poder de Dios. La fe pone a mi lado la omnipotencia de Jehová. La fe asegura para mi defensa todos los atributos de Dios. La fe me ayuda a desafiar a las huestes del infierno; me hace triunfar sobre la cerviz de mis enemigos. En cambio, sin fe, ¿cómo podré recibir algo del Señor? Que el que fluctúa, el que es igual a la onda de la mar, no espere recibir alguna cosa de Dios. ¡Oh cristiano!, cuida bien tu fe, pues con ella puedes, aunque seas pobre, lograr todas las cosas; pero, sin ella, no puedes obtener nada. «Si puedes creer, al que cree todo es posible.»

20 marzo

Esperanza y gozo de los escogidos

Mi amado
(Cantares 2:8)

La Biblia en un año:
• Josué 4–6
• Lucas 1:1-20

Nombre precioso que la Iglesia antigua solía dar, en sus momentos más gozosos, al Ungido del Señor.

Cuando el tiempo de la canción de los pájaros había llegado y en el país de la amada se oyó la voz de la tórtola, su nota amorosa fue más dulce que la de ambas aves, mientras cantaba: «Mi amado es mío y yo soy suya; él apacienta entre lirios». En su cantar de cantares siempre lo llama por este delicioso nombre: «Mi amado». Aun en el largo invierno, cuando la idolatría había marchitado el jardín del Señor, sus profetas hallaron oportunidad para poner a un lado la carga de Dios, por poco tiempo, y decir como Isaías: «Ahora cantaré por mi amado el cantar de mi amado a su Viña». Aunque los santos nunca habían visto su faz, aunque aún no había sido hecho carne, ni habitado entre nosotros, ni el hombre había contemplado su gloria, sin embargo Él era la consolación de Israel, la esperanza y el gozo de todos los escogidos, el «Amado» de todos los que son justos delante del Altísimo. Nosotros, que estamos en los días estivales de la Iglesia, solemos también hablar de Cristo como el amado del alma, y sentir que Él es muy precioso, «señalado entre diez mil, todo Él codiciable». Tan cierto es que la Iglesia ama a Jesús y lo reclama como su amado, que el apóstol osa desafiar al mundo a que separe a la Iglesia del amor de Cristo, y declara que ni persecuciones, ni angustia, ni tribulación, ni peligros, ni espada han podido hacerlo. Es más, Pablo dice gozoso: «En todas estas cosas hacemos más que vencer por medio de aquel que nos amó». ¡Oh, si conociésemos más de ti, precioso Señor!

> *Precioso es Jesús mi Jesús,*
> *Precioso es Jesús mi Jesús;*
> *Mi gloria será, su rostro mirar,*
> *Él es mi precioso Jesús.*

Participando de sus sufrimientos

*Seréis esparcidos
cada uno por su lado,
y me dejaréis solo*
(Juan 16:32)

La Biblia en un año:
• Josué 7–9
• Lucas 2:21-38

Pocos participacn en los sufrimientos del Getsemaní. La mayor parte de los discípulos no habían progresado lo suficiente en la gracia como para que les fuese permitido contemplar los misterios de la agonía. Ocupados en la fiesta de la Pascua en sus propias casas, representaban a muchos que viven en la letra, pero que son simples niños en cuando al espíritu del Evangelio. Solo a los doce, mejor dicho a los once, se les había dado el privilegio de entrar en el Getsemaní y contemplar el «gran espectáculo». De los once, ocho fueron dejados a cierta distancia; éstos tuvieron participación, pero no de esa clase íntima a la que los hombres muy amados son admitidos. Solo tres muy favorecidos pudieron acercarse al velo de las misteriosas aflicciones del Señor; dentro de aquel velo ni aun éstos deben entrar; han de quedarse a la distancia de un tiro de piedra. Jesús debe pisar solo el lagar, ninguno debía estar con Él. Pedro y los dos hijos de Zebedeo representan los pocos santos eminentes y experimentados, que se pueden anotar como «Padres»; éstos, habiendo negociado en profundas aguas, pueden en algún grado medir las vastas olas del atlántico de la pasión de su Redentor. A algunos espíritus selectos les son dados (para bien de otros y con el fin de fortalecerlos para el futuro), especial y tremendos conflictos, para que entren en el círculo más íntimo y oigan las intercesiones del Sumo sacerdote que sufre; participan con Él de sus padecimientos en conformidad a su muerte. Sin embargo, ni aun éstos pueden penetrar en los lugares secretos de los ayes del Salvador. «Tus desconocidos sufrimientos», es la notable expresión de la liturgia griega; había una cámara secreta en la congoja de nuestro Maestro que estaba oculta del conocimiento y participación humanos. Allí Jesús es «dejado solo». En este caso Jesús fue más que nunca un «don inefable».

22 marzo

Orando humildes en los tiempos de prueba

Yendo un poco adelante, se postró sobre su rostro, orando
(Mateo 26:39)

> **La Biblia en un año:**
> • Josué 10–12
> • Lucas 1:39-56

Hay varias características instructivas en la oración del Salvador en su hora de prueba. Era, primero, una *oración a solas*. Jesús se apartó aun de sus tres discípulos predilectos. Creyente, permanece mucho a solas en oración, en especial en tiempo de prueba. La oración familiar, la colectiva, y en la iglesia no serán suficientes. Sin duda, son muy preciosas, pero el mejor incienso molido arderá en el incensario de tus devociones privadas, donde sólo oye el oído de Dios. Era, en segundo lugar, una *oración humilde*. Lucas dice que Jesús se arrodilló, pero Mateo dice que «se postró sobre su rostro». ¿Dónde, entonces, está tu lugar, humilde siervo del Maestro? ¡Qué polvo y ceniza debiera cubrir tu cabeza! La humildad nos da un buen apoyo en la oración. No hay esperanza de prevalecer con Dios a menos que nos humillemos para que Él nos pueda ensalzar. Era, en tercer lugar, una *oración filial*. «Abba, Padre.» Presentar tu adopción en el día del juicio será para ti una fortaleza. Como individuo, no tienes derecho; por tu traición has perdido tus derechos, pero nada puede hacer perder el derecho que un hijo tiene a la protección del Padre. No temas decir: «¡Padre mío, oye mi clamor!».

Observemos que ésta era también una *oración perseverante*. Oró tres veces. No ceses de orar hasta que prevalezcas. Sé como la viuda importuna cuyas continuas peticiones ganaron lo que no obtuvo su primera súplica. Persiste en la oración, velando en ella con hacimientos de gracia.

Por fin, era una *oración de resignación*. «Empero no como yo quiero, sino como tú.» Cede tú, y Dios dará. Deja que sea como Dios quiera, y Dios determinará lo mejor. Conténtate con dejar tu plegaria en sus manos, pues Él sabe cuándo dar y cómo dar, y qué dar y qué retener.

Su sangre, la ofrenda por el pecador

Era su sudor como grandes gotas de sangre que caían hasta la tierra
(Lucas 22:44)

La Biblia en un año:
• Josué 13–15
• Lucas 1:57-80

La presión mental, originada en la lucha de nuestro Señor con la tentación, forzó de tal forma su ser a una excitación antinatural que sus poros exudaron grandes gotas de sangre que caían a tierra. ¡Esto prueba *cuán tremendo debió haber sido el peso del pecado,* que pudo aplastar al Salvador hasta sacarle grandes gotas de sangre! Esto demuestra *el invencible poder de su amor.* Isaac Ambrosio observa que la goma que sale del árbol sin herirlo es siempre la mejor. Este precioso alcanforero produjo aromas muy suaves cuando fue herido por los ásperos látigos y cuando fue traspasado por los clavos en la cruz; pero, mira, produce su mejor fragancia cuando no interviene ni látigo, ni clavo ni golpe. Esto manifiesta *la espontaneidad de los sufrimientos de Cristo,* porque, sin lanza, la sangre fluyó libremente. No hubo necesidad de sanguijuela ni de cuchillos; fluyó espontáneamente. No hubo necesidad de que los príncipes clamaran: «Sube, oh pozo»; pues fluyó por sí misma en torrentes carmesíes.

Si los hombres experimentan un gran dolor moral, la sangre aparentemente se agolpa en el corazón; las mejillas se ponen pálidas y sobreviene un desmayo; la sangre se ha internado como si quisiese nutrir al hombre interior, mientras éste pasa por la prueba. Pero, mira a nuestro Salvador en su agonía; se olvida tanto de sí mismo que en lugar de llevar la sangre al corazón para nutrirse a sí mismo, la lleva afuera para rociar la tierra. La agonía de Cristo, en cuanto lo arroja al suelo, describe la plenitud de la ofrenda que hizo a favor de los hombres.

¿No percibimos cuán intensa debió ser la lucha por la cual Él pasó, y no oímos su voz?: «Aún no habéis resistido hasta la sangre, combatiendo contra el pecado». Mirad al Gran Apóstol y Sumo sacerdote, que suda hasta sangrar antes que rendirse al gran tentador.

24 marzo

No temamos,
pues
no estamos solos

*Fue oído a causa de
su temor reverente*
(Hebreos 5:7)

La Biblia en un año:
• Josué 16-18
• Lucas 2:1-24

¿Se originó este temor en la infernal sugestión de que Jesús estaba completamente abandonado? Puede haber pruebas más severas que ésta; pero, sin duda alguna, estar completamente abandonado es una de las peores. «¡Mira, dice Satán, no tienes amigo en ninguna parte! Tu padre cerró las entrañas de su compasión contra ti. Ni un ángel del cielo extenderá su brazo para ayudarte. Todo el cielo se te presenta ajeno; te deja solo. Mira a los compañeros con quienes comunicabas dulcemente los secretos, ¿qué hacen por ti? Hijo de María, mira allí a tu hermano Jacobo, a tu amado discípulo Juan y a tu intrépido apóstol Pedro, cómo, los cobardes, duermen cuando tú estás en tus sufrimientos! ¡Mira, no tienes amigo ni en el cielo ni en la tierra! Todo el infierno está contra ti. Yo he movilizado toda mi guarida infernal. He enviado mis órdenes a todas las regiones exhortando a todos los príncipes de las tinieblas que te ataquen esta noche; no escatimaremos ninguna flecha; emplearemos todo nuestro poderío infernal para derrotarte. ¿Y qué harás tú, estando tan solo?».

Es muy probable que ésta fuera la tentación. Nosotros pensamos que sí, pues la aparición de un ángel, fortaleciéndolo, le quitó el temor. Fue oído por su reverencial miedo. Ya no estaba más solo, sino que el cielo estaba con Él. Hart dice: «Fue tres veces a sus discípulos como si buscase alguna ayuda del hombre». Quería ver con sus propios ojos si realmente lo habían abandonado, pero quizás se sintió algo consolado pensando que se habían dormido, no por traición, sino de angustia. «El espíritu a la verdad está presto, mas la carne enferma.» De todos modos fue oído por su reverencial miedo. Jesús fue oído en su más profunda angustia; alma mía, tú también serás oída.

Besos...
... y besos

*¿Con beso entregas al
Hijo del Hombre?*
(Lucas 22:48)

La Biblia en un año:
• Josué 19–21
• Lucas 2:25-52

Los besos de un enemigo son falsos. Debo estar alerta cuando el mundo me pone buena cara, pues si le es posible me traicionará como traicionó a mi Maestro con un beso. Cuando alguien está por apuñalar a la religión, suele profesar hacia ella gran reverencia. Debo cuidarme del hipócrita santurrón que lleva las armas de la herejía y de la infidelidad. Conociendo la falsedad de la maldad, debo ser astuto como serpiente para descubrir y evitar los designios del enemigo. El joven carente de entendimiento fue arrastrado por el beso de la mujer extraña. ¡Que mi alma sea de tal forma instruida por Dios todos los días, que la suavidad de las palabras del mundo no la afecten! ¡Santo Espíritu, no permitas que yo, pobre y frágil mortal, sea traicionado con un beso! Pero, ¿y si yo fuere culpable del mismo perverso pecado del que fue culpable Judas, hijo de perdición? He sido bautizado en el nombre del Señor Jesús, soy un miembro de su Iglesia visible, participo de la Santa Cena; todos estos actos son como besos de mis labios. ¿Soy sincero en ellos? Si no, soy un vil traidor. ¿Vivo en el mundo tan descuidadamente como otros, a pesar de hacer profesión de ser un seguidor de Jesús? Entonces expongo al ridículo la religión y llevo a los hombres a hablar mal del santo nombre por el cual soy llamado. Si obro así inconsecuentemente, soy, sin duda alguna, un Judas, y me sería mejor no haber nacido. ¿Puedo afirmar que me hallo libre de este mal? Entonces, oh Señor, consérvame así. ¡Oh Señor!, hazme sincero y veraz, presérvame de todo camino falso; no permitas nunca que traicione a mi Salvador. Yo te amo, Jesús, y aunque frecuentemente te contristo, deseo permanecer fiel hasta la muerte. ¡Oh Dios!, impide que yo sea uno de los que hacen alarde de piedad, pero que al fin caen en el lago de fuego por haber traicionado al Maestro con un beso.

26 marzo

Seamos ovejas del Buen Pastor

Respondió Jesús:
Si me buscáis a mí,
dejad ir a éstos
(Juan 18:8)

La Biblia en un año:
• Josué 22–24
• Lucas 3

¡Observa, alma mía, el cuidado que el Señor manifiesta hacia las «ovejas de su mano», aun en la hora de su juicio! El amor que lo domina llega a ser fuerte en la muerte. Jesús se entrega a sus enemigos, pero interpone una palabra de poder para libertar a sus discípulos. En cuanto a sí mismo, a semejanza de una oveja delante de sus trasquiladores, enmudeció y no abrió su boca, pero en cuanto a sus discípulos habló con potente energía. Aquí hay amor, amor constante, generoso, fiel. ¿Pero no hay aquí mucho más de lo que se ve en la superficie? ¿No tenemos en estas palabras el alma misma y el espíritu mismo de la expiación? El buen pastor pone su vida por las ovejas e intercede para que queden libres. El fiador está retenido, y la justicia pide que esos por quienes Él se entregó como sustituto sigan su camino. En medio de la esclavitud de Egipto, la voz resuena como una palabra de poder: «Deja ir a éstos». El redimido debe huir de la esclavitud del pecado y de Satán. En cada celda de los calabozos de Desesperación suena el eco: «Deja ir a éstos», y sale Desaliento y Temeroso. Satán oye la conocida voz y levanta el pie de sobre el cuello del que está caído; la oye la muerte, y el sepulcro abre sus puertas para dejar que resucite el muerto. El camino por el que deben ir es camino de progreso, de santidad, de triunfo y de gloria, y ninguno osará detenerlos. «No habrá allí león, ni bestia fiera subirá por Él.» «La cabra de la mañana» ha atraído a sí a los cazadores, y ahora el más tímido gamo del campo puede pacer en perfecta paz entre los lirios de sus amores. La tormentosa nube se descargó sobre la Cruz del Calvario, y los peregrinos de Sión nunca serán dañados por los rayos de la venganza. Ven, corazón mío, regocíjate en la inmunidad que el Redentor te ha asegurado, y bendice su nombre todo el día y todos los días.

Él nunca los abandonó, pero ellos por cobarde temor a perder la vida, lo dejaron al empezar sus sufrimientos. Éste es solamente un ejemplo instructivo de la fragilidad de todos los creyentes si son dejados solos; son ovejas y huyen ante el lobo. Se les había avisado del peligro, y prometieron morir antes que dejar a su Maestro; sin embargo fueron presa de súbito pánico

La Gracia vuelve valiente al cobarde

Entonces todos los discípulos, dejándole, huyeron
(Mateo 26:56)

La Biblia en un año:
• Jueces 1–3
• Lucas 4:1-30

y huyeron. Puede ser que yo al empezar este día, haya resuelto soportar alguna prueba por mi Señor, e imagine estar cierto de mostrar perfecta fidelidad.

Sin embargo, debo desconfiar de mí mismo, no sea que teniendo el mismo corazón malo de incredulidad, me aparte de mi Señor como hicieron los apóstoles. Una cosa es prometer y muy otra cosa cumplir. De haber permanecido valientes a la diestra de Jesús, habrían sido eternamente honrados. Ellos, en cambio, huyeron del honor. ¡Dios me libre de imitarlos! ¿Dónde hubieran estado más seguros que al lado de su Maestro, quien podía llamar en seguida doce legiones de ángeles? Ellos huyeron de su real seguridad, ¡Dios, no permitas que me engañe yo también! La gracia divina puede cambiar en valiente al cobarde. El pábilo que humea puede arder como el fuego sobre el altar, si Dios lo quiere. Estos mismos apóstoles, tímidos como liebres, se hicieron intrépidos como leones, después que el Espíritu descendiera sobre ellos; del mismo modo, el Espíritu Santo puede hacer que mi alma desleal sea valiente para confesar a mi Señor y para testificar de su verdad.

¡Qué angustia embargaría al Salvador al ver a sus amigos tan infieles! Éste fue en su copa un amargo ingrediente, pero esa copa quedó vacía. No me permita Dios poner otra gota en ella. Si yo abandonara a mi Señor, lo crucificaría otra vez y lo expondría a pública vergüenza. ¡Líbrame, bendito Espíritu, de un fin tan vergonzoso!

28 marzo

Amando como Él nos ama

El amor de Cristo, que excede a todo conocimiento
(Efesios 3:19)

La Biblia en un año:
• Jueces 4–6
• Lucas 4:31-44

El amor de Cristo en su dulzura, plenitud, grandeza y fidelidad excede a toda comprensión humana. ¿Dónde se hallará un lenguaje que pueda describir el incomparable amor de Cristo para con los hijos de los hombres? Es tan vasto e ilimitado que así como la golondrina, al volar, solo roza el agua pero no se sumerge en sus profundidades, también toda palabra descriptiva del amor solo toca la superficie, y las profundidades inconmensurables quedan abajo. El amor de Cristo es a la verdad inmenso e insondable: nadie lo puede medir. Antes que podamos tener una idea clara del amor de Jesús, tenemos que comprender su gloria anterior en su sublime majestad, y su encarnación en la tierra, en su profunda humildad. Pero ¿quién nos puede contar la majestad de Cristo? Cuando estaba entronizado en los altos cielos era verdadero Dios; por Él fueron hechos los cielos y todas sus huestes. Su propio brazo todopoderoso sostiene los mundos; las alabanzas de los serafines y querubines lo circundan perpetuamente. Todo el coro de las aleluyas del universo ha fluido sin cesar al pie de su trono. Jesús reina supremo sobre todas sus criaturas, «Dios sobre todas las cosas, bendito por los siglos». ¿Quién puede, entonces, explicar la sublimidad de su gloria; y quién, por otra parte, puede decir hasta dónde descendió? Ser hombre fue algo; sangrar, morir y sufrir fue mucho para el que era el Hijo de Dios; pero sufrir tan sin igual agonía, soportar una muerte de ignominia y desamparado por su Padre, representa tal profundidad de condescendiente amor que la mente más inspirada no podrá jamás sondearlo. ¡Aquí hay amor!, y en verdad es éste un amor que excede a todo conocimiento. Dios permita que este amor llene nuestros corazones de gratitud reverente, y nos lleve a las prácticas manifestaciones de su poder.

Obediencia omnipotente

*Y aunque era Hijo,
por lo que padeció
aprendió la obediencia*
(Hebreos 5:8)

La Biblia en un año:
• Jueces 7–8
• Lucas 5:1-16

Se nos dice que el autor de nuestra salvación se hizo consumado por las aflicciones; de modo que nosotros, que somos pecadores, que estamos lejos de ser perfectos, no debemos admirarnos si somos llamados a padecer. ¿Ha de ser la cabeza coronada con espinas mientras los otros miembros se mecen en el delicado regazo de la comodidad? ¿Tiene Cristo que cruzar los mares de su propia sangre para ganar la corona, mientras nosotros marchamos al cielo a pie enjuto con chinelas de plata? No, la experiencia de nuestro Maestro nos enseña que el sufrimiento es necesario, y que el genuino hijo de Dios no debe eludirlo ni desear eludirlo, aunque pueda. Hay un pensamiento muy confortable en el hecho de que Cristo fue «consumado por aflicciones»: y es que Él puede simpatizar con nosotros. «No tenemos un pontífice que no se pueda compadecer de nuestras flaquezas.» En esta simpatía de Cristo hallamos un poder sustentador. Uno de los primeros mártires dijo: «Puedo soportar todo porque Jesús sufrió, y ahora sufre en mí. Él simpatiza conmigo, y esto me fortalece».

Creyente, echa mano de este pensamiento en todos los tiempos de agonía. Que el recuerdo de Jesús te fortalezca mientras marchas en sus pasos; encuentra en su simpatía cariñoso apoyo y recuerda que es honroso sufrir; sufrir por Cristo es gloria. Los apóstoles se gozaron de que fueron tenidos por dignos de padecer. El Señor nos honra cuando nos da gracia para sufrir *por* Cristo y sufrir *con* Cristo. Las insignias de los reyes a quienes Dios ha ungido son sus aflicciones, sus tristezas y sus penas. No rehuyamos, pues, ser honrados. No nos privemos de ser exaltados. Las penas nos exaltan, las aflicciones nos elevan. «Si sufrimos, también reinaremos con Él.»

30 marzo

Quiso ser abogado de los pecadores

Fue contado con los pecadores (Isaías 53:12)

La Biblia en un año:
• Jueces 9–10
• Lucas 5:17-39

¿Por qué Jesús consintió en ser contado entre pecadores? Esta admirable condescendencia queda justificada por muchas y poderosas razones. Primero, en tal carácter podría mejor ser el abogado de ellos. En algunas causas hay identificación entre el defensor y el defendido: ante el ojo de la ley no pueden ser considerados aparte uno de otro. Ahora bien, cuando el pecador es conducido al tribunal, Jesús en persona aparece allí para responder a la acusación; señala su costado, sus manos, sus pies y desafía a la Justicia a que presente algo contra los pecadores a quienes representa; aboga en base a su sangre, y lo hace tan triunfalmente (contándose entre los pecadores y teniendo una parte con ellos) que el Juez dice: «Deja ir a éstos, líbralos de ir al abismo, pues Jesús los ha provisto de un rescate». Nuestro Señor fue contado con los perversos para que ellos se sintiesen atraídos hacia Él. ¿Quién ha de temer a uno inscrito en nuestra lista? Sin duda, podemos ir a Él confiados y confesarle nuestra culpa. El que está contado con nosotros no nos puede condenar. ¿No fue Él apuntado en la lista de los transgresores para que nosotros fuésemos anotados en el rollo carmesí de los santos? Él era santo estaba anotado entre los santos; nosotros somos culpables y estamos contados entre los culpables. Él transfiere su nombre de aquella lista a este negro sumario, y nuestros nombres son borrados del sumario y escritos en el rollo de aceptación, pues hay una completa transferencia entre Jesús y su pueblo. Jesús ha tomado toda nuestra condición de miseria, y en cambio nos ha dado todo lo que Él tiene. Su justicia, su sangre y todo lo que posee nos lo da como nuestra dote. Regocíjate, creyente, en tu unión con el que fue contado entre los perversos; y demuestra que eres en verdad salvado por haber sido manifiestamente contado con los que son nuevas criaturas en Él.

Viendo sus llagas con pena y amor a la vez

Por su llaga fuimos nosotros
curados
(Isaías 53:5)

> **La Biblia en un año:**
> • Jueces 11–12
> • Lucas 6:1-26

Pilatos entregó a nuestro Señor a los lictores para ser azotado. El azote romano era una tortura espantosa. Estaba hecho con fibras de bueyes, a las que se entrelazaban filosas espinas; de suerte que toda vez que el látigo caía, esas agudas espinas producían terrible laceración arrancando la carne. El Salvador estaba, sin duda, atado a la columna, y así azotado. Había sido ya golpeado, ahora los lictores romanos le infligen posiblemente las más severas de las flagelaciones. ¡Alma, quédate aquí y llora sobre su pobre cuerpo herido!

Creyente en Jesús, ¿puedes mirarlo sin llorar, mientras está delante tuyo como modelo de agonizante amor? Él es a la vez inmaculado como el lirio y rojo como la rosa, con el carmesí de su propia sangre. Mientras experimentamos la segura y bendita sanidad que sus llagas nos han traído ¿no arde nuestro corazón de amor y pena a la vez? Si alguna vez hemos amado a nuestro Señor Jesús, tenemos, seguramente, que sentir crecer aquel afecto dentro de nuestros pechos.

> *Rostro divino, ensangrentado,*
> *Cuerpo llagado por nuestro bien;*
> *calma benigno justos enojos,*
> *lloren los ojos que así te ven.*
> *Bello costado, en cuya herida*
> *halla la vida la humanidad;*
> *fuente amorosa de un Dios clemente,*
> *voz elocuente de caridad.*

El que lucha con la preciosa sangre de Jesús lucha con un arma que no conoce derrota: ¡la sangre de Jesús! El pecado muere en su presencia, la muerte deja de ser muerte, las puertas del cielo se abren. ¡La sangre de Jesús! Seguiremos adelante conquistando, si confiamos en su poder.

1 abril

El amor perfecto no conoce el temor

¡Oh, si Él me besara con besos de su boca!
(Cantares 1:2)

La Biblia en un año:
• Jueces 13–15
• Lucas: 27–49

Por varios días hemos estado considerando la muerte del Salvador, y por unos días más lo seguiremos haciendo. Al comenzar nuevo mes, busquemos respecto al Señor, los mismos deseos que inflamaron el corazón de la esposa elegida. Mira cómo ella va en seguida saltando hacia el Amado; no expresa palabras preliminares, ni menciona el nombre suyo; entra rauda en el corazón de su tema, pues habla de *Él* como del único en el mundo para ella. ¡Cuán osado es su amor! Fue la mucha condescendencia lo que permitió a la afligida penitente ungir con nardo los pies de Jesús; fue su puro amor lo que permitió a la dócil, María sentarse a los pies del Maestro y aprender de Él. Pero aquí, el amor, el fuerte y ferviente amor, aspira a más altas pruebas de consideración y a señales más íntimas de comunión. Esther tembló en la presencia de Asuero, pero la esposa, disfrutando de la alegre libertad del perfecto amor, no conoce el temor. Si nosotros hemos recibido el mismo espíritu de libertad, también podemos demandar la misma posición. Por besos hemos de entender aquellas variadas manifestaciones de afecto por las que el creyente goza del amor de Jesús. El beso de *reconciliación* lo disfrutamos en nuestra conversión, y fue dulce como la miel que destila del panal. El beso de la *aceptación* se hace sentir aún, mientras reconocemos que Jesús aceptó, por su infinita gracia, nuestras personas y nuestras obras. El beso de comunión presente es el que deseamos con ansia que se repita día por día hasta que se trueque en beso de *recepción,* que saca al alma de la tierra; y el beso de *consumación,* que la llena con el gozo del cielo.

¡Tú, que amas nuestras almas!, no nos seas extraño; haz que los labios de tu bendición se unan a los labios de nuestra petición; que los labios de tu plenitud toquen los labios de nuestra necesidad, y el beso se efectuará.

El silencio oportuno indica sabiduría

*No le respondió
ni una palabra*
(Mateo 27:14)

La Biblia en un año:
• Jueces 16–18
• Lucas 7:1-30

Nunca fue Jesús tardo en hablar cuando se trataba de bendecir a los hijos de los hombres, pero en su propia defensa no quiso hablar nada. «Nunca hombre alguno habló como este hombre», y nunca hubo hombre más callado que Él. ¿Era este singular silencio *indicio* del perfecto sacrificio de sí mismo? ¿Indica esto que Él no habría de expresar palabra para detener al matador de su sagrada persona, que había dado como una ofrenda por nosotros? ¿Se ha rendido tan por completo que no desea intervenir en su favor, sino ser una víctima atada y muerta sin resistir ni quejarse? ¿Era este silencio una figura de lo indefendible que es el pecado? Nada se puede decir como excusa por la culpa humana, y, en consecuencia, Él soportó todo el peso, permaneciendo mudo delante de su juez. ¿No es este paciente silencio la mejor réplica a un mundo contradictor? El sufrimiento silencioso, responde mucho más concluyente a algunas preguntas que la más elevada elocuencia. Los mejores apologistas del cristianismo en los días primitivos fueron sus mártires. El yunque rompe una multitud de martillos solo por soportar pacientemente sus golpes. ¿No nos proporciona un gran ejemplo de sabiduría el callado Cordero de Dios? Donde cada palabra era una ocasión para una nueva blasfemia, era mejor no dar combustible para el fuego del pecado. Lo ambiguo y lo falso, lo indigno y lo vil, serán pronto derrotados e impugnados por sí mismos; y, por lo tanto, la verdad se decide a esta callada y halla que el silencio es su sabiduría. Evidentemente nuestro Señor, por su silencio, dio un notable cumplimiento a la profecía. Por su enmudecimiento demostró concluyentemente ser el verdadero Cordero de Dios. Como tal lo adoramos esta mañana. Sé con nosotros, Jesús, y en el silencio de nuestro corazón, déjanos oír la voz de tu amor.

3 abril

Declarado culpable para salvarnos

Tomaron, pues, a Jesús, y le llevaron
(Juan 19:16)

> **La Biblia en un año:**
> • Jueces 19–21
> • Lucas 7:31-50

«Jesús había estado toda la noche en agonía; había pasado la mañana en el atrio de Caifás y había sido llevado apresuradamente de Caifás a Pilatos, de Pilatos a Herodes y de Herodes otra vez a Pilatos. De modo que le quedaron pocas fuerzas; y, sin embargo, ni refrigerio ni reposo se le permitió.» Ansiaban su sangre, y por eso lo sacaron para morir, cargado con la cruz. ¡Oh dolorosa procesión!, bien pudieron llorar las hijas de Salem.

¿Qué aprendemos aquí mientras vemos a nuestro bendito Señor sacado fuera? ¿No aprendemos la verdad que fue presentada en figura por la víctima propiciatoria? (Lv. 16). ¿No llevaba el sumo sacerdote esa víctima, y ponía ambas manos sobre la cabeza, confesando los pecados del pueblo, para que así esos pecados fuesen puestos sobre el macho cabrío, quedando limpio el pueblo? Entonces el macho cabrío era llevado por un hombre al desierto, y quitaba así los pecados del pueblo; de modo que, aunque los buscasen, no podrían ser hallados. Ahora, vemos a Jesús llevado ante los sacerdotes y magistrados, quienes lo declaran culpable. Dios mismo le imputa nuestros pecados: «Jehová cargó en Él el pecado de todos nosotros». «Él fue hecho pecado por nosotros.» Y, como sustituto nuestro, cargando sobre sus hombros nuestros pecados, vemos a la gran Víctima Propiciatoria llevada por los oficiales de la justicia. Amado, ¿estás seguro de que Él llevó tus pecados? Al mirar sus hombros en la cruz, ¿no están allí representados tus pecados? Hay un medio por el cual puedes decir si Él quitó o no tu *pecado*. ¿Has puesto tu mano sobre su cabeza, has confesado tus pecados y confiado en Él? Entonces tus pecados no están *más* sobre ti, *han* sido transferidos a Cristo por bendita imputación, y Él los lleva sobre sus hombros como una carga más pesada que la cruz.

Acongojado cristiano, ¿por qué lloras? ¿Estás llorando tus propias corrupciones? Contempla a tu perfecto Señor, y recuerda que tú eres perfecto en Él. Ante Dios eres tan perfecto como si nunca hubieses pecado; más que eso: El Señor, nuestra Justicia, puso sobre ti un vestido divino, de modo que tú tienes más que la justicia humana; tienes la justicia de Dios.

Tenemos la justicia del mismo Dios

Al que no conoció pecado, por nosotros lo hizo pecado, para que nosotros fuésemos hecho justicia de Dios en Él (2 Corintios 5:21)

La Biblia en un año:
• Rut 1–4
• Lucas 8:1-25

¡Oh, tú que lloras por el pecado innato y por la depravación!, recuerda que ninguno de tus pecados te pueden condenar. Tú has aprendido a odiar el pecado; pero has aprendido también a conocer que el pecado no es tuyo, pues fue puesto sobre la cabeza de Cristo; tu crédito no está en ti mismo, sino en Cristo; tu aceptación no está en ti mismo, sino en tu Señor. Tú eres aceptado hoy con toda tu perversidad, como lo serás cuando estés delante de su trono, libre de toda corrupción. Yo te ruego que eches mano de esta preciosa verdad: perfección en Cristo, pues tú eres perfecto en Él. Vestido con las vestiduras de tu Salvador, eres santo como Él es santo. «¿Quién es el que condenará? Cristo es el que murió; más todavía, el que también resucitó; quien además está a la diestra de Dios, el que también intercede por nosotros.» Cristiano, regocíjese tu corazón, pues eres aceptado en el Amado.

¿Qué tienes que temer? ¡Que siempre haya en tu rostro una sonrisa! Vive cerca de tu Maestro; vive en los suburbios de la Ciudad Celestial, pues pronto, cuando tu tiempo se haya cumplido, subirás adonde está tu Jesús, y reinarás a su diestra, como Él ha vencido y está sentado a la diestra de su Padre. Y todo esto porque Dios, «al que no conoció pecado, hizo pecado por nosotros, para que nosotros fuésemos hechos justicia de Dios en Él».

5 abril

No estamos libres de la aflicción

Y le pusieron encima la cruz para que la llevase tras Jesús
(Lucas 23:26)

La Biblia en un año:
- 1 Samuel 1-3
- Lucas 8:26-56

Vemos en Simón, mientras lleva la cruz, una figura de la obra de la Iglesia en todas las edades; ella es la que lleva la cruz tras Jesús. De modo que Jesús no sufre para eliminar tus sufrimientos. Él lleva la cruz no para que tú la evites, sino para que la soportes. Cristo te libra del pecado, pero no de la aflicción. Recuerda esto y espera sufrir.

Pero consolémonos con el pensamiento de que en nuestro caso como en el de Simón, no es nuestra la cruz que llevamos, sino de Cristo. Cuando eres acosado por causa de tu piedad; cuando tu religión te acarree mofas despiadadas, recuerda entonces que esa no es tu cruz, sino la cruz de Cristo. ¡Y cuán agradable es llevar la cruz de nuestro Señor!

Tú llevas la cruz tras *Él*. Tienes, pues, una bendita compañía; tu senda está marcada con las huellas de tu Señor. La señal de su hombro encarnado está sobre aquella pesada carga. Esta es su cruz, y Él va delante de ti como va el pastor delante de sus ovejas. Toma tu cruz diariamente y síguele.

No olvides, además, que llevas esta cruz con ayuda. Algunos opinan que Simón no llevó toda la cruz, sino una parte de ella. Esto es muy posible. Cristo habrá llevado la parte más pesada, donde estaba el madero cruzado, y Simón la parte más liviana. Sin duda, así acontece contigo; tú sólo llevas la parte menos pesada de la cruz, y Cristo la más gravosa.

Y recuerda: si bien Simón tuvo que llevar la cruz por poco tiempo, eso le trajo perdurable honor. Así también ahora: llevamos la cruz por corto tiempo, y después recibiremos la corona y la gloria. En verdad, nosotros tendríamos que amar la cruz, y, en lugar de esquivarla tendríamos que apreciarla, pues nos obra un sobremanera alto y eterno peso de gloria.

Jesús, llevando su cruz, salió para sufrir fuera de la puerta. El motivo por el que el cristiano debe dejar el campamento del pecado y de la religión del mundo, no es su deseo de ser raro, sino porque Jesús lo hizo así, y porque los discípulos siguieron en esto a su Maestro. Cristo no era de este mundo. Su vida y su testimonio fueron una protesta constante contra la conformidad

abril 6

Separación necesaria

Salgamos, pues, a Él, fuera del campamento
(Hebreos 13:13)

> La Biblia en un año:
> • 1 Samuel 4–6
> • Lucas 9:1-17

con el mundo. Nunca existió un amor tan inmenso por los hombres como el de Cristo; a pesar de eso, Él era apartado de pecadores. De la misma manera el pueblo de Dios debe «salir a Él»; debe tomar su posición «fuera del campamento», como testigo de la verdad. Los creyentes han de estar preparados para andar por la senda recta y angosta; deben tener corazones osados, resueltos y llenos de coraje, que en primer lugar amen a Cristo, y después a su verdad; además tienen que amar a Cristo y a su verdad más que a cualquier otra cosa. Jesús quisiera tener a su pueblo «fuera del campamento» para santificarlo. No puedes crecer en la gracia si andas en conformidad con el mundo. La vida de separación quizás sea una senda dolorosa, pero es la calzada de seguridad. Y, aunque la vida separada pueda costar muchas angustias, y presentar cada día una batalla, sin embargo es, después de todo, una vida feliz. No hay gozo que sobrepuje al gozo del soldado de Cristo. Jesús se revela tan bondadosamente y da un refrigerio tan agradable que el soldado siente más calma y paz en su día de batalla que los otros en sus días de reposo. Si la gracia divina nos capacita para seguir firmemente a Cristo «fuera del campamento», esperamos ganar la corona. La corona de gloria seguirá a la cruz de separación. La afrenta de un momento será bien recompensada con el honor eterno. Un poco de testificación no parecerá nada cuando estemos «para siempre con el Señor».

7 abril

«Honores» a Cristo en la cruz

Hijos de los hombres, ¿hasta cuándo volveréis mi honra en infamia?
(Salmos 4:2)

La Biblia en un año:
• 1 Samuel 7–9
• Lucas 9:18-36

Un escritor ha hecho una triste lista de los honores que el ciego pueblo de Israel concedió a su largamente esperado Rey.

1º Le hicieron una procesión de honor, participando legionarios romanos, sacerdotes judíos, hombres y mujeres, mientras Jesús llevaba su cruz. Esta es la procesión que el mundo da a aquel que vino a vencer a los enemigos del hombre. Aclamaciones burlescas son sus únicas aclamaciones, y vituperios crueles, sus únicos cantos de triunfo.

2º Le obsequiaron con el vino de honor. En vez de una áurea copa de vino estimulante, le ofrecieron un estupefaciente que Él rehusó, pues quiso conservar intactas sus facultades para gustar la muerte; y más tarde, cuando gritó: «Sed tengo», le dieron, en una esponja, vino mezclado con hiel. ¡Oh qué mezquina y detestable inhospitalidad dieron al Hijo del Rey!

3º Se le puso una guardia de honor que demostró la estima que le tenía echando suerte sobre sus vestidos, los que tomaron como presa. Tal fue la guardia del adorado del cielo: un cuaternión de crueles jugadores.

4º En la cruz se le dio un trono de honor. Ningún lugar de descanso más cómodo quería el hombre rebelde dar a su Señor. En efecto, la cruz era la perfecta expresión de los sentimientos del mundo hacia Jesús. Ellos parecían decir: «Allí, tú, Hijo de Dios; ésta es la manera en que el mismo Dios sería tratado si pudiésemos llegar a Él».

5º El título de honor nominalmente era «Rey de los Judíos», pero la ciega nación lo repudió y en realidad lo llamó «Rey de los ladrones», pues prefirió a Barrabás y puso a Jesús en el lugar de mayor afrenta: entre dos ladrones. Su honra fue así, en todas las cosas, trocada en infamia por los hijos de los hombres; pero a pesar de eso Él alegrará los ojos de los santos y de los ángeles para siempre jamás.

Quien en Él confía, nunca morirá

*Porque si en el árbol verde
hacen estas cosas,
¿en el seco, qué no se hará?*
(Lucas 23:31)

La Biblia en un año:
• 1 Samuel 10–12
• Lucas 9:37-62

Entre otras interpretaciones de esta sugestiva pregunta, la siguiente está llena de enseñanza: «Si yo, el inocente sustituto de los pecadores, sufro así, ¿qué se le hará al pecador mismo –el árbol seco– cuando caiga en las manos de un Dios airado? «Cuando Dios vio a Jesús en el lugar de los pecadores no lo perdonó; y cuando halle al no regenerado sin Cristo, tampoco lo perdonará. ¡Oh pecador!, Jesús fue llevado por sus enemigos; tú también serás llevado por los demonios al lugar señalado para ti. Jesús fue abandonado por Dios; y si Él, que solamente era pecador por imputación, fue abandonado, ¿cuánto más lo serás tú? *«¿Eloi, Eloi, lama sabachthani?»*, ¡Qué grito terrible! Pero cuál será tu clamor cuando digas: ¡Dios, Dios!, ¿por qué me has dejado? , y se te responda: «Por cuanto desechasteis todo consejo mío, y mi represión no quisisteis: También yo me reiré en vuestra calamidad, y me burlaré cuando os viniere lo que teméis». Si Dios no perdonó a su Hijo, ¡cuánto menos te perdonará a ti! ¡Qué látigos de ardientes cuerdas serán los tuyos cuando la conciencia te herirá con todos sus terrores! Vosotros, los más ricos, los más felices y los más justos pecadores, ¿quién querrá estar en vuestro lugar cuando Dios diga: «¡Despiértate, espada, contra el hombre que me rechazó; hiérelo, y que por siempre sienta el dolor? Jesús fue escupido; pecador ¿cuál será tu afrenta? No podemos resumir en una palabra toda la multitud de aflicciones que se reunió en la cabeza de Jesús; que murió por nosotros; por lo tanto, nos es imposible decir qué ríos, qué océanos de dolor rodarán sobre tu espíritu si mueres en la condición en que te hallas ahora. Es posible que mueras así y ahora. Por las agonías de Cristo, por sus heridas y por su sangre, no traigas sobre ti la ira que se avecina. Confía en el Hijo de Dios, y nunca morirás.

9 abril

Nuestros pecados fueron sus verdugos

Y le seguía una gran multitud del pueblo, y de mujeres que lloraban y hacían lamentación por Él
(Lucas 23:27)

> **La Biblia en un año:**
> • 1 Samuel 13–14
> • Lucas 10:1-24

En medio de la plebe que acompañaba a Jesús al patíbulo, había algunas almas piadosas cuya amarga angustia se desahogaba en sollozos y lamentaciones, música apropiada para acompañar a aquella marcha de ayes. Cuando mi alma puede ver, en la imaginación, al Salvador llevando su cruz al Calvario, se une a las mujeres piadosas y llora con ellas, pues hay allí justificado motivo para el dolor, más justificado de lo que las afligidas mujeres pensaban. Ellas lloraban la inocencia maltratada, la bondad perseguida, el amor que sangraba, la mansedumbre que moría. Pero mi corazón tiene un motivo más profundo y más amargo para llorar. Mis pecados fueron los azotes que laceraron aquellos benditos hombros, y coronaron con espinas aquellas sangrantes sienes; mis pecados gritaron: «Crucifícale, crucifícale», y colocaron la cruz sobre sus bondadosos hombros. En su conducción hacia el Calvario hay suficiente dolor para una eternidad, pero en el hecho de haber sido yo su verdugo, hay más, infinitamente más aflicción que lo que una pobre fuente de lágrimas puede expresar.

No es difícil darse cuenta de por qué esas mujeres amaron y lloraron, pero ellas no pudieron haber tenido mayor razón para amar y lamentar que la que tiene mi corazón. La viuda de Naín vio resucitado a su hijo, pero yo me veo a mí mismo resucitado en novedad de vida. La madre de la esposa de Pedro fue curada de la fiebre, pero yo he sido curado de la más grave plaga de pecado. De Magdalena salieron 7 demonios, pero una entera legión de ellos salió de mí. María y Marta fueron favorecidas con visitas de Jesús, pero yo con su permanencia en mí. Su madre dio a luz su cuerpo, pero Cristo, la esperanza de gloria, está formado en mí. En cuanto a deudas, en nada quedo atrás de las santas mujeres; que tampoco sea menos en gratitud.

Descubriendo su amor en el mismo Calvario

Al lugar llamado de la Calavera
(Lucas 23:33)

La Biblia en un año:
• 1 Samuel 15–16
• Lucas 10:25-42

El collado del consuelo es el collado del Calvario; la casa de la consolación está edificada con la madera de la cruz; el templo de las bendiciones celestiales está fundado sobre la roca hendida por la lanza que traspasó su costado. Ninguna escena en la historia sagrada alegró jamás al alma como la tragedia del Calvario. Es raro que las horas más lúgubres que jamás experimentó el mundo pecador habrían de tocar el corazón con más delicadeza que la alegría de los ángeles. La luz brota desde el mediodía hasta la medianoche del Calvario, la hierba del campo florece lozanamente bajo la sombra del árbol una vez maldito. En ese lugar de sed la gracia ha hecho una fuente que siempre mana agua pura como cristal, cuyas gotas tienen la virtud de aliviar los ayes de la humanidad. Tú, que has tenido tus temporadas de conflicto, tienes que confesar que no fue en el Olivete, donde hallaste consuelo, ni tampoco en el monte Sinaí, ni en el Tabor. Getsemaní, Gabbatha y Gólgota han sido los medios de tu consuelo. Las amargas hierbas del Getsemaní han quitado muchas veces las amarguras de tu vida; el azote de Gabbatha ha azotado muchas veces tus preocupaciones, y los gemidos del Calvario han puesto en fuga todos los otros gemidos. Así el Calvario nos rinde raro y rico consuelo. Nosotros nunca habríamos conocido el amor de Cristo en su altura y profundidad si Él no hubiese muerto; no podríamos ni imaginar el profundo amor del Padre si Él no hubiese entregado a su Hijo a la muerte. Las mercedes comunes que gozamos hablan todas de amor, como el carey marino cuando lo ponemos en nuestros oídos nos habla del insondable mar de donde procede. Pero si deseamos oír al océano mismo, no debemos mirar a las bendiciones diarias, sino a las transacciones de la crucifixión. El que desee conocer el amor, vaya al Calvario, y vea morir al varón de dolores.

11 abril

Su cuerpo, indemne para gloria y poder

He sido derramado como aguas, y todos mis huesos se descoyuntaron
(Salmos 22:14)

> **La Biblia en un año:**
> • 1 Samuel 17–18
> • Lucas 11:1-28

¿Contemplaron la tierra o el cielo alguna vez un espectáculo más triste de dolor? En alma y cuerpo nuestro Señor se sintió débil como el agua que corría por el suelo. La colocación de la cruz en su hoyo lo sacudió con gran violencia, estiró todos sus ligamentos, fatigó todos los nervios, y más o menos dislocó todos sus huesos. Agobiado por su propio peso, la augusta víctima sintió la creciente tensión en cada momento de aquellas seis largas horas. Su sensación de desfallecimiento y debilidad general lo abrumaba, mientras que Él para sus sentidos, no llegó a ser otra cosa que una masa de miseria y de desfalleciente enfermedad. Cuando Daniel vio la gran visión, describe así sus impresiones: «No quedó en mí esfuerzo; antes mi fuerza se me trocó en desmayo, sin retener vigor alguno». ¡Cuánto más abatido habrá estado nuestro Gran Profeta cuando vio la terrible visión de la ira de Dios, y la sintió en su propia alma! A nosotros nos hubiese sido imposible soportar las sensaciones que experimentó nuestro Señor, y una especie de inconsciencia habría venido en nuestro socorro, pero en su caso fue herido y *sintió* la espada, vació la copa y *probó* cada gota de ella.

Mientras nos arrodillamos delante del trono del Salvador, que ahora está a la diestra de Dios, recordemos bien el medio por el cual Él preparó ese trono como un trono de gracia para nosotros; bebamos en espíritu de su copa, a fin de que podamos ser fortalecidos para nuestra hora de aflicción en cualquier ocasión. En el cuerpo natural de Jesús cada uno de los miembros sufrió; así también debe ser en el espiritual. Pero como de todas sus pruebas y aflicciones, su cuerpo salió indemne para la gloria y para el poder, así también su cuerpo místico atravesará el horno sin que pase por Él ni olor de fuego.

Nuestro bendito Señor experimentó un terrible abatimiento y desvanecimiento de alma. «El ánimo del hombre soportará su enfermedad, mas, ¿quién soportará al ánimo angustiado?» La depresión de espíritu es la más grave de las pruebas; cualquier aflicción es nada al lado de ésta. Bien puede el Salvador gritar: «No te alejes de mí», pues el hombre necesita a

abril 12

¿Quién soportara el ánimo angustiado?

Mi corazón fue como cera, derritiéndose en medio de mis entrañas
(Salmos 22:14)

La Biblia en un año:
• 1 Samuel 19-21
• Lucas 11:29-54

su Dios cuando su corazón se consume dentro de sí por el abatimiento. Creyente, acércate a la cruz y adora humildemente al Rey de gloria, quien tanto en aflicción mental como en angustia íntima, fue más humillado que cualquiera de los que están entre nosotros. Observa su aptitud para llegar a ser un fiel Sumo sacerdote, que puede compadecerse de nuestras flaquezas. ¡Oh Padre Celestial!, permite que aquellos cuya tristeza procede directamente del alejamiento de tu amor entren en estrecha e íntima comunión con Jesús. Que no demos lugar a la desesperación, pues por este paraje tétrico el Maestro pasó antes que nosotros. Quizás a menudo nuestras almas ansíen, desfallezcan y anhelen hasta la angustia contemplar la luz del rostro del Señor. En esas ocasiones contentémonos con la seguridad de la simpatía de nuestro gran Sumo sacerdote. Nuestras gotas de dolor se olvidan en el océano de sus aflicciones. Pero, ¡cuán alto debe elevarse nuestro amor! Entra, oh poderoso y profundo amor de Jesús; como el mar en las inundaciones de las grandes crecientes, cubre todas mis facultades, ahoga todos mis pecados, quita todas mis preocupaciones, levanta mi alma que está apegada a la tierra, llévala a los pies de mi Señor, y permíteme quedar allí, pobre pecador como soy, lavado por su amor. No tengo ningún valor ni virtud; sólo me atrevo a decirle que, si desea escucharme, oirá en mi corazón ecos débiles de las vastas olas de su propio amor que me ha llevado adonde me gozo estar.

13 abril

En Él habita la plenitud de la divinidad

*Mi amado es para mí
un manojito de mirra*
(Cantares 1:13)

La Biblia en un año:
• 1 Samuel 22–24
• Lucas 12:1-31

La mirra bien puede ser elegida como la figura de Jesús por su preciosidad, su perfume, su gusto, sus cualidades medicinales, preservativas y desinfectantes, y por su conexión con el sacrificio. Pero, ¿por qué se le compara a un «manojito» de mirra? En primer lugar, por su *abundancia*. Jesús no es una ramita de mirra, sino un cesto lleno; no una simple flor, sino un manojo. Hay en Cristo lo suficiente para todas mis necesidades; que no demore yo en valerme de Él. Nuestro bien amado es comparado además a un manojo, por su *variedad*. Hay en Cristo no solo la «una cosa necesaria», sino que «en Él habita toda la plenitud de la divinidad corporalmente»; cada una de las cosas necesarias están en Él. Considera a Jesús en sus diferentes caracteres y verás una maravillosa variedad: Profeta, Sacerdote, Rey, Esposo, Amigo, Pastor. Considéralo en su vida, en su muerte, en su resurrección, en su ascensión y en su segunda venida; míralo en su virtud, en su mansedumbre, en su negación de sí mismo, en su amor, en su debilidad, en su verdad, en su justicia; en cualquier cosa es un manojo de preciosidad.

Jesús es un manojo de mirra para *preservación*; no mirra suelta que cae al suelo o se pisotea, sino mirra en manojo, para ser puesta en el estuche. Hay que estimarlo como el mejor tesoro; apreciar sus palabras y sus mandamientos y, por fin, debemos guardar, bajo llave, los pensamientos y conocimientos que nos dio, no sea que el diablo nos robe algo. Por otra parte, Jesús es un manojo de mirra, por su *especialidad*. El emblema sugiere la idea de gracia que distingue y discierne. Desde antes de la fundación del mundo, Él fue apartado para su pueblo, y da su perfume solamente a los que entienden cómo entrar en comunión con Él, para tener con Él íntimas relaciones. ¡Oh, feliz el que puede decir: «Mi amado es para mí un manojito de mirra»!

La burla fue un gran ingrediente en los ayes de nuestro Señor. Judas se burló de Él en el jardín; el príncipe de los sacerdotes y los escribas se mofaron de Él con desprecio; Herodes lo tuvo en nada; los sirvientes y soldados lo escarnecieron y lo insultaron brutalmente; Pilatos y su guardia ridiculizaron su realeza, y, estando sobre la cruz, le lanzaron toda suer-

abril 14

«Despreciado y desechado entre los hombres»

Todos los que me ven me escarnecen; estiran la boca, menean la cabeza
(Salmos 22:7)

La Biblia en un año:
• 1 Samuel 25–26
• Lucas 12:32-59

te de horribles bromas y de repugnantes vituperios. El ridículo es siempre difícil de llevar, pero cuando estamos en angustia es tan inhumano y tan cruel que nos corta en carne viva. Imagina al Salvador crucificado, agobiado con angustia más allá de toda mortal imaginación, y entonces piensa en esa abigarrada multitud, meneando sus cabezas y sacando la lengua en amarguísimo desprecio a una pobre víctima que sufre. En el crucificado habrá habido sin duda algo más de lo que los espectadores pudieron ver, de lo contrario, la grande y confusa multitud no lo habría honrado con desprecios tan unánimemente. ¿No estaba el mal confesando en aquel preciso momento de su aparente triunfo que, después de todo, no podía hacer más que burlar a aquella victoriosa bondad que entonces estaba reinando sobre la cruz? ¡Oh Jesús!, «despreciado y desechado entre los hombres», ¿cómo pudiste morir por quienes te tratan tan mal? Aquí hay amor admirable, amor divino, amor más allá de toda ponderación. Nosotros también te hemos despreciado en los días de nuestra irregeneración, y aun después de nuestro nuevo nacimiento hemos elevado al mundo en nuestros corazones; y, sin embargo, tú sangraste para sanar nuestras heridas y moriste para darnos vida. ¡Oh, si pudiésemos colocarte en un alto y glorioso trono en los corazones de los hombres! Deseamos proclamar tus alabanzas por tierra y mar hasta que los hombres te adoren tan unánimemente como un día te rechazaron.

15 abril

Dios nunca nos abandona

*Dios mío, Dios mío,
¿por qué
me has desamparado?*
(Salmos 22:1)

> **La Biblia en un año:**
> • 1 Samuel 27–29
> • Lucas 13:1-22

Contemplemos aquí al Salvador en la profundidad de sus aflicciones. Ningún otro lugar muestra tan bien las tribulaciones de Cristo como el Calvario, y ningún otro momento en el Calvario está tan lleno de agonía como aquel en que Él exclamó: «Dios mío, Dios mío, ¿por qué me has dejado?» En este momento la debilidad física se unió a la aguda tortura mental por la vergüenza e ignominia que tuvo que gustar. Y para culminar la intensidad de sus sufrimientos, padeció una agonía espiritual que sobrepuja todo entendimiento, siendo ésta el resultado del apartamiento de la presencia de su Padre. Ésta era la oscura medianoche de su horror; entonces fue cuando descendió al abismo del sufrimiento. Nadie puede penetrar en el completo significado de estas palabras. Algunos de nosotros a veces podríamos gritar: «Dios mío, Dios mío, ¿por qué me has dejado?» Cuando la brillantez de la sonrisa de nuestro Padre parece eclipsada por nubes y tinieblas, recordemos que Dios nunca nos deja. Con nosotros es ése un aparente abandono, pero con Cristo era un abandono real. Nos afligimos ante una breve separación del amor de nuestro Padre, pero, ¿quién podrá calcular cuán profunda fue la agonía que le causó a Jesús el real apartamiento del rostro de su Padre? En nuestro caso, el clamor suele ser dictado por la incredulidad; en su caso fue la expresión de un espantoso hecho, pues, efectivamente, Dios lo había dejado por un tiempo. ¡Oh, alma pobre y angustiada, que viviste una vez a la luz del rostro de Dios, pero que ahora te hallas en tristeza!, no olvides que Él no te ha dejado. Dios en las nubes es tan nuestro como cuando alumbra en el esplendor de su gracia, pero ya que el solo pensamiento de que Él nos haya dejado nos aflige, ¡qué habrá sido el dolor de nuestro Señor cuando exclamó: «¡Dios mío, Dios mío, ¿por qué me has dejado?!».

Su preciosa sangre nos hace limpios, sin mancha

La sangre preciosa de Cristo
(1 Pedro 1:19)

> **La Biblia en un año:**
> • 1 Samuel 30–31
> • Lucas 13:23-35

Estando al pie de la cruz, vemos manos, pies y costado destilando arroyos de preciosa sangre carmesí. Es preciosa a causa de su eficacia redentora y expiadora. Por ella los pecados del pueblo de Cristo son expiados; los creyentes son redimidos de debajo de la ley, son reconciliados con Dios y son hechos uno con Él. La sangre de Cristo es también preciosa por su poder purificador: «Si vuestros pecados fueren como la grana, como la nieve serán emblanquecidos». Gracias a la sangre de Jesús no queda una sola mancha sobre el creyente, ni arruga ni nada semejante. ¡Oh preciosa sangre que nos haces limpio, quitando las manchas de abundante iniquidad, y permitiéndonos ser aceptos en el amado, no obstante las muchas formas en que nos hemos revelado contra nuestro Dios! La sangre es asimismo preciosa por su poder preservador. Bajo la sangre esparcida, estamos seguros contra el ángel destructor. Recordemos que la razón por la que somos perdonados es porque Dios ve la sangre. Aquí hay consuelo para nosotros cuando el ojo de la fe esté empañado. La sangre de Cristo es preciosa por su influencia santificadora. La misma sangre que justifica al quitar el pecado, después anima a la nueva criatura y la conduce a someter el pecado y a cumplir los mandamientos de Dios. No hay motivo mayor para la santidad que el que viene de las venas de Jesús. Y preciosa, inefablemente preciosa es esta sangre por su subyugante poder. Está escrito: «Ellos vencieron por la sangre del Cordero». ¿Cómo hubieran vencido de otro modo? El que lucha con la preciosa sangre de Jesús lucha con un arma que no puede conocer derrota. ¡La sangre de Jesús! El pecado muere en su presencia, la muerte deja de ser muerte, las puertas del cielo se abren. ¡La sangre de Jesús! Seguiremos adelante conquistando, mientras confiemos en su poder.

17 abril

Con su sangre, se ha conseguido la eterna justicia

A la sangre rociada que habla mejor que la de Abel
(Hebreos 12:24)

> **La Biblia en un año:**
> • 2 Samuel 1–2
> • Lucas 14:1-24

Lector; ¿te has llegado a la sangre del esparcimiento? La pregunta no es si tú te has llegado al conocimiento de doctrinas o a la observancia de ceremonias, o a cierta forma de experiencia, sino si te has llegado a la sangre de Jesús. Si en verdad te has llegado a Jesús, es porque el Espíritu Santo amablemente te condujo allí. Te has llegado a la sangre del esparcimiento sin méritos de tu parte. Culpable, perdido, desvalido, te has acercado para recibir aquella sangre como tu eterna esperanza. Te has llegado a la cruz de Cristo, con corazón dolorido y tembloroso; y, ¡oh!, cuán precioso te fue oír la voz de la sangre de Jesús. La caída de su sangre es como la música del cielo para los hijos penitentes de la tierra. Nosotros estamos llenos de pecados, pero el Salvador nos manda elevar nuestros ojos a Él, y mientras contemplemos sus sangrantes heridas, cada gota que cae, clama: «Consumado es; he terminado con el pecado; he conseguido eterna justicia».

¡Oh dulce lenguaje de la preciosa sangre de Jesús! Si te has allegado a la sangre una vez, te allegarás muchas veces. Tu vida será: «Mirando a Jesús». Tu norma de conducta se sintetizará en esto: «A quien viniendo». No a quien he venido, sino a quien siempre vengo. Si has ido alguna vez a la sangre del esparcimiento, sentirás necesidad de ir a ella cada día. El que no desea lavarse en ella *todos los días,* es porque nunca ha sido lavado. El creyente considera siempre un gozo y un privilegio el que aún haya una fuente abierta. Las experiencias pasadas son para el cristiano alimento dudoso; una presente venida a Cristo puede darnos gozo y consolación. Salpiquemos de nuevo esta mañana los postes de nuestras puertas con la sangre del Cordero, seguros de que el ángel destructor nos pasará por alto.

Estando atentos a la voluntad del Señor

Ella ató el cordón de grana a la ventana
(Josué 2:21)

> **La Biblia en un año:**
> • 2 Samuel 3–5
> • Lucas 14:25-35

Rahab dependió para su preservación de la promesa de los espías, a quienes consideró representantes del Dios de Israel. Su fe fue sencilla y firme, pero muy obediente. Atar el cordón de grana a la ventana era en sí mismo un acto trivial, pero ella no se atrevió a correr el riesgo de omitirlo. Ven, alma mía, ¿no hay aquí una lección para ti? ¿Has estado atenta a la voluntad de tu Señor aunque algunos mandamientos no parecían ser esenciales? ¿Has observado de modo correcto las dos ordenanzas del creyente: Bautismo y Cena del Señor? Si estas cosas se descuidan es prueba de que en tu corazón hay mucha desobediencia.

Este acto de Rahab presenta una lección aún más solemne. ¿He confiado yo implícitamente en la preciosa sangre de Jesús? ¿He atado yo, con un nudo gordiano, el cordón de grana a mi ventana, de modo que mi esperanza nunca pueda ser removida? ¿Puedo mirar hacia el mar Muerto de mis pecados o hacia la Jerusalén de mis esperanzas, sin ver la sangre, pero viendo todas las cosas en conexión con su bendito poder? El transeúnte puede ver una cuerda de tan visible color, si cuelga de la ventana. Será un bien para mí si mi vida hace visible a todos los espectadores la eficacia de la expiación. ¿Qué hay allí de qué avergonzarse? ¡Que miren si así lo desean, tanto los hombres como los demonios; la sangre es mi orgullo y mi canto!

Alma mía, hay uno que verá ese cordón de grana, aun cuando tú, por la debilidad de tu fe, no puedas verlo. Jehová, el vengador, lo verá y te perdonará. Los muros de Jericó cayeron; la casa de Rahab estaba sobre el muro, y sin embargo quedó inmoble. Mi naturaleza está edificada en el muro de la humanidad, y, sin embargo, cuando la destrucción hiera a la humanidad, yo quedaré seguro. Alma mía, ata otra vez el cordón carmesí a la ventana, y descansa en paz.

19 abril

Abiertas las puertas del Paraíso

He aquí, el velo del templo se rasgó en dos, de arriba abajo (Mateo 27:51)

La Biblia en un año:
• 2 Samuel 6–8
• Lucas 15:1-10

No fue un milagro insignificante el que se obró en el rompimiento de un velo tan fuerte y grueso, pero no se realizó como una mera exhibición de poder, pues se nos enseña aquí muchas lecciones. La antigua ley de ceremonias fue abolida, y, como un vestido gastado, fue rota y puesta a un lado. Cuando Jesús murió, todos los sacrificios terminaron, pues todos quedaron cumplidos en Él y, en consecuencia, el lugar donde esos sacrificios eran presentados, fue marcado con una señal evidente de decadencia. Esa rasgadura también reveló todas las cosas ocultas de la antigua dispensación. Ahora podía verse el propiciatorio, y la gloria de Dios brillaba sobre él. Por la muerte del Señor Jesús tenemos una clara revelación de Dios, pues Él «no era como Moisés que ponía un velo sobre su faz». Vida e inmortalidad salen ahora a la luz, y cosas ocultas desde la fundación del mundo son manifiestas en Él. La ceremonia anual de la expiación fue abolida. La sangre de la expiación, que una vez al año era rociada dentro del velo, fue ahora ofrecida una vez por todas, por el gran Sumo sacerdote, y, por tanto, el lugar del rito simbólico fue derribado. Ahora no se necesitan más bueyes ni ovejas, pues Jesús ha entrado dentro del velo con su propia sangre. Ahora, pues, se permite el acceso a Dios, siendo éste el privilegio de cada creyente en Cristo Jesús. No hay siquiera una pequeña abertura por la que podamos ver el propiciatorio, excepto la ruptura que se extiende de arriba a abajo. Podemos acercarnos con confianza al trono de la gracia celestial. ¿Caeremos en error si decimos que la abertura del lugar santísimo, hecha en esta manera maravillosa por el postrer clamor del Señor, era una figura de la abertura de las puertas del paraíso para todos los santos, en virtud de la pasión? Nuestro sangrante Señor tiene las llaves del cielo: Él abrió y ninguno puede cerrar.

La muerte es como una escala de Jacob

Para destruir por medio de la muerte al que tenía el imperio de la muerte
(Hebreos 2:14)

La Biblia en un año:
• 2 Samuel 9–11
• Lucas 15:11-32

¡Oh hijo de Dios!, la muerte perdió su aguijón, pues el poder del diablo sobre la misma ha sido destruido. Entonces, no temas morir. Pide a Dios gracia a fin de que, por un conocimiento íntimo y una fe inquebrantable en la muerte del Redentor, seas fortalecido para aquella hora sombría. Viviendo cerca de la cruz del Calvario, puedes pensar en la muerte con alegría y recibirla con intenso gozo. Es agradable morir en el Señor. La muerte no es un largo destierro, sino una vuelta de la cautividad, una partida a las muchas moradas donde ya están nuestros amados. La distancia entre los espíritus glorificados que están en el cielo y los santos que militan en la tierra parece grande, pero no lo es. No estamos lejos del hogar; pronto estaremos allí. La vela está extendida; el alma empieza el viaje. ¿Cuánto durará su navegación? ¿Cuántos vientos molestos darán en la vela antes de que llegue al puerto de paz? ¿Cuánto tiempo aquella alma será sacudida sobre las olas antes de llegar al mar que no conoce tormenta? Presta atención a la respuesta: «Partir del cuerpo y estar presentes al Señor». Tu nave ha partido recién, pero ya llegó a su puerto. No hizo más que extender su vela y ya está allí. Igual que a aquella nave del lago de Galilea, una tormenta la sacudió, pero Jesús dijo: «Calla, enmudece», e inmediatamente llegó a tierra. No pienses que un largo período media entre el instante de la muerte y la eternidad de gloria. Cuando los ojos se cierran en la tierra se abren en el cielo.

¡Oh hijos de Dios!, puesto que por la muerte del Señor, la maldición y el aguijón de la muerte fueron destruidos, ¿qué hay en la muerte para que la temas? Pues ahora, la muerte no es más que una escala de Jacob, cuyos pies están en el oscuro sepulcro y su cabeza, en la gloria sempiterna.

21 abril

El mejor consuelo y esperanza

Yo sé que mi Redentor vive
(Job 19:25)

La Biblia en un año:
• 2 Samuel 12–13
• Lucas 16

El único consuelo de Job residía en esta breve palabra: «Mi». «Mi Redentor»; y en el hecho de que el Redentor vive. ¡Oh, asirse de un Cristo vivo, cuánto significa! Tenemos que poseer a Cristo antes de poder gozar de Él. ¿Para qué me sirve el oro que está en la mina? Hasta en Perú hay pordioseros, y en California hay quien mendiga pan. Es el dinero de mi bolsillo el que satisfará mis necesidades, pues con él puedo comprar el pan que me hace falta. Así, pues, un Redentor que no me redime, un pariente que nunca defiende mi sangre ¿de qué me sirve? No estés satisfecho hasta que puedas decir: «Sí, yo me arrojo sobre mi Señor viviente; y Él es mío». Puede ser que lo retengas con mano débil; piensas que casi es presunción decir: «Él vive como mi *Redentor*. Pero si tuvieses fe como un grano de mostaza, esa poca fe te *autorizaría* a decirlo. Pero hay también otra palabra aquí que expresa la fuerte confianza de Job: «Yo sé». Decir «yo espero, yo creo» es consolador, y hay miles en el redil de Jesús que difícilmente alguna vez puedan decir mucho más. Pero para lograr la esencia de la consolación, tú tienes que decir: «Yo sé». Los «sí», «pero» y «quizás» son seguros matadores de la paz y del consuelo. Las dudas son cosas terribles en tiempo de aflicción. Hunden, como avispas, el aguijón en el alma. Si tengo alguna sospecha de que Cristo no es mío, entonces allí hay vinagre mezclado con hiel de muerte, pero si yo sé que Jesús vive por mí, entonces la oscuridad no es oscura, pues aun la noche es luz en torno mío. Si Job en aquel tiempo, antes de la venida de Cristo, podía decir «Yo sé», nosotros no tendríamos que hablar menos positivamente. No permita Dios que nuestro positivismo sea presunción. Miremos que nuestras evidencias sean fundadas a no ser que edifiquemos sobre una esperanza sin fundamento. Un Redentor viviente, realmente mío, es gozo inefable.

Jesús nuestro Señor, que ha sido crucificado, muerto y sepultado, está ahora sentado en el trono de gloria. El lugar más elevado que el cielo concede es de Cristo por derecho indisputable. Es agradable recordar que la exaltación de Cristo en el cielo es una exaltación representativa. Él fue exaltado a la diestra del Padre, y aunque, como Jehová, tiene eminentes glorias en las

Somos, realmente, uno con Él

A éste, Dios ha ensalzado
(Hechos 5:31)

> **La Biblia en un año:**
> • 2 Samuel 14–15
> • Lucas 17:1-19

que las criaturas finitas no pueden participar, sin embargo, como Mediador, los honores que ostenta en el cielo son la herencia de todos los santos. Es grato considerar cuán estrecha es la unión de Cristo con los suyos. Somos realmente uno con Él; somos miembros de su cuerpo, y su exaltación es la nuestra. Él nos hará sentar en su trono, como Él ha vencido y se ha sentado con su Padre en su trono. Como Él tiene una corona, también a nosotros nos da coronas. Él tiene un trono, pero no se satisface con tener un trono para sí; a su diestra debe estar su reina, la Iglesia, ataviada con «oro de Ofir». Él no puede ser glorificado sin su esposa. Creyente, mira a Jesús; contémplalo, con los ojos de la fe, luciendo sobre su cabeza muchas coronas. Recuerda que un día tú serás semejante a Él, cuando lo verás como Él es. No serás tan admirable ni tan divino como Él, sin embargo, tú, en alguna medida, participarás de los mismos honores, y gozarás de la misma felicidad y dignidad que Él posee. Conténtate con vivir como desconocido, por breve tiempo, y con andar fatigosamente por los campos de la pobreza, y los montes de la aflicción, y pronto reinarás con Cristo, pues Él «nos ha hecho reyes y sacerdotes para Dios, y reinaremos para siempre jamás». ¡Oh, cuán admirable es todo esto para los hijos de Dios! Ahora tenemos a Cristo en las cortes celestiales, pero pronto vendrá y nos tomará a sí mismo para que estemos allí con Él, y contemplemos su gloria y participemos de su gozo.

23 abril

Más que vencedor sobre uno mismo

Antes en todas estas cosas hacemos más que vencer por medio de aquel que nos amó
(Romanos 8:37)

La Biblia en un año:
• 2 Samuel 16–18
• Lucas 17:20-37

Nosotros vamos a Cristo por perdón, y luego, muy a menudo, buscamos en la ley poder para combatir nuestros pecados. Pablo nos reprende en esta forma: «¡Oh, gálatas insensatos!, ¿quién os fascinó, para no obedecer a la verdad? Esto solamente quiero saber de vosotros: ¿Recibisteis el Espíritu por las obras de la ley, o por el oír de la fe? ¿Tan necios sois? ¿Habiendo comenzado por el Espíritu, ahora os perfeccionáis por la carne?» Lleva tus pecados a la cruz de Cristo, pues el viejo hombre sólo puede ser crucificado allí: nosotros estamos crucificados con Él. La única arma para combatir el pecado es la lanza que traspasó el costado de Jesús. Demos una ilustración: Tú necesitas dominar un temperamento colérico: ¿Cómo procedes? Es muy posible que tú nunca hayas intentado el correcto procedimiento, que es el de presentar a Jesús ese mal. ¿Cómo obtengo la salvación? Voy a Jesús tal cual soy, y confío en Él para que me salve. ¿Debo matar en la misma manera mi temperamento colérico? Éste es el único modo de matarlo. Tengo que ir con él a la cruz y decir a Jesús: «Señor, yo confío en ti para que me libres de este mal». Es el único modo de darle un golpe mortal. ¿Eres codicioso? ¿Sientes que el mundo te lía? Puedes batallar contra ese mal cuanto quieras; nunca serás librado de él en ningún otro modo que no sea por la sangre de Jesús. Llévalo a Cristo. Dile: «Señor, yo confío en ti; tu nombre es Jesús, pues tú salvas a tu pueblo de sus pecados. Señor, éste es uno de mis pecados; sálvame de él». Los ritos no valen nada sin Cristo como medio de humillación. Tus oraciones, lágrimas y arrepentimiento no valen nada aparte de Cristo. Ninguno, salvo Jesús, puede hacer buenos a los pecadores y a los santos desvalidos. Tú debes ser vencedor por medio del que te amó, si lo quieres ser. Nuestros laureles deben crecer entre los olivos del Getsemaní.

Hay muchas ocasiones en nuestra experiencia cuando podemos muy bien, y con beneficio, renovar nuestra alianza con Dios. Después de convalecer de una enfermedad, cuando como Ezequías, hemos conseguido alargar nuestras vidas unos años más, podemos renovar la alianza. Después de haber sido librados de alguna aflicción, cuando nuestro gozo floreció otra vez, vayamos de nuevo a la cruz y renovemos nuestra consagración. Hagamos esto sobre todo cuando hayamos cometido algún pecado que contristó al Espíritu Santo, o cuando hayamos deshonrado la causa de Dios. Miremos entonces a esa sangre que puede hacernos más blancos que la nieve y presentémonos al Señor otra vez. No debiéramos permitir que únicamente nuestra aflicción confirme nuestra dedicación a Dios, sino que lo haga también nuestra prosperidad. Si alguna vez nos hallamos en tiempos en los que Dios nos corona de favores, entonces si Él nos ha coronado, debemos nosotros coronarlo a Él. Saquemos de nuevo todas las joyas de las insignias divinas, que han sido guardadas en el joyero de nuestro corazón, y dejemos que nuestro Dios se siente sobre el trono de nuestro amor ataviado con ropa real. Si aprendiésemos a aprovechar nuestras oportunidades no necesitaríamos tanta adversidad. Si sacáramos de un beso todo el bien que Él nos puede dar, no seríamos castigados con tal frecuencia. ¿Acabamos de recibir alguna bendición que poco esperábamos? ¿Ha puesto el Señor nuestros pies en un lugar amplio? ¿Podemos cantar de misericordias multiplicadas? Entonces es hora de poner nuestras manos sobre los cuernos del altar, y decir: «Átame aquí, Señor; átame aquí con cuerdas para siempre». En vista de que necesitamos de Dios el cumplimiento de nuevas promesas, ofrezcamos renovadas oraciones para que nuestros antiguos votos sean cumplidos.

abril 24

Aprendiendo a aprovechar nuestras oportunidades

A causa, pues, de todo esto, nosotros hacemos fiel promesa
(Nehemías 9:38)

La Biblia en un año:
• 2 Samuel 19–20
• Lucas 18:1-23

25 abril

Sus mercedes han sido tan numerosas...

Toda suerte de dulces frutas, nuevas y añejas que para ti, oh amado mío, he guardado (Cantares 7:13)

> **La Biblia en un año:**
> • 2 Samuel 21–22
> • Lucas 18:24-43

La esposa desea dar a Jesús todo lo que produce. Nuestro corazón tiene «toda suerte de frutas, nuevas y añejas», las cuales están guardadas para nuestro Amado. En esta estación otoñal, rica en frutos, inspeccionemos nuestros depósitos. Tenemos frutas *nuevas*. Deseamos sentir nueva vida, nuevo gozo, nueva gratitud; queremos hacer nuevas resoluciones y cumplirlas con nuevas actividades; nuestro corazón eleva nuevas oraciones, y nuestra alma está empeñada en nuevos esfuerzos. Pero tenemos también frutas *añejas*. Allí está nuestro primer amor, un fruto selecto, en el que Dios se goza; aquí tenemos nuestra primera fe, aquella fe sincera por la cual no teniendo nada, lo poseemos todo; tenemos también el primer gozo que experimentamos cuando conocimos al Señor: avivémoslo. Tenemos también recuerdos de las promesas. ¡Cuán fiel ha sido Dios! ¡Cómo ablandó nuestra cama en la enfermedad! ¡Cuán plácidamente nos sostuvo cuando estábamos en las aguas profundas! ¡Cuán benignamente nos libró del horno de fuego ardiendo! ¡Son éstas, en verdad, frutas añejas! Tenemos muchas de ellas, pues sus mercedes han sido más numerosas que los cabellos de nuestras cabezas. Tenemos que lamentar nuestros antiguos pecados; pero ya nos hemos arrepentido de ellos; hemos llorado hasta llegar a la cruz, y hemos comprendido el valor de los méritos de la sangre de Cristo. Esta mañana tenemos frutos nuevos y añejos; pero aquí está el punto: *estos frutos están guardados para Jesús*. En verdad, estos son los mejores y más aceptables servicios, en los que Jesús es el único objeto del alma, y en los que su gloria, sin mezcla alguna, es la meta de todos nuestros esfuerzos. Guardemos nuestros frutos sólo para nuestro Amado; exhibámoslos cuando Él está con nosotros, pero no lo presentemos a la mirada de los hombres.

Nunca olvidemos a Aquel que no nos olvidó

Haced esto en memoria de mí
(1 Corintios 11:24)

La Biblia en un año:
• 2 Samuel 23–24
• Lucas 19:1-27

¡Parece entonces, que los cristianos pueden olvidar a Cristo! No habría necesidad para esta afectuosa exhortación, si no hubiese una recelosa suposición de que nuestros recuerdos resulten traidores. Esto no es una mera suposición pues está demasiado confirmado en nuestra experiencia, no como una posibilidad, sino como un lamentable hecho. Parece casi imposible que los que han sido redimidos por la sangre del Cordero y han sido amados por el eterno Hijo de Dios con un amor eterno, olviden al precioso Salvador. Pero si esto alarma al oído, es, ¡ay!, demasiado evidente al ojo para que nos permita negar el crimen. ¡Olvidar al que nunca nos olvidó! ¡Olvidar al que derramó su sangre por nuestros pecados! ¡Olvidar al que nos amó hasta la muerte! ¿Será posible? Sí, no solo es posible, sino que la conciencia confiesa (lo que es una lamentable falta nuestra), que nosotros permitimos que Jesús, como si fuera un viajero, quede con nosotros una sola noche. Jesús a quien tendríamos que considerar como el eterno objeto de nuestras memorias, es solo un visitante. La cruz, donde uno creería que permanece el recuerdo y donde la negligencia debería ser un intruso desconocido, es, en cambio, profanada por los pies del olvido. ¿No te dice tu conciencia que ésta es la verdad? ¿No notas que te has olvidado de Jesús? Alguna cosa terrenal te roba el corazón y tú te olvidas de aquel en quien debiera ser puesto tu afecto. Algún asunto carnal embarga tu atención, cuando en verdad debieras fijar tus ojos en la cruz. Es la constante agitación del mundo, la incesante atracción de lo terrenal, lo que aparta al alma de Cristo. Mientras la memoria reserve alguna mala hierba, la Rosa de Sarón se marchitará. Resolvámonos a prender en nuestros corazones con relación a Cristo, una celestial nomeolvides, y tomémonos fuertemente de Él.

27 abril

Sociedad en comandita con Dios

*Dios,
el Dios nuestro*
(Salmos 67:6)

> **La Biblia en un año:**
> • 1 Reyes 1–2
> • Lucas 19:28-48

Nos sorprende el poco uso que hacemos de las bendiciones espirituales que Dios nos da, pero aún más nos sorprende el poco uso que hacemos de Dios mismo. Aunque Él es «Dios nuestro», poco recurrimos a Él y poco le pedimos. ¡Cuán rara vez pedimos consejo al Señor! ¡Cuántas veces emprendemos nuestros negocios sin buscar su dirección! En las aflicciones, ¡cuán frecuentemente nos esforzamos por llevar solos nuestras cargas, en vez de echarlas sobre Jehová, que nos puede sostener! Y esto no es porque no podamos, pues el Señor parece decirnos: «Alma, yo soy tuyo; ven y saca provecho de mí como quieras; tú puedes venir libremente a mi alfolí, y cuanto más frecuentemente, tanto más bienvenida». La culpa es nuestra si no nos apropiamos de las riquezas de nuestro Dios. Así que, ya que tienes un amigo que te invita, toma diariamente lo que te da. Nunca pases necesidad mientras tengas un Dios a quien recurrir; no temas ni desmayes mientras tengas un Dios que te ayuda; ve a tu caudal y toma lo que necesites. Aprende el divino arte de hacer que Dios sea el todo para ti. Él puede darte todas las cosas, o mejor aún, puede darse en lugar de todas las cosas. Permíteme, pues, que te inste a que hagas uso de tu Dios. Haz uso de Él cuando ores. Ve a Él a menudo, porque Él es tu Dios. ¡Oh!, ¿no quieres tú usar de tan grande privilegio? Vuela hacia Él, cuéntale todas tus necesidades. Usa de Él de forma constante, por la fe, en todos los tiempos. Si alguna extraña disposición te ha entenebrecido, usa de Dios como de un sol; si algún fuerte enemigo te ha sitiado, halla en Jehová un escudo, pues Él es sol y escudo a su pueblo. Si has perdido el camino en los laberintos de la vida, usa de Él como de una guía, pues Él te dirigirá. Seas tú lo que fueres, y cualquiera sea el lugar donde estés, recuerda que Dios es justo lo que te hace falta, y que está ahí, donde lo necesitas.

Cualquiera sea tu particular necesidad, puedes encontrar en seguida, en la Biblia, alguna promesa apropiada a la misma. ¿Estás abatido y deprimido porque tu senda es áspera y tú te hallas cansado? Aquí está la promesa: «Él da esfuerzo al cansado». Cuando halles una promesa como ésta, llévala al que la prometió y pídele que la cumpla. ¿Estás buscando a

Él es fiel cumplidor de su pacto

Acuérdate de la palabra dada a tu siervo, en la cual me has hecho esperar
(Salmos 119:49)

La Biblia en un año:
• 1 Reyes 3–5
• Lucas 20:1-26

Cristo y ansías tener comunión más íntima con Él? Ésta es la promesa que resplandece sobre ti como una estrella: «Bienaventurados los que tienen hambre y sed de justicia, porque ellos serán hartos». Lleva continuamente al trono esta promesa; no ruegues por ninguna otra cosa, preséntate a Dios una y otra vez así: «Señor, tú lo has dicho; haz conforme a tu promesa». ¿Estás acongojado por el pecado y cargado con la pesada carga de tus iniquidades? Presta atención a estas palabras: «Yo, yo soy el que borro tus rebeliones por amor de mí; y no me acordaré de tus pecados». No tienes méritos propios que invocar para tu perdón; pero, en cambio, puedes invocar su pacto y Él lo cumplirá. ¿Temes no ser capaz de proseguir hasta el fin, o que, después de haberte creído hijo de Dios, seas reprobado?

Si pasas por tal situación, lleva la siguiente promesa al trono de la gracia: «Los montes se moverán, y los collados temblarán, mas no se apartará de ti mi misericordia». Si has perdido la dulce sensación de la presencia del Salvador, y lo estás buscando con afligido corazón, recuerda esta promesa: «Tornaos a mí y yo me tornaré a vosotros». «Por un pequeño momento te dejé; mas te recogeré con grandes misericordias.» Deléitate en la fe que tienes en la palabra misma de Dios, y acude al Banco de la Fe con el pagaré de tu Padre Celestial, y di: «Acuérdate de la palabra dada a tu siervo, en la cual me has hecho esperar».

29 abril

Esperanza para el día malo

*Mi refugio eres tú
en el día malo*
(Jeremías 17:17)

La Biblia en un año:
• 1 Reyes 6–7
• Lucas 20:27-47

El camino del cristiano no siempre está alumbrado por el sol, pues tiene períodos de tinieblas y de tormentas. Es verdad que en la Palabra de Dios está escrito: «Sus caminos son caminos deleitosos, y todas sus veredas paz»; y también es una gran verdad que la religión tiene por fin dar al hombre felicidad en la tierra y gloria en el cielo. Pero la experiencia nos dice que si bien la senda del justo es como la luz que va en aumento hasta que el día es perfecto, sin embargo a veces esa luz se eclipsa. En ciertas ocasiones las nubes cubren el sol del creyente, y él anda en las tinieblas y no ve la luz. Hay muchos que se han regocijado en la presencia de Dios por un tiempo; han estado al sol en las primeras etapas de la carrera cristiana; han andado a lo largo de «delicados pastos», junto a «aguas de reposo», pero, de repente, el glorioso cielo se nubló. En lugar de la tierra de Gosén, han andado por el desierto arenoso; en lugar de aguas cristalinas, hallaron aguas turbias, amargas al gusto, y dijeron: «En verdad, si fuera hijo de Dios no me pasaría esto».

¡Oh, tú, que andas en tinieblas, no hables así! El mejor de los santos de Dios tiene que beber ajenjo; el más querido de sus hijos tiene que llevar la cruz. Ningún cristiano gozó de perpetua prosperidad; ningún creyente puede estar cantando siempre. Quizás el Señor te dio al principio una senda llana y despejada, porque eras débil y tímido. Él templó el viento para el cordero trasquilado, pero ahora que eres más fuerte en la vida espiritual, has de entrar en la madura y escabrosa experiencia de los adultos hijos de Dios. Necesitamos vientos y tempestades para ejercitar nuestra fe, con el fin de que arranquen las ramas podridas de nuestra independencia y nos arraiguen más firmemente en Cristo. El día de la aflicción nos revela el valor de nuestra gloriosa esperanza.

Entre los cristianos de hoy hay murmuradores, como hubo en la antigüedad en el campamento de Israel. Hay quienes se quejan contra las pruebas, cuando les cae la vara de la aflicción. Preguntan: «¿Por qué soy afligido? ¿Qué he hecho para que se me castigue de esta manera?». Deseo dirigirte unas palabras, oh murmurador. ¿Por qué murmuras contra

Fuera quejas

*Y se quejaron contra Moisés
y contra Aarón
todos los hijos de Israel*
(Números 14:2)

La Biblia en un año:
• 1 Reyes 8–9
• Lucas 21:1-19

las decepciones de tu Padre Celestial? ¿Puede Él tratarte más duramente de lo que mereces? ¡Recuerda qué rebelde eras una vez, y sin embargo Él te perdonó! Me parece que si Él, en su sabiduría, cree conveniente corregirte, no tienes por qué quejarte. Al fin y al cabo, ¿eres herido con tanta severidad como merecen tus pecados? Considera la corrupción que hay en tu corazón, y entonces no te maravillarás de que haya tanta necesidad de la vara para sacarla a la luz. Pésate, y mira cuánta escoria hay mezclada con tu oro. Y, viéndola ¿piensas que el fuego es demasiado ardiente para quitar tanta escoria como la que hay en ti? ¿No demuestra ese espíritu tuyo, orgulloso y rebelde, que tu corazón no está del todo santificado? ¿No son estas palabras de murmuración contrarias a la naturaleza santa y sumisa de los hijos de Dios? ¿No necesitas la corrección? Ahora bien, si quieres murmurar contra la corrección, ten cuidado, pues a los murmuradores les irá mal. Dios siempre castiga a sus hijos dos veces, si no soportan con paciencia el primer golpe. Pero sabe una cosa: «Dios no aflige ni congoja de su corazón a los hijos de los hombres». Todas sus correcciones las envía con amor para purificarte y llevarte más cerca de Él. Si eres capaz de reconocer la mano de tu Padre, eso te ayudará a soportar la disciplina. «Porque el Señor al que ama castiga, y azota a cualquiera que recibe por hijo.» «Si sufrís el castigo, Dios se os presenta como a hijos.»

1 mayo

Tocando el corazón de los inconversos

La iglesia que está en tu casa
(Filemón 2)

La Biblia en un año:
• 1 Reyes 10-11
• Lucas 21:20:38

¿Hay una iglesia en esta casa? Padres, hijos, amigos, sirvientes, ¿son todos miembros de ella? ¿O hay alguno inconverso todavía? Detengámonos aquí y hagámonos cada uno esta pregunta: «¿Soy yo miembro de la iglesia que está en esta casa?» ¡Cómo saltaría de gozo el corazón del padre y cómo se llenarían de santas lágrimas los ojos de la madre si desde el mayor hasta el menor fuesen todos salvos! Oremos por esta grande bendición hasta que el Señor nos la dé. Posiblemente el objeto más querido de los deseos de Filemón fue el de que toda su casa fuese salva, pero esto, al principio, no le fue concedido del todo. Tuvo un siervo perverso, llamado Onésimo, que tras agraviarlo, huyó de su casa. Las oraciones de su amo lo siguieron, y, al fin, Dios quiso que Onésimo fuese a escuchar la predicación de Pablo: su corazón fue tocado y volvió a Filemón, no solo como siervo fiel, sino como hermano amado, añadiendo así otro miembro a la iglesia de la casa de Filemón. ¿Está ausente esta mañana algún hijo o sirviente inconverso? Hagamos una súplica especial para que el tal, al volver al hogar, alegre todos los corazones con la buena nueva de lo que la gracia ha hecho en él. ¿Hay algún inconverso entre los presentes? Que participe con ardor de este mismo ruego. Si hay en nuestra casa una iglesia, dirijámosla bien, y obremos todos como delante del Señor. Entremos en los asuntos comunes de la vida con santidad, diligencia, benevolencia e integridad. Se espera más de una iglesia que de una simple familia: el culto familiar tiene que ser más sentido y más ferviente; el amor íntimo, más cálido e intacto; y la conducta exterior, más santificada y más cristiana. No hemos de temer que lo reducido de nuestro número nos ponga fuera de la lista de las iglesias, pues el Espíritu Santo ha anotado una familia-iglesia en el inspirado libro de las memorias.

Guardados, mejor que quitados

*No ruego que
los quites del mundo,
sino que los guardes del mal*
(Juan 17:15)

La Biblia en un año:
• 1 Reyes 12-13
• Lucas 22:1-20

Es éste un suceso agradable y bendito que experimentarán todos los creyentes a su debido tiempo: ir a estar con Jesús. En unos pocos años más los soldados del Señor, que ahora pelean la buena batalla de la fe, habrán terminado con el conflicto y entrarán en el gozo de su Señor. Pero, aunque Cristo ruega que su pueblo esté al fin con Él donde Él está, no pide que sea llevado enseguida del mundo al cielo. Al contrario, desea que quede aquí. Pero, ¡cuán frecuentemente el cansado peregrino eleva esta oración!: «¡Quién me diese alas como de paloma! Volaría yo, y descansaría». Pero Cristo no ora así; Él nos deja en las manos de su Padre hasta que, como grano maduro, nos reunamos en el granero de nuestro Maestro. Jesús no ruega por nuestra pronta partida por la muerte, porque quedar en la carne, si no es provechoso para nosotros mismos, es necesario para los demás. Él pide que seamos guardados del mal, pero nunca pide seamos admitidos en la herencia de gloria, hasta que lleguemos a la ancianidad. Los cristianos, cuando tienen alguna prueba, por lo regular desean morir. Preguntadles el porqué, y os dirán: «Porque nosotros desearíamos estar con el Señor». Tememos que no sea tanto el deseo de estar con el Señor cuanto el de verse libres de la prueba; de lo contrario, sentirían el mismo deseo en tiempos de bonanza. Desean ir al hogar celestial, no tanto por estar con el Señor cuanto por descansar. Es muy justo el deseo de partir, si lo podemos hacer en el mismo espíritu en que lo hizo Pablo, pues estar con Cristo es mucho mejor; pero el deseo de huir de la aflicción es egoísmo. Que nuestra preocupación y deseo sea más bien glorificar a Dios en nuestras vidas, en este mundo, hasta que a Él le plazca, aun cuando sea en medio de fatigas, de conflictos y de sufrimientos; y dejemos en sus manos la hora de nuestra partida.

3 mayo

Usando la aflicción para nuestra purificación

En el mundo tendrás aflicción
(Juan 16:33)

La Biblia en un año:
• 1 Reyes 14–15
• Lucas 22:21-46

Creyente ¿quieres saber la razón de esto? Mira *hacia arriba*, a tu Padre Celestial, y contémplalo tal cual es: puro y santo. ¿Sabes que un día serás como Él es? ¿Quieres tú ser conforme a su imagen, sin ningún contratiempo? ¿No quieres, más bien, pasar por el crisol de la aflicción con el fin de purificarte? ¿Será fácil cosa librarte de la corrupción y hacerte perfecto, así como tu Padre que está en el cielo es perfecto? Luego, cristiano, torna tus ojos *hacia abajo*. ¿Sabes qué enemigos tienes debajo de tus pies? Tú, una vez, eras un siervo de Satanás, y ningún rey pierde de buen grado a sus súbditos. ¿Crees que Satanás te dejará solo? No, él estará siempre tras tuyo, pues «él anda como león rugiente, buscando a quien devorar». Espera aflicción, cristiano, cuando miras hacia abajo. Después mira *alrededor de ti*. ¿Dónde estás? Estás en un país enemigo y eres un peregrino y un advenedizo. El mundo no es amigo tuyo. Si lo fuese, no serías amigo de Dios, pues el que es amigo del mundo se constituye enemigo de Dios. Ten por cierto que hallarás enemigos por todas partes. Cuando duermas, recuerda que estás descansando en el campo de batalla; cuando camines, sospecha que hay una emboscada en cada esquina. Como los mosquitos –según se dice– pican más a los extranjeros que a los nativos, así también las aflicciones de la tierra son más severas para ti. Por último, mira *dentro de* tu propio corazón, y observa qué hay. El pecado y el yo todavía están allí. ¡Ah!, aunque no hubiese diablo que te tentara, ni enemigo que te combatiera, ni mundo que te engañara, hallarías, con todo, en ti mismo, suficiente mal para atormentarte terriblemente, pues «engañoso es el corazón más que todas las cosas, y perverso». No te desalientes por eso, Dios está contigo para ayudarte y fortalecerte. Él dijo: «Yo estaré con él en la angustia; lo libraré y lo glorificaré».

La idolatría era uno de los grandes pecados del antiguo Israel, y el Israel espiritual está afectado de una tendencia a la misma locura. La estrella de Remfán ya no alumbra más y las mujeres no lamentan más por Tammuz, pero Mammón todavía introduce su becerro de oro, y los altares del orgullo no son abandonados. El yo, en sus varias manifestaciones, se

Los paganos nunca conocieron al verdadero Dios

¿Hará el hombre dioses para sí? Mas ellos no son dioses
(Jeremías 16:20)

La Biblia en un año:
• 1 Reyes 16–18
• Lucas 22:47-71

---

esfuerza por someter a *sus* elegidos bajo su dominio, y la carne levanta sus altares donde puede hallar espacio para ellos. Los hijos preferidos son, frecuentemente, causa de mucho pecado en los creyentes. El Señor se contrista cuando ve que los mimamos en exceso. Vivirán para sernos causa de gran maldición, de igual modo que Absalón lo fue para David; o si no, nos serán quitados, dejando así desolados nuestros hogares. Si los cristianos quieren pasar noches de extenuante insomnio, que mimen a sus hijos.

Bien dice el pasaje que los dioses hechos por el hombre «no son dioses», porque esos objetos de nuestro ridículo amor constituyen muy dudosas bendiciones, el solaz que nos pueden dar ahora es peligroso, y la ayuda que puedan comunicarnos en la hora de la aflicción es nula. ¿Por qué, pues, nos dejamos embelesar por las vanidades? Nos compadecemos del gentil que adora a un dios de piedra, y sin embargo adoramos a un dios de oro. ¿Dónde está la superioridad entre un dios de carne y un dios de madera? El motivo, el pecado, la insensatez son los mismos ingredientes en ambos casos, solo que en nuestro caso el crimen es más grave, porque tenemos más luz y pecamos frente a ella. Los paganos se inclinan ante una falsa deidad, pero ellos nunca conocieron al verdadero Dios. Nosotros cometemos dos males, puesto que olvidamos al Dios viviente y nos tornamos a los ídolos. ¡Que Dios nos libre de esta grave iniquidad!

5 mayo

¿Podemos decir: «Mi Señor y mi Dios»?

*Seré su Dios,
y ellos serán mi pueblo*
(2 Corintios 6:16)

La Biblia en un año:
• 1 Reyes 19–20
• Lucas 23:1-25

Qué título más hermoso: «¡Mi pueblo!». Qué revelación más animadora: «¡El Dios de ellos!». Cuánto significan estas dos palabras: «¡Mi pueblo!». Aquí hay especialidad. El mundo entero es de Dios. El cielo, aun el cielo de los cielos es del Señor, y Él reina en medio de los hijos de los hombres. Pero de aquellos a quienes ha elegido y ha comprado para sí, dice lo que no dice de otros: «Mi pueblo». En esta palabra está encerrada la idea de propiedad. En una manera especial la «porción de Jehová es su pueblo; Jacob es la suerte de su heredad». Todas las naciones que están sobre la tierra son suyas; el mundo entero está bajo su poder; y sin embargo, su pueblo, sus escogidos, son más particularmente su posesión, pues Él ha hecho por ellos más que por los otros. Él los ha comprado con su sangre; los ha llevado cerca de Él; ha puesto sobre ellos su gran corazón; los ha amado con amor eterno, un amor que no será apagado por las muchas aguas y que las revoluciones de los tiempos no podrán disminuirlo en el más mínimo grado.

Querido amigo, ¿puedes por fe verte en aquel número? ¿Puedes mirar al cielo y decir: «Mi Señor y mi Dios: mío por aquel agradable parentesco que me autoriza a llamarte Padre; mío por aquella santificada comunión que me gozo en mantener contigo, cuando te place manifestarte a mí, como no lo haces con el mundo»? ¿Puedes leer el Libro Revelado y hallar allí los documentos de tu salvación? ¿Puedes leer tu título escrito con preciosa sangre? ¿Puedes, por humilde fe, prenderte de las vestiduras de Jesús y decir: «Mi Cristo»? Si puedes, entonces Dios dice de ti y de otros como tú: «Mi pueblo», pues si Dios es tu Dios y Cristo es tu Cristo, el Señor tiene para contigo una especial y peculiar merced; eres el objeto de su elección, acepto en su Hijo amado.

Viviremos en una morada indestructible

Moramos en Él
(1 Juan 4:13)

La Biblia en un año:
• 1 Reyes 21–22
• Lucas 23:26-56

¿Necesitas una casa para tu alma? ¿Preguntas cuánto cuesta? Cuesta menos de lo que la orgullosa naturaleza humana querrá dar. Esa casa se ofrece sin dinero y sin precio. ¡Ah, tú quisieras pagar un elevado alquiler! ¡Quisieras hacer algo para ganar a Cristo! Entonces no puedes tener la casa, pues se da «sin dinero y sin precio». ¿Deseas tomar para siempre en arriendo la casa de mi Maestro, sin pagar nada, excepto el amarlo y servirlo siempre? ¿Quieres aceptar a Jesús y «morar en Él»? Mira, esta casa está equipada con todo lo necesario. Está llena de mayores riquezas que las que puedes gastar en toda la vida. Aquí puedes tener íntima comunión con Cristo y gozarte en su amor; aquí hay mesas bien surtidas, con alimento suficiente para vivir siempre. En esta casa puedes hallar, cuando estás cansado, descanso con Jesús, y desde ella puedes mirar y ver el cielo mismo. ¿Quieres tener esa casa? Si estás sin casa ni hogar dirás: «Quisiera tener esa casa, pero ¿puedo tenerla? Si, puedes; hay una llave; es ésta: «Ven a Jesús». «Pero –dirás– estoy demasiado andrajoso para estar en esa casa.» No te preocupes. Hay vestidos dentro de ella. Ven, si te sientes culpable y condenado; y aunque la casa sea demasiado buena para ti, Cristo pronto te hará lo suficientemente bueno para la casa. Te lavará y te limpiará y te pondrá en condiciones de cantar: «Nosotros moramos en Él». Creyente, tres veces feliz eres tú teniendo esa casa. Eres muy privilegiado, pues tienes una sólida habitación en la que estás seguro para siempre. Y morando en Él, no solo tienes una perfecta y sólida casa, sino una casa perdurable. Cuando este mundo se desvanezca como un sueño, nuestra casa subsistirá y permanecerá más indestructible que el mármol, más sólida que el granito, con existencia propia como Dios, pues esa casa es Dios mismo. «Nosotros moramos en Él.»

7 mayo

Por sus llagas fuimos nosotros curados

Le siguió mucha gente, y sanaba a todos
(Mateo 12:15)

> **La Biblia en un año:**
> • 2 Reyes 1–3
> • Lucas 24:1-35

¡Cuántas enfermedades espantosas eran presentadas a Jesús! Sin embargo, Él no se enfadaba, sino que atendía pacientemente a cada enfermo. ¡Qué variedad singular de males se juntó a sus pies! ¡Qué repugnantes úlceras y qué putrefactas llagas! Sin embargo, Jesús estaba pronto para hacer frente a toda nueva manifestación del monstruo del mal, y siempre salía victorioso. Vinieran de donde vinieran los dardos de fuego, él siempre los apagaba. El calor de la fiebre o el frío de la hidropesía; el letargo de la parálisis o la furia de la locura; la inmundicia de la lepra y la oscuridad de la oftalmía, todos conocían su poder y a sus órdenes, salían. En todo lugar Jesús salía victorioso sobre el mal, y recibía el homenaje de los cautivos libertados. Él vino, vio y conquistó en todo lugar. Y esta mañana es lo mismo. Cualquiera sea mi mal, el médico amado puede sanarme; y cualquiera sea el estado de los que puedo recordar en oración esta mañana, puedo confiar en que Jesús los sanará de sus pecados. Mi hijo, mi amigo, mis seres más queridos; por todos puedo esperar cuando recuerdo el poder sanador de mi Señor; y en cuanto a mí, aunque dura es la lucha que tengo con los pecados y las enfermedades, puedo, no obstante, estar de buen ánimo. El que sobre la tierra atendió los hospitales, dispensa aún su gracia y obra maravillas entre los hijos de los hombres. Voy a Él raudo. Lo alabo esta mañana al recordar cómo obró sus curas espirituales, que le dieron tanto renombre. Recordemos que lo hizo «llevando nuestras enfermedades». «Por sus llagas fuimos nosotros curados.» La Iglesia que está en la tierra está llena de almas sanadas por nuestro Médico Amado; y los habitantes del cielo mismo confiesan que Él los sanó a todos. Ven, alma mía, publica las virtudes de su gracia, y haz que sean a «Jehová por nombre, por señal eterna que nunca será raída».

Es bueno saber responder a los que contradicen

El que había sido sanado, no sabía quién fuese
(Juan 5:13)

La Biblia en un año:
• 2 Reyes 4–6
• Lucas 24:36-53

Cuando hay salud y felicidad los años nos parecen cortos, pero treinta y ocho años de enfermedad le habrán parecido eternos al pobre hombre impotente de manera que, cuando Jesús lo sanó con una palabra, mientras yacía junto al estanque de Betesda, sintió, con agrado, un gran cambio. Así también el pecador que ha estado por semanas y meses desesperadamente paralítico y suspira por salvación, es muy consciente del cambio, cuando Jesús pronuncia la palabra de poder, y le da, al creer, gozo y paz. El mal quitado es demasiado grande para que no notemos el alivio; la vida que se nos imparte es demasiado importante para que la poseamos sin sentirla; y el cambio operado es demasiado maravilloso para que no lo advirtamos. Sin embargo, el pobre hombre no conocía al autor de su cura. No conocía el carácter sagrado de su persona, los oficios que desempeñaba o la misión que lo había traído a estar entre los hombres. Mucha ignorancia queda en los corazones que, no obstante, sienten el poder de su sangre. No debemos condenar precipitadamente a los hombres por su falta de conocimiento, sino que donde podemos ver la fe que salva al alma, debemos creer que la salvación ha sido otorgada. El Espíritu Santo hace penitentes a los hombres, antes de hacerlos teólogos; y el que cree lo que sabe, pronto conocerá más claramente lo que cree. Sin embargo, la ignorancia es un mal, pues este pobre hombre fue muy molestado por los fariseos, y fue muy incapaz de discutir con ellos. Es bueno saber responder a los que contradicen, pero no podemos hacerlo si no conocemos claramente al Señor Jesús. Sin embargo, la cura de su ignorancia pronto siguió a la cura de su enfermedad, pues él fue visitado por Jesús en el templo. Y después de aquella manifestación, se le halló testificando «que Jesús era el que lo había sanado».

9 mayo

Fuimos elegidos en Él antes de fundarse el mundo

Que nos bendijo con toda bendición espiritual
(Efesios 1:3)

> **La Biblia en un año:**
> • 2 Reyes 7–9
> • Juan 1:1-28

Todo lo bueno del pasado, del presente y del futuro Cristo lo da a su pueblo. En las misteriosas edades del pasado el Señor Jesús fue el primer elegido de su Padre, y en su elección nos benefició, pues fuimos elegidos en Él antes de la fundación del mundo. Él tiene desde toda eternidad, como unigénito del Padre e Hijo bien amado, las prerrogativas de la filiación. Y en las riquezas de su gracia, por adopción y por regeneración, nos elevó a nosotros también a la categoría de hijos, de suerte que a nosotros nos dio «potestad de ser hechos hijos de Dios». El pacto eterno basado en la seguridad y confirmado con juramento es nuestro, para nuestro fortísimo consuelo y para nuestra seguridad. En el eterno establecimiento de la sabiduría y de la ley, el ojo del Señor Jesús estaba fijo en nosotros, y podemos estar seguros de que en todo el rollo del destino no hay una sola línea que se oponga a los intereses de los redimidos por Jesús. El casamiento del Príncipe de Gloria es el nuestro, pues es con nosotros con quien Él está comprometido. Las sagradas bodas, que se celebrarán en breve, mostrarán esto al mundo entero. La maravillosa encarnación del Dios del cielo con toda su admirable condescendencia y humillación es nuestra. El sudor de sangre, los azotes y la cruz son nuestros para siempre. Cualquier bienaventuranza que provenga de su obediencia perfecta, de su consumada expiación, de su resurrección, ascensión e intercesión, son todas nuestras. Sobre su pectoral Jesús está llevando ahora nuestros nombres; y en sus autorizadas intercesiones ante el trono, recuerda nuestras personas y defiende nuestra causa. Su dominio sobre los principados y las potestades y su absoluta majestad en los cielos los emplea en bien de los que en Él confían. Su alto rango está ahora a nuestro servicio como lo estaba antes su condición de humillación.

Pues que Él resucitó, también nosotros resucitaremos

Mas ahora Cristo ha resucitado de los muertos
(1 Corintios 15:20)

> **La Biblia en un año:**
> • 2 Reyes 10–12
> • Juan 1:29-51

Todo el cristianismo descansa en el hecho de que «Cristo ha resucitado de los muertos», pues «si Cristo no resucitó de los muertos, vana es entonces nuestra predicación, vana es también vuestra fe». La divinidad de Cristo halla su más segura prueba en su resurrección, ya que Él «fue declarado Hijo de Dios con potencia, según el espíritu de santidad, por la resurrección de los muertos». No sería irrazonable dudar de su deidad si no hubiese resucitado. Además la soberanía de Cristo depende de su resurrección: «Porque Cristo para esto murió, y resucitó, y volvió a vivir, para ser Señor así de los muertos como de los que viven». Por otra parte, nuestra justificación, esa selecta bendición del pacto, tiene conexión con el triunfo de Cristo sobre la muerte y sobre el sepulcro, pues Él «fue entregado por nuestros delitos y resucitado para nuestra justificación. Más todavía, nuestra misma regeneración está conectada con su resurrección, pues nosotros «somos regenerados en esperanza viva, por la resurrección de Jesucristo de los muertos». Y, muy ciertamente, nuestra resurrección final descansa en lo mismo, porque «si el Espíritu de aquel que levantó de los muertos a Jesús mora en vosotros, el que levantó a Cristo de los muertos, vivificará también vuestros cuerpos mortales por su Espíritu que mora en vosotros». Si Cristo no resucitó, tampoco nosotros resucitaremos; pero si resucitó, entonces los que duermen en Cristo no han perecido, sino que han de ver en su carne a su Dios. Así, pues, la hebra plateada de la resurrección atraviesa todas las bendiciones del creyente, desde su regeneración hasta su eterna gloria, y las ata todas juntas.

¡Cuán importante, entonces, será este glorioso hecho en el pensamiento del creyente, y cuánto gozo experimentará sabiendo que fuera de toda duda está probado que «Cristo ha resucitado de los muertos»!

11 mayo

Compañía fiel y eterna

Yo estoy con vosotros todos los días
(Mateo 28:20)

La Biblia en un año:
• 2 Reyes 13–14
• Juan 2

Es bueno que haya uno que siempre sea el mismo, y que siempre esté con nosotros. Es bueno que haya una roca firme en medio de las olas del mar de la vida. ¡Oh alma mía!, no pongas tus afectos en los tesoros enmohecidos, apolillados y marchitos, sino ponlos en el que te es eternamente fiel. No edifiques tu casa en la arena movediza de un mundo engañoso, sino pon tus esperanzas sobre esta roca, que, en medio del caer de la lluvia y del soplar de los vientos, permanece inalterablemente segura. Alma mía, te exhorto a que pongas tus tesoros en el único cofre seguro; guarda tus joyas donde nunca se puedan perder. Pon tu todo en Cristo; pon todos tus afectos en su persona, toda tu esperanza en sus méritos, toda tu confianza en la eficacia de su sangre, todo tu gozo en su presencia, y así puedes reírte de las pérdidas y desafiar a la destrucción. Recuerda que todas las flores del jardín del mundo se marchitan, y el día viene cuando nada será dejado excepto la oscura y fría tierra. El extinguidor de la muerte pronto apagará tu vela. ¡Oh cuán agradable será tener la luz del sol cuando la vela se apague! El espantoso aluvión pasará pronto entre ti y lo que tienes; une pues tu corazón a Jesús que nunca te dejará; confíate a Cristo quien te acompañará al cruzar el turbulento río de la muerte, te hará desembarcar seguro en las playas eternas y te hará sentar para siempre en los lugares celestiales. Ve, acongojado hijo de la aflicción, cuenta tus secretos al Amigo que es más conjunto que un hermano. Confía todas tus preocupaciones a Jesús, quien nunca puede ser quitado de tu lado, ni Él, por su parte, te dejará, ni aun permitirá que tú lo dejes a Él. «Jesucristo es el mismo hoy, y ayer, y por los siglos.» «He aquí, yo estoy con vosotros todos los días.» Esto es suficiente para mi alma. Por lo demás, que me olvide quien quiera.

El Señor no da sus mercedes al impío

Y me manifestaré a Él
(Juan 14:21)

La Biblia en un año:
• 2 Reyes 15–16
• Juan 3:1-18

El Señor Jesús da a su pueblo especiales revelaciones de sí mismo. Aunque la Escritura no dijera esto, muchos hijos de Dios lo atestiguarían por propia experiencia. Ellos han tenido peculiares revelaciones de su Señor, que no hubieran podido conseguir ni leyendo ni oyendo. En las biografías de santos eminentes, verás muchos casos en los que Jesús se ha placido hablar a sus almas, de modo muy especial, y revelarles las maravillas de su persona. Sí, sus almas ser impregnaron de tanta felicidad que creyeron estar en el cielo. Y, mirando bien, estaban cerca de sus umbrales, pues cuando Jesús se manifiesta a los suyos, parece que el cielo está en la tierra y que la gloria ha empezado. Las especiales manifestaciones de Cristo ejercen una santa influencia sobre el corazón del creyente. Uno de los efectos será *humildad.* Si alguien dice: «Yo he tenido tales y cuales revelaciones, soy un gran hombre», es señal de que no ha tenido ninguna, pues «Dios atiende al humilde, mas al altivo mira de lejos». Él no necesita acercarse a ellos para conocerlos ni les concederá ninguna visita de amor. Otro de los efectos será *felicidad,* pues en la presencia de Dios hay deleites para siempre. Le sigue la *santidad.* El que no tiene santidad demuestra que nunca gozó de la manifestación del Señor. Algunos profesan ser grandes, pero no hay que creerles hasta que prueben con hechos todo cuanto dicen. «No os engañéis, Dios no puede ser burlado.» Él no da sus mercedes al impío. Al mismo tiempo que no desecha al hombre perfecto, tampoco atiende al malhechor. Habrá, pues, tres efectos de la estrecha amistad con Jesús:

–humildad,
–felicidad
–santidad.

Quiera Dios dártelos, cristiano.

13 mayo

La mañana tras de la noche

Por la noche durará el lloro, y a la mañana vendrá la alegría
(Salmos 30:5)

> **La Biblia en un año:**
> • 2 Reyes 17–18
> • Juan 3:19-38

Cristiano, si te encuentras en una noche de pruebas, piensa en el mañana; anima tu corazón pensando en la venida del Señor. Sé paciente, pues «he aquí Él viene con las nubes». ¡Sé paciente!

El labrador espera hasta segar la mies. Sé paciente, pues tú sabes quien dijo: «He aquí yo vengo presto, y mi galardón conmigo, para recompensar a cada uno según fuere su obra». Si nunca te sentiste tan desdichado como ahora, recuerda que en breve estarás en la Canaán Celestial. Tu cabeza está ahora coronada de arduas pruebas, pero antes de mucho estará ceñida con una corona de estrellas; tu mano está llena de ansiedades, pero pronto tocará las cuerdas del arpa celestial. Ahora tus vestidos están manchados con tierra, pero en breve serán blancos. Espera un poco más.

¡Cuán despreciables parecerán nuestras pruebas y todas nuestras aflicciones cuando reflexionemos en ellas! Mirándolas aquí parecen inmensas pero cuando estemos en el cielo, las veremos de muy distinta manera. Nuestras aflicciones parecerán entonces «momentáneas y leves tribulaciones». Si la noche nunca fue tan oscura como ahora, anímate, pues la mañana se acerca. Esto es mucho más que lo que pueden decir los que están cerrados en las tinieblas del infierno. ¿Sabes qué es vivir confiando en el futuro, vivir esperando, vivir anticipando el cielo?

Feliz creyente, ten tan segura y consoladora esperanza. Puede ser que ahora todo sea tinieblas, pero pronto habrá luz; puede ser que ahora todo sea aflicción, pero pronto habrá felicidad. ¿Qué importa que el llanto dure una tarde, cuando el gozo viene a la mañana?

Destronado
para coronarnos

*Coherederos de Cristo
(Romanos 8:17)*

La Biblia en un año:
• 2 Reyes 19–21
• Juan 4:1-30

Los ilimitados dominios del universo de su Padre son de Cristo por derecho. Como heredero de todas las cosas, es el único propietario de la vasta creación de Dios, y nos permite tener derecho sobre todas las cosas como si fueran nuestras, en virtud del documento de coheredad que el Señor confirmó con su pueblo elegido. Las áureas calles del paraíso, las puertas de perlas, el río de la vida, la excelente gloria y la inefable bienaventuranza, nos son transferidas por nuestro Señor por posesión eterna. Todo lo que tiene lo comparte con su pueblo. La corona real la colocó en la cabeza de su Iglesia, dándole un reino, y llamando a sus hijos a un real sacerdocio y a un linaje de reyes y sacerdotes. Jesús se destronó para que nosotros pudiésemos disfrutar de una coronación de gloria. No quiso sentarse en su trono hasta que consiguió un lugar en él para todos los que vencen por su sangre. Él corona la cabeza y todo el cuerpo participa del honor. ¡He aquí la recompensa de todo cristiano conquistador! Trono, corona, cetro, palacio, tesoros, vestiduras y herencia de Cristo son tuyas. Cristo, muy superior a los celos al egoísmo y a la codicia (que no admiten que se participe de sus bienes), considera completa su felicidad, haciendo partícipe de la misma a su pueblo. «La gloria que me diste les he dado.» «Estas cosas os he hablado para que mi gozo esté en vosotros, y vuestro gozo sea cumplido.» La sonrisa de su Padre le es más placentera porque su pueblo participa de ella. Los honores de su reino le son más agradables porque su pueblo lo acompaña en la gloria. Sus victorias le son más preciosas porque enseñaron a los suyos a vencer. Jesús se goza en su trono porque allí hay un lugar para su pueblo. Se goza en sus vestiduras reales, porque sus bordes alcanzan a los suyos. Se deleita más en su gozo porque llama a su pueblo a participar de él.

15 mayo

El ladrón fue justificado al poner su fe en Jesús

En él es jusitifcado todo aquel que creyere
(Hechos 13:39)

> **La Biblia en un año:**
> • 2 Reyes 22–23
> • Juan 4:31-54

El creyente en Cristo recibe una justificación *presente*. La fe no produce este fruto después de un tiempo, sino *ahora*. La justificación es el resultado de la fe, y es otorgada al alma en el momento en que la fe la une con Cristo, y el alma lo acepta como su todo en todo. Los que están delante del trono de Dios, ¿son justificados? Bien, así lo somos nosotros; tan verdadera y evidentemente justificados como los que andan en ropas blancas y cantan melodiosas alabanzas con las arpas celestiales. El ladrón de la cruz fue justificado en el preciso momento en que puso su fe en Jesús, y Pablo el anciano, después de tantos años de servicio no fue más justificado que el ladrón que no había trabajado nada. Nosotros somos *hoy* aceptados en el Amado, *hoy* absueltos en el tribunal de Dios. ¡Cuánto conmueve esto al alma! Hay algunos racimos de la vid de Escol que no recogeremos hasta que estemos en el cielo, pero hay un pámpano que trepa por el muro. Éste no es como el grano de la tierra, que nunca podremos comer hasta que crucemos el Jordán, sino es parte del maná del desierto, una porción de nuestro alimento diario, que el Señor nos da en nuestra peregrinación. Nosotros somos *ahora*, *ahora mismo* perdonados; *ahora* mismo nuestros pecados son quitados; precisamente *ahora* somos aceptos en la presencia de Dios, como si nunca hubiésemos sido culpables. «*Ahora*, pues ninguna condenación hay para los que están en Cristo Jesús.» *Ahora*, en el Libro de Dios no hay anotado ningún pecado contra los que son suyos. ¿Quién se atreverá a acusarlos? Ni mancha, ni arruga, ni cosa semejante, queda sobre el creyente en el asunto de la justificación, en la presencia del juez de toda la tierra. Que el privilegio *presente* nos haga ser conscientes del deber *presente*, y ahora, mientras dura la vida, «despendamos y seamos despendidos» por nuestro glorioso Señor.

Sus beneficios son incontables

Dios vivo, que nos da todas las cosas en abundancia para que las disfrutemos (1 Timoteo 6:17)

La Biblia en un año:
• 2 Reyes 24–25
• Juan 5:1-24

Nuestro Señor Jesús siempre está dando y ni por un instante retira su mano. Mientras haya un vaso de gracia que no esté lleno hasta el borde, el aceite no se detendrá. Jesús es un sol que siempre alumbra, es un maná que siempre cae, es una roca en el desierto que siempre da raudales de vida que proceden de su costado herido. La lluvia de su gracia siempre desciende; los ríos de su generosidad corren siempre, y la fuente de su amor fluye constantemente. Como el Rey nunca puede morir, así su gracia nunca puede faltar. A diario tomamos frutos de Él, y diariamente sus ramas se inclinan hasta nuestras manos con una nueva provisión de su misericordia. Hay siete días de fiesta en sus semanas y en sus años hay tantos banquetes como días. ¿Quién ha vuelto vacío de su puerta? ¿Quién se levantó de su mesa insatisfecho, o de su seno sin hallar en Él un paraíso? Sus mercedes son nuevas todas las mañanas y frescas todas las tardes. ¿Quién conoce el número de sus beneficios o puede contar el monto de sus dádivas? Cada tic-tac del reloj nos habla de las múltiples bendiciones de nuestro Dios. Las alas de nuestras horas están cubiertas con la plata de su benignidad y con el oro de su afecto. El río del tiempo trae de las montañas de la eternidad las áureas arenas de su favor. Las multitudes de sus bendiciones son mayores que las estrellas que brillan en el firmamento. ¿Quién puede contar el cúmulo de beneficios que derramó sobre Jacob, o señalar la cuarta parte de las mercedes que dio a Israel? ¿Cómo engrandecerá mi alma al que me colma de bienes, y me corona de misericordias? ¡Oh, si mi alabanza pudiese ser tan incesante como su bondad! ¡Oh lengua miserable, ¿cómo pudiste quedar en silencio? ¡Despierta, te ruego, de lo contrario, no te llamaré más mi gloria, sino mi vergüenza. «Despierta, salterio y arpa; me levantaré de mañana.»

17 mayo

Caminando por una senda libre de toda hipocresía

Debe andar como Él anduvo
(1 Juan 2:6)

> **La Biblia en un año:**
> • 1 Crónicas 1–3
> • Juan 5:25-47

¿Por qué el cristiano debe imitar a Cristo? En primer lugar debe hacerlo por su *propio bien*. Si desea disfrutar de salud espiritual, si quiere huir de la enfermedad del pecado y gozar del vigor que imparte la gracia, debe tener a Jesús como modelo. Si para su propia felicidad, desea beber abundante vino, bien refinado, si quiere gozar de santa y feliz comunión con Jesús, si quiere sobreponerse a las preocupaciones y congojas, tiene que andar como Él anduvo. No hay nada que en tu marcha al cielo te pueda asistir con tan buen éxito como llevar en tu corazón la imagen de Jesús para que dirija todos tus movimientos. Tú te sientes muy feliz y eres bien conocido como hijo de Dios, cuando, por el poder del Espíritu Santo, puedes andar con Jesús en sus mismas huellas.

En segundo lugar, el cristiano debe procurar imitar a Cristo *en bien de la religión*. ¡Pobre religión!, tú has sido gravemente herida por tus enemigos, pero la herida que te hicieron tus amigos es infinitamente más grave. ¿Quién hizo esas heridas en la hermosa mano de la Piedad? El que profesa ser cristiano y usa la daga de la hipocresía. El que con pretensiones entra en el redil, no siendo otra cosa que un lobo vestido de oveja, daña más a la manada que el león que está fuera. No hay arma que sea siquiera la mitad tan destructiva como el beso de Judas. El cristiano inconsecuente injuria más al Evangelio que el burlón o el incrédulo. Pero, especialmente, por causa del mismo Cristo, imita su ejemplo.

Cristiano, ¿amas a tu Salvador? ¿Es precioso su nombre para ti? ¿Quieres que los reinos del mundo lleguen a ser los reinos de tu Señor? ¿Deseas que Él sea glorificado? ¿Ansías que las almas sean ganadas para Él? Si es así, imita a Jesús; sé una «epístola de Cristo, conocida y leída de todos los hombres».

Todos los atributos de Cristo como Dios y hombre están a nuestra disposición. Toda la plenitud de la deidad, en todo lo que ese término comprende, es nuestro para hacernos cumplidos. Él no podía dotarnos con los atributos de la deidad, pero hizo lo que podía ser hecho: que su poder divino y su deidad condescendiesen a obrar nuestra salvación. Su omnipoten-

Sus atributos, nuestra herencia

Porque en Él habita corporalmente toda la plenitud de la deidad, y vosotros estáis completos en Él (Colosenses 2:9, 10)

La Biblia en un año:
• 1 Crónicas 4–6
• Juan 6:1-21

cia, omnisciencia, omnipresencia, inmutabilidad y su infalibilidad se unieron en defensa nuestra. ¡Levántate, creyente, y contempla al Señor Jesús mientras unce la plenitud de su deidad al carro de la salvación! ¡Cuán vasta es su gracia, cuán firme su fidelidad, cuán inconmovible su inmutabilidad, cuán infinito su poder, cuán ilimitado su conocimiento! El Señor Jesús hizo de todos estos atributos pilares del templo de la salvación; y todos ellos, sin disminución de su infinidad nos son prometidos como nuestra eterna herencia. El insondable amor del corazón del Salvador es nuestro. Cada tendón en el brazo de su poder, cada joya en la corona de su majestad; la inmensidad del conocimiento divino, y la severidad de la justicia divina, todo es nuestro y será empleado para nuestro bien. Cristo mismo en su adorable carácter de Hijo de Dios, se dio a sí mismo a nosotros para que nos gocemos muy abundantemente. Su sabiduría es nuestra dirección; su conocimiento, nuestra instrucción; su poder, nuestra protección; su justicia, nuestra garantía; su amor, nuestro consuelo; su misericordia, nuestro solaz; y su inmutabilidad, nuestra esperanza. No reservó nada, sino que abrió las cavidades del Monte de Dios y nos mandó que cavásemos en sus minas en busca de los tesoros ocultos. «Todo, todo es vuestro», dice Él. ¡Oh cuán agradable es contemplar e invocar a Jesús, en la certeza de que al buscar la mediación de su amor o poder, estamos buscando lo que Él ya nos prometió!

19 mayo

Ofrendando con sinceridad y el máximo amor

Maravillosas misericordias
(Salmos 17:7)

> **La Biblia en un año:**
> • 1 Crónicas 7–9
> • Juan 6:22-44

Cuando damos nuestros corazones con nuestras limosnas, damos bien; pero frecuentemente fracasamos en este respecto. No obra así nuestro Maestro y Señor. Sus favores son siempre hechos con amor. Él no nos envía los residuos de sus manjares deliciosos, sino moja nuestro bocado en su propio plato y sazona nuestros alimentos con las especias de sus fragantes afectos. Cuando Él pone la áurea moneda de su gracia en nuestras palmas, lo hace con un apretón de mano tan cálido que la manera de darla es tan preciosa como la dádiva misma. Él entrará en nuestras casas en su misión de amor, y no obrará como obran algunas austeras visitas en la choza del hombre pobre, sino que se sentará a nuestro lado, no despreciando nuestra pobreza ni vituperando nuestra debilidad. ¡Con qué sonrisa habla! ¡Qué áureas palabras salen de sus preciosos labios! ¡Qué abrazos afectuosos nos da! Si nos hubiese dado solamente un centavo, el modo de darlo lo habría transformado en oro, pero sus costosas dádivas nos son enviadas en cestos de oro con su carroza de alegría. Es imposible dudar de la sinceridad de su caridad, pues hay un corazón sangrante estampado en la superficie de sus bendiciones. Él da a todos abundantemente y no zahiere. No hay señal alguna de que le seamos molestos, ninguna mirada indiferente para sus pobres pensionistas. Al contrario, se regocija en sus favores y nos aprieta contra su pecho mientras derrama su vida por nosotros. Hay una fragancia en su nardo que solamente su corazón puede producir; hay una dulzura en su panal de miel que no existiría si la misma esencia del amor de su alma no se hubiese mezclado en Él. ¡Cuán rara es la comunión que produce tan singular cordialidad! ¡Que podamos continuamente gustar y conocer su gloria!

El presuntuoso suele usurpar los altos puestos, mientras que el que es verdaderamente grande desfallece en la oscuridad. Es éste un misterio de la providencia, cuya revelación alegrará un día el corazón de los rectos. Pero es éste un hecho tan común, que no debemos murmurar si nos acontece a nosotros. Cuando nuestro Señor estuvo en la tierra, aunque era

mayo 20

Siendo Príncipe, se convirtió en siervo

Vi siervos a caballo, y príncipes que andaban como siervos sobre la tierra
(Eclesiastés 10:7)

La Biblia en un año:
• 1 Crónicas 10–12
• Juan 6:45-71

el Príncipe de los reyes del mundo, anduvo, sin embargo, por la senda del cansancio y de la servidumbre como el Siervo de los siervos. No tenemos que admirarnos, pues, si sus seguidores son considerados como personas inferiores y despreciables. El mundo está trastornado, y, por lo tanto los primeros son postreros y los postreros primeros. ¡Fíjate cómo los serviles hijos de Satán dominan en la tierra; qué actitud arrogante asumen; cómo tratan a todos con insolencia! Amán está en la corte mientras que Mardoqueo está en la puerta; David vaga por los montes mientras que Saúl reina con gran pompa; Elías se lamenta en la cueva mientras que Jezabel se jacta en el palacio. Sin embargo, ¿quién desearía ocupar los puestos de los rebeldes engreídos? ¿Y quién, por otra parte, no envidiará a los santos que son despreciados? Cuando la rueda dé vuelta, los que están abajo se levantarán y los que están arriba se hundirán. ¡Paciencia, creyente, la eternidad corregirá los errores del tiempo! No caigamos en el error de permitir que nuestras pasiones y nuestros apetitos carnales triunfen y nuestras facultades más nobles se arrastren en el polvo. La gracia divina debe reinar como un príncipe y hacer de los miembros instrumentos de justicia. El Espíritu Santo ama el orden, y, en consecuencia, coloca nuestras facultades en su debido lugar, dando a las espirituales el lugar más elevado. No trastornemos la disposición divina, sino pidamos gracia para tener nuestros cuerpos en sujeción.

21 mayo

Desechemos dudas, confiemos en las verdades eternas

Si es que habéis gustado la benignidad del Señor
(1 Pedro 2:3)

La Biblia en un año:
• 1 Crónicas 13–15
• Juan 7:1-27

«Si.» Entonces no es un asunto que debemos dar por sentado en relación con cada ser humano. «Si.» Entonces es posible y probable que algunos no hayan gustado que el Señor es benigno. «Si.» Entonces no hay merced general, sino particular, y es necesario que inquiramos si conocemos, por experiencia personal, la gracia de Dios. No hay una gracia espiritual que no sea objeto de un examen de corazón. Pero si bien esto debe ser objeto de diligente y piadoso examen, ninguno debe estar satisfecho mientras quede tal cosa como un «si» acerca de su «gustar que el Señor es benigno». Una celosa y santa desconfianza de sí mismo puede dar origen a esta cuestión aun en el corazón del creyente, pero la prolongación de esto sería en verdad un mal.

No debemos descansar hasta que por la fe abracemos al Salvador. «Yo sé a quién he creído, y estoy cierto que es poderoso para guardar mi depósito.» No descanses, creyente, hasta que tengas la plena seguridad de tu interés en Jesús. Que nada te satisfaga hasta que el Espíritu de Dios dé testimonio a tu espíritu de que eres hijo de Él. No juegues con un asunto tan importante. Que ningún «quizá», «por ventura», «si» y «puede ser» satisfaga tu alma. Confía en las verdades eternas y cuenta en verdad con ellas, obtén las seguras mercedes de David, y tenlas con seguridad. Haz que tu ancla entre hasta dentro del velo, y mira que tu alma esté ligada a esa ancla por el cable que no se quiebra. Avanza más allá de esos tristes «si»; no permanezcas más en el desierto de las dudas y de los temores; cruza el Jordán de la desconfianza y entra en la Canaán de paz, donde los cananeos aún habitan, pero donde la tierra no cesa de fluir leche y miel.

Ayudándonos en nuestro tortuoso camino

*Los dirigió
por camino derecho*
(Salmos 107:7)

La Biblia en un año:
• 1 Crónicas 16–18
• Juan 7:28-53

Con alguna frecuencia, la variada experiencia conduce al ansioso creyente a preguntar: «¿Por qué me pasa esto?». «Espero luz y me vienen tinieblas; busco paz y me viene turbación.» Yo dije en mi corazón: «Mis montañas están firmes; nunca seré movido». Señor, tú escondiste tu rostro y yo estoy en aflicción. Ayer mismo vivía en plena seguridad, y hoy esa seguridad ya se empañó y mis esperanzas se nublaron. Ayer podía subir a la cumbre del monte Pisga y contemplar el paisaje y gozarme confiadamente en mi futura herencia, pero hoy mi espíritu no alienta esperanza, sino temores, no tiene gozo, sino mucha aflicción. ¿Es todo esto parte del plan que Dios tiene respecto a mí? ¿Puede ser éste el camino por el cual Dios quiere llevarme al cielo? Sí, es así. El eclipse de tu fe, la oscuridad de tu mente, el desfallecimiento de tu esperanza, todo es parte del procedimiento que usa Dios para prepararte para la gran herencia que pronto poseerás. Estas pruebas son para examinar y fortalecer tu fe, son vientos que hacen que tu nave navegue hacia el deseado cielo, más rápidamente. Según las palabras de David, puede ser dicho de ti que «Él los guía al puerto que deseaban». Por honra y por deshonra, por infamia y por buena fama, por abundancia y por escasez, por gozo y por tristeza, por persecución y por paz, por todas estas cosas se mantiene la vida de tu alma, y por todas estas cosas eres ayudado en tu camino.

No pienses, creyente, que tus aflicciones no forman parte del plan de Dios; al contrario, son partes necesarias. «Es menester que por muchas tribulaciones entremos en el reino de Dios.» Aprended, pues, «a tener por sumo gozo cuando cayereis en diversas pruebas».

23 mayo

Completando «satisfecho» su obra en nosotros

Jehová cumplirá su propósito
(Salmos 138:8)

> **La Biblia en un año:**
> • 1 Crónicas 19–21
> • Juan 8:1-27

La confianza que el salmista expresa aquí es de manifiesta confianza divina. No dice: «Yo tengo suficiente gracia como para cumplir por mí; mi fe es tan firme que no tambaleará, mi amor es tan ardiente que no se enfriará, mi resolución es tan decidida que nada la hará variar»; no, el salmista sólo dependía del Señor. Si damos lugar a alguna confianza que no esté basada en la Roca de los siglos, entonces nuestra confianza es peor que un sueño; se derrumba sobre nosotros, nos cubre con sus ruinas para nuestra tristeza y confusión. Todo lo que la naturaleza hila, el tiempo lo deshila para eterna confusión de todos los que visten con lo que ella produce. El salmista era sabio, pues solamente descansaba en la obra del Señor. Es el Señor quien empezó en nosotros la buena obra, y quien la perfeccionará. Si Él no la acaba, nunca se completará. Si en el vestido celestial de nuestra justicia hubiese una sola puntada dada por nosotros, estamos perdidos. Pero confiamos que el Señor que empezó, perfeccionará. Él ha hecho todo, debe hacerlo todo y lo hará todo. Mi confianza no debe reposar en lo que he hecho, ni en lo que he resuelto hacer, sino enteramente en lo que el Señor hará. La incredulidad insinúa: «Tú nunca podrás estar firme. Observa la maldad que hay en tu corazón; tú nunca puedes derrotar al pecado. Recuerda los pecaminosos placeres y tentaciones que te acosan; sin duda, tú serás seducido y descarriado por ellos». Sí, es verdad, nosotros pereceríamos al depender de nuestros propios recursos. Si tuviésemos que gobernar solos nuestras frágiles naves en un mar tempestuoso, bien podríamos renunciar al viaje sin esperanza. Pero, gracias a Dios, Él cumplirá por nosotros y nos guiará al puerto deseado. Nunca seremos demasiado confiados cuando confiemos solo en Él, y nunca demasiado interesados en tener tal confianza.

Respuesta a oraciones frías

*Bendito sea Dios,
que no echó de sí mi oración,
ni de mí su misericordia*
(Salmos 66:20)

La Biblia en un año:
• 1 Crónicas 22–24
• Juan 8:28-59

Si reflexionamos since-ramente sobre el carácter de nuestras oraciones, nos llenaremos de admiración, al pensar que Dios las ha contestado. Puede ser que haya alguno que piense, como lo hizo el fariseo, que sus oraciones merecen ser aceptadas; pero el verda-dero cristiano al dar una mirada retrospectiva más imparcial, deplora sus ora-ciones, y si pudiese volver sobre sus pasos, oraría más ardientemente. Recuerda, cristiano, cuán frías han sido tus oraciones. Cuando en-traste en tu cámara, debías haber luchado como Jacob, pero en vez de hacerlo así, tus oraciones fueron débi-les, raras y carentes de aquella humilde, confiada y per-severante fe que clama: «No te dejaré ir si no me bendices». Pese a todo, Dios oyó éstas tus frías oracio-nes y las contestó. Piensa también en cuán escasas han sido tus oraciones, salvo en los días de aflicción, pues en esas circunstancias has ido frecuentemente al trono de la gracia. Pero cuando pasó la aflicción, ¿a dónde fueron tus constantes súplicas? Sin embargo, aunque tú dejaste de orar como lo hacías una vez, Dios no dejó de bendecirte. Cuando abandonaste el trono de la gracia, Dios, por su parte, no lo abandonó; la brillante luz del *Shekinah* se ha manifestado siempre entre las alas de los querubines. ¡Es maravilloso que Dios con-sidere esos intermitentes pasmos de importunidad que vienen y van con nuestras necesidades! ¡Qué Dios misericordioso es éste, que oye las oraciones de los que van a Él cuando tienen necesidades apremiantes, pero que lo olvidan al recibir la bendición; quienes se acer-can a Él cuando se ven forzados a hacerlo, pero que casi se olvidan de dirigirse a Él cuando es mucha la abundancia y poca la necesidad! ¡Que su inmensa bondad al oír tales plegarias, toque nuestros corazo-nes, para que de aquí en adelante podamos «orar siempre con toda deprecación y súplica en el Espíritu»!

25 mayo

Necesitando de su constante y firme sostén

No me desampares, oh Jehová
(Salmos 38:21)

La Biblia en un año:
• 1 Crónicas 25-27
• Juan 9:1-23

Frecuentemente pedimos a Dios que no nos desampare en la hora de la prueba y de la tentación, pero olvidamos muy a menudo que esta oración la debemos hacer en todos los tiempos. No hay instante de nuestra vida en que podamos vivir sin su constante sostén. Ya en la luz, ya en las tinieblas; en la comunión o en la tentación, siempre necesitamos pedirle que no nos desampare. «Sosténme y seré salvo», dice el salmista. Un niñito, mientras aprende a caminar, siempre necesita la ayuda de la niñera. La nave abandonada por su piloto se desvía enseguida de su ruta. No podemos vivir sin una continua ayuda de lo Alto. Sea ésta, pues, nuestra oración en el día de hoy: «No me desampares. Padre, no desampares a tu hijo, a fin de que no caiga en la mano del enemigo. Pastor, no desampares a tu oveja para que no vague lejos de la seguridad del redil. Gran labrador, no desampares a tu planta para que no se marchite y muera. No me desampares, oh Jehová, ahora; y no me desampares en ningún momento de mi vida. No me desampares en mi alegría, para que ella no absorba mi corazón; no me desampares en mi tristeza para que no murmure contra ti; no me desampares en el día de mi arrepentimiento a fin de que no pierda la esperanza del perdón y caiga en *desesperación,* y no me desampares en el día en que mi fe es muy firme, para que esa fe no degenere en presunción. No me desampares porque sin ti soy débil, pero contigo soy fuerte. No me desampares porque mi camino es peligroso, y lleno de trampas y no puedo andar por él sin tu dirección. La gallina no desampara a su cría; cúbreme tú eternamente con tus plumas y permíteme hallar refugio bajo tus alas». «No te alejes de mí, porque la angustia está cerca; porque no hay quien ayude.» «No me dejes y no me desampares, Dios de mi salud.»

La ansiedad genera desconfianza en Dios

*Echa sobre Jehová tu carga,
y Él te sustentará*
(Salmos 55:22)

La Biblia en un año:
• 1 Crónicas 28-29
• Juan 9:24-41

La excesiva ansiedad es pecado, aunque haya motivos legítimos para tenerla. El precepto que manda evitar cuidados congojosos es encarecidamente inculcado por nuestro Salvador una y otra vez, y repetido, después, por los apóstoles. Es éste un mandamiento que no puede ser olvidado sin incurrir en transgresión, pues la esencia misma de la ansiedad es la falsa idea de que somos más sabios que Dios, y la creencia de que hemos de meternos en su lugar para hacer por Él lo que Él mismo determinó hacer por nosotros.

Intentamos pensar en eso que suponemos que Dios olvidará; nos afanamos por colocar sobre nosotros mismos las pesadas cargas, como si Dios no pudiese o no quisiese llevarlas en nuestro lugar. Ahora bien, esta desobediencia a su explícito mandamiento, esta incredulidad a su Palabra, esta presunción en entrometernos en lo que es de su exclusiva incumbencia, es pecado. Aún más que esto, el cuidado congojoso nos suele conducir a cometer *pecado*. El que no puede *dejar* con confianza sus asuntos *en* las *manos de* Dios, pero quiere llevar sus propias cargas, es *muy* probable que sea tentado a usar medios ilícitos para ayudarse a sí mismo. Este pecado nos hace dejar a Dios, como nuestro consejero, y recurrir a la sabiduría humana. Esto es ir a «cisternas rotas» en vez de ir a la «fuente», como le pasó al antiguo Israel. La ansiedad nos hace dudar del amor de Dios y, consecuentemente, nuestro amor para con Él se enfría; sentimos desconfianza y así contristamos al Espíritu de Dios de suerte que nuestras oraciones llegan a ser impedidas y la consistencia de nuestro ejemplo queda perjudicada. La falta de confianza en Dios nos lleva a vagar lejos de Él; pero si con fe sincera en su promesa echamos sobre Él nuestras cargas, seremos fuertes contra la tentación. «Guardarás en perfecta paz aquel cuyo ánimo se apoya en ti.»

27 mayo

La fe débil nos vuelve perdedores

Y moraba Mefi-boset en Jerusalén, porque comía siempre a la mesa del rey; y estaba lisiado de ambos pies (2 Samuel 9:13)

La Biblia en un año:
• 2 Crónicas 1-3
• Juan 10:1-23

Mefi-boset no era un gran adorno para la mesa real; sin embargo comía siempre allí para que David pudiese ver en su rostro las facciones de su amado Jonatán. Nosotros, igual que Mefi-boset, podemos decir al Rey de Gloria: «¿Quién es tu siervo para que mires a un perro muerto como yo?». Empero, el Señor se goza en tener con nosotros un roce muy familiar, pues ve en nuestros rostros las facciones de su muy querido Jesús. El pueblo de Dios es amado por la mediación de Jesús. Es tal el afecto que el Padre profesa a su Unigénito que, por amor a Él, levanta a sus humildes hermanos de la pobreza y del destierro, y los pone en la corte, entre los de noble rango, y los sienta a la mesa del Rey. Sus deformidades no los privarán de sus privilegios. La renquera no es un obstáculo a la filiación. El lisiado es tan heredero de Dios como si pudiese correr igual que Asael. Nuestra justicia no cojea aunque lo hagan nuestras fuerzas. La mesa de un rey es un buen escondite para las piernas tullidas, y en la fiesta del Evangelio aprendemos a gloriarnos en nuestra flaqueza porque el poder de Dios reposa sobre nosotros. No obstante, una gravosa inhabilidad puede dañar la personalidad de los más amados santos. Aquí tenemos a uno que era agasajado por David, pero tan lisiado de ambos pies que no pudo seguir al rey cuando huía de la ciudad, y, en consecuencia, fue calumniado e injuriado por su siervo Siba. Los santos cuya fe es débil y cuyo conocimiento es pobre son grandes perdedores; están expuestos a muchos enemigos y no pueden seguir al rey a donde vaya. Este achaque se origina frecuentemente en las caídas. La mala alimentación en la infancia espiritual es a menudo la causa de que los convertidos caigan en un desaliento del cual nunca pueden restablecerse; y, en otros casos, es el pecado el que nos deja los huesos rotos.

Creyente, aquí hay una preciosa verdad para ti. Puedes ser pobre, estar sufriendo o ser desconocido, pero, anímate haciendo memoria de tu llamamiento y recordando sus consecuencias, especialmente aquella de la cual se habla en este pasaje. Tan cierto como tú eres hoy un hijo de Dios, tus pruebas pronto acabarán, y serás rico en todos los sentidos de la

Las puertas del cielo están abiertas para que pasemos

A los que justificó, a éstos también glorificó (Romanos 8:30)

La Biblia en un año:
• 2 Crónicas 4-6
• Juan 10:24-42

bienaventuranza. Aguarda un momento y tu cansada cabeza ostentará la corona de gloria y tu mano tomará la palma de la victoria. No lamentes tus pruebas, sino más bien regocíjate de que pronto estarás donde «no habrá más llanto, ni clamor, ni dolor». Los carros de fuego están a tu puerta, y en un momento te llevarán a la gloria. El eterno canto está cerca de tus labios. Los portales del cielo están abiertos para dejarte pasar. No pienses que puedes dejar de entrar en el reposo. Si Él te ha llamado, nada te puede apartar de su amor. La angustia no puede romper el vínculo; el fuego de la persecución no puede quemar el eslabón; el martillo del infierno no puede romper la cadena. Tú estás seguro; aquella voz que te llamó al principio te llamará otra vez para que vayas de la tierra al cielo, de las lóbregas tinieblas de la muerte al inefable esplendor de la inmortalidad. Descansa seguro, el corazón del que te justificó, late por ti de infinito amor. Pronto te encontrarás entre los glorificados, allá donde está tu parte.

Lo único que estás esperando aquí es ponerte en condiciones para gozar de la herencia; una vez que esto se realice, las alas de los ángeles te llevarán lejos al monte de la paz, del gozo y de la felicidad, donde, apartado de un mundo de aflicción y de pecado, y en eterna comunión con Dios, descansarás para siempre.

29 mayo

Que no tengamos que oír: ¡Apartaos malditos!

Y aborrecido la maldad
(Salmos 45:7)

La Biblia en un año:
- 2 Crónicas 7–9
- Juan 11:1-29

«Airaos y no pequéis.» Es dudoso que reine el bien en un hombre que no se indigna ante el pecado. El que ama la verdad debe odiar la falsedad. ¡Cómo abominó Jesús al mal, cuando fue tentado! Tres veces lo acometió en diferentes formas, pero Jesús siempre lo combatió con «vete, Satanás». Aparte de esto, Jesús detestó el pecado cuando lo vio en otras personas, aunque muy frecuentemente demostró su indignación con lágrimas de misericordia, en lugar de hacerlo con palabras de represión. Sin embargo, qué lenguaje podría ser más severo, más parecido al de Elías que las palabras, «¡ay de vosotros, escribas y fariseos, hipócritas!, porque coméis las casas de las viudas y por pretexto hacéis largas oraciones». Jesús odió al pecado de tal forma que derramó su sangre para herirlo; murió para matarlo; fue enterrado para sepultarlo; y resucitó para tenerlo siempre bajo sus pies. Cristo está en el Evangelio, y el Evangelio se opone al pecado en todas sus formas. El pecado se atavía con hermoso ropaje e imita el lenguaje de la santidad, pero los preceptos de Jesús, semejantes al famoso látigo de muchas cuerdas, lo echa del templo, y no lo tolerará en la Iglesia. Del mismo modo, en el corazón donde Jesús reina, hay una gran guerra entre Cristo y Belial. Y cuando Jesús venga para ser nuestro juez, manifestará su odio a la iniquidad con aquellas fulminantes palabras, «Apartaos malditos», palabras que serán como la culminación de lo que enseñó, durante su ministerio tocante al pecado. Tan cálido como es su amor a los pecadores es su odio al pecado; tan perfecta como es su justicia será la destrucción de toda especie de mal. ¡Oh, tú, glorioso campeón de la justicia y demoledor de la maldad!, es por esto que «te ungió Dios, el Dios tuyo, con óleo de alegría más que a tus compañeros».

Un pecado insignificante nos hace miserables

*Cazadnos las zorras,
las zorras pequeñas,
que echan a perder las viñas*
(Cantares 2:15)

La Biblia en un año:
• 2 Crónicas 10–12
• Juan 11:30-57

Una insignificante espina puede llegar a causar mucho sufrimiento.

Una nubecilla es suficiente para esconder el sol. Las zorras pequeñas echan a perder las viñas. Los pecados insignificantes dañan el corazón delicado, se esconden en el alma y la llenan de todo lo que Cristo aborrece, de manera que el Salvador no pueda mantener con nosotros dulce comunión. Un gran pecado no puede destruir al cristiano, pero un pecado insignificante lo hace miserable. Jesús no andará con su pueblo, si éste no abandona todo pecado. Él dice: «Si guardareis mis mandamientos, estaréis en mi amor; como yo también he guardado los mandamientos de mi Padre, y estoy en su amor». Algunos creyentes muy rara vez gozan de la presencia de su Salvador. ¿Cómo es esto? Sin duda, ha de ser muy doloroso para un niñito estar separado de su padre. ¿Eres tú un hijo de Dios, y, sin embargo, estás satisfecho con vivir sin contemplar el rostro de tu Padre? ¿Eres tú la esposa, y, no obstante, te sientes satisfecha sin su compañía? Tú has caído, sin duda, en un grave estado, pues la casta esposa de Cristo suele lamentar, cual paloma, la ausencia de su compañero. ¿Preguntas qué alejó a Cristo de ti? Él esconde su rostro detrás del muro de tus pecados. Este muro se levanta fácilmente con pequeñas o con grandes piedras. La mar está formada de gotas; las rocas están hechas de granos de arena; y la mar que te aparta de Cristo se llena con las gotas de tus pecados insignificantes. La roca que casi echa a pique tu barco, pudo haberse formado con los corales de tus llamados inocentes pecados. Si quieres vivir con Cristo, andar con Cristo, ver a Cristo y tener comunión con Él, ten cuidado de «las zorras pequeñas, que echan a perder las viñas, pues nuestras viñas están en cierne». Jesús te invita a ir con Él y cazarlas. Él, sin duda, como Sansón, cazará las zorras en seguida y fácilmente.

31 mayo

Indagando cuál es nuestro torrente

Pasó luego toda la gente el torrente Cedrón, asimismo pasó el rey
(2 Samuel 15:23)

La Biblia en un año:
- 2 Crónicas 13–14
- Juan 12:1-26

David cruzó aquel tenebroso torrente cuando huía, con su desconsolado séquito, de la presencia de su hijo traidor. El hombre que era según el propio corazón de Dios no estuvo exento de la aflicción; su vida fue muy atribulada. Él fue no solo el Ungido del Señor, sino el Afligido del Señor. ¿Por qué, pues, nosotros esperamos librarnos del dolor? En las puertas de la aflicción, los más nobles hijos de Dios aguardaron con ceniza sobre sus cabezas; ¿por qué, entonces, os maravilláis como si alguna cosa peregrina os aconteciese? Él mismo Rey de reyes no fue favorecido con una senda más placentera o real. El pasó la sucia zanja del Cedrón, por la que corría la suciedad de Jerusalén. Dios tuvo un Hijo sin pecado, pero no tuvo un solo hijo sin disciplina. Es motivo de grande gozo saber que Jesús fue tentado en todo según nuestra semejanza. ¿Cuál es nuestro Cedrón esta mañana? ¿Es un amigo infiel, una sensible desgracia, un reproche calumnioso o un triste presentimiento? El Rey lo pasó todo. ¿Es un dolor físico: pobreza, persecución o desprecio? Por todos estos Cedrones ha pasado ya el Rey. Él gustó todas nuestras aflicciones. La idea de que estamos solos en nuestras pruebas debe eliminarse de una vez para siempre, pues el que es Cabeza de todos los santos conoce por experiencia el dolor que solemos considerar exclusivamente nuestro. Todos los ciudadanos de Sion han de quedar libres de la Honorable Compañía de los que lloran, de la que el Príncipe Emmanuel es cabeza y capitán.

A pesar de su humillación, David volvió en triunfo a su ciudad; y el Señor de David se levantó victorioso de la tumba. Estemos, entonces, de buen ánimo, pues nosotros sacaremos agua con gozo de las fuentes de la salud, aunque ahora, por un tiempo, tengamos que pasar por los nocivos arroyos del pecado y de la aflicción.

Vistiéndonos
con las ropas
de sus promesas

*El verano y el invierno
tú los formaste*
(Salmos 74:17)

La Biblia en un año:
• 2 Crónicas 15–16
• Juan 12:27-50

Alma mía, empieza con tu Dios este mes invernal. La fría nieve y el penetrante viento te recuerdan que el que guarda su pacto con el día y con la noche, procura también asegurarte que guardará aquel glorioso pacto que concertó contigo en la persona de Cristo Jesús. El que es fiel a su Palabra en lo que respecta a la vuelta de las estaciones en este pobre mundo manchado de pecado, no se mostrará infiel en su trato con su bien amado Hijo. El invierno en el alma no es agradable de ninguna manera; y si tú lo estás sufriendo precisamente en estos días, te será muy penoso; pero te consolará el saber que el *Señor* forma el invierno. Él envía las cortantes ráfagas de la adversidad para marchitar los pimpollos de la esperanza. Esparce escarcha sobre lo que una vez fue verde pradera de nuestro gozo, arroja su hielo en las fuentes de nuestro placer. Él que hace todo esto es el gran Rey Invierno, quien impera en las regiones de la helada y, por tanto, no puedes murmurar. Pérdidas, cruces, abatimientos, enfermedades, pobreza y mil otros males son enviados por el Señor y vienen a nosotros con un sabio propósito. La helada mata los insectos nocivos y pone una barrera a las terribles enfermedades; rotura la tierra y purifica el suelo. ¡Que estos buenos resultados sigan siempre a nuestros inviernos de aflicción!

¡Cuánto apreciamos el fuego en estos días! ¡Cuán agradable es su calor! Apreciamos a nuestro Señor en la misma manera, pues Él es en todo tiempo de aflicción, la inagotable fuente de calor y bienestar. Acerquémonos a Él, y hallemos gozo y paz creyendo en Él. Vistámonos con los abrigados vestidos de sus promesas, y salgamos a ocuparnos en las labores propias de la estación. Sería un mal ser como «el perezoso que no ara a causa del invierno, pero pedirá en la siega y no hallará».

2 junio

Con la armadura de Dios, contra el enemigo

Porque el deseo de la carne es contra el Espíritu, y el Espíritu es contra la carne (Gálatas 5:17)

> **La Biblia en un año:**
> • 2 Crónicas 17–18
> • Juan 13:1-20

En el corazón del creyente hay una constante lucha entre el viejo y el nuevo hombre. El viejo hombre es activo y no pierde oportunidad de usar todas las armas de su mortífero arsenal contra el recién nacido en la gracia. Por otra parte, el nuevo hombre está siempre en guardia para resistir y destruir a su enemigo. La gracia que está en nosotros emplea la oración, la fe, la esperanza y el amor para expulsar al diablo; se viste de toda la armadura de Dios y lucha valerosamente. Estos dos hombres, opuestos el uno al otro, nunca cesarán de luchar mientras estemos en el mundo. La batalla de Cristiano con Apollión duró tres horas, pero la batalla del cristiano consigo mismo, dura toda la vida. El enemigo está tan bien atrincherado en nosotros, que mientras estemos en este cuerpo no puede ser desalojado; pero aunque estamos estrechamente sitiados y a menudo en violentos conflictos, tenemos un ayudador todopoderoso –Jesús–, el autor de nuestra salvación, que está siempre con nosotros, y que nos asegura que, a su tiempo, saldremos más que vencedores por medio de Él. Con tal apoyo, el hombre nuevo es más que un simple contrincante para sus enemigos. ¿Estás hoy luchando con el adversario? ¿Satán, el mundo y la carne, están en contra de ti? No te desalientes ni desmayes. Sigue luchando, pues Dios mismo está contigo. *Jehová Nissi* es tu bandera; *Jehová Rophi* es el que sana tus heridas. No temas, has de vencer; pues ¿quién puede derrotar a la Omnipotencia? Sigue luchando, mirando a Jesús; y aunque larga y dura sea la lucha, la victoria será dulce y glorioso el premio prometido.

> *Cristo nos guía, es nuestro jefe,*
> *Y con nosotros siempre estará;*
> *Nada temamos, Él nos alienta*
> *Y a la victoria llevarnos podrá.*

Entre el fango con el rey

Eran alfareros, y moraban en medio de plantíos y cercados; moraban allá con el rey, ocupados en su servicio
(1 Crónicas 4:23)

La Biblia en un año:
• 2 Crónicas 19–20
• Juan 13:21-28

La alfarería no es el más elevado de los oficios, sin embargo, el rey necesitaba alfareros, y, por tanto, ellos estaban a su servicio, aunque el material con que trabajaban era simplemente barro. Nosotros también quizás, estemos ocupados en la más insignificante parte de la obra del Señor, pero, con todo, es un gran privilegio hacer algo para el Rey; de modo que perseveraremos en nuestra vocación, esperando que «bien que fuimos echados entre los tiestos, seremos como las alas de la paloma cubierta de plata, y sus plumas con amarillez de oro». El texto nos habla de los que se hallaban en medio de plantíos y cercados, que tenían que hacer rudos y pesados trabajos, poniendo cercos o abriendo zanjas. Ellos quizás habrán deseado vivir en la ciudad, en medio de la vida de la sociedad y de la cultura de la misma, pero sin embargo guardaron los lugares que se les había asignado, pues también ellos estaban haciendo la obra del rey. El lugar de nuestra habitación ha sido fijado, y nosotros no debemos cambiarlo por antojo o por capricho, sino tenemos que servir al Señor en Él, siendo una bendición a aquellos entre quienes vivimos. Estos alfareros y jardineros tenían compañía real, pues moraban con el rey, y aunque estaban entre plantíos y cercados, el rey estaba allí también. Ningún lugar lícito, ninguna grata ocupación, aunque sea humilde, puede privarnos de la comunión con nuestro divino Señor. Cuando visitemos chozas, conventillos, hospicios o cárceles podemos ir con el rey. En todas las obras de fe contemos con el compañerismo de Jesús. Es cuando estamos en su obra que podemos contar con su sonrisa. Vosotros, desconocidos obreros, que estáis ocupados en la obra del Señor en medio del barro y de la miseria, en lo más bajo de lo bajo, alegraos, pues en la basura se hallaron joyas y en vasijas de barro se hallaron tesoros.

4 junio

Su amor admirable sobrepuja todo entendimiento

La bondad de Dios nuestro Salvador, y su amor
(Tito 3:4)

La Biblia en un año:
- 2 Crónicas 21–22
- Juan 14

¡Cuán agradable es ver al Salvador platicando con su amado pueblo! No hay nada más placentero que ser conducidos por el Espíritu Divino a este fértil campo de placer. Consideremos por un instante la historia del amor del Redentor, y mil encantadores actos de afecto vendrán a nuestra mente, que tuvieron la finalidad de unir el corazón a Cristo y de entrelazar nuestros pensamientos y emociones con la mente de Jesús. Cuando meditamos en este admirable amor y contemplamos al glorioso Redentor dotando a la Iglesia con toda su antigua riqueza, nuestras almas bien pueden desmayar de gozo. ¿Quién puede soportar tal peso de amor? Si el conocimiento parcial de ese amor es más grande de lo que nuestras almas pueden abarcar, ¡cuán conmovedor será su completa comprensión! Cuando el alma tenga capacidad para discernir todos los dones del Salvador, sabiduría para apreciarlos, y tiempo para meditar en ellos, entonces hablaremos con Jesús en una forma más íntima de lo que lo hacemos ahora. ¿Pero quién puede imaginar la dulzura de tal comunión? Esto tiene que ser algo que no ha entrado en el corazón del hombre, pero que Dios preparó para los que lo aman.

¡Oh si pudiésemos forzar la puerta del granero de nuestro José y ver la abundancia que Él nos ha almacenado! Esto nos sumergirá en amor. Por fe vemos, por espejo, en oscuridad, la imagen de sus ilimitados tesoros, pero cuando veamos realmente las cosas celestiales con nuestros propios ojos, ¡cuán profundo será el río de comunión en el que nuestra alma se sumergirá! Hasta entonces, reservaremos nuestros mejores sonetos para dedicarlos a nuestro amoroso bienhechor, el Señor Jesucristo, cuyo amor para con nosotros es admirable y sobrepuja todo entendimiento.

Permanezcamos en su «arca» para ser salvos

Jehová le cerró
(Génesis 7:16)

La Biblia en un año:
• 2 Crónicas 23–24
• Juan 15

Noé fue cerrado en el arca y apartado de todo el mundo por la mano del amor divino. La puerta de la divina voluntad se interpone entre nosotros y el mundo que yace en la maldad. No somos del mundo como nuestro Señor tampoco fue del mundo. No podemos entrar en el pecado, la alegría y las ocupaciones de la multitud; no podemos jugar en las calles de la Feria de la Vanidad con los hijos de las tinieblas, pues nuestro Padre celestial nos ha cerrado. Noé fue cerrado con su Dios. «Entra tú en el arca», invitó el Señor, demostrando claramente que se propone permanecer en el arca con Noé y su familia. Así todos los escogidos permanecen en el Señor y el Señor en ellos. ¡Gente feliz la que está puesta dentro del mismo círculo que encierra a Dios en la trinidad de sus personas: Padre, Hijo, Espíritu Santo! Nunca nos mostremos desatentos a ese bondadoso llamamiento: «Ven, pueblo mío, éntrate en tus aposentos, cierra tras ti tus puertas; escóndete un poquito, por un momento, en tanto que pasa la ira». Noé fue cerrado para que no lo alcanzase ningún mal. El diluvio no hizo sino levantarlo hacia el cielo y el viento lo llevó por el camino. Fuera del arca todo era destrucción, mas dentro de ella había descanso y paz. Sin Cristo perecemos, pero con Cristo hay perfecta seguridad. Noé fue cerrado para que ni siquiera tuviese el deseo de salir; y esos que están en Cristo están en Él para siempre. No saldrán más, pues la eterna fidelidad los ha cerrado y la malicia infernal no los puede arrebatar. El Príncipe de la casa de David cierra y ninguno abre; y cuando en los últimos días el padre de familia se levante y cierre la puerta, será en vano que los que meramente profesan ser cristianos golpeen y digan: «Señor, Señor, ábrenos»; pues la misma puerta que cierra dentro a las vírgenes prudentes, cierra afuera a las insensatas. Señor, ciérrame en tu casa.

6 junio

No hay siquiera un santo que no se sienta vil

He aquí que yo soy vil
(Job 40:4)

La Biblia en un año:
• 2 Crónicas 25-27
• Juan 16

Es ésta, para ti, una consoladora palabra, perdido pecador. ¿Piensas que no debes venir a Dios por ser vil? No hay un santo en la tierra que no se sienta vil. Si Job, Isaías y Pablo se sintieron obligados a decir: yo soy un vil, ¿te avergonzarás tú, pobre pecador, de hacer la misma confesión? Si la divina gracia no desarraiga todo el pecado que hay en el creyente, ¿cómo esperas tú quitar los tuyos por tus propias fuerzas? Y si Dios ama a su pueblo aun cuando todavía es vil, ¿piensas que tu vileza impedirá que Dios te ame? ¡Cree en Jesús, oh desechado por la sociedad del mundo! Jesús te llama tal cual eres. «No he venido a llamar justos, sino pecadores a arrepentimiento.» Di ahora mismo: «Tú has muerto por los pecadores; yo soy un pecador; rocíame con tu sangre». Si confiesas tu pecado, hallarás perdón. Si ahora, de corazón, dices: «Yo soy un vil, lávame», serás lavado ahora. Si el Espíritu Santo te pone en condiciones de clamar, desde lo íntimo de tu corazón

> *Tal como soy, sin una sola excusa,*
> *Porque tu sangre diste en mi provecho,*
> *Porque me mandas que a tu seno vuele,*
> *¡Oh Cordero de Dios!, acudo, vengo,*

te levantarás, al acabar de leer esta porción, con todos tus pecados perdonados. Y aunque esta mañana te hayas despertado teniendo en tu cabeza todos los pecados que el hombre haya podido alguna vez cometer, descansarás esta noche acepto en el Amado; y aunque alguna vez te hayas degradado con los harapos del pecado, serás ahora adornado con el vestido de justicia, y aparecerás blanco como los ángeles. Ten presente esto: «He aquí ahora el tiempo aceptable». Si tú crees en el que justifica al impío eres salvo. ¡Que el Espíritu Santo te dé la fe que salva!

El mal nos acecha para llevarnos a perdición

Los que amáis a Jehová, aborreced el mal
(Salmos 97:10)

La Biblia en un año:
• 2 Crónicas 28-29
• Juan 17

Tú tienes buenas razones para aborrecer el mal, porque ¡mira cuánto mal te ha hecho ya! ¡Qué mundo de perjuicio el pecado introdujo en tu corazón! El pecado te cegó para que no puedas ver la belleza del Salvador; te ensordeció para que no oigas las tiernas invitaciones del Redentor. El pecado desvió tus pies hacia el camino de la muerte y derramó veneno en la misma fuente de tu ser; manchó tu corazón y lo hizo «engañoso, más que todas las cosas, y perverso». ¡Qué criatura eras tú antes de que se interpusiese la gracia divina, cuando el mal había hecho en ti todo el mal que pudo! Eras un hijo de ira como los demás; corrías con la multitud para hacer mal.

Así éramos todos nosotros; pero Pablo nos recuerda que «ya somos lavados, ya somos santificados, ya somos justificados en el nombre del Señor Jesús y por el Espíritu de nuestro Dios». En realidad, tenemos muchas razones para aborrecer el mal cuando, echando una mirada retrospectiva, descubrimos sus obras mortales. Tanto daño nos hizo el mal, que nuestras almas se hubiesen perdido si no hubiera mediado para redimirnos el omnipotente amor de Dios. Aun ahora el mal es un enemigo activo que siempre está acechando para dañarnos y para llevarnos a la perdición. De modo que, cristiano, si no deseas aflicciones, aborrece el mal. Si no quieres sembrar tu camino de espinas y plantar ortigas en tu almohada, aborrece el mal; pero si quieres vivir una vida feliz y morir en paz, entonces camina por los senderos de la santidad, aborreciendo el mal hasta el fin. Si en verdad amas a tu Salvador y quieres honrarlo, aborrece el mal. No conocemos nada mejor para que el cristiano se cure del amor al mundo que la continua comunión con el Señor Jesús. Permanece mucho con Jesús, y te será imposible tener amistad con el mundo.

8 junio

La batalla es del Señor, luchemos confiados

Y cayeron muchos muertos, porque la guerra era de Dios
(1 Crónicas 5:22)

> **La Biblia en un año:**
> • 2 Crónicas 30–31
> • Juan 18:1-18

Soldado que luchas bajo la bandera del Señor Jesús, observa este versículo con santo gozo, pues como fue en la antigüedad así es en nuestros días: si la guerra es de Dios la victoria es segura. Los hijos de Rubén y de Gad, y la media tribu de Manasés, no pudieron alistar ni siquiera cuarenta y cinco mil soldados, y sin embargo en la batalla con los agarenos les tomaron cien mil personas, porque clamaron a Dios en la guerra, y les fue favorable porque esperaron en Él. El Señor no libra ni con muchos ni con pocos hombres. Si solo somos un puñado de soldados, debemos salir en el nombre de Jehová, pues el Señor de los Ejércitos es nuestro Capitán. Estos traían escudo, espada y arco, pero no pu-sieron su confianza en esas armas. Hemos de usar todos los medios apropiados, pero nuestra confianza debe des-cansar únicamente en el Señor, pues Él es la espada y el escudo de su pueblo. La verdadera razón de su extraordinario éxito residía en el hecho de que «la guerra era de Dios». Amado, cuando combatas el pecado interno o externo, o el error de doctrina o de conducta, la impiedad en lo alto o en lo bajo, los demonios y sus aliados, estás haciendo la guerra del Señor, y, salvo que Él sea vencido, no necesitas temer la derrota. No te acobardes ante un número superior de enemigos, no retrocedas ante las dificultades, no titubees ante las heridas o la muerte, hiere con la espada de dos filos del Espíritu de Dios, y los muertos yacerán a montones. La batalla es del Señor y Él entregará a sus enemigos en nuestras manos. Con paso resuelto, mano fuerte, corazón intrépido y ardiente celo, lancémonos al combate y las huestes del mal volarán como el tamo ante el ventarrón.

¡Estaos firmes, soldados de la cruz!
Alzad hoy la bandera en nombre,
en nombre de Jesús.

Optimismo cristiano

Grandes cosas ha hecho Jehová con nosotros; estaremos alegres
(Salmos 126:3)

> La Biblia en un año:
> • 2 Crónicas 32–33
> • Juan 18:19-40

Algunos cristianos son, por desgracia, propensos a mirar el lado oscuro de las cosas, y descansan más en lo que ellos han hecho que en lo que Dios hizo por ellos. Pregúntales cuál es su impresión acerca de la vida cristiana, y te describirán sus continuas luchas, sus intensas aflicciones, sus penosas adversidades y la perversidad de sus corazones, y apenas harán alguna mención de la ayuda que Dios les concedió. Pero un cristiano cuya alma goza de salud, se adelantará y dirá con alegría: «Yo hablaré no de mí mismo, sino hablaré para glorificar a mi *Dios*. Él me hizo sacar de un lago de miseria, del lodo cenagoso; y puso mis pies sobre peña, y enderezó mis pasos. Puso luego en mi boca canción nueva, alabanza a nuestro Dios. Grandes cosas ha hecho el Señor conmigo, estaré alegre». Una experiencia como ésta es lo mejor que cualquier hijo de Dios puede presentar. Es cierto que tenemos pruebas, pero también que somos librados de ellas; es cierto que tenemos nuestras corrupciones, y con dolor lo reconocemos, pero no es menos cierto que tenemos un poderoso Salvador que subyuga estas corrupciones y nos libra de su dominio. Al mirar atrás, haríamos mal si negásemos que hemos estado en el Pantano del Desaliento y que nos hemos arrastrado por el Valle de la Humillación; haríamos igualmente mal si olvidásemos que mientras cruzábamos esos lugares, hemos estado seguros y hemos sacado provecho. Gracias al Poderoso Ayudador y Guía no hemos permanecido allí, Él nos llevó a un lugar de riquezas. Cuanto más intensas son nuestras pruebas tanto más sentidas son nuestras gracias a Dios, quien nos acompañó siempre y nos preservó hasta ahora. Nuestras aflicciones no pueden perjudicar la melodía de nuestra alabanza, pues tocan el bajo en el canto de nuestra vida. «Grandes cosas ha hecho Jehová con nosotros; estaremos alegres.»

10 junio

Vivamos siempre como «la sal de la tierra»

Para el Señor vivimos
(Romanos 14:8)

> **La Biblia en un año:**
> • 2 Crónicas 34–36
> • Juan 19:1-22

Si Dios hubiese querido, cada uno de nosotros habría entrado en el cielo en el momento de su conversión. No era absolutamente necesario que permaneciésemos en este mundo, a fin de prepararnos para la inmortalidad. Aunque haga solo unos instantes que un hombre ha confiado en Jesús, puede ser llevado al cielo y estar en condiciones de participar de la herencia de los santos en luz. Es cierto, nuestra santificación es un largo y continuo proceso, y no seremos perfectos hasta que dejemos nuestros cuerpos y entremos dentro del velo; pero, si el Señor lo quiere, puede transformar nuestra imperfección en perfección y llevarnos al cielo enseguida. ¿Por qué, pues, estamos aquí? ¿Quiere Dios mantener a sus hijos fuera del paraíso más de lo necesario? ¿Por qué el ejército del Dios vivo está aún en el campo de batalla, si de un golpe podría obtener la victoria? ¿Por qué los hijos de Dios vagan de aquí para allá en un laberinto, cuando una sola palabra de sus labios podría llevarlos al cielo? La respuesta es: Permanecen aquí para que vivan para el Señor y lleven a otros al conocimiento de su amor. Estamos en este mundo como sembradores para esparcir la buena simiente; como labradores para arar el suelo; como heraldos para proclamar la salvación. Somos en este suelo como «la sal de la tierra», para ser una bendición al mundo. Estamos aquí para glorificar a Cristo en la vida cotidiana, para ser obreros suyos y trabajar juntamente con Él. Procuremos que nuestra vida responda a su finalidad. Vivamos vidas diligentes, útiles y santas «para alabanza de la gloria de su nombre». Mientras, ansiemos estar con Él y cantemos diariamente:

> *Alguna vez yo, como el sol,*
> *Mi ocaso y fin tendré también;*
> *Mas me dirá mi buen Señor:*
> *«Mi siervo fiel, conmigo ven».*

Derramando el amor que Él nos transmite

Nosotros le amamos a Él, porque Él nos amó primero
(1 Juan 4:19)

> **La Biblia en un año:**
> • Esdras 1–2
> • Juan 19:23-42

No hay otra luz en este planeta fuera de la que procede del sol; y no hay verdadero amor a Jesús en el corazón humano, que no proceda del Señor Jesús mismo. De esta fuente del infinito amor de Dios debe brotar todo nuestro amor a Dios. Esta ha de ser una grande y cierta verdad: que nosotros lo amamos a Él porque Él nos amó primero a nosotros. El amor que nosotros le profesamos a Él es un vástago del amor que Él nos tiene a nosotros. Cualquiera puede sentir admiración por las obras de Dios, pero nadie puede profesarle amor, si no se lo comunica su Espíritu divino.

¡Qué maravilla que seres como nosotros hayan sido alguna vez conducidos a amar a Jesús! ¡Qué admirable que, cuando nosotros nos hemos rebelado contra Él, Él, en una manifestación de asombroso amor, procuró atraernos! ¡No, nosotros nunca hubiésemos tenido amor a Dios si Dios no lo hubiese puesto en nosotros, amándonos con infinito amor! Nuestro amor, pues, tiene por padre al amor que Dios derramó en nuestros corazones. Pero, después de haber nacido por intervención divina, tiene el amor que ser sustentado con la presencia divina. El amor es una planta exótica; no florece naturalmente en el corazón humano, sino que debe ser regada desde arriba. El amor a Jesús es una flor delicada, y si no recibe otro sustento que el que le puede dar nuestro corazón de piedra, pronto se secará. Como el amor viene del cielo, tiene que alimentarse con el pan del cielo. No puede existir en el desierto, salvo que sea nutrido por el maná que viene de arriba. El amor vive de amor. El alma y la vida de nuestro amor a Dios es su amor a nosotros.

¡Oh qué amor!, ¡qué inmenso amor!
No hay otro amor así;
Dios desde el cielo al Salvador
Mandó a morir por mí.

12 junio

Reconociéndonos, con humildad, pecadores

Pesado has sido en balanza, y fuiste hallado falto
(Daniel 5:27)

La Biblia en un año:
• Esdras 3–5
• Juan 20

Es bueno que nos pesemos frecuentemente en la balanza de la Palabra de Dios. Gozarías de un santo ejercicio espiritual si leyeras algún salmo de David, y, mientras meditas sobre alguno de sus versículos, dijeras: «¿Puedo decir esto? ¿Siento lo que sintió David? ¿Fue quebrantado alguna vez mi corazón a causa del pecado como lo fue el suyo cuando escribió los salmos penitenciales? ¿Ha estado mi alma llena de confianza en la hora de las dificultades, como estuvo la suya, cuando cantó de las misericordias de Dios en la cueva de Adullam o en los refugios de Engedi? ¿Tomo yo la copa de salud e invoco el nombre del Señor?» Una vez hecho esto, lee la vida de Cristo, y, mientras lees, considera cuán lejos estás de ser conforme a su semejanza. Esfuérzate en ver si tienes la mansedumbre, la humildad y el espíritu de amor que Él constantemente inculcó y demostró. Echa mano, después, de las epístolas, y mira si puedes seguir al apóstol en lo que fue su experiencia. ¿Has clamado alguna vez como lo hizo él: «Miserable hombre de mí, quién me librará del cuerpo de esta muerte»? ¿Has sentido alguna vez su humildad? ¿Te has considerado el primero de los pecadores, y menos que el más pequeño de todos los santos? ¿Has experimentado algo de su devoción? ¿Podrías tú unirte a él y decir: «Para mí el vivir es Cristo, y el morir es ganancia? Si leemos así la Palabra de Dios, a fin de probar nuestra condición espiritual, tendremos motivos para detenernos frecuentemente y decir: Señor, me doy cuenta de que nunca experimenté esto; haz que lo experimente. Dame una fe real; dame más ferviente celo; inflámame con un amor más ardiente; concédeme la gracia de la mansedumbre; hazme más semejante a Jesús; que no sea más hallado falto, al ser pesado en la balanza del suntuario, para que no sea hallado falto en las balanzas del JUICIO.

Jesús dice así: «Tome de balde». Él no quiere pago alguno o preparación previa. Él no busca la recomendación de nuestras virtuosas emociones. Si no tienes buenos sentimientos, si únicamente puedes desear, estás invitado. ¡Ven, entonces! Tú no tienes fe ni arrepentimiento; ven a Él, y Él te los dará. Ven tal cual estás y toma de balde, sin dinero alguno y sin precio.

Saciemos la sed en la fuente «gratuita»

El que quiera, tome del agua de la vida gratuitamente
(Apocalipsis 22:17)

La Biblia en un año:
• Esdras 6–8
• Juan 21

Jesús se da a sí mismo a los necesitados. Los picos de agua que las autoridades hicieron colocar en las plazas para los que sientan sed, son de mucho valor. Apenas podríamos imaginar que hubiese uno tan necio que al sentir sed se palpase los bolsillos y dijese frente a uno de esos picos: «No puedo beber, pues no tengo dinero». Por más pobre que sea, allí tiene a su disposición el pico para beber libremente. Los sedientos transeúntes, al pasar por el pico de agua, no tienen que presentar autorización alguna para beber, ya vistan delicados o rústicos vestidos. El hecho de estar allí es suficiente para que puedan beber. Quizás las únicas personas que necesitan cruzar la plaza sin beber son las personas de la aristocracia, que viajan en sus automóviles. Tienen sed, pero no quieren mostrarse vulgares bebiendo de esos picos. Piensan que se rebajarían si bebieran del pico de donde beben todos; de modo que se van con los labios abrasados.

¡Cuántos hay que son ricos en sus propias buenas obras y por lo mismo no pueden venir a Cristo! «Yo no seré salvo –dicen ellos– en el mismo modo en que lo es la ramera o el blasfemo. ¡Qué, ir al cielo en la misma forma en que va un limpiachimeneas! ¿No hay otro camino que lleve a la gloria, sino el que llevó allí al ladrón? Yo no seré salvo en esa manera». Estos jactanciosos tienen que quedarse sin el agua viva, pero el que quiere, *tome del agua de la vida de balde*.

14 junio

Andando rectos por sus «veredas de paz»

Deléitate asimismo en Jehová
(Salmos 37:4)

> **La Biblia en un año:**
> • Esdras 9-10
> • Hechos 1

Las enseñanzas de estas palabras tienen que parecer muy sorprendentes a los que son extraños a la verdadera piedad, pero para el creyente sincero es solo la inculcación de una verdad reconocida. La vida del creyente se describe aquí como una *delicia* en Dios, y en esto tenemos una gran prueba de que la verdadera religión rebosa de felicidad y gozo. Las personas impías y las que meramente profesan ser cristianas, nunca miran a la religión como algo placentero; para ellos es solamente culto, deber o necesidad, pero nunca placer o delicia. Si ellos en algún grado siguen la religión es para ganar algo de ella o porque no se atreven a obrar de otro modo. El pensamiento de la *delicia* en la religión es tan extraño a la mayor parte de los hombres que no hay en su vocabulario dos palabras más alejadas una de la otra que «santidad» y «delicia». Pero los creyentes que conocen a Cristo saben que delicia y fe están tan felizmente unidas que las puertas del infierno no pueden prevalecer para separarlas. Los que aman a Dios de todo corazón, hallan que «sus caminos son caminos deleitosos, y todas sus veredas paz». Estos gozos, esta abundante delicia, esta desbordante felicidad hacen que los santos descubran que lejos de estar sirviendo a su Señor por costumbre, están más bien dispuestos a seguirlo aunque todo el mundo lo rechace. Nosotros no tememos a Dios por obligación; nuestra fe no es una cadena; nuestra profesión no es una esclavitud; no somos arrastrados a la santidad ni empujados al deber. Nuestra piedad es un placer; nuestra esperanza es nuestra felicidad, y nuestro deber es nuestra delicia. La delicia y la verdadera religión son tan aliadas como la raíz y la flor, tan indivisibles como la verdad y la certidumbre. En efecto, ellas son dos piedras preciosas colocadas una al lado de la otra en un engaste de oro.

Estaba muy sobre las posibilidades de la naturaleza, y aun contra sus leyes que la anciana Sara fuese bendecida con un hijo. Y aunque esto hubiese sido posible, está más allá de todos los poderes comunes que yo, pobre, desvalido y perdido pecador, halle gracia para llevar en mi alma al Espíritu del Señor Jesús. Yo, que en un tiempo estaba desesperado, porque mi naturaleza era seca, mustia, estéril y maldita como un triste desierto, aun he recibido fuerzas para llevar frutos en santidad. Bien puede mi boca llenarse de alegre risa, por la singular y sorprendente gracia recibida del Señor, pues he hallado a Jesús, la simiente prometida, y ahora es mío para siempre. En este día elevaré salmos de triunfo al Señor que se ha acordado de mi bajeza, pues «mi corazón se regocija en Jehová, mi cuerno es ensalzado en Jehová; mi boca se ensanchó sobre mis enemigos, por cuanto me alegré en tu salud».

Quisiera que todos cuantos se enteran de que he sido librado del infierno y que he sido visitado de lo alto se rían de gozo conmigo. Quisiera sorprender a mi familia con mi abundante paz; quisiera deleitar a mis amigos con mi creciente felicidad; quisiera ser motivo de edificación a la iglesia con mis confesiones de agradecimiento, e incluso impresionar al mundo con la alegría de mi conversación diaria. Bunyan nos dice que la Gracia se reía en su sueño, y no hay por qué maravillarse, pues estaba soñando con Jesús. Mi gozo no será inferior al suyo mientras mi Amado sea el tema de mis pensamientos diarios. El Señor Jesús es un profundo mar de gozo; mi alma se sumergirá en Él, quedará absorta en los deleites de su comunión. Sara miró a su Isaac y se rió con exceso de alegría, y todos sus amigos se rieron con ella. Y tú, alma mía, mira a tu Jesús, y pide al cielo y a la tierra que se unan a tu gozo inefable.

junio 15

Nada es imposible para Dios

*Entonces dijo Sara:
Dios me ha hecho reír,
y cualquiera que lo oyere,
se reirá conmigo
(Génesis 21:6)*

La Biblia en un año:
• Nehemías 1–3
• Hechos 2:1-21

16 junio

Palabra de vida eterna... ¿Lo dudas?

Y yo les doy vida eterna;
y no perecerán jamás
(Juan 10:28)

La Biblia en un año:
• Nehemías 4–6
• Hechos 2:22-47

El cristiano nunca debiera pensar o hablar livianamente de la incredulidad. A Dios le desagrada mucho que un hijo suyo desconfíe de su amor, de su verdad y de su fidelidad, ¿Cómo nos atrevemos a contristarlo, dudando de su gracia que nos sustenta? Cristiano, el que seas olvidado o el que se te deje perecer es contrario a la promesa de la preciosa Palabra de Dios. Si así fuera, ¿cómo podría ser verdadero el que dijo: «¿Se olvidará la mujer de lo que dio a luz, para dejar de compadecerse del hijo de sus entrañas? Aunque se olviden ellas, yo no me olvidaré de ti»? ¿Qué valor tendría la promesa: «Los montes se moverán, y los collados temblarán; mas no se quitará de ti mi misericordia, ni el pacto de mi paz vacilará, dijo Jehová, el que tiene misericordia de ti»? ¿Dónde estaría la verdad de las palabras de Cristo: «Y yo les doy vida eterna, y no perecerán por siempre, ni nadie las arrebatará de mi mano. Mi Padre que me las dio, mayor que todos es; y nadie las puede arrebatar de la mano de mi Padre»? ¿Dónde estarían las doctrinas de la gracia? Serían todas impugnadas si un solo hijo de Dios pereciera. ¿Dónde estarían la veracidad de Dios, su honor, su poder, su pacto, su juramento, si alguno de aquellos por quienes Cristo murió, y que puso en Él su confianza, fuese, no obstante, desechado? Aparta de ti estos temores creados por la incredulidad, que tanto deshonran a Dios. Levántate, sacúdete el polvo, y ponte tus vestidos preciosos. Recuerda que es pecado dudar de su Palabra, en la cual te ha prometido que no perecerás jamás. Haz que la vida eterna que hay en ti se manifieste en alegre confianza.

Al alma que en Cristo buscare reposo
Ha dicho que nunca la abandonará;
Por más que el infierno procure vencerla,
Jamás, no, jamás conseguirlo podrá.

La oración misma es notable; es corta, pero oportuna, sentenciosa y sugestiva. David se lamentaba de la escasez de hombres fieles y, en consecuencia, elevaba sus súplicas al Señor. Al fracasar la criatura, David va al Creador. Evidentemente sintió su propia debilidad, de lo contrario no hubiese pedido ayuda. Al mismo tiempo, intenta honestamente esforzarse

Si estás afligido, pide sincero su ayuda

Salva, oh Jehová
(Salmos 12:1)

La Biblia en un año:
• Nehemías 7–9
• Hechos 3

por la causa de la verdad, pues la palabra «salva» es inaplicable cuando no hacemos nada por nosotros mismos. En esta oración de dos palabras hay rectitud, claridad de percepción y precisión de expresión; mucha más, por cierto, que la que hay en las oraciones largas y vagas de algunos que profesan ser cristianos. El salmista va derecho a Dios con una plegaria bien meditada. Él sabe qué está buscando y dónde buscarlo. ¡Señor, enséñanos a orar en la misma bendita manera! Las ocasiones para el uso de esta oración son frecuentes. En las aflicciones que envía la Providencia, ¡cuán apropiada es al creyente afligido, que halló faltos a todos sus ayudadores! Los estudiantes pueden hallar ayuda para sus dificultades doctrinales, elevando al gran Maestro, el Espíritu Santo, el grito: «ayuda, Señor». Los soldados espirituales pueden enviar al trono y pedir refuerzos para su lucha interior; y esta oración será un modelo para su súplica. Los que se ocupan en las labores celestiales pueden obtener gracia en tiempo de necesidad. El pecador que, en dudas y sobresaltos, busca a Dios, puede ofrecer esta misma plegaria. En efecto, en cualquier caso, tiempo y lugar, esta oración bastará a las almas necesitadas. «Salva, Señor», nos vendrá bien tanto en la vida como en la muerte, en el sufrimiento como en la actividad, en el gozo como en la tristeza. La respuesta a la oración es cierta, si la ofrecemos sinceramente en el nombre de Jesús. El Señor nos asegura que Él no dejará a su pueblo.

18 junio

Con su cruz, ascendemos hacia Él

Tu Redentor
(Isaías 54:5)

La Biblia en un año:
• Nehemías 10–11
• Hechos 4:1-22

Jesús, el Redentor, es enteramente nuestro y para siempre. Todas las funciones de Cristo son ejercidas en nuestro favor. Él es rey, sacerdote y profeta por nuestro bien. Cuando, leyendo, hallemos un nuevo título del Redentor, apropiémonoslo. El cayado del pastor, la disciplina del padre, la espada del capitán, la mitra del sacerdote, el cetro del príncipe y el manto del profeta, son nuestros. No hay dignidad de Jesús que Él no use para nuestra exaltación, ni prerrogativa que no use en nuestra defensa. Su plenitud de la deidad es nuestra tesorería segura e inagotable. Su naturaleza humana con que Él se revistió es nuestra en toda su perfección. El bondadoso Señor nos comunica la virtud inmaculada de un carácter sin manchas, nos concede la meritoria eficacia de una vida piadosa; nos confiere el galardón que ganó a costa de obediente sumisión e incesante servicio. Él hace que el ropaje inmaculado de su vida sea nuestro precioso vestido; que las brillantes virtudes de su carácter sean nuestros adornos y nuestras joyas y que la sobrehumana mansedumbre de su muerte sea nuestro orgullo y gloria. Jesús nos lega su pesebre, por el que aprendemos cómo Dios descendió hasta donde estaba el hombre; y su cruz, para que aprendamos cómo el hombre puede ascender hasta donde está Dios. Todos sus pensamientos, emociones, acciones, expresiones, milagros e intercesiones son para nosotros. El anduvo por la senda de aflicción a causa de nosotros, y nos transfirió, como un legado celestial, el resultado de los trabajos de su vida. Jesús es ahora tan nuestro como lo fue en tiempos pasados, y no se avergüenza de ser conocido como «*nuestro* Señor Jesucristo», aunque es el Bendito, único Soberano, Rey de reyes y Señor de señores. Cristo es en todas partes y en todas formas nuestro Cristo, para que siempre disfrutemos de sus ricas bendiciones.

¿Sentimos su presencia de forma continua?

*Y fueron todos llenos
del Espíritu Santo
(Hechos 2:4)*

La Biblia en un año:
• Nehemías 12–13
• Hechos 4:23-37

Ricas serían las bendiciones de este día si todos nosotros fuéramos llenos del Espíritu. A las consecuencias de este sagrado henchimiento del alma es imposible darles un valor excesivo. La vida, el bienestar, la luz, la pureza, la paz, y tantas otras bendiciones son inseparables de la benigna presencia del Espíritu. Como óleo sagrado, unge la cabeza del creyente, lo aparta para el sacerdocio de los santos y le da gracia para que ejerza rectamente sus funciones. Como la única agua que realmente purifica, nos limpia del poder del pecado y nos santifica para que alcancemos la santidad, obrando en nosotros así el querer como el hacer por la buena voluntad de Dios. Como la luz, nos hizo ver al principio nuestro estado de perdición, y ahora nos revela al Señor Jesús y nos conduce por el camino de justicia. Iluminados por su refulgente rayo celestial, no estamos más en tinieblas, sino en la luz del Señor. Como fuego, nos limpia de la escoria y pone nuestra consagrada naturaleza en una llama. El Espíritu es la llama sacrificadora que nos capacita a ofrecer nuestras almas como sacrificio vivo a Dios. Como rocío celestial, elimina nuestra esterilidad y fertiliza nuestras vidas. ¡Ojalá descendiera de lo alto sobre nosotros en estas primeras horas del día! Con tal rocío matutino comenzaríamos el día agradablemente. Como paloma, cobija con sus alas de pacífico amor a su Iglesia y a las almas de los creyentes; y como Consolador, disipa las ansiedades y las dudas que perturban la paz de su amada. Él desciende sobre los escogidos como sobre el Señor en el Jordán, poniendo en ellos un espíritu filial por el que claman: Abba, Padre. Como viento, lleva a los hombres el hálito de vida; soplando donde quiere, cumple la obra de avivamiento por la que la creación espiritual se anima y es sustentada. Quiera Dios que sintamos su presencia hoy y siempre.

20 junio

El Señor no quiere perdernos

Yo mandaré y haré que la casa de Israel sea zarandeada entre todas las naciones, como se zarandea el grano en una criba, y no cae un granito en la tierra (Amós 9:9)

La Biblia en un año:
• Ester 1–2
• Hechos 5:1-21

Todo zarandeo viene por orden y permiso de Dios. Satán tiene que pedir permiso antes de poner un dedo sobre Job. Aún más, nuestro zarandeo es obra directa del cielo pues el texto dice: «Haré que la casa de Israel sea zarandeada». Satán, como un peón, puede tener la zaranda, esperando destruir el grano, pero la mano del Maestro realiza la purificación del grano por el mismo proceso por el cual el enemigo intenta destruirlo. Precioso, pero zarandeado trigo de la era del Señor, ¡anímate! El Señor maneja, para su gloria y para tu eterno bienestar, tanto el mayar como la zaranda. El Señor Jesús usará, sin duda, el aventador que está en su mano y apartará lo precioso de lo vil. «No todos los que son de Israel son israelitas.» El trigo de la parva que está en la era no está limpio; de ahí la necesidad de que sea aventado. En la zaranda únicamente lo que tiene peso tiene valor. La chala y el tamo, que no tienen sustancia, se los lleva el viento, y solamente el trigo permanece.

Observa la completa seguridad del trigo del Señor; ni aun un granito caerá. Dios mismo zarandea; de modo que es ésta una obra terrible y severa. Él los zarandea en todos los lugares, «entre todas las gentes»; los zarandea en la manera más eficaz, «como el grano en un harnero», y a pesar de esto, ni el grano más pequeño, más liviano, o más marchito cae en tierra. Cada creyente, individualmente, es precioso en la presencia del Señor. Un pastor no quisiera perder ni una sola oveja; un joyero, ni un solo diamante; una madre, ni un solo hijo; un hombre, ni un solo miembro de su cuerpo. Tampoco el Señor quiere perder ni uno solo de los redimidos. Si pertenecemos al Señor, podemos regocijarnos; pues, aunque seamos pequeños, somos preservados en Cristo Jesús.

Mirándonos en el espejo de su perfección

Eres el más hermoso de los hijos de los hombres
(Salmos 45:2)

La Biblia en un año:
• Ester 3–5
• Hechos 5:22-42

La persona de Jesús es una entera joya, y su vida es una sola impresión del sello. Jesús es enteramente perfecto no solo en sus distintas partes, sino también en su gloriosa integridad. Su carácter no es un conjunto de colores mezclados confusamente, ni un montón de piedras puestas desordenadamente, unas sobre otras. Jesús es un cuadro de belleza y un pectoral de gloria. En Él «todas las cosas que son de buen nombre» tienen su debido lugar y se embellecen recíprocamente. Ningún rasgo de su gloriosa persona llama la atención más que otra; Él es perfecto y enteramente codiciable. ¡Oh Jesús!, tu poder, tu gracia, tu justicia, tu ternura, tu verdad, tu majestad y tu inmutabilidad forman un hombre tal, o, mejor dicho, un Dios hombre tal que ni el cielo ni la tierra han visto jamás. Tu infancia, tu eternidad, tus sufrimientos, tus triunfos, tu muerte y tu inmortalidad están entretejidos en un magnífico tapiz, sin costura ni rasgadura. Tú eres música sin disonancia; eres un todo sin división; eres todas las cosas sin diversidad. Como todos los colores se funden en un resplandeciente arco iris así también todas las glorias del cielo y de la tierra se hallan en ti, y se unen tan maravillosamente, que no hay ninguno como tú en todas las cosas. Si todas las virtudes de las cosas más excelentes formaran un ramo no podrían rivalizar contigo, espejo de toda perfección. Tú has sido ungido con el santo óleo de mirra y casia, que tu Dios reservó solamente para ti; y tu fragancia es como el perfume santo, que ninguno puede imitar, ni aun el perfumista. Cada parte es fragante, pero el compuesto es divino.

Precioso es Jesús, mi Jesús,
Precioso es Jesús, mi Jesús.
Mi gloria será su rostro mirar,
Él es mi precioso Jesús.

22 junio

Las penas terrenas nos abrirán la morada celestial

Él edificará el templo de Jehová y él llevará gloria (Zacarías 6:13)

La Biblia en un año:
• Ester 6–8
• Hechos 6

Cristo mismo es el edificador de su templo espiritual, y lo edifica sobre el monte de su inmutable amor, de su gracia omnipotente y de su infalible veracidad. Pero como en el templo de Salomón, también en éste los materiales tienen que ser preparados. Tenemos «cedros del Líbano», pero no están en condiciones para la edificación. Tenemos que cortarlos, moldearlos y transformarlos en aquellos tablones *de* cedro, cuya fragancia hará que los atrios de la casa del Señor, que es el Paraíso, sean agradables. Tenemos también piedras en bruto en las canteras. Hay que sacarlas de allí y ajustarlas. Todo esto es obra de Cristo. Cada creyente, de manera individual, está siendo preparado, perfeccionado y alistado para ocupar su lugar en el templo; pero es la mano misma de Cristo la que hace esta obra de preparación. Las aflicciones no santifican si Él no las emplea para ese fin; nuestras oraciones y nuestros esfuerzos no pueden prepararnos para el cielo, sin la intervención de Jesús, que hace rectos nuestros corazones. Como en la edificación del templo *de* Salomón, «ni martillos, ni hachas se oyeron en la casa, ni ningún otro instrumento *de hierro*», porque todo estaba en perfectas condiciones de ocupar exactamente el lugar que se le había asignado, así también acontece con el templo que edifica Jesús: la preparación se *hace* en *la* tierra.

Cuando lleguemos al cielo no tendremos que seguir el proceso de santificación, ni ser modelados con aflicción, ni ser pulidos con sufrimientos. No, tenemos que prepararnos aquí; esta preparación la hace Cristo en nosotros de antemano. Y cuando la haya cumplido, una mano amorosa nos hará cruzar el río de la muerte y nos llevará a la Jerusalén celestial, para quedar allí como eternos pilares en el templo de nuestro Señor.

Pidamos al Señor que nos dé la vuelta

Efraín fue torta no volteada
(Oseas 7:8)

> **La Biblia en un año:**
> • Ester 9–10
> • Hechos 7:1-21

Una torta no vuelta queda con un lado crudo. También Efraín, en muchos aspectos, no había sido tocado por la gracia divina. Aunque había en él alguna obediencia parcial, había también mucha rebelión. Alma mía, yo te ruego que mires si ésta es tu situación. ¿Estás por completo consagrada a las cosas de Dios? ¿Ha llegado la gracia al mismo centro de tu ser para que sientas su divina obra en todas tus facultades, actos, palabras y pensamientos? Tu aspiración y oración debieran ser: la santificación de tu espíritu, alma y cuerpo; y aunque la santificación no sea perfecta en ti, en todas partes, sin embargo, en su acción, ha de ser universal. No debe haber apariencia *de* santidad en un lugar y predominio del pecado en otro; *de* lo contrario, tú también, serás una torta no vuelta.

Una torta no vuelta se quema pronto por el lado *que* está más cerca del fuego; y aunque ninguno puede tener demasiada piedad, hay, sin embargo, algunos totalmente quemados con un celo fanático en pro de aquella parte de la verdad que recibieron, o carbonizados con una vanagloriosa ostentación farisaica por aquellas funciones religiosas que se adaptan a su gusto. La supuesta apariencia de santidad superior suele venir acompañada de una falta de vital devoción. El santo «en público» llega a ser demonio «en privado». Usa harina de día y hollín por la noche. La torta que de un lado está quemada del otro está cruda. Si así estoy yo, Señor, dame vuelta. Dirige mi naturaleza no santificada hacia el fuego de tu amor, y haz que sienta su sagrado calor. Que mi parte quemada se enfríe un poco, que conozca mi propia debilidad y falta de calor cuando me aparto de tu llama celestial. Que no sea hombre de doblado ánimo, sino entregado por entero a la poderosa influencia de la gracia. Sé que si quedo como torta no vuelta, seré consumido con fuego eterno.

24 junio

Somos privilegiados

Una voz de entre la multitud levantó la voz: «Bienaventurado el vientre que te trajo y los senos que mamaste. Y Él dijo: «Antes bienaventurados los que oyen la palabra de Dios, y la guardan (Lucas 11:27, 28)

La Biblia en un año:
• Job 1–2
• Hechos 7:22-43

Algunos creen que el haber sido María la madre de Jesús constituía un privilegio muy especial, porque suponen que ella tenía la ventaja de mirar en el mismo corazón de Jesús, en un modo que nosotros no podemos lograr. Apenas puede admitirse esta suposición. No tenemos pruebas de que María supiera más que otros; lo que sabía, hizo bien en guardarlo en su corazón. Pero de la lectura de los Evangelios no se desprende que ella haya sido mejor instruida que cualquier otro discípulo de Cristo. Todo lo que ella sabía, también nosotros lo podemos descubrir. ¿Te admiras de que digamos esto? Aquí transcribo un texto que lo prueba: «El secreto de Jehová es para los que le temen; y a ellos hará conocer su alianza».

Recuerda las palabras pronunciadas por el propio Maestro: «Ya no os llamaré siervos, porque el siervo no sabe lo que hace su Señor; mas os he llamado amigos, porque todas las cosas que oí de mi Padre, os he hecho notorias». Tan gloriosamente nos descubre su corazón este divino Revelador de secretos, que no nos oculta nada que nos sea provechoso. Su palabra de seguridad es ésta: «De otra manera os lo hubiera dicho».

¿No se manifiesta Él hoy a nosotros como no se manifiesta al mundo? Sí, así es efectivamente. Entonces no digamos en ignorancia: «Bienaventurado el vientre que te trajo», sino bendigamos inteligentemente a Dios, porque, habiendo nosotros oído su Palabra y guardándola, tenemos en primer lugar una comunión tan real con el Salvador como la tuvo la virgen, y en segundo lugar un conocimiento tan verdadero de los secretos de su corazón, como podemos suponer lo tuvo ella. ¡Feliz el alma que tiene tal privilegio!

junio 25

Si más alto subimos, más belleza descubrimos

Súbete sobre un monte alto
(Isaías 40:9)

> **La Biblia en un año:**
> • Job 3–4
> • Hechos 7:44-60

Nuestro conocimiento de Cristo es algo semejante a un trepador de nuestras montañas galesas. Cuando estás al pie de ellas ves muy poco. La altura de la montaña misma parece ser la mitad de lo que realmente es. Confinado en un pequeño valle, apenas puedes descubrir algo que no sea el ondulante arroyo que va al río, que está al pie de la montaña. Trepa la primera loma, y el valle se alargará y se ensanchará bajo tus pies. Sube un poco más, y verás la región en cinco millas a la redonda y te deleitarás con el amplio panorama. Asciende aún más y el paisaje se agranda, hasta que, al fin, cuando estés en la cima y mires al este, al oeste al norte y al sur, ves ante ti a casi toda Inglaterra. Allá hay un bosque en algún condado, distante unas doscientas millas; aquí está el mar, allí un cristalino río y las humeantes chimeneas de una ciudad industrial, o la arboladura de las naves de un puerto activo. Todo esto te place y deleita, y dices: «Nunca hubiese imaginado que podrían verse tantas cosas desde esta cima». Ahora bien, la vida cristiana tiene mucho de parecido. Cuando al principio creemos en Cristo, vemos solo un poco de Él. Cuanto más alto ascendemos tantas más bellezas descubrimos. Pero, ¿quién ha logrado alguna vez la cumbre? ¿Quién ha conocido la altura y la profundidad de Cristo, que excede a todo entendimiento? Pablo, cuando envejecía, poniéndose canoso y tembloroso en una celda romana, podía decir con más énfasis que nosotros: «Yo sé a quién he creído», pues cada experiencia suya fue semejante al que trepa una montaña, cada prueba fue como ascender a una nueva cima, y su muerte fue como alcanzar la cumbre de la montaña, desde la cual podía ver en su plenitud la fidelidad y el amor de aquel a quien había confiado su alma. ¡Súbete, amigo mío, sobre un monte alto!

26 junio

Roguémosle constancia y firmeza

¿Tú también te debilitaste como nosotros, y llegaste a ser como nosotros?
(Isaías 14:10)

La Biblia en un año:
• Job 5–7
• Hechos 8:1-25

¿Cuál será la sentencia del cristiano apóstata cuando su alma comparezca delante de Dios? ¿Cómo soportará esa voz que le dice: «Apártate de mí, maldito; tú me has rechazado, y ahora yo te rechazo a ti; has hecho el papel del adúltero apartándote de mí; yo también te he apartado de mi presencia para siempre y no tendré de ti misericordia»? ¿Cuál será la vergüenza de este infeliz en el gran día final cuando, delante de las multitudes reunidas, sean desenmascarados los apóstatas? Mira cómo los profanos y los pecadores, que nunca profesaron religión alguna, se levantan de sus lechos de fuego para señalarlo. «Aquí está aquél», dice uno; «¿habrá venido al infierno a predicar el Evangelio?» «Aquí está aquél», dice otro; «me reprendía porque yo blasfemaba pero, por lo visto, resultó ser un hipócrita. ¡Ajá!, dice otro; «aquí viene uno que cantaba himnos, uno que estaba siempre en las reuniones, uno que se jactaba de estar seguro de la vida eterna, ¡y ahora está aquí!» Nunca los atormentadores satánicos demostrarán más avidez, que en el día cuando los demonios conduzcan al hipócrita a la perdición. Bunyan lo describe con admirable y pavorosa elevación poética al hablar del camino al infierno. Siete demonios ataron al infeliz con nueve cuerdas, y lo arrastraron fuera del camino que conduce al cielo, en el cual profesaba andar, y lo arrojaron al infierno. ¡Ten cuidado, hermano, de ese camino al infierno! «Examinaos a vosotros mismos si estáis en fe.» Considera bien tu condición; mira si estás o no en Cristo. Es lo más fácil del mundo ser indulgente cuando nos juzgamos a nosotros mismos; pero te ruego que en esto seas justo y leal. Sé justo en todo, pero riguroso contigo mismo. Ten presente que si no estás edificando sobre una roca, será grande la ruina cuando la casa caiga. Que el Señor te dé sinceridad, constancia y firmeza.

Manteniendo la justa moderación

*Con tal que no vayáis
más lejos*
(Éxodo 8:28)

La Biblia en un año:
• Job 8–10
• Hechos 8:26-40

Ésta es una astuta palabra salida de los labios de Faraón. Si los pobres esclavizados israelitas necesitaban salir de Egipto, Faraón les ponía como condición que no fueran muy lejos; no demasiado lejos como para escapar del terror de sus armas y de la observación de sus espías. Del mismo modo, el mundo no quiere la desconformidad del non–conformista ni la disidencia del disidente; quiere que seamos más liberales y que no llevemos las cosas al extremo. Muerto al mundo y sepultado con Cristo son experiencias que la mente carnal considera ridículas; de ahí que la ley que los pone en libertad sea casi universalmente desatendida, y aun condenada. La sabiduría del mundo recomienda la contemporización y habla de «moderación». Según esta política carnal, debemos admitir la verdad como muy deseable, pero tenemos que estar prevenidos contra la excesiva escrupulosidad; debemos seguir la verdad, pero no tenemos que denunciar el error en forma severa. «Sí» –dice el mundo–; «inclínate siempre a lo espiritual, pero no te prives de un poco de diversión; un baile cada tanto, una visita al teatro para Navidad. ¿Qué ganamos con menospreciar una cosa que está de gran moda y todos la hacen?» Muchos cristianos se rinden a este solapado consejo y hallan la ruina eterna. Si queremos seguir al Señor por entero, hemos de salir ahora mismo al desierto de separación y dejar tras nosotros al Egipto del mundo carnal. Tenemos que dejar sus máximas, sus placeres y su religión, e ir lejos al lugar donde el Señor llama a sus santificados. Cuando la ciudad está ardiendo, nuestras casas nunca pueden estar demasiado lejos de las llamas. Cuando la plaga se presenta, el hombre nunca estará demasiado lejos de sus focos. Cuanto más lejos estemos de la víbora, mejor; y cuanto más lejos estemos de la conformidad con el mundo, mucho mejor.

28 junio

Mirándole, hallamos consuelo y seguridad

Puestos los ojos en Jesús
(Hebreos 12:2)

La Biblia en un año:
• Job 11-13
• Hechos 9:1-21

Es siempre obra del Espíritu Santo el apartar nuestros ojos de nosotros mismos para ponerlos en Jesús; pero la obra de Satán es diametralmente opuesta a ésta, pues él está continuamente procurando que nos miremos a nosotros mismos en lugar de que miremos a Cristo. Satán nos dice: «Tus pecados son demasiado grandes para ser perdonados; tú no tienes fe, no experimentas sincero arrepentimiento, no podrás perseverar hasta el fin. Tú no tienes el gozo que tienen sus hijos y eres inconstante». Todas estas consideraciones se dirigen al propio individuo, y nosotros nunca hallaremos consuelo o seguridad si miramos allí. Pero el Espíritu Santo aparta enteramente de allí nuestros ojos. Él nos dice que nosotros no somos nada, pero que «Cristo es todo en todos».

Recuerda, por lo tanto, que no es tu adhesión a Cristo lo que te salva, sino Cristo mismo; no es tu gozo en Cristo lo que te salva, sino Cristo; no es ni aun tu fe en Cristo (aunque la fe es el medio), es más bien la sangre de Cristo. Por lo tanto, no mires a la mano con la que te tomas de Cristo, sino a Cristo mismo; no mires a tu esperanza, sino a Jesús, la fuente de tu esperanza; no mires a tu fe, sino a Jesús, el autor y consumador de la fe. Nunca hallaremos felicidad por mirar a nuestras oraciones, a nuestras obras o a nuestros sentimientos. Es lo que *Jesús* es, no lo que *nosotros* somos, lo que da descanso al alma. Si queremos vencer en seguida a Satán y tener paz con Dios, tenemos que mirar a Jesús. Pon los ojos únicamente en Él. Que su muerte, sufrimientos, méritos, glorias, y su intercesión se conserven frescos en tu mente. Cuando te despiertes a la mañana, míralo a Él. No permitas que tus esperanzas o tus temores se interpongan entre ti y Jesús. Síguelo diligentemente y Él nunca te dejará.

junio 29

¡Felices los que «duermen» en el Señor!

Así también traerá Dios con Jesús a los que durmieron en Él (1 Tesalonicenses 4:14)

La Biblia en un año:
• Job 14–16
• Hechos 9:22-43

No pensemos que el alma duerme insensiblemente. «Hoy estarás conmigo en el paraíso», es la voz de Cristo a todo santo que expira. Ellos «duermen en Jesús», pero sus almas están delante del trono de Dios, alabándolo día y noche en su templo, cantando aleluyas al que los lavó de sus pecados en su sangre. El cuerpo duerme en su solitario lecho terrenal bajo la cubierta de césped. Pero, ¿qué es este sueño? El sueño nos sugiere la idea de descanso, y es ésta la idea que el Espíritu Santo quiere transmitirnos. El sueño hace de cada noche un sábado, o sea, un descanso para el día. El sueño cierra herméticamente las puertas del alma y manda a todos los entremetidos que se detengan un momento, para que la vida que está en el interior pueda entrar en su jardín de descanso. El fatigado creyente duerme tranquilo, como lo hace el cansado bebé en el regazo de la madre. ¡Felices los que mueren en el Señor; descansarán de sus trabajos y sus obras con ellos siguen! Su tranquilo reposo nunca será perturbado hasta que Dios los levante para darles su cumplido galardón. Guardados por los ángeles custodios, cubiertos por los eternos misterios, duermen, como herederos de la gloria, hasta que la plenitud del tiempo traiga la plenitud de la redención. ¡Qué despertamiento será el de ellos! Fueron puestos en su última morada, cansados y rendidos, pero no se levantarán así. Fueron a su reposo con arrugas en la frente y rostro demacrado, pero se despertarán en belleza y gloria. La marchita semilla, tan carente de forma y de gracia, se levantará del polvo como una bella flor. El invierno del sepulcro da lugar a la primavera de la redención y al verano de la gloria. Bendita es la muerte, porque ella, por el poder divino, nos quita la ropa de los días de trabajo, y nos viste con el vestido de boda de la incorrupción. Bienaventurados los que duermen en Jesús.

30 junio

Bebiendo del frasco de su amor y de su gracia

La gloria que me diste, yo les he dado
(Juan 17:22)

La Biblia en un año:
• Job 17–19
• Hechos 10:1-23

He aquí la superlativa liberalidad del Señor Jesús, que nos ha dado todo. Aunque con una décima parte de lo que posee habría enriquecido, más de lo que pensamos, a un universo de ángeles, sin embargo no se contentó hasta que nos dio todo lo que tenía. Si nos hubiese permitido comer las migajas de su liberalidad, que están bajo la mesa de su misericordia, no nos habría sorprendido. Pero Él no hace las cosas a medias, sino que nos hace sentar con Él y nos hace participar de la fiesta. Si solo nos hubiese dado alguna reducida renta de sus arcas reales, habríamos tenido motivo para amarlo eternamente; pero no, Él hará que su esposa sea tan rica como Él, y no tendrá gloria ni gracia de la que ella no participe. Sólo quedó satisfecho con hacernos coherederos suyos, para que tuviésemos las mismas posesiones. Jesús ha puesto todos sus bienes en las arcas de la Iglesia, y «tiene todas las cosas comunes» con sus redimidos. No hay en su casa ni una pieza cuya llave Jesús rehúse a su pueblo. Al contrario, les da plena libertad de apropiarse de todo lo que Él tiene y quiere que no se hagan rogar, sino que tomen de sus tesoros tanto como les sea posible llevar. La ilimitada plenitud de su suficiencia es para el creyente tan gratuita como el aire que respira. Cristo puso en los labios del creyente el frasco de su amor y de su gracia y le pide que beba siempre. Si lo puede vaciar está invitado a hacerlo; pero, como no puede, se le pide que beba abundantemente, pues todo es suyo. ¿Qué prueba más real de compañerismo podría dar el cielo a la tierra?

¡Bendiciones! ¡Cuántas tienes ya!
¡Bendiciones, Dios te manda más!
¡Bendiciones! Te sorprenderás
Cuando veas lo que Dios por ti hará.

Todo cambia, el fiel Señor nunca cambia

En verano y en invierno
(Zacarías 14:8)

> **La Biblia en un año:**
> • Job 20–21
> • Hechos 10:24-48

Las corrientes de agua viva que fluyen de Jerusalén no se secaban por los calores abrasadores del verano ni tampoco se helaban por los fríos vientos del invierno. Regocíjate alma mía, de que hayas sido dejada para testificar de la fidelidad del Señor. Los tiempos cambian, y tú también cambias, pero tu Señor permanece siempre el mismo, y las corrientes de su amor son tan profundas, tan amplias y tan completas como siempre. Los calores de las ansiedades de la vida y de las ardientes pruebas me hacen sentir la necesidad de las refrescantes influencias del río de su gracia. Puedo ir en seguida y beber hasta saciarme de la inagotable fuente pues sus aguas corren tanto en invierno como en verano. Las fuentes de arriba nunca están escasas de agua, y las de abajo no pueden menguar. Elías halló seco el arroyo de Cherit pero Jehová seguía siendo el mismo Dios providente. Job dijo que sus hermanos habían mentido como arroyos, pero halló que su Dios era un desbordante río de consolación. El Nilo constituye la gran confianza de Egipto, pero sus inundaciones son variables. Nuestro Señor es siempre el mismo. Desviando el curso del Éufrates, Ciro tomó la ciudad de Babilonia, pero ni poder humano ni infernal puede desviar la corriente de la gloria divina. Los cursos de los antiguos ríos se hallaron secos y desolados, pero los ríos que nacen en las montañas de la divina soberanía y del infinito amor siempre estarán llenos hasta el borde. Pasan las generaciones, pero la corriente de la gracia sigue inalterable. El río de Dios canta con mayor razón lo que canta el arroyo en este verso: «Los hombres vienen y van, pero yo sigo siempre». ¡Cuán feliz eres, alma mía, por ser conducida a tan tranquilas aguas! Nunca vayas a otras fuentes para que no oigas esta reprensión del Señor: «¿Qué tienes tú en el camino de Egipto, para que bebas agua del Nilo?».

2 julio

Cantando en medio de la tempestad

En Él se alegrará nuestro corazón
(Salmos 33:21)

> **La Biblia en un año:**
> • Job 22–24
> • Hechos 11

Es bendito el hecho de que el cristiano puede regocijarse aun en la angustia más profunda. Aunque lo cerque la aflicción, canta; y, a semejanza de muchos pájaros, canta mejor cuando está en una jaula. Quizás lo arrollen las olas, mas su alma pronto surgirá y verá la luz del rostro de Dios. Está poseído de un espíritu de alegría que conserva siempre su cabeza sobre el agua, y lo ayuda a cantar en medio de la tempestad: «Cristo está conmigo». ¿A quién se dará la gloria? ¡A Jesús!, pues esta alegría viene de Él. La aflicción no lleva por sí misma, necesariamente, consolación al que cree, pero la presencia del Hijo de Dios en el horno ardiente, donde él está, llena de gozo su corazón. El creyente está enfermo y sufre, pero Jesús lo visita y ablanda su cama. Está agonizando, y las frías aguas del Jordán le van subiendo hasta el cuello, pero Jesús le pone sus brazos en su hombro y le dice: «No temas, amado; morir es ser bienaventurado; las aguas tienen en el cielo su fuente principal. No son amargas, sino dulces como néctar, pues fluyen del trono de Dios». Cuando el santo que fallece vadea el río, y las olas se agolpan en su derredor, y el corazón y la carne lo abandonan, suena en sus oídos la misma voz: «No temas, porque yo soy contigo; no desmayes, que yo soy tu Dios». A medida que se acerque a los umbrales del infinito ignoto, y se sienta casi espantado de entrar en la región de las sombras, Jesús le dice: «No temas, pues al Padre le ha placido darte el reino».

Fortalecido y consolado de esta manera, el creyente no teme morir; al contrario, está deseando partir, pues desde que vio a Jesús como la estrella de la mañana, ansía contemplarlo como el sol en su esplendor. En verdad, la presencia de Jesús es todo el cielo que podemos desear.

Alimentándonos en verdaderos prados

Las vacas de feo aspecto y anjutas de carne devoraban a las siete vacas hermosas y muy gordas
(Génesis 41:4)

La Biblia en un año:
• Job 25–27
• Hechos 12

El sueño de Faraón ha sido frecuentemente mi experiencia. Por desgracia, mis días de pereza destruyeron todo lo que conseguí en tiempos de entusiasta actividad. Mis momentos de frialdad han helado todo el calor de mis períodos de fervor y entusiasmo, y mis accesos de mundanalidad me han hecho retroceder en la marcha de la vida cristiana. Necesito precaverme de oraciones pobres, de alabanzas débiles, de experiencias estériles y de la obediencia a medias, porque estas cosas devorarán la grosura de mi consuelo y de mi paz. Si descuido la oración, aunque sea por corto tiempo, pierdo toda la espiritualidad que he logrado. Si no saco del cielo nuevas provisiones, el antiguo grano que está en mi granero pronto quedará consumido por el hambre de mi alma. Cuando las orugas de la indiferencia, los pulgones de la mundanalidad y el gorgojo de la indulgencia conmigo mismo dejan mi corazón completamente desolado y hacen que mi alma languidezca, toda mi fertilidad y progreso en la gracia no me sirve para nada. Yo debiera ansiar no tener días enjutos de carne ni horas de fea vista. Si cada día marchara hacia el blanco de mis deseos, pronto lo alcanzaría, pero las caídas me dejan aún muy lejos del premio de mi soberana vocación, y me privan de los progresos que he hecho tan afanosamente. La única manera en la que todos mis días pueden ser como «vacas gordas» es alimentándolos en los verdaderos prados, ocupándolos con el Señor en su servicio, en su compañía, en su temor y en su camino. ¿Por qué cada año no puede ser más rico que el anterior, en amor, utilidad y gozo? Estoy más cerca de los collados celestiales; he experimentado más a mi Señor; tendría, pues, que ser más semejante a Él. ¡Oh Señor!, consérvame lejos de la flaqueza de alma, y no permitas que grite: «¡Mi flaqueza, mi flaqueza, ay de mí!»

4 julio

Esgrimiendo el estandarte de la verdad

Santifícalos en tu verdad
(Juan 17:17)

> **La Biblia en un año:**
> • Job 28–29
> • Hechos 13:1-25

La santificación empieza en la regeneración. El Espíritu de Dios infunde en el hombre ese nuevo principio vital por el cual llega a ser «nueva criatura» en Cristo Jesús. Esta obra, que empieza en el nuevo nacimiento, prosigue en dos modos: Por la mortificación, mediante la cual las concupiscencias de la carne son dominadas y sujetas; y por la vivificación, por la cual la vida que Dios puso en nosotros será transformada en una fuente de agua que salte para vida eterna. Esta obra prosigue día a día en lo que se llama «perseverancia», en virtud de la cual el cristiano es preservado y conservado en estado de gracia y se le hace abundar en buenas obras para alabanza y gloria de Dios; y por fin esta obra alcanza su perfección en la gloria, cuando el alma, purificada del todo, es llevada a habitar a la diestra de la Majestad en las alturas, con los santos. Pero aun cuando el Espíritu de Dios es, como acabamos de decir, el autor de la santificación, hay, empero, una agencia visible que no debe pasarse por alto. «Santifícalos» –dice Jesús– «en tu verdad; tu Palabra es verdad». Son muchos los pasajes de la Escritura que prueban que la Palabra de Dios es el instrumento de la santificación. El Espíritu de Dios lleva a nuestra mente los preceptos y doctrinas de la verdad y los aplica con poder. Estos preceptos, oídos y recibidos en el corazón, obran en nosotros el querer y el hacer por la buena voluntad de Dios. La verdad es la que santifica, y si nosotros no oímos o no leemos la verdad no creceremos en santificación. Solo progresamos en la vida perfecta si progresamos en el conocimiento perfecto. «Lámpara es a mis pies tus palabras y lumbrera a mi camino.» No digas con error: «Es solo asunto de opinión». Nadie consiente un error de opinión sin que tarde o temprano tolere un error en la práctica. Esgrime la verdad.

Santidad y gracia accesibles

Llamados a ser santos
(Romanos 1:7)

La Biblia en un año:
• Job 30–31
• Hechos 13:26-52

Solemos referirnos a los santos apostólicos como si fueran «santos» de modo más notable que los otros hijos de Dios. Todos ésos a quienes Dios llamó por su gracia y santificó por su Espíritu son «santos»; pero nosotros nos inclinamos a considerar a los apóstoles como seres extraordinarios, apenas sujetos a las mismas debilidades y tentaciones que nosotros. Sin embargo, al obrar así, olvidamos esta verdad: cuanto más cerca viva un hombre de Dios tanto más intensamente lamentará la maldad de su corazón; y cuanto más su Maestro lo honre en su servicio, tanto más el mal de la carne lo atormentará, día a día. La verdad es que si hubiésemos visto al apóstol Pablo, lo habríamos considerado igual al resto de la familia elegida; y si hubiésemos hablado con él, habríamos dicho: «Hallamos que la experiencia suya y la nuestra tienen mucho de parecido. Él es más fiel, más santo y más instruido que nosotros, pero ha de soportar las mismas pruebas; y, en algunos aspectos, es más terriblemente probado que nosotros». No consideremos, pues, a los santos de la antigüedad como seres exentos de debilidades o pecados, ni los miremos con aquella mística reverencia que nos hará casi idólatras. Su santidad es accesible también a nosotros. Somos «llamados a ser santos» por esa misma voz que los llamó a ellos a su alta vocación. Es deber del cristiano esforzarse por entrar en el círculo íntimo de la santidad. Si estos santos fueran superiores en sus conocimientos, como realmente lo son, sigámoslos; imitemos su ardor y su santidad. Nosotros tenemos la misma luz que ellos tuvieron, la misma gracia nos es accesible a nosotros, ¿por qué, pues, hemos de quedar satisfechos hasta que los igualemos en su carácter celestial? Ellos vivieron con Jesús, vivieron por Jesús, y, por tanto, se asemejaron a Jesús. Vivamos por el mismo Espíritu, como ellos vivieron, «mirando a Jesús».

6 julio

Seguros como pueblo de Dios

Mas el que me oyere, habitará confiadamente, y vivirá tranquilo, sin temor del mal (Proverbios 1:33)

> **La Biblia en un año:**
> • Job 32–33
> • Hechos 14

El amor divino se hace visible cuando brilla en medio de los juicios. Bella es aquella estrella solitaria que sonríe a través de la abertura de la nube tronadora; animador es el oasis que florece en el desierto de arena. También bello y animador es el amor en medio de la ira. Cuando los israelitas provocaron al Altísimo con su persistente idolatría, Él los castigó reteniéndoles el rocío y la lluvia, de manera que la tierra fue visitada con un hambre espantosa; pero mientras Dios hacía esto, tuvo cuidado de que sus elegidos estuviesen seguros. Aunque todos los arroyos se secaron, había uno, sin embargo, reservado para Elías; y cuando también aquél se secó, Dios le reservó un lugar donde hallar sustento. Y no solo eso: el Señor no tenía un solo Elías, sino «un remanente por la elección de gracia», que fue escondido en cuevas de cincuenta en cincuenta, y aunque toda la tierra estaba expuesta al hambre, *éstos* fueron alimentados, y alimentados de las comidas de Acab, por el fiel y temeroso mayordomo Abdías. Saquemos de esto la conclusión de que venga lo que viniere, el pueblo de Dios está seguro. Deja que las conmociones sacudan la tierra y el firmamento se rompa en dos, pues aun en medio de un mundo hecho pedazos el creyente estará tan seguro como en la hora de calma y paz. Si Dios no libra a su pueblo *debajo* del cielo, lo librará *en* el cielo. Si el mundo llegase a ser demasiado intolerante para tener al pueblo de Dios, el cielo lo recibirá y le dará un lugar seguro. Ten confianza, pues, cuando oyeres de guerras y rumores de guerra. Que la agitación no te angustie; deja de temer al mal. Cualquier cosa que venga sobre la tierra, no la temas, pues tú, bajo las amplias alas de Jehová, estarás seguro. Descansa en sus promesas; reposa en su fidelidad y desafía al lóbrego futuro, pues no hay en él nada horrible para ti.

Vaso de barro como contenedor de bendiciones

*Hermanos,
orad por nosotros*
(1 Tesalonicenses 5:25)

> **La Biblia en un año:**
> • Job 34–35
> • Hechos 15:1-21

Reservamos esta mañana del año para refrescar la memoria del lector sobre el asunto de las oraciones en favor de los pastores, e imploramos muy encarecidamente a cada familia cristiana que cumpla con el ferviente pedido del texto, formulado primero por un apóstol, y ahora repetido por nosotros. Hermanos, nuestra obra es de trascendental importancia e implica el bienestar o la calamidad de miles. Nosotros, en nombre de Dios, tratamos con las almas sobre asuntos eternos, y nuestra palabra es olor de vida para vida u olor de muerte para muerte. Una grave responsabilidad descansa sobre nosotros, y no será una insignificante gracia si somos hallados libres de la sangre de todos los hombres. Como oficiales del ejército de Cristo somos blanco principal de la enemistad de hombres y demonios, que esperan nuestra vacilación y se afanan por tomarnos del calcañar. Nuestra sagrada vocación nos coloca en tentaciones de las que vosotros estáis exentos; sobre todo, nos suele apartar de nuestro goce personal de la verdad y nos lleva a una consideración ministerial y oficial de la misma. Hemos de hacer frente a muchos asuntos difíciles, y nuestra razón no sabe qué decir. Observamos con tristeza a los que vuelven atrás, y nuestros corazones se sienten heridos; vemos perecer a millones, y nuestros espíritus se abaten. Deseamos serviros con nuestra predicación y ser una bendición para vuestros hijos; ansiamos ser útiles: a creyentes y a pecadores; interceded, pues, por nosotros ante Dios. Somos miserables si no podemos contar con vuestras oraciones, pero somos felices si vivimos en vuestras súplicas. No esperéis de nosotros las bendiciones espirituales, sino del Maestro; si bien muchas veces Él dio esas bendiciones por medio de sus ministros. Pedid, pues, frecuentemente que seamos los vasos de barro en los cuales el Señor ponga el tesoro del Evangelio.

8 julio

Promesa que permanece, y que permanecerá

Yo te ruego que me declares en qué consiste tu gran fuerza
(Jueces 16:6)

> **La Biblia en un año:**
> • Job 36–37
> • Hechos 15:22-41

¿Dónde reside el secreto del poder de la fe? Reside en la comida con que se alimenta. La fe, por ejemplo, investiga *qué es la promesa*, y llega a la conclusión de que es una emanación de la gracia divina, un desbordamiento del gran corazón de Dios. Y la fe dice: «Mi Dios no hubiera dado esta promesa si no hubiese mediado su amor y su gracia; es pues muy cierto que su Palabra se cumplirá». Luego la fe piensa: *¿Quién es el que da* esta promesa? No considera tanto la grandeza de la promesa, como al autor de la misma; y recuerda que el autor es Dios, «que no puede mentir», el Dios omnipotente e inmutable, y llega a la conclusión de que la promesa ha de cumplirse y prosigue adelante en esta firme convicción. La fe recuerda *el motivo porque se dio* la promesa; a saber, la gloria de Dios, y se siente segura de que la gloria de Dios es cierta, de que Él nunca permitirá que su escudo de armas se manche, ni que el brillo de su propia corona se empañe; y por lo tanto la promesa debe permanecer y permanecerá. Luego la fe piensa también en la admirable *obra de Cristo* como una prueba convincente de que el Padre cumplirá su Palabra. «El que a su propio Hijo no perdonó, antes le entregó por todos nosotros, ¿cómo no nos dará también con Él todas las cosas?» Además la fe reflexiona en el *pasado,* pues las luchas que sostuvo la han fortalecido, y las victorias le comunicaron coraje. La fe recuerda que Dios nunca ha faltado; que nunca abandonó a ninguno de sus hijos. Recuerda los tiempos de gran peligro, en la liberación; las horas de espantosa necesidad, cuando halló «sus días como su fortaleza», y clama: «No, nunca me inducirán a pensar que Dios pueda cambiar y abandonar a su siervo ahora. Hasta aquí el Señor me ha ayudado y me ayudará siempre». Así la fe mira cada promesa en conexión con el dador de la promesa.

Contar los beneficios es cantar

No olvides ninguno de sus beneficios
(Salmos 103:2)

La Biblia en un año:
• Job 38–40
• Hechos 16:1-21

Es agradable y provechoso observar la mano de Dios en las vidas de los santos de la antigüedad, y considerar su bondad, que los libra; su misericordia, que los perdona; y su fidelidad, que guarda el pacto que concertó con ellos. ¿No sería más interesante y provechoso observar la mano de Dios en nuestras propias vidas? ¿No conviene que consideremos nuestra propia historia, tan llena de Dios, tan colmada de su bondad y su verdad y con tantas pruebas de su fidelidad y veracidad, como consideramos las vidas de cualquiera de los santos que nos han precedido? Haçemos al Señor una injusticia cuando suponemos que Él ya obró todos sus portentos, y que se mostró poderoso únicamente con los que vivieron en tiempos pasados; pero que no obra maravillas, ni extiende su brazo en favor de los santos que están ahora sobre la tierra. Pasemos revista a nuestras propias vidas. Sin duda, descubriremos algunos incidentes felices, que nos dieron descanso y glorificaron a nuestro Dios. ¿No has sido librado de algún peligro? ¿No has transitado ríos, sostenido por la divina presencia? ¿No has andado sano y salvo por el fuego? ¿No has tenido revelaciones? ¿No has tenido favores especiales? El Dios que dio a Salomón el deseo de su corazón, ¿nunca ha atendido ni contestado tus peticiones? Aquel Dios de pródiga generosidad, de quien David cantó: «El que sacia de bien mi boca», ¿nunca te ha saciado a ti con su abundancia? ¿Nunca has yacido en lugares de delicados pastos? ¿Nunca has estado junto a aguas de reposo? Sin duda, la bondad de Dios para con nosotros ha sido la misma que la que Él tuvo para con los santos de la antigüedad. Entrelacemos, pues, sus mercedes en un canto. Tomemos el oro puro de la gratitud y las joyas de la alabanza, y transformémoslos en otra corona para la cabeza de Jesús.

10 julio

Bajo el gobierno del rey de los cielos

Conciudadanos de los santos
(Efesios 2:19)

> **La Biblia en un año:**
> • Job 41–42
> • Hechos 16:22-40

¿Qué quiere decir ser ciudadanos del cielo? Quiere decir que estamos bajo el gobierno del cielo. Cristo, el rey de los cielos, reina en nuestros corazones. Nuestra oración cotidiana es ésta: «Sea hecha tu voluntad, como en el cielo, así también en la tierra». Las proclamas expedidas desde el trono de gloria son espontáneamente recibidas por nosotros. Obedezcamos con alegría los decretos de nuestro Gran Rey. Luego, como ciudadanos de la Nueva Jerusalén, participamos de los honores del cielo. La gloria que pertenece a los santos beatificados, nos pertenece también a nosotros, pues somos ya hijos de Dios, príncipes de sangre real. Ya vestimos la inmaculada vestidura de la justicia de Jesús. Ya tenemos a los ángeles como servidores, a los santos como compañeros, a Cristo como nuestro hermano, a Dios como Padre, y la corona de inmortalidad como galardón. Participamos de los honores de la ciudadanía, pues nos hemos llegado a la compañía y a la congregación de los primogénitos que están alistados en los cielos. Como ciudadanos, tenemos derecho sobre todos los bienes que hay en el cielo. Sus puertas de perla y sus murallas de crisólito son nuestras; la luz de esa ciudad que no tiene necesidad de lumbre de antorcha, ni de lumbre de sol es nuestra; el río de agua de vida y las doce clases de frutas que llevan los árboles que están plantados de la una y de la otra parte del río son nuestras. No hay nada en el cielo que no nos pertenezca. «Lo presente y lo porvenir» es nuestro. Además, como ciudadanos del cielo gozamos de sus delicias. ¿No se gozan sus habitantes cuando los pecadores se arrepienten y los pródigos retornan? –Lo mismo nosotros–. ¿No cantan ellos las glorias de la gracia triunfante? –Nosotros también–. ¿No echamos nosotros aquí nuestros honores como ellos, en el cielo echan sus coronas, a los pies de Jesús?

Dones firmes y consolidados

Después que hubiereis padecido un poco de tiempo, Él mismo os perfeccione, confirme, corrobore, establezca
(1 Pedro 5:10)

> **La Biblia en un año:**
> • Salmos 1–3
> • Hechos 17:1-15

Vosotros habéis visto alguna vez el arco iris. Magníficos son sus colores y raros sus matices.

Es bello, pero ¡ay!, pasa, y he aquí, no es. Los hermosos colores dan lugar a nubes aborregadas y el firmamento no brilla más con los tintes del cielo. No está consolidado. ¿Cómo puede ser? Un glorioso espectáculo formado por rayos transitorios y por una lluvia pasajera, ¿cómo puede permanecer? Los dones del carácter cristiano no deben parecerse al arco iris en su belleza transitoria; al contrario, deben ser estables, firmes y permanentes.

Creyente, procura que cada una de las buenas cosas que posees sea permanente. Que tu carácter no sea como un escrito en la tierra, sino como una inscripción en la roca; que tu fe no sea como «la visión de un edificio sin fundamento», sino como el edificio levantado con materiales capaces de soportar el fuego que consumirá la madera, el heno y la hojarasca del hipócrita. Procura estar arraigado y fundado en amor. Que tus convicciones sean profundas; tu amor, real; y tus deseos, ardientes. Que toda tu vida esté tan corroborada y establecida que todas las explosiones del infierno y todas las tormentas de la tierra nunca puedan moverte. Pero observa cómo se obtiene la bendición de ser «establecido en la fe». Las palabras del apóstol nos indican el sufrimiento como el medio empleado para ese fin. «Después que hubiereis padecido un poco de tiempo.» Es inútil que esperemos estar bien arraigados si no soplan sobre nosotros vientos recios. Los viejos nudos en el tronco del roble y las extrañas torceduras de sus ramas nos hablan de las muchas tormentas que pasaron sobre él, y nos señalan también la profundidad en que se hundieron las raíces. Así también el cristiano, por las pruebas y las tormentas de la vida, se fortalece y se arraiga firmemente.

12 julio

Manifestando la obra del Dios Trino

Santificados en Dios Padre.
Santificados en Cristo Jesús.
En santificación del E. Santo.
(Jud. 1, 1 Co. 1:2, 1 P. 1:2)

> **La Biblia en un año:**
> • Salmos 4–6
> • Hechos 17:16-34

Observa la unión de las tres Divinas Personas en todos sus actos de gracia. ¡Cuán imprudentemente se expresan los creyentes que muestran preferencia por alguna Persona de la Trinidad! Consideran a Jesús como la personificación de todo lo que es amable y benigno, mientras que al Padre lo juzgan rigurosamente justo, pero sin bondad. Están igualmente errados los que magnifican los decretos del Padre y la expiación del Hijo, y desprecian la obra del Espíritu. En las obras de la gracia, ninguna persona actúa con independencia de las otras. Están unidas en sus obras, y en su esencia. En el amor para con los escogidos las tres Personas son una, y en los actos que proceden de aquella gran fuente central son indivisas. Noto esto sobre todo en el asunto de la santificación. Aunque, sin caer en equivocación, podemos hablar de la santificación como obra del Espíritu Santo, debemos cuidarnos de no excluir de la misma al Padre y al Hijo. Lo correcto es hablar de la santificación como obra del Padre, del Hijo y del Espíritu Santo. Además Jehová dice: «Hagamos al hombre a nuestra imagen, conforme a nuestra semejanza»; y, así, «somos hechura suya, criados en Cristo Jesús para buenas obras, las cuales Dios preparó para que anduviésemos en ellas». ¡Mira qué valor Dios dio a la verdadera santidad, que las tres Personas de la Trinidad cooperan para presentar una Iglesia sin «mancha, ni arruga ni cosa semejante»! Y tú, creyente, debes dar, como seguidor de Cristo, un alto valor a la santidad, a la pureza de vida y a la piedad en la conversación. Considera la sangre de Cristo como el fundamento de tu esperanza, pero nunca hables desdeñosamente de la obra del Espíritu, que te prepara para la herencia de los santos en luz. Vivamos este día de tal forma que manifestemos la obra que el Trino Dios hace en nosotros.

La ira no es necesaria-
mente mala, pero tiene una
tendencia tan marcada a
desviarse, que todas las veces que se presenta, ten-
dríamos rápidamente que
examinar su índole con la
siguiente pregunta: «¿Ha-
ces bien en enojarte?» Es
posible que podamos res-
ponder: «Sí». Con dema-
siada frecuencia la ira es la
tea del loco, pero algunas
veces es el fuego de Elías

julio 13

Dominando
nuestro genio

*Dijo Dios a Jonás:
¿Haces bien en enojarte?*
(Jonás 4:9)

La Biblia en un año:
• Salmos 7–9
• Hechos 18

que cae del cielo. Hacemos bien cuando nos airamos
con el pecado por el mal que comete contra nuestro
bondadoso y clemente Dios; o cuando nos airamos con
nosotros mismos por seguir siendo tan torpes, después
de haber recibido tanta instrucción divina; o también
cuando nos airamos con los demás porque obran lo
malo. El que no se enoja ante la transgresión es porque
participa de ella. El pecado es aborrecible y odioso
y ningún corazón regenerado puede soportarlo con
paciencia. Dios mismo está airado con el impío todos
los días, y en su Palabra lo vemos escrito: «Los que
amáis a Jehová, aborreced el mal».

Pero mucho más frecuentemente tenemos que temer
que nuestra ira no es ni recomendable ni aun justifica-
ble, y entonces tenemos que responder: «No». ¿Por qué
tenemos que estar malhumorados con los hijos, enoja-
dos con los sirvientes y airados con los compañeros?
¿Es honrosa esa ira para nuestra profesión cristiana,
o glorificamos con ella a Dios? ¿No es el viejo corazón
malo el que busca obtener dominio, al cual tendríamos
que resistir con toda la fuerza de nuestra nueva naturaleza? Muchos de los que profesan ser cristianos se
rinden al carácter irascible, como si fuera inútil intentar
resistirlo. El creyente debe recordar que es menester
que sea vencedor en todo sentido, de lo contrario no
será coronado.

Si no podemos dominar nuestro genio, ¿qué es lo
que la gracia ha obrado en nosotros?

14 julio

Recibe la verdad tal como la encuentres

Si alzares herramienta sobre él, lo profanarás
(Éxodo 20:25)

> **La Biblia en un año:**
> • Salmos 10–12
> • Hechos 19:1-20

El altar de Dios estaba edificado con piedras sin labrar, para que ningún rastro de arte o trabajo humanos se viese en él. La sabiduría humana se goza en componer y arreglar las doctrinas de la cruz en un sistema más artificial y más de acuerdo con los gustos depravados de la naturaleza caída. Sin embargo, en lugar de perfeccionarlo, la sabiduría carnal contamina al Evangelio, hasta que éste llega a ser *otro* evangelio, y no la verdad de Dios. Todas las alteraciones y enmiendas de la Palabra de Dios son profanaciones y contaminaciones. El orgulloso corazón del hombre está muy ansioso de poner la mano en la justificación del alma delante de Dios. Sueña con una preparación previa para ir a Cristo, confía en humillaciones y arrepentimientos, pregona sus buenas obras, se jacta de sus dotes naturales e intenta por todos los medios alzar picos humanos sobre el altar divino. Sería bueno que los pecadores recordaran que lejos de perfeccionar la obra del Salvador con sus presunciones carnales, más bien la contaminan y deshonran. Solo el Señor será exaltado en la obra de la expiación, y ni una simple marca del cincel o martillo del hombre perdurará. Hay una inherente blasfemia en la intención de añadir a lo que Cristo Jesús, en su agonía, declaró consumado; o en la intención de perfeccionar lo que Jehová halló perfecto. Tembloroso pecador, tira tus martillos, y cae de rodillas en humilde súplica. Acepta al Señor Jesús como el altar de tu expiación y confía solo en Él. Muchos que profesan ser cristianos pueden recibir la amonestación que el texto de esta mañana les da en cuanto a las doctrinas que creen. Entre los cristianos hay excesiva inclinación a ajustar y reconciliar las verdades de la revelación. Ésta es una forma de irreverencia e incredulidad; luchemos contra ella, y recibamos la verdad como la hallamos.

Usemos los textos bíblicos como combustibles

El fuego arderá continuamente en el altar; no se apagará
(Levítico 6:13)

La Biblia en un año:
- **Salmos 13–15**
- **Hechos 19:21-41**

Conserva encendido el altar de la oración privada. Esto es la vida misma de toda piedad. El templo y el altar familiar toman de allí su fuego; hagamos, pues, que arda bien. La devoción privada es la esencia, la evidencia y el barómetro de la religión vital y experimental. Que arda aquí el sebo de tus sacrificios. Que tus devociones particulares sean regulares, frecuentes y tranquilas. La oración eficaz puede mucho. ¿No tienes nada por lo cual orar? Ora por la iglesia, por el ministerio, por tu propia alma, por tus hijos, tus relaciones, por tus vecinos, por tu patria y por la causa de Dios y la verdad en el mundo entero. Examinémonos a nosotros mismos sobre este importante asunto.

¿Atenderemos con indiferencia la devoción privada? ¿Arde débilmente en nuestros corazones el fuego de la devoción? ¿Las ruedas del carro marchan pesadamente? Si es así, alarmémonos ante este indicio de decadencia. Vayamos con lágrimas a Dios y pidamos el espíritu de gracia y de oración. Apartemos momentos especiales para oraciones extraordinarias. Pues si este fuego se apaga bajo las cenizas de una mundana conformidad, se apagará también el fuego del altar familiar, y quedará disminuida nuestra influencia tanto en la iglesia como en el mundo. El texto también puede aplicarse al altar del corazón. Éste es, en verdad, un altar de oro. Dios quiere que los corazones de los suyos ardan de amor por Él. Demos a Dios nuestros corazones inflamados de amor, y busquemos su gracia para que el fuego nunca se apague, pues el fuego no arderá si el Señor no lo conserva encendido. Muchos enemigos intentarán extinguirlo, pero si la mano invisible, que está detrás de la pared, derrama sobre él el óleo sagrado, arderá cada vez con mayor fuerza. Usemos los textos de la Biblia como combustible para el fuego de nuestra alma, pues ellos son como brasas de carbón.

16 julio

Privilegiados por sus muchos favores

Recogían maná cada mañana
(Éxodo 16:21)

La Biblia en un año:
• Salmos 16–17
• Hechos 20:1-16

Para que tus más ricos deleites espirituales perduren, esfuérzate en pensar que dependes por entero de la buena voluntad del Señor. Nunca intentes vivir del maná viejo, ni busques hallar ayuda en Egipto. Todo vendrá de Jesús; de lo contrario, estás perdido por siempre. Las unciones antiguas no serán suficientes para impartir unción a tu espíritu. Tu cabeza ha de ser ungida con el óleo nuevo del cuerno de oro del santuario, o dejará de tener honra. Hoy quizás estés en la cumbre del monte de Dios; pero el que te colocó allí ha de conservarte allí, si no, descenderás más rápido de lo que piensas. Tu montaña está firme únicamente cuando Dios la pone en su lugar; si Él esconde su rostro, pronto estarás turbado. Si el Salvador lo juzga conveniente, no hay una sola ventana por la que miras la luz del cielo, que Él no podría cerrar en un instante. Josué mandó al sol que se detuviese, pero Jesús puede ocultarlo en densa oscuridad. Jesús puede quitar el gozo de tu corazón, la luz de tus ojos y la fortaleza de tu vida; en su mano está tu bienestar, y cuando quiere, te lo puede quitar. El Señor ha resuelto que sintamos y reconozcamos esta continua dependencia, pues Él nos permite orar solo por «el pan cotidiano», y únicamente nos promete que «como nuestros días, así será nuestra fortaleza». ¿No es preferible que sea así; que recurramos a su trono y constantemente seamos recordados por su amor? ¡Cuán rica es la gracia que nos provee con tanta frecuencia, y que no se abstiene de obrar así, mirando nuestra ingratitud! La áurea lluvia nunca cesa, y la nube de bendición permanece siempre sobre nuestra habitación. Señor Jesús, nosotros nos inclinamos a tus pies conscientes de nuestra entera incapacidad de hacer algo sin ti. Quisiéramos adorar tu bendito nombre y reconocer tu inagotable amor por los favores que tenemos el privilegio de recibir de ti.

Muchos quieren conocer su elección antes de mirar a Cristo, pero, procediendo así, no la pueden conocer, pues solo se conoce «mirando a Jesús». Si deseas cerciorarte de tu propia elección, certificarás tu corazón delante de Dios siguiendo estas indicaciones: ¿Te sientes perdido y culpable pecador? Ve *ipso facto* a la cruz de Cristo, confiésalo a Jesús, y dile que en la Biblia has leído: «El que a mí viene, no lo echo fuera». Dile qué Él dijo en su Libro: «Palabra fiel y digna de ser recibida de todos, que Cristo Jesús vino al mundo a salvar a los pecadores». Mira a Jesús y cree en Él, y probarás directamente tu elección, pues si crees eres elegido. Si te entregas por completo a Cristo y confías en Él, entonces eres uno de los elegidos de Dios. Pero si te detienes y dices: «Primero quiero saber si soy elegido», no sabes lo que pides. Ve a Jesús tal cual eres. Deja toda indagación curiosa sobre la elección. Ve directo a Cristo y escóndete en sus heridas, y así conocerás tu elección.

El Espíritu Santo te dará la certidumbre, para que puedas decir: «Yo sé a quién he creído, y estoy cierto que es poderoso para guardar mi depósito». Cristo estaba en el eterno consejo. Él te puede decir si eres o no elegido. Por ningún otro medio lo puedes saber. Ve, pon tu confianza en Él, y la respuesta será: «Con amor eterno te he amado; por tanto te soporté con misericordia». No tendrás dudas de que Él te ha elegido a ti, cuando tú lo elijas a Él.

julio 17

Elijámosle para que Él nos pueda elegir

Porque conocemos, hermanos amados de Dios, vuestra elección
(1 Tesalonicenses 1:4)

La Biblia en un año:
• Salmos 18–19
• Hechos 20:17-38

De haberme revelado su gracia el porqué,
Por qué fui rescatado, tan malo no lo sé.
Mas sé a quién crédito he dado,
Y estoy seguro de que podrá siempre
Guardar lo que le he confiado
Hasta aquel día final.

18 julio

Los ataques pueden venir de cualquier sector

*Irán los últimos
tras sus banderas*
(Números 2:31)

La Biblia en un año:
• Salmos 20–22
• Hechos 21:1-17

El campamento de Dan iba en la parte posterior, cuando los ejércitos de Israel se pusieron en marcha. Los de Dan eran los postreros, pero qué importaba la posición, si ellos formaban parte de las huestes tan realmente como las tribus que marchaban a la cabeza. Seguían la misma columna de fuego, comían del mismo maná, bebían de la misma roca espiritual y viajaban hacia la misma herencia. Ven, corazón mío, alégrate; aunque seas el último y el más pequeño, tienes el privilegio de estar en el ejército, y de viajar como viajan los que van a la vanguardia. Alguno tiene que ser postrero en el honor y en la estima, alguno tiene que hacer por Jesús los quehaceres domésticos, ¿y por qué no yo? En una aldea pobre, entre gente ignorante; o en una calle apartada, entre pecadores degradados, seguiré trabajando «e iré el postrero tras mi bandera». Los de Dan ocupaban un lugar muy útil. Los rezagados tenían que ser recogidos sobre la marcha, y los bienes perdidos, había que levantarlos del campo. Los espíritus vehementes pueden lanzarse hacia sendas no transitadas para aprender nuevas verdades y ganar más almas para Cristo; pero otros, más moderados, están ocupados en traer a la memoria de la iglesia su antigua fe y en restaurar a sus hijos débiles. Cada posición tiene sus deberes, y los hijos de Dios, que marchan lentamente, hallarán su propia posición, en la que podrán ser motivo de gran bendición a la hueste entera. La retaguardia es un lugar de peligro. Hay enemigos detrás, como delante. Los ataques pueden venir de cualquier sector. Leemos que Amalec atacó a Israel y mató algunos de la retaguardia. Los cristianos experimentados hallarán abundante trabajo ayudando a los desconfiados, abatidos e inconstantes, que marchan a la retaguardia en la fe, el conocimiento y el gozo. Sea, pues, la tarea de los santos, llevar sus banderas con los postreros.

Sendas espinosas que llevan a la grandeza de Dios

Jehová, nuestro Dios nos ha mostrado su gloria
(Deuteronomio 5:24)

La Biblia en un año:
• Salmos 23–25
• Hechos 21:18-40

El gran designio de Dios en todas sus obras es la manifestación de su propia gloria. Cualquier designio inferior a éste sería indigno de Él. ¿Cómo se manifestará la gloria de Dios a criaturas caídas como nosotros? El ojo del hombre no es sincero; mira siempre hacia su propia reputación; tiene un concepto demasiado elevado de sus talentos, y, por lo tanto, no está en condiciones de contemplar la obra del Señor. Es claro, entonces, que el egoísmo debe ser eliminado a fin de que haya lugar para que Dios sea exaltado. Ésta es la razón por la que Dios suele poner a su pueblo en apreturas y dificultades: para que consciente de su propia insensatez y debilidad, esté en condiciones de contemplar la majestad de Dios cuando viene a salvarlo. Aquel cuya vida es como un sendero llano y fácil, verá muy poco de la gloria del Señor, pues tiene escasas ocasiones para librarse del egoísmo, y de ahí que no esté en condiciones de ser colmado con la revelación de Dios. Los que navegan en arroyos y riachuelos saben muy poco del Dios de las tempestades, pero los que «hacen negocios en muchas aguas», ven «sus maravillas en el profundo». En medio de las inmensas olas de la aflicción, de la pobreza, de la tentación y del vituperio conocemos el poder de Jehová, porque sentimos la pequeñez del hombre. Agradece a Dios, entonces, si Él te ha conducido por las sendas espinosas, pues es justo eso lo que te ha hecho experimentar la grandeza y la misericordia de Dios. Tus pruebas te han enriquecido con un caudal de conocimientos que no es posible obtener por otros medios. Tus aflicciones han sido la hendidura de la peña en la cual Jehová te ha puesto, como lo hizo con su siervo Moisés, para que contemples su gloria mientras pasa. Alaba a Dios, pues en el rudo combate de la aflicción has sido capacitado para apreciar los esplendores de su gloria.

20 julio

Allí seremos coherederos con Jesús

Las arras de nuestra herencia
(Efesios 1:14)

> **La Biblia en un año:**
> • Salmos 26–28
> • Hechos 22

¡Oh qué instrucción, qué gozo, qué consuelo, qué alegría de corazón experimenta el hombre que ha aprendido a alimentarse de Jesús, y solo de Jesús! Empero, el conocimiento que en esta vida tenemos de la preciosidad de Cristo es, en el mejor de los casos, imperfecto. Hemos gustado «que el Señor es benigno», pero todavía no conocemos *cuán* bueno y misericordioso es, aunque lo que conocemos de su bondad nos hace ansiar conocer aún más. Hemos gozado las primicias del Espíritu, y ellas nos despertaron hambre y sed de la plenitud de la vendimia celestial. Nosotros gemimos, esperando la adopción. *Aquí* somos semejantes a Israel en el desierto, quien solamente tuvo un racimo de Escol; *allí* estaremos en la viña. Aquí vemos el maná caer menudo como semilla de cilantro, pero allí comeremos el pan del cielo y el añejo grano del reino. Nosotros ahora solo somos principiantes en la educación espiritual, pues aunque hemos aprendido las primeras letras del alfabeto, no podemos aún leer palabras y mucho menos formar oraciones. Pero, como alguien dijo: «El que ha estado en el cielo sólo cinco minutos, sabe más que una asamblea general de teólogos en la tierra». Al presente tenemos muchos deseos insatisfechos, pero pronto todo deseo tendrá su satisfacción. Todos nuestros talentos hallarán las más agradables ocupaciones en aquel eterno mundo de gozo. ¡Oh, cristiano!, anticipa el cielo por pocos años. Dentro de muy poco tiempo quedarás libre de todas tus pruebas y tribulaciones. Tus ojos, bañados ahora en lágrimas, no llorarán más. Contemplarás en inefable éxtasis el esplendor del que se sienta sobre el trono. Más aún: tú mismo te sentarás sobre su trono. Participarás del triunfo de su gloria. Su corona, su gozo y su paraíso serán tuyos, y tú serás coheredero con Jesús, que es el heredero de todas las cosas.

Ganando batallas engrandecidos con su fuerza

*Detrás de ti mueve su cabeza
la hija de Jerusalén*
(Isaías 37:22)

La Biblia en un año:
• Salmos 29–30
• Hechos 23:1-5

Tranquilizados por la Palabra del Señor, los temblorosos ciudadanos de Sion se animaban y meneaban sus cabezas ante las jactanciosas amenazas de Senaquerib. La fe firme capacita a los siervos de Dios a mirar con desprecio indiferente a sus enemigos más altaneros. Nosotros sabemos que nuestros enemigos están intentando imposibilidades. Procuran destruir la vida eterna, que, en verdad, mientras Jesús viva no puede morir; quieren derribar la ciudadela, contra la cual no prevalecerán las puertas del infierno. Dan coces contra los aguijones para su propio mal y acometen contra el escudo de Jehová para daño de ellos mismos. Conocemos la debilidad de nuestros enemigos. ¿Qué son ellos, sino hombres? ¿Y qué es el hombre, sino un gusano? Ellos braman y se hinchan como las olas de la mar, que espuman sus mismas abominaciones. Cuando se levante el Señor, volarán como el tamo delante del viento, y serán consumidos como crepitantes espinas. Su entera impotencia para perjudicar la causa de Dios y su verdad, hace que los más débiles soldados de las filas de Sion se rían de ellos con desdén. Sobre todas las cosas lo sabemos: el Altísimo está con nosotros; y cuando Él vista sus armas, ¿dónde estarán sus enemigos? Cuando Él salga de su lugar, los tiestos de la tierra no querrán contender con su Hacedor. Su vara de hierro los hará pedazos como una vasija de alfarero, y la memoria de ellos desaparecerá de la tierra. Fuera, pues, todo temor; en las manos del Rey el reino está seguro. Demos voces de júbilo, pues el Señor reina.

Tremolando se divisa el marcial pendón.
Y se escucha, de las tropas, el guerrero son;
en el nombre del que viene.
Fuerte capitán,
rotos nuestros enemigos todos quedarán.

22 julio

La unión mística, superior a la humana

Yo soy vuestro esposo
(Jeremías 3:14)

La Biblia en un año:
• Salmos 31–32
• Hechos 23:16-35

Cristo Jesús se ha unido a su pueblo en vínculo matrimonial. Con amor, Él se desposó con su Iglesia, casta virgen, mucho antes de caer bajo el yugo de servidumbre. Lleno de ardiente amor, Jesús trabajó, igual que Jacob por Raquel, hasta pagar íntegramente el precio de rescate; y ahora, tras haberla solicitado por su Espíritu y de haberla persuadido a que lo conociese y amase, espera el glorioso día cuando la mutua felicidad quede consumada en las bodas del Cordero. El glorioso Novio no ha presentado aún a su prometida perfecta y completa ante la Majestad del cielo; ella no ha entrado todavía a gozar de su rango como esposa y reina; es hasta ahora una peregrina en un mundo de aflicción, una moradora de las tiendas de Cedar. Pero ella es ya la esposa de Jesús, la amada de su corazón, preciosa ante sus ojos, escrita en las palmas de sus manos y unida a Él. En la tierra, Jesús ejerce para con su esposa las afectuosas funciones del esposo. Le da ricas provisiones en sus necesidades, paga todas sus deudas, le permite apropiarse de su nombre y participar de sus riquezas. La palabra divorcio nunca la pronunciará, porque «Él aborrece que sea repudiada». La muerte rompe el vínculo matrimonial aun de los mortales que más se aman, pero no romperá el vínculo de este matrimonio inmortal. En los cielos no se casan, pues son como los ángeles de Dios. Sin embargo, hay la maravillosa excepción a esa regla, pues en el cielo, Cristo y su Iglesia celebrarán sus benditas nupcias. Este parentesco es más duradero y más íntimo que el matrimonio terrenal. Por más puro y fervoroso que sea el amor de un esposo, solo será una pálida sombra en comparación con el amor que arde en el corazón de Jesús. Superior a toda unión humana es esa unión mística con la Iglesia, por la cual Cristo dejó a su Padre y fue una carne con ella.

Identidad de los mundanos

*Tú también eras
como uno de ellos*
(Abdías 11)

La Biblia en un año:
• Salmos 33–34
• Hechos 24

Edom debía demostrar a Israel, en época de necesidad, amor fraternal; pero en lugar de obrar así, hizo causa común con los enemigos de Israel. Este versículo enfatiza en el pronombre *tú*. Según sea la persona que la cometa, una mala acción puede ser peor de lo que es. Si pecamos *nosotros*, los escogidos del cielo, nuestro pecado es más grave. La falta nuestra es una falta enorme, porque somos peculiarmente favorecidos por Dios. Si un ángel tuviese que poner su mano sobre nosotros cuando estamos haciendo lo malo, no tendría necesidad de recurrir a otra represión que la contenida en esta pregunta: «¿Qué haces *tú* aquí?» ¿Extenderemos nuestras manos al mal, tras haber sido perdonados, librados, instruidos, enriquecidos y bendecidos tan generosamente? ¡No lo permita Dios! Unos minutos de confesión te harán bien, esta mañana. ¿Nunca has obrado como el impío? En una velada ciertos hombres se reían de la impureza, y esa burla no te afectó mayormente: *tú también eras como uno de ellos.* Cuando *se* hablaban cosas ofensivas respecto de los caminos de Dios, tú estabas vergonzosamente callado, y así, para los espectadores, *tú eras como uno de ellos.* Cuando los mundanos estaban traficando en el mercado, concertando negocios, ¿no eras tú como uno de ellos? Cuando ellos iban tras la vanidad con pies de cazador, ¿no codiciabas como ellos las ganancias? ¿Hay entre ti y ellos alguna diferencia? Aquí llegamos a un punto más serio. Sé sincero con tu propia alma y cerciórate de que eres una nueva criatura en Cristo Jesús; y cuando estés seguro anda con cuidado para que ninguno pueda decir otra vez «Tú también eras como uno de ellos». Tú no quieres participar de su eterna perdición, ¿por qué, pues, has de ser aquí como ellos? No entres en su secreto para no caer en su ruina. Únete al afligido pueblo de Dios.

24 julio

Dios nos transmite coraje en las dificultades

Estad firmes y ved la salvación de Jehová
(Exodo 14:13)

> **La Biblia en un año:**
> • Salmos 35–36
> • Hechos 25

Estas palabras contienen un mandamiento de Dios al creyente, cuando esté pasando por grandes apreturas, y puesto en dificultades extraordinarias. Él no puede retroceder; no puede avanzar; está acorralado a derecha y a izquierda. ¿Qué debe hacer? El Maestro le dice: «Estáte firme». Le será conveniente en tales ocasiones atender sólo a la palabra del Maestro, pues otros consejeros mal intencionados se acercan con sus sugestiones. *La desesperación* dice: «Acuéstate y muere; date por vencido». Pero Dios quiere comunicarnos coraje y desea que aun en nuestros tiempos peores nos regocijemos en su amor y fidelidad. *La cobardía* dice: «Retrocede, vuelve al modo de obrar del mundano; no puedes representar el papel de cristiano, pues está lleno de dificultades. Abandona tus principios». Pero, por más que Satán te incite a seguir esa norma de conducta, tú no puedes seguirla, si eres hijo de Dios. El Señor te ha ordenado que vayas de fortaleza en fortaleza; y así será. Y ni la muerte ni el infierno te apartarán de tu camino. ¿Qué hay, si se te ordena estar quedo por un tiempo? Te servirá para renovar tus fuerzas a fin de que a su debido tiempo efectúes un avance mayor. *La precipitación* dice: «Haz algo, muévete; estar firme y esperar es pura haraganería». ¿Debemos nosotros hacer algo enseguida, hacer lo que pensamos, en vez de aguardar al Señor, que no solo hace algo, sino cada una de las cosas? *La presunción* dice: «Si la mar está delante de ti, entra en ella y espera un milagro». Pero la fe no escucha a la presunción, ni a la desesperación, ni a la cobardía, ni a la precipitación, sino oye a Dios que le dice: «Estáte firme», y se queda inmóvil como una roca. «Estáte firme», listo para la acción, esperando órdenes y la voz de mando. No pasará mucho tiempo antes de que Dios te diga lo que Moisés dijo al pueblo de Israel: «Marcha».

No necesito ser rico, pero preciso ser puro

Él dejó su ropa en las manos de ella, y huyó y salió
(Génesis 39:12)

> **La Biblia en un año:**
> • Salmos 37–39
> • Hechos 26

Cuando se lucha con ciertos pecados, no queda otro recurso de victoria que la huida. Los antiguos naturalistas escribieron mucho acerca de los basiliscos, cuyos ojos fascinaban a sus víctimas y las hacían presas fáciles. Así también la sola mirada del vicio nos coloca en inminente peligro. Los que deseen librarse de los actos del mal, tienen que huir de sus ocasiones. Debemos concertar con nuestros ojos el pacto de no mirar siquiera la causa de la tentación, pues estos pecados solo necesitan una chispa para empezar, y al instante todo se transforma en un incendio. ¿Quién desea entrar osadamente en la casa del leproso y dormir en medio de su horrible corrupción? Esto lo hace únicamente el que desea ser leproso. Si el marinero sabe cómo evitar un temporal, debe hacerlo, y no correr el riesgo de hacerle frente. Los pilotos prudentes no desean ver cuán cerca pueden navegar de la arena movediza, ni cuántas veces el buque puede tocar una roca sin hacer agua. Su mira es mantenerse en medio de un seguro canal tanto como les sea posible. Este día puedo estar expuesto a grandes peligros; debo ser astuto como serpiente para guardarme de ellos y evitarlos. Las alas de la paloma me pueden ser hoy más útiles que las mandíbulas de un león. Es cierto que apareceré como un perdedor al rechazar las malas compañías, pero prefiero dejar mi capa antes que perder mi reputación. No es necesario que sea rico, pero es imperioso que sea puro. Ningún vínculo de amistad, ningún lazo de belleza, ningún resplandor de talento, ningún dardo del ridículo deben hacerme desistir de la sabia resolución de huir del pecado. He de resistir al diablo y él huirá de mí, pero de las concupiscencias de la carne tengo que huir yo, o de lo contrario me vencerán. ¡Oh Dios de santidad!, preserva a tus Josés para que la Señora Engaño no los fascine con sus viles sugestiones.

26 julio

Pon diligencia y tendrás seguridad

Poniendo toda diligencia por esto mismo, añadid a vuestra fe virtud...
(2 Pedro 1:5, 6)

> **La Biblia en un año:**
> • Salmos 40–42
> • Hechos 27:1-26

Si deseas gozar de la eminente gracia de la plena seguridad de la fe, bajo la influencia y asistencia bendita del Espíritu, haz lo que te dice la Biblia: *«Pon diligencia».* Cuida de que tu fe sea genuina, que no consista en una mera creencia doctrinal, sino en una fe sincera que depende de Cristo, y solo de Cristo. Pon diligencia para cuidar de tu *coraje.* Pide a Dios que te dé el aspecto de un león, para que puedas, con conocimiento de lo recto, ir adelante osadamente. Estudia bien las Escrituras y adquiere *conocimiento,* pues el conocimiento de la doctrina contribuirá mucho a confirmar tu fe. Procura entender la Palabra de Dios; haz que more perennemente en tu corazón. Cuando hayas hecho esto, «muestra en la ciencia *templanza».* Cuida de tu cuerpo: sé templado exteriormente. Cuida de tu alma: sé templado interiormente. Que tus labios, tu vida, tu corazón, tus pensamientos sean templados. Añade a esto, por el Santo Espíritu de Dios, *paciencia.* Pídele que te dé la paciencia que soporta la aflicción, la cual, cuando sea probada, saldrá como oro. Vístete de paciencia, para que no murmures ni decaigas en tus aflicciones. Cuando hayas obtenido esa gracia, procura tener *temor de Dios.* El temor de Dios es algo más que religión. Haz de la gloria de Dios el objeto de tu vida; vive en su presencia; mora cerca de Él; procura conseguir comunión con Él, y así tendrás temor de Dios. En el temor de Dios muestra *amor fraternal.* Ten amor a todos los santos. Muestra también la *caridad* que abre sus brazos a todos los hombres y que ama sus almas. Cuando estés adornado con estas joyas, y en la proporción en que practiques estas virtudes celestiales, llegarás a conocer con más clara evidencia «tu vocación y elección». «Pon diligencia» si quieres obtener seguridad, pues la tibieza y la duda van de la mano muy naturalmente.

Calidad
y extensión
de las promesas

*Preciosas
y grandísimas promesas*
(2 Pedro 1:4)

La Biblia en un año:
• **Salmos 43–45**
• **Hechos 27:27-44**

Si deseas conocer por experiencia la preciosidad de las promesas y gozarlas en tu propio corazón, *medita mucho en ellas.* Hay promesas que son como uvas en el lagar: si las pisas saldrá el jugo. La meditación de la santa palabra será a menudo el preludio de su cumplimiento. Mientras meditas en ella, vendrá gradualmente la bendición que buscas. Muchos cristianos que han ansiado lo prometido, vieron que la gracia que la promesa les aseguraba estaba descendiendo a sus almas mientras ellos estaban aún considerando la divina palabra; y se alegraron de ser siempre guiados a poner la promesa cerca del corazón. Pero aparte de meditar en las promesas, procura recibirlas como palabras de Dios. Habla a tu alma así: Si estuviese tratando con promesa de hombre, consideraría con cuidado la capacidad y el carácter del hombre que ha pactado conmigo. Así obraré con las promesas de Dios. Mis ojos no deben fijarse tanto en la magnitud de la merced, pues esto me puede hacer vacilar; sino más bien en la grandeza del que prometió, porque esto me alentará. Alma mía, el que habla contigo es Dios, que no puede mentir. Esta palabra suya que ahora consideras es tan real como su propia existencia. Él es un Dios inmutable; no ha modificado lo que salió de su boca, ni ha anulado una sola palabra de consolación. Tampoco carece de poder; pues Él es el Dios que hizo los cielos y la tierra. Menos aún le falta sabiduría para determinar el tiempo cuando ha de enviar sus bendiciones, pues Él sabe cuándo darlas y cuándo retenerlas. Por tanto, teniendo presente que ésta es la palabra de un Dios tan verdadero, tan inmutable, tan poderoso y tan sabio, debo creer la promesa. Si meditamos de esta manera en las promesas y consideramos al que las prometió, experimentaremos la bondad de las mismas y obtendremos su cumplimiento.

28 julio

Teniendo por guía su sabio consejo

Tan torpe era yo,
que no entendía; era como
una bestia acerca de ti
(Salmos 73:22)

La Biblia en un año:
• Salmos 46–48
• Hechos 28

Ten presente que ésta es la confesión del hombre que, como está escrito, fue según el corazón de Dios, y que al revelarnos su vida interior escribe así: «Yo era insensato y no entendía». La palabra insensato en este pasaje significa más de lo que parece. David en un versículo anterior escribe: «Tuve envidia de los insensatos, viendo la prosperidad de los impíos», lo que muestra que la insensatez de la que habla era en sí pecado. Él, pues, se considera insensato. No podría decir en qué medida lo era. Esa insensatez era pecaminosa, una insensatez que no podría excusarse de fragilidad, sino tenía que ser condenada por su perversidad y por su terca ignorancia, pues ha envidiado la presente prosperidad del impío y ha olvidado el espantoso fin que le espera. ¿Somos mejores que David para llamarnos sabios? ¿Pretendemos haber alcanzado perfección o haber sido tan purificados como para afirmar que la disciplina ya quitó de nosotros toda terquedad? Esto sería presunción. Si David era insensato, ¿cuán insensatos seríamos nosotros en nuestra propia consideración, si solo pudiésemos vernos a nosotros mismos? Reflexiona, creyente; recuerda cómo has dudado de Dios, siendo Él tan fiel contigo; cómo gritaste: «No así, Padre mío», cuando Él se retorcía en aflicción para darte la mayor bendición. Recuerda cuántas veces miraste con pesimismo su providencia, interpretaste mal sus dispensaciones y gemiste diciendo: «Todas estas cosas son contra mí», cuando todas las cosas cooperaban juntas para tu bien. Piensa en cuán a menudo has escogido el pecado por placer, cuando en verdad ese placer fue para ti una raíz de amargura. Si conocemos nuestro propio corazón, hemos de confesarnos culpables ante la acusación de pecaminosa insensatez; y conscientes de esto, tenemos que hacer nuestra la resolución de David: «Tú me guiarás según tu consejo».

Los ojos del Señor nunca durmen vigilando mi bien

*Sin embargo,
yo siempre estoy contigo*
(Salmos 73:23)

La Biblia en un año:
• Salmos 49–50
• Romanos 1

«Sin embargo.» Como si no obstante toda la insensatez e ignorancia que ha confesado recientemente a Dios, David quisiese afirmar que estaba seguro de su salvación y aceptación, y que gozaba de la bendición de estar constantemente en su presencia. Plenamente consciente de su propio estado de perdición y de la falsedad y vileza de su naturaleza, canta, no obstante, estas palabras, en una gloriosa explosión de fe: «Yo siempre estoy contigo». Creyente, tú estás obligado a entrar en la confesión y reconocimiento de Asaf; procura decir en el mismo espíritu: «Sin embargo desde que pertenezco a Cristo, estoy siempre con Dios». Es decir, «siempre en su mente», pues Él siempre está pensando en mí para bien. Siempre delante de sus ojos, porque los ojos del Señor nunca duermen, sino vigilan siempre mi bienestar. Siempre en sus manos, de manera que nadie puede arrebatarme. Siempre en su corazón, como un memorial, a semejanza del sumo sacerdote que llevaba siempre los nombres de las doce tribus sobre su corazón. ¡Oh Dios!, tú siempre piensas en mí. Las entrañas de tu amor siempre suspiran por mí. Tú siempre eres próvido para conmigo; me has puesto en tu brazo como un sello. Tu amor es fuerte como la muerte; las muchas aguas no lo pueden apagar ni lo ahogarán los ríos. ¡Maravillosa gracia!, tú me miras en Cristo y, aunque por mí mismo soy aborrecible, me contemplas cubierto con las vestiduras de Cristo, y lavado en su sangre; y así permanezco acepto en tu presencia. Yo continuamente gozo de tu gracia, «siempre estoy contigo». Aquí hay solaz para el alma afligida y probada; que está acosada con tormenta interior, pero atendida con la calma que viene de afuera. «Sin embargo.» Di esto en tu corazón y recibe la paz que te trae. «Sin embargo, yo siempre estoy contigo.»

30 julio

No miremos al pecado con ojos indiferentes

Y pensando en esto, lloraba
(Marcos 14:72)

La Biblia en un año:
• Salmos 51–53
• Romanos 2

Algunos piensan que Pedro, mientras vivió, lloraba al recordar que había negado a su Señor. No es improbable que sea así, pues su pecado era muy grande y, después, la gracia tuvo en él su obra perfecta. Esta misma experiencia es común a la familia de los redimidos, según el grado en que el Espíritu de Dios haya cambiado el corazón de piedra. Nosotros, como Pedro, recordamos nuestra jactanciosa promesa: «Aunque todos sean escandalizados, mas no yo». Nosotros también comimos nuestras palabras con las hierbas amargas del arrepentimiento. Cuando pensamos en lo que prometimos ser y en lo que en realidad fuimos, bien podemos verter torrentes de lágrimas. Pedro pensaba en la negación de su Señor: en el lugar en que lo hizo, en el insignificante motivo que le condujo a tan grave pecado, en los juramentos y blasfemias que usó para confirmar su falsedad, y en la terrible dureza de corazón que lo arrastró a obrar así repetidas veces. Cuando recordamos nuestros pecados, «sobremanera pecantes», ¿podemos permanecer impasibles e indiferentes? ¿No clamaremos al Señor, pidiéndole renueve las seguridades de su amor perdonador? Jamás miremos al pecado con ojos indiferentes para no tener, dentro de poco, la lengua quemada con las llamas del infierno. Pedro pensaba también en la amorosa mirada de su Maestro. El Señor acompañó la señal del canto del gallo con una mirada de tristeza, de compasión y de amor. Esa mirada Pedro nunca la olvidó. Fue más eficaz que diez mil sermones sin el poder del Espíritu. El penitente apóstol lloraría, sin duda, al recordar el amplio perdón del Salvador, que lo restauró a su posición anterior. Pensar que hemos ofendido a tan bondadoso y clemente Señor es más que suficiente para que lloremos constantemente. Señor, hiere nuestro duro corazón, y haznos llorar.

En continua y perpetua comunión con Él

Yo en ellos
(Juan 17:23)

La Biblia en un año:
• Salmos 54–56
• Romanos 3

Si tal es la unión que existe entre nuestras almas y la persona de nuestro Señor, ¡cuán profundo y amplio es el canal de nuestra comunión! Éste no es un conducto estrecho por el que solo una reducida corriente de agua puede seguir su curso; es, más bien, un canal de asombrosa anchura y profundidad, a lo largo de cuya gloriosa extensión, un importante volumen de aguas vivas hacen rodar sus torrentes. He aquí, Él ha puesto ante nosotros una puerta abierta; no tardemos en entrar. Esta ciudad de comunión tiene muchas puertas de perlas. Cada una de las distintas puertas es de una perla, y cada puerta está completamente abierta para que podamos entrar, seguros de ser bienvenidos. Si hubiese solo una pequeña abertura por la que pudiésemos hablar con Jesús, sería un alto privilegio hacer pasar una palabra de comunión a través de la puerta estrecha. ¡Cuán bendecidos somos, al contar con tan amplia entrada! Si el Señor estuviese lejos de nosotros, separado por muchos y tempestuosos mares, ansiaríamos enviarle un mensajero que le llevara nuestro amor y nos trajese nuevas de la casa de su Padre. Pero, mira su bondad: Él ha edificado su casa cerca de la nuestra; más aún: Él se hospedó con nosotros y reside en pobres y humildes corazones, para tener con nosotros perpetua relación. ¡Oh!, qué necios somos si no vivimos en constante comunión con Él. Si el camino es largo, peligroso y dificultoso, no hemos de admirarnos si los amigos rara vez se encuentran, pero si viven juntos, ¿cómo olvidará Jonatán a su David? Si el marido está de viaje, la esposa queda muchos días sin hablar con él, pero si está en una de las piezas de su casa, no podría resignarse a estar separada de él. Creyente, ¿por qué no te sientas en su banquete de amor? Busca a tu Señor, pues está cerca. Abrázalo, que es tu hermano; tenlo fuertemente, pues es tu esposo.

1 agosto

Espigando las preciosas promesas

Te ruego que me dejes ir al campo, y recogeré espigas (Rut 2:2)

La Biblia en un año:
• Salmos 57–59
• Romanos 4

Abatido y turbado cristiano, ven y espiga hoy en el amplio campo de la promesa. Aquí abundan las preciosas promesas, que satisfacen precisamente tus necesidades. Considera ésta: «La caña cascada no quebrará, y el pábilo que humea no apagará». ¿No se adapta esto a tu caso? Una caña desvalida, insignificante y débil; una caña cascada, de la cual no sale música, y que es más débil que la misma debilidad. Aunque tú seas una caña cascada, Él no te quebrará, sino que te restaurará y fortalecerá. Tú eres semejante al pábilo que humea; ni luz ni calor proceden de ti; sin embargo no te apagará. Soplará con su suave aliento de misericordia hasta transformarte en una llama. ¿Quieres recoger otra espiga? «Venid a mí todos los que estáis trabajados y cargados, que yo os haré descansar». ¡Qué suaves palabras! Tu corazón es tierno, y el Maestro lo conoce; es por eso que te habla tan suavemente. ¿No quieres obedecerlo y venir a Él ahora mismo? Toma esta otra espiga de grano: «No temas, gusano de Jacob, yo te socorreré, dice Jehová y tu Redentor, el Santo de Israel». ¿Cómo puedes temer, teniendo una seguridad tan admirable como ésta? Tú puedes recoger diez mil espigas de oro como éstas: «Yo deshice como una nube tus rebeliones, y como a niebla tus pecados». «Si vuestros pecados fueren como la grana, como la nieve serán emblanquecidos; si fueren rojos como el carmesí, vendrán a ser como blanca lana.» «El Espíritu y la Esposa dicen: Ven. Y el que tiene sed, venga; y el que quiera, tome del agua de la vida de balde.» El campo de nuestro Maestro es muy rico; he aquí los manojos. ¡Mira, están delante de ti, tímido creyente! Júntalos, aprópiatelos, pues Jesús te ordena tomarlos. «No temas, cree solamente.» Toma estas dulces promesas, desgránalas con la meditación, y aliméntate de ellas con gozo.

Jehová obró con los suyos como le plugo

Que hace todo según el designio de su voluntad
(Efesios 1:11)

La Biblia en un año:
• Salmos 60–62
• Romanos 5

Nuestra creencia en la sabiduría de Dios presupone y requiere que el Señor tenga un plan y un propósito determinados en la obra de la salvación. ¿Qué habría sido la creación sin su designio? ¿Hay algún pez en el mar o alguna ave en el aire que fueron formados al azar? De ninguna manera; en cada hueso, en cada coyuntura y en cada músculo; en cada tendón, en cada glándula y en cada vaso sanguíneo, se puede ver la presencia de un Dios que obra según el designio de su infinita sabiduría. ¿Está Dios presente en la creación, rigiendo todas las cosas, y no estará en la gracia? ¿Estará librada la nueva creación al veleidoso genio del libre albedrío, cuando el consejo divino rige la antigua creación? ¡Mira a la providencia! ¿Quién no sabe que «ni un pájaro cae a tierra sin vuestro Padre»? «Aun vuestros cabellos están todos contados.» Dios pesa en balanzas las montañas de nuestro dolor y los cerros de nuestra tribulación. ¿Estará Dios en la providencia y no en la gracia? ¿Existirá la cáscara por disposición de la sabiduría, y en cambio el meollo será abandonado al ciego azar? ¡No! Dios conoce el fin desde el principio; ve en su debido lugar no solo la piedra angular, de hermosos colores, que Él colocó, con la sangre de su amado Hijo; sino, ve también las piedras escogidas, sacadas de la cantera, y pulidas por su gracia. Dios ve todo el edificio desde los cimientos hasta el techo. Él conoce claramente cada piedra que ha de ser colocada en el lugar que le ha sido preparado, y sabe también cuán vasto ha de ser el edificio y cuándo la piedra de remate ha de aparecer con aclamaciones de «¡Gracia, gracia a ella!». Al fin, se verá claramente que en cada vaso de misericordia Jehová obró con los suyos como le plugo; y que en cada parte de la obra de la gracia cumplió su propósito y glorificó su propio nombre.

3 agosto

La luz es el fundamento de la belleza

Y el Cordero es su lumbrera
(Apocalipsis 21:23)

La Biblia en un año:
• Salmos 63–65
• Romanos 6

Contempla con tranquilidad al Cordero, como la lumbrera del cielo. La luz es en la Biblia el emblema del gozo. El gozo de los santos en el cielo está comprendido en estas palabras: Jesús nos eligió, nos amó, nos compró, nos limpió, nos vistió, nos guardó y nos glorificó: estamos aquí solo por la mediación de Jesús. Cada uno de estos pensamientos será para ellos semejante a un racimo de uvas de Escol. La luz es además el fundamento de la belleza. No hay belleza cuando no hay luz. Sin luz el zafiro no brilla ni luce la perla. Así también, toda la belleza de los santos que están en el cielo procede de Jesús. Ellos reflejan, como los planetas, la luz del Sol de justicia; existen como rayos que proceden del astro central. Si Él se retira, ellos mueren. Si su gloria se oculta, la de ellos expira. La luz es el emblema del conocimiento. En el cielo nuestro conocimiento será perfecto, pero el Señor Jesús será su fuente. La enigmática providencia, que nunca antes hemos entendido, la entenderemos claramente, y todo lo que ahora nos confunde, nos será comprensible con la luz del Cordero. ¡Oh!, qué revelaciones y qué glorificación del amor de Dios habrá allí. La luz también significa manifestación. La luz manifiesta. En el mundo, «aún no se ha manifestado lo que hemos de ser». El pueblo de Dios es un pueblo oculto, pero cuando Cristo lo reciba en el cielo, lo tocará con la vara de su amor y lo cambiará en la imagen de su gloria. Los componentes de este pueblo fueron pobres y desdichados, pero ¡qué transformación! Estuvieron manchados de pecado, pero con un toque de su dedo quedarán tan brillantes como el sol y tan claros como el cristal. ¡Oh, qué manifestación! Todo procede del sublime Cordero. Jesús será el centro y el alma de cuanto refulgente esplendor haya allí. ¡Qué será estar presente y verlo en su propia luz, como Rey de reyes y Señor de señores!

Cuanto más conocimiento, más amor y fuerza

El pueblo que conoce a su Dios se esforzará
(Daniel 11:32)

La Biblia en un año:
- **Salmos 66–67**
- **Romanos 7**

Todo creyente sabe que conocer a Dios es el más elevado y el mejor de los conocimientos; y este conocimiento espiritual es una fuente de fortaleza para el cristiano. El conocimiento fortalece su fe. En las Escrituras se habla a menudo de los creyentes como seres iluminados y enseñados por Dios. Se dice que «tienen la unción del Santo» y es misión peculiar del Espíritu Santo el guiarlos a toda verdad, y todo esto para el crecimiento y nutrimiento de su fe. El conocimiento fortalece al amor. El conocimiento abre la puerta, y a través de ella vemos a nuestro Salvador. O para usar otro símil, el conocimiento pinta el retrato de Jesús, y, cuando lo vemos, entonces lo amamos, pues no podemos amar a un Cristo que no conocemos, por lo menos, en algún grado. Si conocemos poco de las excelencias de Jesús, poco de lo que ha hecho y está haciendo por nosotros, no podemos amarlo mucho, pero cuanto más lo conozcamos tanto más lo amaremos. El conocimiento fortalece la esperanza. ¿Cómo podemos esperar una cosa si ignoramos su existencia? Nuestra esperanza puede ser el telescopio, pero hasta que no recibamos instrucción, permanecemos ignorantes ante la lente y no vemos nada. El conocimiento remueve los objetos interpuestos, y cuando miramos a través del claro telescopio, discernimos la gloria que ha de ser revelada y la anticipamos con gozosa confianza. El conocimiento nos enseña el porqué de la paciencia. ¿Cómo tendremos paciencia si no conocemos nada de la compasión de Cristo, y no entendemos el bien que proviene de la corrección que nos envía nuestro Padre celestial? No hay una sola gracia que bajo la protección de Dios, no sea nutrida y llevada a la perfección por el santo conocimiento. ¡Cuán importante es, entonces, que crezcamos no solo en la gracia, sino también en el conocimiento de nuestro Señor y Salvador Jesucristo!

5 agosto

Aceptando todo lo que viene de Dios

Sabemos que a los que aman a Dios, todas las cosas les ayudan a bien
(Romanos 8:28)

> **La Biblia en un año:**
> • Salmos 68–69
> • Romanos 8:1-21

Sobre algunos puntos el creyente está totalmente seguro. Sabe, por ejemplo, que Dios está sentado en la cámara de la embarcación, cuando ésta más se balancea. Cree que una mano invisible está siempre sobre la caña del timón del mundo, y sea cual sea el lugar a donde nos lleve la providencia, Jehová gobierna la nave. Este conocimiento tranquilizador lo prepara para cualquier cosa. El creyente mira a las embravecidas aguas y ve el espíritu de Jesús que anda sobre las olas, y oye una voz que dice: «Yo soy, no temas». Sabe, además, que Dios es siempre sabio, y, conociendo esto, confía en que no habrá ni errores ni accidentes casuales, y en que no puede ocurrir nada que no deba acontecer. El, bien puede decir: «Es mejor perder que ganar, si así lo dispone el Señor. La peor calamidad que me pudiera sobrevenir, sería para mí, si el Señor lo ordena, lo mejor y lo más conveniente». «Sabemos que a los que aman a Dios, todas las cosas les ayudan a bien.» El cristiano no sostiene esto meramente como una teoría, sino lo *conoce* como un hecho positivo. Todas las cosas ayudan a bien aún ahora. Las drogas venenosas mezcladas en adecuadas proporciones han obrado la sanidad; los tajos del bisturí han purificado a la presuntuosa carne y han facilitado la cura.

Cada suceso obra aún los más benditos y excelentes resultados. Y así, creyendo que Dios lo rige todo, que gobierna con sabiduría y saca bien del mal, el corazón del creyente se siente seguro y en condiciones de hacer frente, sereno, a cualquier prueba. El creyente puede orar, con espíritu de resignado: «Siempre que venga de ti, envíame lo que quieras, Dios mío».

Todo lo que pasa en mi vida aquí
Dios me lo prepara para bien de mí.
En mis pruebas duras, Dios me es siempre fiel.
¿Por qué, pues, las dudas? Yo descanso en Él.

Guardando vigilantes su llegada en Espíritu

Guarda, ¿qué de la noche?
(Isaías 21:11)

La Biblia en un año:
• Salmos 70–71
• Romanos 8:22-39

«Guarda, ¿qué de la noche?» ¿Qué de los enemigos que están afuera? Los errores son numerosos; y a cada instante aparece uno nuevo. ¿Contra cuál herejía debo estar alerta? Los pecados salen de sus guaridas durante la noche. Yo mismo debo subir a la torre del atalaya y velar en oración. Nuestro Protector Celestial prevé todo ataque del demonio, y cuando el diablo está aún ideando los males que nos hará, Jesús ora por nosotros para que, al llegar el momento de ser zarandeados como trigo, nuestra fe no falte. ¡Prosigue, oh bondadoso atalaya, avisándonos cuando se acerquen nuestros enemigos, y, por amor de Sion, no calles!

«Guarda, ¿qué de la noche?» ¿Cómo se presenta el tiempo para la Iglesia? ¿Está aclarando o nublándose? Tenemos que cuidar de la Iglesia de Dios con ansioso amor; y ahora que el papismo y la infidelidad nos amenazan, tenemos que fijarnos en las señales de los tiempos y prepararnos para la lucha.

«Guarda, ¿qué de la noche?» ¿Qué estrellas se muestran en el firmamento? ¿Cuáles son las preciosas promesas que se adaptan a nuestra presente situación? Si tocas alarma, oh atalaya, danos también consolación. Cristo, la estrella polar, está siempre en su sitio; y todas las estrellas están seguras a la diestra de su Señor.

Pero, guarda, ¿cuándo vendrá la mañana? El Esposo tarda. ¿No hay señales de su venida como Sol de justicia? ¿No salió aún la estrella matutina como señal de que viene el día? ¿Cuándo vendrá el día y huirán las sombras? ¡Oh Jesús!, si no vienes en persona a tu Iglesia hoy, ven al menos en Espíritu a mi corazón, hazlo cantar de gozo.

> *El día de gloria va pronto a brillar.*
> *En tanto, cristianos, debemos velar,*
> *y el enemigo no nos vencerá.*
> *¡Alerta, centinela! ¡Alerta está!*

7 agosto

Lamentándonos de no amar lo suficiente

Con razón te aman
(Cantares 1:4)

> **La Biblia en un año:**
> • Salmos 72–73
> • Romanos 9:1-15

Los creyentes aman a Jesús más intensamente que a cualquier otro ser. Preferirían antes perder al padre y a la madre que apartarse de Cristo. Miran los bienes terrenales con cierta indiferencia; en cambio, llevan en sus corazones, herméticamente cerrado, a Cristo Jesús. Voluntariamente se niegan a sí mismos por causa de Él, pero no han de ser inducidos a negarlo. Ha de ser muy pobre el amor que puede ser agotado por el fuego de la persecución. El amor del verdadero creyente es un río más caudaloso. Los hombres se han esforzado por apartar al fiel del lado de su Maestro, pero sus intentos resultaron infructíferos. Ni las coronas de honor ni el rigor de la ira han desatado este nudo más perfecto que el gordiano. Ésta no es una unión común que, a la larga, el poder del mundo romperá. Ni el hombre ni el demonio ha podido hallar una llave que abra esta cerradura. La astucia de Satán nunca se halló más perpleja que al usarla para romper en dos el vínculo de dos corazones divinamente unidos. Está escrito y nada lo podrá borrar: «con razón te aman». La intensidad del amor de los rectos no debe ser juzgada tanto por lo que parece ser, sino por lo que los rectos ansían que sea. A diario nos lamentamos de no amar bastante. Quisiéramos que nuestros corazones pudiesen tener más, y lograr más. Como S. Rutherford suspiramos y clamamos: «En busca de tanto amor como quisiera tener, rodearía la tierra e iría al cielo; sí, al cielo de los cielos, y a diez mil mundos, para después ponerlo todo sobre el hermoso, inmaculado y perfecto Jesús». Todo lo alcanzable representa solo un palmo de amor. Si medimos nuestro amor por lo que quisiéramos que fuese, resulta en verdad elevado; y creemos que así lo juzga el Señor. ¡Oh si pudiésemos reunir el amor de todos los corazones en un gran montón y dárselo a Jesús, que es del todo codiciable!

Que sea Jesús nuestro eterno escondedero

Tejen telas de arañas
(Isaías 59:5)

> **La Biblia en un año:**
> • Salmos 74–76
> • Romanos 9:16-33

Mira la telaraña y observa en ella un cuadro muy sugestivo de la religión del hipócrita. Esa tela tiene la misión de cazar a la víctima. La araña se alimenta de moscas, y el fariseo «tiene su recompensa». Las personas simples caen fácilmente en la trampa, al oír las altisonantes declaraciones del hipócrita, y aun las más sensatas no siempre escapan. Felipe bautizó a Simón el Mago cuya engañosa manifestación de fe fue pronto condenada por la severa represión de Pedro. La costumbre, la fama, la alabanza, el ascenso y otras moscas son las pequeñas víctimas que el hipócrita toma en su red. La telaraña es una maravilla artística. Mírala y contempla la astucia del cazador. ¿No es igualmente admirable la religión del engañador? ¿Cómo hace para mentir con tanto descaro? ¿Cómo hace para que su oropel aparezca como oro? La telaraña procede del vientre de la araña. La abeja toma su cera de las flores; la araña no liba en las flores, pero hace hilos largos. También el hipócrita halla en él su confianza y su esperanza. Su ancla fue forjada en su propio yunque, y su cable retorcido con sus propias manos. Él puso los cimientos y talló las columnas de su casa, rechazando desdeñosamente la soberana gracia de Dios. Pero la telaraña es muy frágil. Está trabajada con primor, mas no dura. No es adecuada para la escoba del sirviente o para el báculo del viajero. No se necesita la batería de Armstrongs para hacer volar en pedazos la esperanza del hipócrita; basta un poco de viento. Las hipócritas telarañas desaparecerán en seguida cuando el escobón de la destrucción empiece su obra purificadora. Y, por fin, las telarañas no se tolerarán en la casa del Señor. Dios hará que tanto ellas como los que las tejen sean destruidos para siempre. ¡Alma mía!, descansa sobre algo mejor que sobre una telaraña. Sea el Señor Jesús tu eterno escondedero.

9 agosto

Los que están allí lo hallan todo en Cristo Jesús

La ciudad no necesita de sol ni de luna que brillen en ella (Apocalipsis 21:23)

> **La Biblia en un año:**
> • Salmos 77–78
> • Romanos 10

Allá en el mundo mejor, los que lo habitan viven independientes de todas las comodidades terrenales. No tienen necesidad de vestido; sus ropas blancas no se gastan ni se mancharán jamás. No tienen necesidad de medicina para sanar enfermedades, pues nunca estarán enfermos. No tienen necesidad de sueño para reparar sus energías; no descansan de día ni de noche, sino lo alaban incansablemente en su templo. No necesitan relaciones sociales que le den solaz; y sea cual fuere la felicidad que puedan derivar de la asociación con sus amigos, ésta no es esencial a su gloria, pues la compañía de su Señor es suficiente para satisfacer sus más amplios deseos. No necesitan maestros; ellos, indudablemente, conversan unos con otros tocante a las cosas de Dios, pero no lo hacen para instruirse, porque todos serán enseñados por el Señor. La nuestra es una caridad que se obtiene a la puerta del rey, pero ellos banquetean en su misma mesa. Aquí nos apoyamos en el brazo amigo, pero allí se apoyan en el Amado. Aquí necesitamos la ayuda de nuestros compañeros, pero los que están allí hallan todo lo que necesitan en Cristo Jesús. Aquí miramos a la comida que perece, y al vestido que se deshace ante la polilla, pero allí hallan todas las cosas en Dios. Nosotros usamos el balde para sacar agua del pozo, pero los que están allí beben de la fuente principal y mojan sus labios en las aguas vivas. Aquí los ángeles nos traen bendiciones, pero allí no necesitaremos de estos mensajeros. No necesitarán de Gabriel para que les traiga los mensajes del amor de Dios, porque ellos lo verán cara a cara. ¡Oh, qué tiempo bendito será aquél en que, dejando atrás todo lo secundario, descansemos solo sobre el brazo de Dios! ¡Qué gloriosa hora será ésa cuando Dios y no sus criaturas, cuando el Señor y no sus obras sean nuestro gozo cotidiano!

Esta rica expresión de Pablo indica que Cristo es la fuente de nuestra vida. «A vosotros os dio vida, estando muertos en las transgresiones y en los pecados.» La misma voz que sacó a Lázaro de la tumba nos levantó en novedad de vida. Él es ahora la sustancia de nuestra vida espiritual. Él es en nosotros la esperanza de gloria, el móvil de nuestros actos, el

Cristo, la sustancia de nuestra vida espiritual

Cristo, vuestra vida
(Colosenses 3:4)

La Biblia en un año:
• **Salmos 79–80**
• **Romanos 11:1-18**

pensamiento central que estimula todo pensamiento. Cristo es la sustancia de nuestra vida. ¿De qué puede alimentarse el cristiano, sino de la carne y la sangre de Jesús? «Éste es el pan que descendió del cielo, para que el que de Él comiere, no muera.» ¡Oh cansados peregrinos de este desierto de pecado, nunca recibáis bocado alguno para satisfacer el hambre de vuestros espíritus, salvo el que se halla en Jesús! Cristo es el solaz de nuestra vida. Los verdaderos goces vienen de Él; y en tiempos de prueba, su presencia es nuestra consolación. Solo por Él vale la pena vivir, y su cariño es mejor que la vida. Cristo es el objeto de nuestra fe. Como se apresura la nave para llegar al puerto, así se apresura el creyente por llegar al seno de su Salvador. Como vuela la flecha hacia su blanco, así vuela el cristiano hacia el perfeccionamiento de la comunión con Cristo Jesús. Como el soldado lucha por su capitán, y es recompensado si triunfa, así el creyente lidia por Cristo y obtiene su triunfo en los triunfos de su Maestro. «Para él vivir es Cristo.» Cristo es el dechado de nuestra vida. Donde existe la misma vida interior, tiene que haber, y habrá, el correspondiente desarrollo exterior; y si nosotros vivimos en estrecha comunión con el Señor Jesús, nos asemejamos a Él. Lo pondremos ante nosotros como el divino modelo, procurando andar en sus pasos hasta que, en la gloria, llegue a ser nuestra corona. ¡Oh cuán feliz, honrado y seguro se siente el cristiano cuya vida es Cristo!

11 agosto

Mirando el presente con satisfacción

¡Quién me volviese como en los meses pasados!
(Job 29:2)

> **La Biblia en un año:**
> • Salmos 81–83
> • Romanos 11:19-36

Numerosos cristianos pueden ver el pasado con alegría, pero miran el presente con descontento. Recuerdan los días que pasaron en comunión con el Señor y los consideran los más agradables y los mejores que jamás han conocido, pero los días presentes, los ven vestidos de luto, de melancolía y de tristeza. Estos cristianos vivían una vez cerca de Jesús, pero ahora se dan cuenta que vagan lejos de Él, y dicen: «¡Quién me tornase como en los meses pasados!». Lamentan haber perdido sus testimonios; se quejan porque ahora no tienen paz, porque no experimentan placer en los medios de gracia, porque sus conciencias no son muy sensibles, o porque no tienen mucho celo por la gloria de Dios. Las causas de este lamentable estado de cosas son múltiples. Puede ser la dejadez en la vida de oración, pues allí empiezan todas las decadencias espirituales. Quizá sea el resultado de la idolatría; el corazón estará acaso ocupado con alguna otra cosa que no es Dios. Los afectos tal vez se han puesto sobre las cosas de la tierra, y no en las del cielo. Un Dios celoso no se contentará con un corazón dividido; Él tiene que ser amado primero y mejor. Dios apartará la luz de su presencia del corazón frío y descarriado. Quizá la causa sea la confianza en sí mismo y la justicia propia. El orgullo se muestra activo en el corazón; y el egoísmo, en vez de yacer al pie de la cruz está exaltado en el corazón. Cristiano, si no estás ahora «como en los meses pasados», no quedes satisfecho con *desear* volver a tu felicidad primitiva, sino ve en seguida y busca a tu Maestro, y dile tu triste estado. Pídele su gracia y su poder para andar más junto a Él. Humíllate ante Él, y Él te ensalzará y te permitirá gozar otra vez de la luz de su rostro. No te sientes a suspirar y a lamentar. Mientras viva el Médico divino hay esperanza; más aún: seguridad de sanidad.

Recordemos, en nuestras penas, que Él reina

Jehová reina;
regocíjese la tierra
(Salmos 97:1)

La Biblia en un año:
• **Salmos 84–86**
• **Romanos 12**

Mientras lo que dice este versículo sea verdad no hay motivos para la inquietud. *Sobre la tierra,* el poder del Señor domina tan fácilmente la furia del impío como la furia de la mar; su amor vivifica al pobre con misericordia como vivifica a la tierra con las lluvias. La Majestad brilla con resplandor de fuego en medio de los horrores de la tempestad, y la gloria del Señor se ve en toda su grandeza en la caída de los imperios y en el derrumbe de los tronos. En todos nuestros conflictos y en todas nuestras tribulaciones podemos contemplar la mano del divino Rey. Dios es Dios; Él ve y oye todas nuestras inquietudes y todas nuestras lágrimas. Alma, no olvides en medio de tus penas, que Dios reina para siempre.

En el infierno, los malos espíritus confiesan, con dolor, la indudable supremacía de Dios. Cuando se les permite vaguear, lo hacen con una cadena en sus talones; el freno está puesto en la boca del behemoth y el anzuelo en la boca del leviatán.

Los dardos de la muerte, las prisiones del sepulcro y sus guardias están bajo el dominio del Señor. La terrible venganza del juez de toda la tierra hace que los demonios se agachen y tiemblen, como tiemblan los perros ante el látigo del cazador de la perrera. No temas la muerte ni los embates de Satán; Dios defiende a los que en Él confían. Alma, recuerda en tus penas que Dios reina para siempre. *En el cielo,* ninguno duda de la soberanía del Rey eterno; todos se echan sobre sus rostros para rendirle homenaje. Los ángeles son sus cortesanos; los redimidos, sus preferidos, y todos se gozan en servirlo día y noche. ¡Dios quiera que lleguemos pronto a la ciudad del gran Rey! En la larga noche de esta vida de tristeza, Él nos dará paz y alegría. Alma, recuerda en tus penas que Dios reina para siempre.

13 agosto

Siendo como cedros llenos de la savia que nos da el Señor

Los cedros del Líbano que Él plantó
(Salmos 104:16)

> **La Biblia en un año:**
> • **Salmos 87–88**
> • **Romanos 13**

Los cedros del Líbano son un símbolo del cristiano, en el hecho de que todos han sido plantados por el Señor. Esto es muy cierto en cuanto a cada hijo de Dios, pues no lo plantó hombre alguno ni se plantó a sí mismo, sino ha sido plantado por Dios. La misteriosa mano del Espíritu dejó caer la viva simiente en un corazón que Él había preparado de antemano para que la recibiese. Todo heredero del cielo reconoce que ha sido plantado por el gran Labrador. Además, los cedros del Líbano no dependen del hombre para su riego, pues están en las altas rocas, sin irrigación humana. Sin embargo, nuestro Padre celestial les da el riego necesario. Así pasa con el cristiano que ha aprendido a vivir por fe. Es independiente del hombre, aun en las cosas temporales. Espera, para su sustento, únicamente en Dios. El rocío del cielo es su porción, y el Dios del cielo su manantial. Por otra parte, los cedros del Líbano no están protegidos por ningún poder humano, ni deben nada al hombre por haber sido preservados del viento huracanado y la tempestad. Son árboles de Dios guardados y preservados por Él, y solo por Él. Lo mismo sucede con el cristiano. No es una planta de invernáculo puesta a cubierto de la tentación; al contrario, está en el lugar más expuesto. No tiene más amparo ni protección que las amplias alas de Dios, que cubren siempre los cedros que Él mismo plantó. Como los cedros, los creyentes están llenos de savia, teniendo la suficiente vitalidad para estar siempre verdes, aun en medio de las nieves del invierno. Por último, la floreciente y majestuosa condición de los cedros debe ser motivo para la alabanza de Dios. Sólo el Señor ha sido el todo para los cedros, y por eso David dice en uno de los Salmos: «Alabad a Jehová, árboles frutales y todos los cedros». En el creyente no hay nada que magnifique al hombre; fue plantado, y es nutrido y protegido por su Señor.

Gozo perfecto

¿Crees que tus pecados han sido perdonados y que Cristo los ha expiado por completo? Entonces, ¡qué cristiano feliz debes ser tú! ¡Cómo debieras vivir por encima de las pruebas e inquietudes de este mundo! Ya que tus pecados te son perdonados, ¿qué importa lo que te pueda acontecer ahora? Lutero dijo: «Hiéreme, Señor, hiéreme, porque mis pecados están perdonados; si tú me has perdonado, hiéreme tan profundamente como quieras». Y en un espíritu semejante, tú también puedes decir: «Manda enfermedad, pobreza, pérdidas, aflicciones y persecuciones como quieras. Tú me has perdonado, y mi alma está alegre». Cristiano, si tú eres salvo, al mismo tiempo que estás alegre está también agradecido. «Allégate a la cruz que quitó tus pecados; sirve al que te sirvió a ti. Así que, hermanos, os ruego por las misericordias de Dios, que presentéis vuestros cuerpos en sacrificio vivo, santo, agradable a Dios, que es vuestro racional culto.» Que tu celo no se evapore en una mera ebullición de canto. Muestra tu amor con pruebas evidentes. Ama a los hermanos del que te amó. Doquiera haya un Mefi-boset, que esté lisiado o cojo, ayúdalo por causa de Jonatán. Si hay algún creyente en aflicción, llora con él, y lleva su cruz, por amor al que lloró por ti y cargó tus pecados. Ya que eres perdonado gratuitamente por Cristo, ve, cuenta a otros las alegres nuevas del perdón. No te satisfagas con gozar sólo tú de esta inefable bendición, sino publica a los cuatro vientos la historia de la cruz. La cristiana alegría y la santa intrepidez te harán un buen predicador, y el mundo entero será para ti un púlpito donde puedas predicar. La santidad llena de alegría es el más eficaz de los sermones, pero el Señor debe dártela. Búscala esta mañana antes de salir de tu casa. Cuando nos gozamos en la obra del Señor, no debemos temer estar demasiado alegres.

Por cuanto me has alegrado, oh Jehová, con tus obras
(Salmos 92:4)

> **La Biblia en un año:**
> • Salmos 89–90
> • Romanos 14

15 agosto

Reservando espacio para reposo del alma

Y había salida Isaac a meditar al campo,
a la hora de la tarde
(Génesis 24:63)

> **La Biblia en un año:**
> • Salmos 91-93
> • Romanos 15:1-13

Muy admirable era su ocupación. Si los que malgastan tantas horas en ociosidad, en lecturas livianas y en pasatiempos inútiles, aprendiesen sabiduría, hallarían compañía más provechosa y ocupación más interesante en la meditación que en las vanidades que ahora tanto los atraen. Todos nosotros conoceríamos más, viviríamos más cerca de Dios y creceríamos en la gracia, si estuviésemos más solos. La meditación rumia y extrae la verdadera sustancia del alimento intelectual acumulado en otra parte. Cuando el tema es Jesús, la meditación es realmente agradable. Isaac halló a Rebeca cuando estaba ocupado en meditación privada; muchos otros hallaron allí a su muy amada.

Muy admirable fue la elección del lugar. En el campo tenemos un gabinete de estudio con textos colgados en sus paredes, para meditarlos. Desde el cedro hasta el hisopo; desde el águila hasta la langosta; desde la expansión del cielo hasta una gota de rocío, todo está lleno de enseñanza. Y cuando es el Señor el que abre los ojos, esa enseñanza brilla sobre la mente en forma más vívida que la que recibimos de los libros. Nuestras salitas no son tan saludables, ni tan sugestivas, ni tan inspiradoras como los campos.

Muy admirable fue el momento. El momento de la puesta del sol, cuando parece que se corre un velo sobre el día, viene bien aquel reposo de alma en el que las ansiedades terrenales se rinden a los goces de la comunión celestial. La gloria de la puesta del sol excita nuestra admiración, y la solemnidad de la aproximación de la noche nos espanta. Si los trabajos de este día te lo permiten, harás bien, querido lector, si reservas una hora para pasear, por la tarde, en el campo; pero si no puedes, el Señor está también en la ciudad, y te hallará en tu cámara o en la calle. Que tu corazón salga.

La gloria de Dios es el resultado de su naturaleza y de sus actos. Es glorioso en su carácter, pues hay en Dios tal abundancia de todo lo que es santo, bueno y amable que tiene que ser glorioso. Los actos que proceden de su carácter son también gloriosos; pero mientras Él se propone con ellos manifestar a sus criaturas su bondad, su misericordia y su justicia, se propone también que la gloria que va unida a esos actos

No a nosotros, sino a tu nombre sea la gloria

Dad a Jehová
la gloria debida a su nombre
(Salmos 29:2)

> **La Biblia en un año:**
> • Salmos 94–96
> • Romanos 15:14-33

se le dé únicamente a Él. No hay nada en nosotros en que podamos gloriarnos, porque, «¿quién hace que tú te diferencies de otro? ¿O qué tienes tú que no hayas recibido?» Tenemos que tener mucho cuidado de andar humildemente delante del Señor. Cuando nos glorificamos a nosotros mismos, nos estamos levantando como rivales del Altísimo, puesto que en el universo hay lugar para una sola gloria. ¿Se gloriará el insecto contra el sol que le dio vida? ¿Se levantará el barro sobre el hombre que le dio forma en la rueda? ¿Disputará el polvo del desierto con el torbellino? ¿Lucharán las gotas del océano con la tempestad? Dad a Jehová, oh hijos de fuertes, dad a Jehová la gloria y la fortaleza; dadle la gloria debida a su nombre. Sin embargo, una de las cosas más difíciles de la vida cristiana es aprender a decir esto: «No a nosotros, no a nosotros, sino a tu nombre sea la gloria». Es ésta una lección que Dios nos está enseñando siempre y algunas veces nos la enseña por medio de penosa disciplina. Que empiece un cristiano a jactarse diciendo: «Todo lo puedo», sin añadir «en Cristo que me fortalece», y pronto tendrá que gemir, diciendo: «No puedo hacer nada», y se lamentará en el polvo. Cuando hagamos algo por el Señor, y Él se complazca en aceptarlo, pongamos nuestra corona a sus pies, y exclamemos: «No yo, sino la gracia de Dios que obró en mí».

17 agosto

Misericordia inagotable que no podemos medir

La misericordia de Dios
(Salmos 52:8)

> **La Biblia en un año:**
> • **Salmos 97–99**
> • **Romanos 16**

Medita un poco en esta misericordia de Dios. *Es una misericordia tierna.* Con un toque suave y cariñoso sana al quebrantado de corazón y venda sus heridas. Dios se muestra tan bondadoso en el modo de comunicar su misericordia como en la misericordia en sí. *Es una misericordia grande.* En Dios no hay nada pequeño; su misericordia es como Él: infinita. No la puedes medir.

Su misericordia es tan grande que perdona grandes pecados a grandes pecadores, luego da grandes favores y grandes privilegios, y nos eleva a grandes goces. *Es una misericordia inmerecida,* como lo son todas, pues misericordia merecida es solo un nombre equivocado de justicia. El pecador no tiene derecho a la afectuosa consideración del Altísimo. Si el rebelde hubiese sido condenado al fuego eterno, habría merecido la condenación, pero si es librado de la ira, como en efecto lo es, solo el soberano amor pudo hacerlo, pues en el pecador no había nada bueno. *Es también una misericordia rica.* Algunas cosas son grandes, pero tienen en sí poca eficiencia. Esta misericordia, en cambio, es un reconfortante para tu abatido espíritu, un ungüento precioso para tus heridas, un vendaje celestial para tus huesos quebrantados, una carroza real para tus cansados pies, un pecho de amor para tu tembloroso corazón. *Es ésta una misericordia múltiple.* Como dice Bunyan: «Todas las flores del jardín de Dios son dobles». No hay misericordia sencilla. Quizá creas poseer una sola misericordia, pero descubrirás que tienes un racimo entero de ellas. *Es una misericordia abundante.* Millones la han recibido; y, lejos de estar agotada, está tan nueva, tan completa y accesible como siempre. *Es una misericordia segura.* Nunca te dejará. Si la misericordia es tu compañera, estará contigo en la tentación, en las pruebas, en la vida y la muerte, para ser el gozo de tu alma, cuando el bienestar de esta vida termine.

Por este motivo los rostros de los del pueblo del Señor se cubrieron de vergüenza, pues era terrible que los hombres se metiesen en el Lugar Santo, reservado a los sacerdotes. En todas partes, en derredor nuestro, vemos el mismo motivo para entristecernos. ¡Cuántos hombres impíos se están ahora preparando con el fin de entrar en el ministerio! ¡Qué enorme

Somos asamblea de creyentes, no una nación

Entraron los extraños en los santuarios de la casa de Jehová
(Jeremías 51:51)

> **La Biblia en un año:**
> • **Salmos 100–102**
> • **1 Corintios 1**

pecado es aquella solemne mentira que afirma que nuestra nación está comprendida dentro de una Iglesia Nacional! ¡Cuán horrible es ver que el Bautismo y la Santa Cena se administran a los inconversos, y que en las más instruidas iglesias de nuestro país, haya semejante flojedad en la disciplina! Si los miles que leen hoy esta porción, llevaran este asunto delante del Señor Jesús, Él intervendría y apartaría el mal que, de otro modo, vendría sobre la Iglesia. Adulterar a la Iglesia es contaminar una fuente, es derramar agua sobre el fuego, es sembrar de piedras un campo fértil. Que Dios nos dé la gracia para que podamos, en nuestro propio modo, conservar la pureza de la Iglesia, como una asamblea de creyentes, y no como una nación, como una comunidad no salva, compuesta de hombres inconversos. Nuestro celo, sin embargo, debe empezar en casa. Examinémonos a nosotros mismos sobre nuestro privilegio de comer en la mesa del Señor. Miremos si estamos vestidos con el vestido de boda, no sea que nosotros mismos seamos intrusos en el santuario del Señor. «Muchos son llamados y pocos escogidos.» «El camino es angosto y estrecha la puerta.» Que Dios nos dé la gracia de allegarnos a Jesús con la fe del elegido de Dios. El que hirió a Uzza por tocar el arca, tiene mucho celo por sus dos ordenanzas: Bautismo y Santa Cena. Como creyente puedo acercarme a ellas libremente. El examen de conciencia es un deber para los que se bautizan o se acercan a la mesa del Señor.

19 agosto

Los hombros de nuestro Pastor con nuestra carga

Y Él estará, y apacentará con poder de Jehová
(Miqueas 5:4)

> **La Biblia en un año:**
> • Salmos 103–104
> • 1 Corintios 2

El reino de Cristo en su Iglesia es el reino de un *pastor-rey*. Cristo es preeminente, pero su preeminencia es la de un pastor sabio y tierno para con su necesitado y amado rebaño. Él ordena y es obedecido, pero esa obediencia es la obediencia espontánea que el rebaño bien cuidado rinde con gozo a su amado Pastor, cuya voz conoce muy bien. Él gobierna por la fuerza del amor y por la energía de la bondad. Su *reino es práctico en su carácter*. Dice el texto que Él «estará y *apacentará*». La Gran Cabeza de la Iglesia está activamente ocupada en proveer a su pueblo; no se sienta ociosa sobre su trono, ni tiene un cetro que no use para gobernar. No, Él está y apacienta. La expresión «apacienta», en el original, es análoga de otra en griego, que significa «pastorear», es decir: hacer todo lo que hace un pastor: guiar, vigilar, preservar, restaurar, cuidar y alimentar. Su *reino es continuo en su duración*. Se dice que Él «*estará y* apacentará»: no: «Él apacentará de vez en cuando, y después dejará de hacerlo». Tampoco dice: «Un día concederá un gran avivamiento y al siguiente día dejará a su Iglesia en la esterilidad». Sus ojos nunca dormitan y sus manos nunca descansan; su corazón nunca cesa de latir de amor y sus hombros nunca se cansan de llevar las cargas de su pueblo. Su *reino es, en su acción, eficazmente poderoso*. Dice: «Apacentará con fortaleza de Jehová». Doquiera esté Cristo, allí está Dios; y lo que Cristo hace es obra del Altísimo. ¡Oh!, cuán placentero es considerar que el que está hoy representando los intereses de su pueblo es verdadero Dios de verdadero Dios, ante quien se doblará toda rodilla. Somos felices los que pertenecemos a tal pastor, cuya humanidad se identifica con nosotros y cuya divinidad nos protege. Adorémoslo e inclinémonos delante de Él como el pueblo de su dehesa.

La mejor escuela: Experiencia sincera y personal

El dulce cantor de Israel
(2 Samuel 23:1)

> **La Biblia en un año:**
> • Salmos 105–106
> • 1 Corintios 3

Entre todos los santos cuyas vidas se recuerdan en las Escrituras, David posee una experiencia muy notable, variada e instructiva. En su historia hallamos pruebas y tentaciones que no se ven, por lo general, en otros santos de la antigüedad, y de ahí que él sea el tipo más sugestivo de nuestro Señor. David conoció las pruebas de los hombres de todos los rangos y condiciones. Los reyes tienen sus aflicciones, y David, como rey, tuvo las suyas; los campesinos tienen preocupaciones, y David, como pastor de ovejas, también las tuvo. El errante sufre fatigas, y David también las tuvo en la cueva de Engedi. El capitán tiene sus dificultades, y David, por su parte, halló muy molestos a los hijos de Sarvia. El salmista también fue probado por sus amigos. Su consejero Ahitophel lo abandonó: «El que de mi pan comía, alzó contra mí el calcañar». Sus peores enemigos eran los de su propia familia: sus hijos fueron su más grande aflicción. Las tentaciones de pobreza y de riqueza; de honor y reproche; de salud y enfermedad, todas las probó David. Tuvo tentaciones de afuera para turbar su paz, y de adentro para frustrar su gozo. David salía de una prueba para caer en otra; no bien surgía de una temporada de desaliento y alarma, caía otra vez en las profundidades, y todas las olas y las ondas rodaban sobre él. Éste puede ser el motivo por el que los salmos de David son en general el deleite del cristiano experimentado. Cualquiera sea nuestra condición de mente: bien en éxtasis o en abatimiento, David delinea justo nuestras emociones. Era un hábil conocedor del corazón humano, pues había sido educado en la mejor de las escuelas: la de la experiencia sincera y personal. A medida que nosotros somos instruidos en la misma escuela, y nos desarrollamos en gracia y en años, más apreciamos los salmos de David, y los vemos como «verdes pastos».

21 agosto

Dando a otros, nos enriquecemos espiritualmente

*El que riega,
será él mismo regado*
(Proverbios 11:25)

La Biblia en un año:
• Salmos 107–109
• 1 Corintios 4

Se nos enseña aquí una gran lección: para obtener es necesario dar, para acumular debemos esparcir, para ser felices hemos de hacer felices a otros, y para llegar a ser espiritualmente vigorosos tenemos que buscar el bien espiritual de los demás. Regando a otros nos regamos a nosotros mismos. ¿En qué manera? Nuestros esfuerzos sacan a luz nuestros talentos para que sean de utilidad. Tenemos capacidades y facultades latentes, que se manifiestan con la actividad. Nuestra fuerza para el trabajo está oculta aun de nosotros mismos, hasta que nos aventuremos a pelear las batallas del Señor o a trepar las montañas de las dificultades. No conocemos cuán tierna es nuestra compasión hasta que intentamos enjugar las lágrimas de la viuda, y suavizar la aflicción del huérfano. Con frecuencia, al intentar enseñar a otros, nos damos cuenta de que acrecentamos nuestra propia instrucción. ¡Oh, qué gratas lecciones hemos aprendido junto a la cama del enfermo. Fuimos a enseñar las Escrituras, y volvimos avergonzados de saber tan poco de ellas. En nuestro trato con los santos humildes nos instruimos más perfectamente en la senda del Señor y llegamos a comprender con más profundidad la divina verdad. Así que el regar a otros nos hace humildes. Descubrimos cuánta gracia hay en el lugar donde no la hemos buscado, y cuánto nos aventaja en conocimientos el santo humilde. Nuestro propio consuelo se acrecienta al trabajar en favor de otros. Nos esforzamos en alentarlos y la consolación alegra nuestro corazón. Es como dos hombres en la nieve: uno frota las piernas del otro para evitar que se muera, y al obrar así hace que su propia sangre esté en circulación salvando su propia vida. La viuda de Sarepta suplió, con su escasa provisión, las necesidades del profeta, y desde ese día no supo más lo que era necesidad. «Dad, y se os dará.»

Ansiando siempre su compañía

Yo os conjuro, oh doncellas de Jerusalén, si halláis a mi amado, le hagáis saber que estoy enferma de amor
(Cantares 5:8)

La Biblia en un año:
• Salmos 110–112
• 1 Corintios 5

Tal es el lenguaje del creyente que ansía tener comunión con Jesús: *está enfermo por su Señor*. Las almas buenas nunca están perfectamente tranquilas si no se hallan muy cerca de Cristo, pues cuando están alejadas de Él pierden su paz. Cuanto más cerca de Él están, más cerca están de la perfecta calma del cielo; cuanto más cerca están de Él, más llenos están sus corazones, no solo de paz, sino de vida, de vigor y de gozo, pues todo esto depende de una constante comunión con Jesús. Lo que el sol es para el día, lo que la luna es para la noche, lo que el rocío es para la flor, es Jesús para nosotros. Lo que el pan es al hambriento, el vestido al desnudo, la sombra de gran peñasco al viajero en tierra de cansancio, es Jesús a nosotros. Por lo tanto, si no somos, conscientemente, uno con Él, no hay por qué maravillarnos si nuestro espíritu clama en las palabras del Cantar: «Yo os conjuro, oh doncellas de Jerusalén, si halláis a mi amado, que le hagáis saber que estoy enferma de amor». Esta ardiente ansia de comunión con Jesús, tiene una bendita correspondencia: «Bienaventurados los que tienen hambre y sed de justicia». Y muy bienaventurados son los que sienten sed por el Justo. Si no tuviese la bienaventuranza de estar lleno, la buscaría con ansia y vehemencia hasta estar lleno de Cristo. Si no pudiese alimentarme de Jesús, el tener hambre y sed de Él sería como puerta cercana al cielo. Hay en esa hambre una bendición, pues está entre las bienaventuranzas de nuestro Señor. Pero la bendición implica una promesa. Estos hambrientos «serán hartos» con lo que desean.

Si Cristo hace que lo ansiemos, satisfará sin duda esas ansias, y cuando Él venga a nosotros, como efectivamente vendrá, ¡oh, cuán dulce será!

23 agosto

Si cesa el pecado, cesa toda clase de lamento

Nunca más se oirán en ella voz de lloro
(Isaías 65:19)

La Biblia en un año:
• Salmos 113–115
• 1 Corintios 6

Los glorificados no lloran más, pues todas las causas exteriores del dolor han desaparecido. En el cielo no hay amistades rotas ni esperanzas frustradas. La pobreza, el hambre, los peligros, la persecución y la calumnia son cosas que allí se desconocen. Ninguna pena aflige, ningún pensamiento de muerte o desgracia entristece. No lloran más, pues están perfectamente santificados. Ningún «corazón malo de incredulidad» los incita a separarse del Dios vivo. Están sin falta ante su trono y son en todo conforme a su imagen. Bien pueden cesar de lamentarse los que cesaron de pecar. No lloran más, pues todo temor de cambio ha pasado. Saben que están eternamente seguros. Habitan en una ciudad que nunca será tomada por asalto. Se asolean con un sol que nunca se pone; beben de un río que nunca se agotará, sacan frutos de un árbol que nunca se secará. Innumerables períodos de tiempo pueden correr, mas la eternidad no se acabará; y en esa eternidad, la inmortalidad y la bienaventuranza de los redimidos coexistirá con ella. Los glorificados están para siempre con el Señor. No lloran más porque todo deseo quedó cumplido. No pueden desear algo que no posean. El ojo y el oído, el corazón y la mano, el juicio, la imaginación, la esperanza, el deseo, la voluntad, en fin: todas las facultades, están satisfechas. Aunque el concepto que tenemos de las cosas que Dios preparó para los que le aman es imperfecto, sin embargo, por la revelación del Espíritu, sabemos lo suficiente como para conocer que los santos del cielo son felices en el más alto grado. El gozo de Cristo, que es una infinita plenitud de deleite, está en ellos. Se bañan en el insondable mar de la beatitud. Ese mismo descanso nos aguarda a nosotros. No está distante. Dentro de poco el sauce llorón se transformará en paloma de victoria, y el rocío de la aflicción, en perlas de gloria.

Peleando
con un enemigo
derrotado

*Subirá el que abre caminos
delante de ellos*
(Miqueas 2:13)

> **La Biblia en un año:**
> • Salmos 116–118
> • 1 Corintios 7:1-19

En vista de que Jesús ha ido delante de nosotros, las cosas no permanecen como si Él nunca hubiese pasado por aquel camino. Él conquistó a todos los enemigos que obstruían el camino. Toma ánimo, medroso soldado, Cristo no solo ha recorrido el camino, sino ha matado a tus enemigos. ¿Temes tú al pecado? Él lo clavó en la cruz. ¿Temes a la muerte? Jesús la ha destruido. ¿Temes al infierno? Cristo ha quitado las posibilidades de que tú llegues allí; nunca verás el golfo de perdición. Todos los enemigos del cristiano están vencidos. Hay leones, pero sus dientes están rotos; hay serpientes, pero sus colmillos han sido quitados; hay ríos, pero o tienen puentes o bien son vadeables; hay fuego, pero tenemos un incomparable vestido que nos hace invulnerables. La espada que fue forjada contra nosotros ya está embotada; los instrumentos de guerra que el enemigo está preparando, ya perdieron su eficacia. En la persona de Cristo, Dios ha quitado todo lo que nos puede dañar. Así que, el ejército puede marchar seguro, y tú puedes, con gozo, seguir tu camino, pues todos los enemigos fueron vencidos de antemano. Lo único que tienes que hacer es tomar el despojo. Los enemigos están derrotados y vencidos; todo lo que tú tienes que hacer es dividir el despojo. Tú, es verdad, tendrás frecuentemente que entrar en combate, pero pelearás con un enemigo derrotado. Su cabeza está rota; él quizás intente dañarte, pero sus fuerzas no serán suficientes para conseguirlo. Tu victoria será fácil y tu riqueza será incalculable.

*Nuestro Caudillo salió victorioso,
en el Calvario su triunfo se ve;
todos sigamos al Jefe glorioso.
Nuestra mirada en su cruz fija esté.*

25 agosto

Cristo es el verdadero alimento de nuestras almas

Su fruto fue dulce a mi paladar
(Cantares 2:3)

La Biblia en un año:
- Salmos 119:1-88
- 1 Corintios 7:20-40

En las Escrituras se habla de la fe bajo el símbolo de los sentidos. Es *vista*: «Mirad a mí y sed salvos». Es *oído*: «Oíd y vivirá vuestra alma». Es *olfato*: «Mirra, áloes y casia exhalan todos tus vestidos». «Ungüento derramado es tu nombre.» Es *tacto*: Por esta fe una mujer, «llegándose por las espaldas, tocó el borde del vestido de Cristo», y por esta fe nosotros palpamos las cosas buenas de la vida. La fe es asimismo el paladar del espíritu: «Cuán dulces son a mi paladar tus palabras, más que la miel a mi boca». Cristo dijo: «Si no comiereis la carne del Hijo del Hombre, y bebiereis su sangre, no tendréis vida en vosotros». Este «paladar» es la fe en una de sus más elevadas operaciones. Una de las primeras acciones de la fe es *el oír*. Oímos la voz de Dios no solo con el oído exterior, sino con el interior. La oímos como Palabra de Dios y la creemos como tal; esto es el «oír» de la fe. Nuestra mente, pues, *mira* la verdad tal como se nos presenta; la entendemos, y comprendemos su significado. Esto es el «mirar» de la fe. Después descubrimos su preciosidad; empezamos a admirarla y hallamos cuán fragante es. Esto es el «olfato» de la fe. Nos apropiamos pronto de las mercedes que nos son preparadas en Cristo. Esto es el «tacto» de la fe. De aquí siguen los goces, la paz, el placer, la comunión. Esto es el «paladar» o gusto de la fe. Cualquiera de estos actos de fe salva. El oír la voz de Cristo como la verdadera voz de Dios dirigida al alma, nos traerá salvación. Pero lo que da verdadero solaz es la disposición de fe, por la que Cristo, es recibido en nosotros y es considerado como el alimento de nuestras almas, por medio de una íntima y espiritual comprensión de su dulzura y preciosidad. Es entonces cuando nos sentamos «bajo la sombra del deseado», y hallamos su fruto dulce a nuestro paladar.

El pueblo de Dios se goza en el pacto. Siempre que el Espíritu Santo guía a los creyentes a su festín y hace flamear su bandera de amor, este pacto es una fuente inagotable de consolación. Ellos se complacen en contemplar *la antigüedad* de aquel pacto, recordando que antes que el lucero del alba conociese su lugar o los planetas recorriesen sus órbitas, los intereses de los santos estaban seguros en Cristo Jesús. Les es grato recordar *la seguridad* del pacto mientras meditan en «las misericordias firmes a David»; se gozan en celebrarlo como «firmado, sellado, ratificado, y en todas las cosas bien ordenado». Este pacto hace henchir de gozo sus corazones, al pensar en su *inmutabilidad,* como un pacto que ni el tiempo ni la eternidad, ni la vida ni la muerte, jamás podrán violar, un pacto tan antiguo como la eternidad y tan eterno como la Roca de los siglos. Se regocijan también por la *plenitud* de este pacto, pues ven en él todas las cosas que les han sido dadas. Dios es la porción de ellos, Cristo es el compañero, el Espíritu es el consolador; la tierra es la residencia de ellos y el cielo es el hogar. Ellos ven en el pacto una herencia reservada y asegurada a toda alma que tiene un interés en su antiguo y eterno contrato de donación. Sus ojos brillaron de alegría cuando vieron en él como un tesoro hallado en la Biblia. ¡Cómo se alegraron sus almas cuando vieron que, por su voluntad y testamento, el Señor les legaba a ellos aquel tesoro! Los creyentes se complacen especialmente en contemplar *la gracia* en este pacto. Ellos ven que la ley fue invalidada por ser un pacto de obras y dependiente de los méritos, pero este otro pacto permanece porque su base, su condición, su baluarte y su fundamento es la gracia. El pacto es un cúmulo de riquezas, un depósito de alimento, una fuente de vida, un alfolí de salvación, un título de paz y un puerto de gozo.

Su pacto: fuente inagotable de consolación

Para siempre ha ordenado su pacto
(Salmos 111:9)

La Biblia en un año:
• Salmos 119:89-176
• 1 Corintios 8

27 agosto

La incredulidad tiene tantas vidas como un gato

Hasta cuándo no me creerán
(Números 14:11)

> **La Biblia en un año:**
> • Salmos 120–122
> • 1 Corintios 9

Lucha con toda diligencia por impedir que entre ese monstruo llamado incredulidad, pues afrenta de tal forma a Cristo que Él nos privará de su presencia, si lo insultamos consintiendo la incredulidad. Es cierto que la incredulidad es una mala hierba cuya semilla nunca podremos extirpar por completo, pero hemos de asestar golpes a su raíz con celo y perseverancia. Entre las cosas odiosas, es ésta la más aborrecida. Su nociva naturaleza es tan venenosa, que tanto el que practica la incredulidad como aquel en perjuicio de quien se practica, resultan lesionados por ella. En tu lugar, creyente, el caso es más grave, pues las mercedes que Dios te dio en el pasado acrecientan tu culpa, si dudas de Él en el presente. Cuando desconfías del Señor Jesús, Él bien puede clamar: «He aquí, estoy oprimido debajo de vosotros como lo está un carro cargado de gavillas». Es como coronar su cabeza con las espinas más agudas. Es cruel que la amada esposa desconfíe de un afectuoso y fiel esposo. El pecado es inútil, necio e injustificable. Jesús nunca ha dado el más leve motivo para sospechar de Él. Es penoso ver que dudan de nosotros esos para quienes nuestro comportamiento es afectuoso y sincero. Jesús es el Hijo del Altísimo y tiene ilimitada riqueza. Es vergonzoso dudar de la Omnipotencia y desconfiar de la omnisuficiencia. «Los millares de animales en los collados», alcanzarán para satisfacer el hambre y los graneros del cielo no se vaciarán por más que comamos. Si Cristo sólo fuese una cisterna, pronto agotaríamos su contenido, pero, ¿quién puede agotar una fuente? ¡Afuera con esa falsa y traidora incredulidad, pues su único cometido es cortar los lazos de comunión y hacernos lamentar la ausencia del Salvador! Bunyan dice que la incredulidad tiene tantas vidas como el gato. Si es así, quitémosle una ahora, y sigamos hasta dejarlo muerto.

Recibiendo el óleo del Espíritu Santo

Aceite para el alumbrado
(Éxodo 25:6)

> La Biblia en un año:
> • Salmos 123–125
> • 1 Corintios 10:1-18

Alma mía, ¡cuánto necesitas esto!, pues tu lámpara no seguirá alumbrando por mucho tiempo sin aceite. Si la luz desaparece (y desaparecerá si no hay aceite) la mecha echará humo, y éste dará mal olor. Tú no tienes una vasija de petróleo que suba por tu naturaleza humana; por lo tanto, tienes que ir a los que lo venden y comprar para ti, o, a semejanza de las vírgenes fatuas, tendrás que decir: «Mi lámpara se apaga». Aun las lámparas consagradas no podían dar luz sin aceite. Aunque resplandecían en el tabernáculo, tenían que ser alimentadas; aunque ningún fuerte viento soplaba sobre ellas, tenían que ser despabiladas; y tú necesitas esto en gran manera. Aun bajo las circunstancias más felices no puedes dar luz por una hora más si no recibes una nueva provisión de aceite. No se podía usar cualquier aceite en el culto del Señor. No se aceptaba el petróleo que sale de las entrañas de la tierra, ni el aceite de pescado, ni el de nueces. Un solo aceite era el escogido: el mejor aceite de oliva. Ni la pretendida gracia de la bondad natural, ni la imaginaria gracia de las manos sacerdotales, ni la fantástica gracia de las ceremonias exteriores servirán al verdadero santo de Dios. Él sabe que Dios no quedará satisfecho ni con ríos de semejante aceite. Él va al molino de aceite de Getsemaní y toma sus provisiones de mano del que allí fue quebrantado. El aceite de la gracia es puro y libre de sedimentos y borras, de ahí que la luz que produce sea clara y brillante. Nuestras iglesias son los candelabros de oro del Señor, y si han de ser luces en un mundo de tinieblas, han de tener este santo aceite. Oremos por nosotros, nuestros pastores y nuestras iglesias, para que nunca falte aceite para la luminaria. Verdad, santidad, gozo, y amor, son los destellos de la luz sagrada, pero no podemos emitirlos si en lo privado no recibimos el óleo del Espíritu Santo.

29 agosto

¡Cuán piadoso es con los pecadores!

Ten piedad de mí, oh Dios
(Salmos 51:1)

> **La Biblia en un año:**
> • Salmos 126–128
> • 1 Corintios 10:19-33

Cuando Carey estaba sufriendo una grave enfermedad, le preguntaron: «Si esta enfermedad resultase fatal, ¿qué versículo elegiría usted como texto para el sermón de su entierro?». Carey replicó: ¡Oh!, una criatura pecadora como yo es indigna de que se diga algo de ella; pero si el sermón de entierro debe predicarse, deseo que esté basado en estas palabras: «Ten piedad de mí, oh Dios, conforme a tu misericordia; conforme a la multitud de tus piedades borra mis rebeliones». Con el mismo espíritu de humildad, dispuso, en su última voluntad, que esta inscripción, y nada más, se grabase en su lápida sepulcral:

William Carey, nació el 17 de agosto de 1761.
Murió...
«Un miserable, pobre y desvalido gusano. En tus afectuosos brazos me entrego».

Solo sobre la base de la libre gracia pueden los santos más experimentados y estimados acercarse a su Dios. Los buques vacíos flotan en la superficie del agua, pero los muy cargados están hundidos en el agua. Los que meramente profesan ser cristianos se vanaglorian, pero los verdaderos hijos de Dios le piden que tenga piedad de su inutilidad. Necesitamos que Dios tenga piedad de nuestras buenas obras, nuestras oraciones, predicaciones, limosnas y de nuestras cosas más sagradas. La sangre no solo fue rociada en los postes y dinteles de las habitaciones de Israel, sino en el santuario, en el propiciatorio y el altar, porque, como el pecado se introduce aun en nuestras cosas más sagradas, es necesario tener la sangre de Jesús para purificarlas de la contaminación. Si la misericordia es necesaria en el cumplimiento de nuestros deberes, ¿qué decir de nuestros pecados? ¡Cuán grato es recordar que la inagotable misericordia está dispuesta a mostrarse benigna hacia nosotros, recreando nuestros huesos abatidos!

Marchar en pos de Él es más fácil que quedar firmes

Espera a Jehová
(Salmos 27:14)

La Biblia en un año:
• Salmos 129–131
• 1 Corintios 11:1-16

Parece fácil esperar, y, sin embargo, es ésta una de las actitudes que el soldado cristiano aprende tras muchos años de enseñanza. Marchar y marchar con paso redoblado es para los soldados de Dios mucho más fácil que quedar firmes. Hay horas de perplejidad en las que los espíritus más dispuestos y ansiosos de servir al Señor, no saben qué camino tomar. ¿Qué hacer entonces? ¿Afligirse con desesperación? ¿Huir cobardemente, dar media vuelta a la derecha o marchar adelante con presunción? No, simplemente, esperar. *Esperar en oración.* Invoca a Dios y preséntale tu caso, cuéntale tu dificultad, y pídele que cumpla su promesa de ayuda. En los dilemas entre dos deberes, es agradable ser humilde como un niño y esperar, con sencillez de alma, en el Señor. Sin duda, nos irá bien si sentimos y conocemos nuestra insensatez y deseamos sinceramente ser guiados por la voluntad de Dios. Pero, *espera con fe.* Manifiesta tu firme confianza en Él, pues esperar desleal y pérfidamente es solo insultar al Señor. Cree que aunque te tenga esperando hasta medianoche, Él vendrá a su debido tiempo. *Espera con paciencia,* no rebelándote si estás bajo la aflicción, sino bendiciendo a Dios por ella. Nunca murmures contra la segunda causa, como los hijos de Israel murmuraron contra Moisés; nunca desees volver al mundo otra vez, sino acepta tu situación tal como se presenta y, con entero corazón, sin voluntad propia, pon esa situación en las manos de tu Dios y di: «Ahora, Señor, no sea hecha mi voluntad, sino la tuya. No sé qué hacer; estoy en dificultades extremas, sin embargo esperaré hasta que dividas las aguas o rechaces a mis enemigos. Yo esperaré, si tú me conservas muchos días, pues mi corazón te escogió solo a ti, Dios, y mi espíritu te aguardará con plena convicción de que tú serás mi gozo y mi salvación, mi refugio y mi fortaleza».

31 agosto

Arrojándonos, confiados, en sus brazos

En mi brazo ponen su esperanza
(Isaías 51:5)

La Biblia en un año:
• Salmos 132–134
• 1 Corintios 11:17-34

En tiempos de dura prueba el cristiano no tiene en la tierra nada en lo cual pueda confiar, y por tanto se ve precisado a arrojarse en los brazos de su Dios. Cuando su barco se hunde, y no puede valerse de ningún salvamento humano, debe sencilla y enteramente confiarse a la providencia y al cuidado de Dios. ¡Feliz tormenta la que arroja al hombre sobre una roca como ésta! ¡Bendito huracán, que llevas el alma a Dios y sólo a Dios! A veces no nos allegamos a Dios porque tenemos multitud de amigos, pero cuando un hombre es tan pobre y se ve tan desamparado y desvalido que no puede recurrir a nadie, entonces vuela a los brazos de Dios y es felizmente recibido en ellos. Y cuando esté sometido a pruebas tan apremiantes y singulares que no las pueda contar a nadie, solamente a Dios, debe estar agradecido por ello, pues aprenderá más de su Señor en esa ocasión que en cualquier otra. ¡Oh, creyente sacudido por la tempestad!, es una prueba afortunada la que te lleva al Padre. Ahora que solo tienes a Dios en quien confiar, procura poner en Él toda tu confianza. No afrentes a tu Señor y Maestro con dudas y temores indignos, sino sé fuerte en la fe, dándole gloria. Haz ver al mundo que tu Dios vale para ti más que diez mil mundos; que vean los hombres ricos cuán rico eres, cuando en tu pobreza tienes de ayudador al Señor Dios; que vean los fuertes cuán fuerte eres tú en tu debilidad cuando te sostienen los brazos eternos. Ahora es tiempo para las hazañas de fe y para las valientes proezas. Sé fuerte y valiente, y el Señor tu Dios, que hizo cielos y tierra, se glorificará en tu debilidad y magnificará su poder en medio de tu aflicción. La magnificencia de la bóveda celeste se perjudicaría si el firmamento descansase en una columna, y tu fe perdería su gloria si descansase en algo visible al ojo carnal. ¡Que el Espíritu Santo te haga descansar en Jesús!

El salmista siente necesidad de guía divina. Hace poco estuvo descubriendo la necesidad de su propio corazón, y con el fin de no ser constantemente desviado por él, resolvió dejarse guiar, de ahí en adelante, por el consejo de Dios. Cuando el sentido de nuestra necedad nos conduce a confiar en la sabiduría del Señor, damos un gran paso adelante para ser sabios. El

Confiando en Dios que todo lo ve

*Me has guiado según tu consejo,
después me recibirá en gloria*
(Salmos 73:24)

La Biblia en un año:
• Salmos 135–136
• 1 Corintios 12

hombre ciego se apoya en el brazo de su amigo y llega seguro al hogar; de igual manera nosotros deberíamos entregarnos sin reservas, a la guía divina, no dudando nada, estando ciertos de que aunque no podamos ver, es siempre seguro confiar en el Dios que todo lo ve. «Me recibirás» es una bendita expresión de confianza. David estaba seguro; el Señor no dejaría de cumplir su obra. Creyente, aquí hay una palabra para ti; descansa en ella. Ten por cierto que tu Dios será tu consejero y amigo. Él te guiará; te dirigirá en todos tus caminos. En su Palabra tienes, en parte, cumplida esta seguridad, pues las Santas Escrituras contienen los consejos de Dios para ti. ¡Felices de nosotros, que tenemos la Palabra de Dios para que siempre nos guíe! ¿Qué puede hacer el marinero sin la brújula? ¿Y qué puede hacer el cristiano sin la Biblia? Es ésta la carta infalible, el mapa en que están registrados todos los bancos de arena. Todos los canales, desde la arena movediza de la destrucción hasta el puerto de la salvación están delineados y marcados por uno que conoce todo el camino. ¡Bendito seas, oh Dios, porque podemos confiar en ti para que nos guíes ahora, y nos guíes hasta el fin! Después de haber sido guiado en esta vida, el salmista anticipa la divina recepción que tendrá al fin y dice: «después me recibirás en gloria». ¡Qué bendición para ti, creyente! ¡Dios mismo te recibirá en la gloria; te recibirá *a ti*! Aunque errante y extraviado, te llevará, al fin, a su gloria. Ésta es tu porción.

2 septiembre

El verdadero médico de nuestros males

Y la suegra de Simón estaba acostada con fiebre; enseguida le hablaron de ella (Marcos 1:30)

La Biblia en un año:
• Salmos 137–139
• 1 Corintios 13

Muy interesante la breve visita a casa del apóstol pescador. Vemos enseguida que los goces y las ansiedades familiares no son obstáculo para ejercer plenamente el ministerio. Más aún, esas circunstancias, por dar una oportunidad para testificar personalmente de la bondadosa obra del Señor en favor de la propia carne y sangre de uno, pueden también instruir al que hace de maestro mejor que cualquiera otra disciplina terrenal. Los papistas y otros sectarios desacreditan el matrimonio, pero el verdadero Cristianismo y la vida familiar andan muy de acuerdo. La casa de Pedro era probablemente la choza de un pobre pescador, pero el Señor de gloria entró en ella, se alojó en ella, y en ella obró un milagro. Si este librito fuere leído esta mañana en alguna choza humilde, que este versículo sirva para que sus habitantes se animen a buscar la compañía del Rey Jesús. Dios está más a menudo en despreciables chozas que en lujosos palacios. Jesús mira alrededor de tu pieza, y está pronto a darte su bendición. En la casa de Simón entró una enfermedad, la fiebre había postrado mortalmente a su suegra, y en cuanto Jesús llegó, le hablaron de la triste aflicción, y Él se acercó al lecho de la paciente. ¿Tienes alguna enfermedad en tu casa esta mañana? Hallarás en Jesús el mejor médico; ve a Él rápido y cuéntale todo. Pon de inmediato tu caso delante de Él, y como ése es un asunto que interesa a uno de los suyos, lo tratará con diligencia. Observa que Jesús sanó a la enferma en seguida. Ninguno puede sanar como Él. No podemos asegurar que el Señor quitará toda enfermedad de quienes le amamos, pero podemos saber que es más probable que la sanidad sea el resultado de la oración de fe, que de cualquier otra cosa del mundo. Y en los casos donde ésta no trae el resultado apetecido, tenemos que acatar sumisos su voluntad.

Es bueno poder decir del Señor Jesús sin ningún «si» o «pero»: *¡Oh tú a quien ama mi alma!* Muchos solo pueden decir que *creen* que aman a Jesús; *confían* en que lo aman, pero sólo una experiencia superficial se satisfará con quedarse allí. Ninguno debe dar reposo a su espíritu hasta sentirse completamente seguro en un asunto de tan vital importancia.

septiembre 3

Tenemos vida *por* su muerte y paz *por* su sangre

¡Oh, tú a quien ama mi alma!
(Cantares 1:7)

> La Biblia en un año:
> • Salmos 140–142
> • 1 Corintios 14:1-20

No tenemos que estar satisfechos con la *esperanza* superficial de que Jesús nos ama, y con la *mera creencia* de que nosotros lo amamos a Él. Los santos de la antigüedad no hablaban, por lo general, con «peros» y «si»; con «espero» y «creo», sino hablaban positiva y claramente. «Yo sé a quién he creído», dice Pablo. «Yo sé que mi Redentor vive», dice Job. Asegúrate de amar realmente a Jesús, y no quedes satisfecho hasta poder decir con certeza que tienes interés en Él, el que sin duda ya tienes por haber recibido el testimonio del Espíritu Santo, y haber sido sellado, por la fe, con el Consolador. El verdadero amor a Cristo es en todos los casos, obra del Espíritu Santo, y es Él quien tiene que efectuarla en el corazón. Él es la causa eficiente de ese amor, pero la razón lógica porque amamos a Jesús reside en Él mismo. ¿Por qué amamos a Jesús? Porque Él nos amó primero. ¿Por qué amamos a Jesús? Porque Él se dio a sí mismo por nosotros. Tenemos vida por su muerte; y paz por su sangre. Aunque era rico, por amor de nosotros se hizo pobre. ¿Por qué amamos a Jesús? Por la excelencia de su persona. Estamos satisfechos con la sensación de su hermosura, con la admiración de sus encantos y el conocimiento de su infinita perfección. Su grandeza, bondad y amabilidad se combinan en un esplendente rayo, que fascina al alma hasta exclamar: «Todo Él es codiciable». ¡Bendito amor, que une el corazón con cadenas más suaves que la seda, y más sólidas que el diamante!

4 septiembre

Ansiando su salvador y bondadoso toque

Quiero, sé limpio
(Marcos 1:41)

La Biblia en un año:
• Salmos 143–145
• 1 Corintios 14:21-40

Las primitivas tinieblas oyeron el mandato del Todopoderoso: «Sea la luz», y, en seguida, fue la luz; y la palabra de Jesús es, en majestad, igual a esa antigua palabra de poder. La redención, como la creación, tiene su palabra de poder. Jesús habla y queda hecho. La lepra no se cura con remedios humanos, pero desaparece en seguida ante el «quiero» del Señor. Para esta enfermedad no hay esperanza de cura; el cuerpo no puede hacer nada para su propia sanidad, pero la palabra de Jesús efectuó una sanidad duradera. El pecador está en una condición más miserable que la del leproso; que imite, pues, su ejemplo, y vaya a Jesús, «rogándole e hincando la rodilla». Que ejerza la poca fe que tiene, aunque no pueda decir más que: «Señor, si quieres, puedes limpiarme», y entonces no habrá necesidad de dudar del resultado. Jesús sana a todo el que va a Él, y no lo echa fuera. Al leer el pasaje en que ocurre el texto de hoy, es digno de observar con piadosa atención el hecho de que Jesús tocó al leproso. Esta persona inmunda pasó por alto las reglas de la ley ceremonial y se metió en la casa, pero Jesús, lejos de reprenderlo, pasa Él mismo por alto esa ley para entrevistarse con él. Jesús hizo con el leproso un intercambio, pues si bien lo limpió, contrajo, al tocarlo –según el Levítico– contaminación. Así también Jesucristo fue hecho pecado por nosotros (aunque Él no conoció pecado), a fin de que nosotros fuésemos hechos justicia de Dios en Él. ¡Oh, si los pobres pecadores fueran a Jesús, creyendo en el poder de su bendita obra de sustitución, pronto conocerían el poder de su bondadoso toque! La mano que multiplicó los panes, que alzó a Pedro cuando se hundía, que sostiene a los afligidos, tocará al pecador que lo busque, y en un instante lo hará limpio. El amor de Jesús es fuente de salvación. Nos ama, nos toca y vivimos.

No digas
«¡Ay de mí!»

*¡Ay de mí, que moro en Mesec,
y habito
entre las tiendas de Cedar*
(Salmos 1230:5)

La Biblia en un año:
• Salmos 146–147
• 1 Corintios 15:1-28

Como cristiano tienes que vivir en medio de un mundo impío, y vale poco que grites: «¡Ay de mí!». Jesús no rogó que fueses quitado del mundo, y lo que Él no pidió no debes tú desearlo. Es mucho mejor hacer frente a las dificultades, con el poder del Señor, y glorificar a Dios con esa actitud. El enemigo está siempre observándote para descubrir alguna inconsistencia en tu conducta; sé muy santo, pues. Recuerda que los ojos de todos están sobre ti, y que se espera más de ti que de los otros hombres. Procura no dar motivo al reproche. Que tu bondad sea la única falta que ellos puedan hallar en ti. A semejanza de Daniel, ponlos en el trance de decir: «No hallaremos contra este Daniel ocasión alguna, si no la hallamos contra él en la ley de su Dios». Procura tanto ser útil como consecuente. Tal vez digas: «Si estuviese en una posición más favorable podría servir a la causa del Señor, pero donde estoy no puedo hacer ningún bien». Cuanto más malas sean las gentes entre las cuales vives, tanto más necesitan de tus esfuerzos; cuanto más torcidas, tanto más necesitan ser enderezadas; y si son perversas tanto más necesario es que sus soberbios corazones se conviertan a la verdad. ¿Dónde tiene que estar el médico, sino donde hay muchos enfermos? ¿Dónde consigue el soldado el honor, sino en el más intenso fuego del combate? Y cuando te halles cansado de la lucha y del pecado que te circunda por todas partes, piensa que todos los santos soportaron la misma prueba. Ellos no fueron al cielo llevados en camas, y tú no tienes que esperar viajar más cómodamente que ellos. Ellos tuvieron que arriesgar sus vidas hasta la muerte en los altos lugares del campo de batalla, y tú no serás coronado si no sufres trabajos como fiel soldado de Jesucristo. Por lo tanto, «estad firmes en la fe, portaos varonilmente y esforzaos».

6 septiembre

Seamos luz a todos, por doquier

En medio de una generación maligna y perversa, en medio de la cual resplandeció como luminares en el mundo (Filipenses 2:15)

La Biblia en un año:
- **Salmos 148–150**
- **1 Corintios 15:29-58**

Empleamos las lumbreras para *hacer ver*. El cristiano debiera brillar, en su vida, de tal modo que nadie pudiese vivir con él una semana sin conocer el Evangelio. Su conversación debiera ser tal, que todos los que viven en torno suyo conozcan claramente de quién es él y a quién sirve, y vean la imagen de Jesús reflejada en sus acciones diarias. Las lumbreras sirven para *guiar*. Hemos de ayudar a los de nuestro derredor y viven en tinieblas, y ofrecerles la Palabra de vida; hay que dirigir a pecadores al Salvador y a cansados al divino reposo. Las gentes a veces leen la Biblia, pero no pueden entenderla; hemos de estar listos como Felipe, para instruir al que indaga el significado de la Palabra de Dios, y al que busca el camino de la salvación y la vida de piedad. Las lumbreras se usan también para *advertir*. Sobre nuestras rocas y bancos de arena tiene indudablemente que levantarse un faro. Los cristianos debieran saber que en todas partes del mundo hay muchas lumbreras falsas, y que, por lo tanto, es necesaria la lumbrera verdadera. Los piratas de Satán están siempre en el mundo, tentando a los impíos a pecar bajo el nombre del placer. Ellos levantan la luz falsa. Levantemos nosotros la luz verdadera sobre toda roca peligrosa, a fin de señalar todos los pecados, indicando, además a qué fin conducen, para que seamos libres de la sangre de todos los hombres, alumbrando como luminares en el mundo. Las lumbreras tienen también una influencia *animadora*, y lo mismo acontece con los cristianos. El cristiano debe ser un consolador que tenga afectuosas palabras en sus labios y simpatía en su corazón. Debe llevar luz en cualquier lugar a donde vaya y esparcir felicidad en torno suyo.

Puedes con tu luz algún perdido rescatar,
Brilla en el sitio donde estés.

La *fe hace muchos descubrimientos*. La casa estaba llena; una muchedumbre había bloqueado la puerta, pero la fe encontró un medio para llegar al Señor y colocar delante de Él al paralítico. Si no podemos llevar los pecadores a Jesús por medios ordinarios, hemos de utilizar los extraordinarios. Parece, según Lucas 5:19, que hubo que sacar una teja del techo, lo cual habrá hecho caer polvo, y habrá representado cierto peligro para los que estaban abajo, pero, cuando el caso es muy urgente, no tenemos que temer correr algún riesgo, o sacudir algunas propiedades. Jesús estaba allí para curar, y aconteciera lo que aconteciese, la fe lo arriesgaba todo, con tal de que el paralítico tuviese sus pecados perdonados. ¡Oh si tuviésemos una fe más intrépida!

Querido lector; ¿no podemos, esta mañana, procurar esa fe para nosotros y para nuestros compañeros de trabajo, y no queremos intentar hoy algún acto de intrepidez en favor de las almas y para la gloria de Dios? El mundo está constantemente descubriendo. Los genios sirven a todos los propósitos del deseo humano. ¿No puede la fe descubrir también y alcanzar, por algún nuevo medio, a los perdidos que están pereciendo en derredor nuestro? Fue la presencia de Jesús la que estimuló el coraje victorioso de los cuatro que llevaban al paralítico. ¿No está ahora entre nosotros el Señor? ¿Hemos visto esta mañana su rostro por medio de la oración? ¿Hemos sentido en nuestras propias almas su poder sanador? Si es así, entonces a través de la puerta, de la ventana o del techo, procuremos llevar las pobres almas a Jesús, venciendo cualquier impedimento. Todos los medios son buenos y decorosos cuando la fe y el amor se han puesto sinceramente a ganar almas.

septiembre 7

Fe aun con riesgos

Y como no podían acercarse a Él a causa de la multitud, descubrieron el techo de donde estaba, y haciendo una abertura, bajaron el lecho en que yacía el paralítico
(Marcos 2:4)

La Biblia en un año:
• Proverbios 1–2
• 1 Corintios 16

8 septiembre

El fruto de la rama tiene su origen en la raíz

De mí será hallado tu fruto
(Oseas 14:8)

> **La Biblia en un año:**
> • Proverbios 3–5
> • 2 Corintios 1

Nuestro fruto es hallado de Dios en cuanto a la *unión*. El fruto de la rama tiene su origen en la raíz. Si cortas la conexión, la rama se seca y no lleva fruto. Nosotros llevamos fruto en virtud de nuestra unión con Cristo. Cada racimo de uva ha estado primero en la raíz, pasó luego por el tallo, subió después por los conductos de la savia, y, por fin, se hizo fruto; pero primero estuvo en la raíz. Así también toda buena obra estaba primero en Cristo, y después dio su fruto en nosotros. ¡Oh! cristiano, aprecia debidamente esta unión con Cristo, pues ella es la fuente de toda la fertilidad que tú puedas esperar conocer. Si no estuvieras unido a Jesús, serías, en verdad, una rama estéril. Nuestro fruto viene de Dios en cuanto a *providencia espiritual.* Cuando las gotas de rocío caen desde el cielo, cuando las nubes derraman su líquido tesoro, cuando el brillante sol hincha los granos del racimo, cada bendición celestial susurra al árbol y dice: «De mí es hallado tu fruto». El fruto debe mucho a la raíz, pues ésta es necesaria para que haya fruto, pero debe mucho también a las influencias externas. ¡Cuánto debemos a la providente gracia de Dios, con la cual Él nos da constantemente avivamiento, enseñanza, consolación, fortaleza y todo lo que necesitamos. A ella debemos la utilidad y virtud de que somos capaces. Nuestro fruto viene de Dios en cuanto a la *sabia labranza.* El filoso cuchillo del hortelano estimula la fecundidad del árbol, limpia los racimos y quita las ramas que están de más. Así acontece, cristiano, con aquella poda a la que el Señor te somete. «Mi Padre es el labrador. Todo pámpano que en mí no lleva fruto, le quitará; y todo aquel que lleva fruto, le limpiará, para que lleve más fruto.» Ya que nuestro Dios es el autor de nuestras gracias espirituales, démosle a Él toda la gloria de nuestra salvación.

Seamos, aquí, como Él es

Te responderé, y te enseñaré cosas grandes y ocultas que tú no conoces
(Jeremías 33:3)

> **La Biblia en un año:**
> • Proverbios 6–7
> • 2 Corintios 2

Hay diferentes traducciones de estas palabras. Una versión las traduce así: «Te enseñaré grandes y fortificadas cosas». Otra versión, en cambio, las traduce así: «Grandes y reservadas cosas». Ahora bien, en la experiencia cristiana hay cosas especiales y reservadas. Todos los desarrollos de la vida espiritual no son tan fáciles de conseguir. Existen formas y sensaciones de arrepentimiento, fe, gozo y esperanza que las experimenta toda la familia, pero hay un reino superior de éxtasis, de comunión y de consciente unión con Cristo que está lejos de ser la común habitación de los creyentes. No todos tenemos el alto privilegio de Juan de recostarnos en el pecho de Jesús, ni el de Pablo de ser arrebatado hasta el tercer cielo. Hay alturas en el conocimiento experimental de las cosas de Dios que el ojo de sutil del águila y del pensamiento filosóficos nunca ha visto. Solamente Dios puede llevarnos allí. Pero la carroza en la cual Él nos lleva, y los fogosos caballos que tiran de ella, son las oraciones poderosas. Estas oraciones vencen al Ángel de la misericordia: «Con su fortaleza venció al ángel. Venció al ángel, y prevaleció; lloró y le rogó; en Bethel lo halló, y allí habló con nosotros». Las oraciones que prevalecen llevan al cristiano al monte Carmelo, y lo capacitan para cubrir el cielo con nubes de bendición, y la tierra con ríos de misericordia. Las oraciones que prevalecen llevan al cristiano a la cumbre de Pisga y le muestran la herencia reservada; nos llevan al Tabor y nos transfiguran hasta que, a la semejanza de nuestro Señor, «como Él es, así seamos nosotros en este mundo». Si quieres tener una experiencia más elevada que la común, contempla a la Roca que es más alta que tú, y mira con los ojos de la fe a través de la ventana de la oración constante. Cuando tú abras la ventana de tu lado no permanecerá cerrada del otro.

10 septiembre

Contándonos entre los llamados

*Subió al monte,
y llamó así a los que Él quiso:
y vinieron a Él*
(Marcos 3:13)

> **La Biblia en un año:**
> • Proverbios 8–9
> • 2 Corintios 3

Aquí había soberanía. Los espíritus impacientes se enojan y sulfuran porque no son llamados a los más altos rangos del ministerio; pero, lector, tú alégrate de que Jesús llame a quien quiera. Si Él me permite ser un portero en su casa, yo lo alabaré gozosamente porque me permite, en su gracia, hacer algo en su servicio. El llamamiento de los siervos de Cristo viene de arriba. Jesús está sobre el monte, siempre por encima del mundo en santidad, solicitud, amor y poder. Aquellos a quienes Él llama deben subir al monte con Él, deben procurar elevarse a su nivel, viviendo en constante comunión con Dios. Quizás no puedan elevarse a las glorias clásicas o alcanzar eminencias escolásticas, pero deben, a semejanza de Moisés, subir al monte de Dios y tener íntima comunión con el Dios invisible o, de lo contrario, nunca estarán en condiciones de proclamar el Evangelio de paz. Jesús se apartó para tener comunión con el Padre, y nosotros tenemos que entrar en el mismo compañerismo divino si queremos ser un medio de bendición a nuestros prójimos. No hay por qué admirarse de que los apóstoles estuvieran revestidos de poder cuando descendieron del monte donde estaba Jesús. Esta mañana debemos esforzarnos por ascender al monte de la comunión, a fin de ser ordenados allí para la obra para la cual hemos sido apartados. Que no miremos el rostro del hombre hasta que veamos a Jesús. El tiempo que invertimos en su compañía está invertido en una utilidad bendita. Nosotros también echaremos fuera demonios y obraremos portentos si vamos al mundo ceñidos con la energía divina que solo Cristo puede dar. Es inútil ir a la batalla del Señor sin estar armados con las armas celestiales. Nosotros *tenemos* que ver a Jesús; esto es esencial. Demoraremos en el propiciatorio hasta que se manifieste a nosotros como no se manifiesta al mundo.

Haciéndolo todo para la gloria de Dios

Apartaos
(2 Corintios 6:17)

> **La Biblia en un año:**
> • Proverbios 10–12
> • 2 Corintios 4

El cristiano, aunque está en el mundo, no debe ser del mundo. Ha de distinguirse del mundo en *la gran finalidad de su vida*. Para él «el vivir» tendría que ser «Cristo». Ya coma, o beba, o haga cualquier otra cosa, debería hacerlo todo para la gloria de Dios. Tú puedes hacerte tesoros, pero hazlos en el cielo, donde ni la polilla ni el orín corrompen y donde ladrones no minan ni hurtan. Puedes procurar enriquecerte, pero sea tu ambición el ser «rico en fe» y en buenas obras. Puedes tener alegría, pero cuando estés alegre, canta salmos y alaba al Señor en tu corazón. En tu espíritu como en tus aspiraciones, has de diferir del mundo. Aguardando humilde ante el Señor, consciente siempre de su presencia, deleitándote en su comunión y procurando conocer su voluntad, demostrarás ser ciudadano del cielo. Tendrías que estar separado del mundo en cuanto a tus *obras*. Si una cosa es justa, debes hacerla aunque pierdas; si fuere injusta, aunque ganes haciéndola, debes despreciar el pecado por amor a tu Maestro. No debes comunicar con las obras infructuosas de las tinieblas, sino más bien redargüirlas. Anda como es digno de tu vocación y dignidad. Recuerda, oh cristiano, que tú eres hijo del Rey de reyes. Guárdate sin mancha de este mundo. No manches los dedos que pronto han de tocar las cuerdas celestiales; no permitas que tus ojos, que en breve verán al Rey, lleguen a ser ventanas de la concupiscencia; no permitas que tus pies, que pronto han de andar por las calles de oro, se ensucien en lugares cenagosos; no permitas que tu corazón, que dentro de poco se llenará de cielo y rebosará de gozo, se llene de orgullo y amargura.

Aparte del mundo, Señor, me retiro,
de lucha y tumulto ansioso de huir,
de escenas horribles, do el mal victorioso
extiende sus redes y se hace servir.

12 septiembre

No soporta que nosotros elijamos a otro

Dios celoso
(Nahum 1:2)

La Biblia en un año:
• Proverbios 13–15
• 2 Corintios 5

¡Oh creyente!, tu *Dios es muy celoso de tu amor*. ¿Te escogió Dios? Bien, Él no puede soportar que tú escojas a otro. ¿Te compró Él con su propia sangre? Entonces, Él no puede tolerar que tú pienses que te perteneces o que perteneces al mundo. Él te amó de tal manera que no se quedó en el cielo sin ti. El Señor preferiría morir antes que dejarte perecer; por tanto, no puede tolerar que nadie esté entre Él y el amor de tu corazón. *Dios es muy celoso de tu confianza*. Él no permitirá que tú confíes en un brazo de carne. No puede tolerar que caves cisternas rotas cuando está a tu alcance el superabundante manantial. Cuando te apoyas en Él, se alegra; pero si dependes de otro, si confías en tu propia sabiduría, o en la sabiduría de un amigo, o –lo que es peor– si confías en alguna obra tuya, entonces se ofende y te castigará para atraerte a sí mismo. *Dios es también muy celoso de nuestra compañía*. No debería haber nadie con quien conversar tanto como con Jesús. Estar solo con Él es verdadero amor. Pero conversar con el mundo, hallar suficiente solaz en las comodidades carnales, preferir la compañía de nuestros hermanos antes que la comunión íntima con Él, es motivo de dolor para nuestro celoso Señor. Él quisiera de buena gana que estuviésemos con Él y gozásemos de su constante comunión. Muchas de las pruebas que Dios nos manda tienen el propósito de apartar nuestros corazones de la criatura y fijarlos más en el Creador. Que este celo, que debe conservarnos cerca de Cristo, *sea para nosotros también consuelo*, pues si Él nos ama tanto como para preocuparse así de *nuestro* amor, seguro que no permitirá que nada nos dañe, y nos defenderá de todos nuestros enemigos. ¡Dios quiera que tengamos hoy la gracia de conservar nuestros corazones en sagrada castidad, cerrando nuestros ojos a las fascinaciones del mundo!

Esto nos enseña que el consuelo obtenido por uno suele resultar útil a otro, como acontecería con las fuentes que eran aprovechadas por la compañía que venía detrás. Solemos leer algunos libros llenos de consolación, que, a semejanza de la vara de Jonatán, destilan miel. Nosotros pensamos que nuestro hermano estuvo allí antes que nosotros, y cavó este pozo

septiembre 13

¡Dejando huella!

Atravesando el valle de lágrimas lo cambian en fuente, cuando la lluvia llena los estanques
(Salmos 84:6)

La Biblia en un año:
• Proverbios 16–18
• 2 Corintios 6

en provecho de sí mismo y de nosotros. Muchos de esos libros han sido como un estanque hecho por un peregrino para su bien, pero que ha resultado ser muy útil también a otros. Advertimos esto sobre todo en los Salmos, como, por ejemplo, aquel que dice en uno de sus versículos: «¿Por qué te abates, oh alma mía?». Los viajeros se han gozado al ver la huella del hombre en lugares estériles, y a nosotros nos gusta ver las marcas que los peregrinos dejaron al pasar por el valle.

Los peregrinos cavan el pozo, pero, aunque parezca extraño, ese pozo se llena por la parte de arriba en lugar de hacerlo por la parte de abajo. Nosotros usamos los medios, pero la bendición no procede de los medios. Nosotros cavamos el pozo, pero el cielo lo llena con lluvia. El caballo está preparado, aguardando el día de la batalla, pero la seguridad es del Señor. Los medios están relacionados con el fin, pero no lo producen por sí mismos. Mira aquí, la lluvia llena los estanques, de suerte que ellos llegan a ser útiles como depósitos de agua. El trabajo no se pierde, pero, sin embargo, no reemplaza a la ayuda divina. La gracia bien puede compararse a la lluvia por su pureza, por su influencia refrescante y vivificadora, por venir sola desde arriba y por la soberanía con que es dada o retenida. ¡Que nuestros lectores tengan lluvias de bendiciones y que los pozos que han cavado se llenen de agua! ¡Oh Dios de amor, abre las ventanas del cielo y derrama sobre nosotros bendición!

14 septiembre

Siguiendo la estela de nuestro Almirante

Había también con Él otras barcas
(Marcos 4:36)

> **La Biblia en un año:**
> • Proverbios 19–21
> • 2 Corintios 7

Jesús era esa noche el gran Almirante del mar, y su presencia preservó a todo el convoy. Es bueno navegar con Jesús, aunque sea en un barquito. Cuando navegamos en compañía de Jesús, no podemos estar seguros de contar con buen tiempo, pues grandes tormentas pueden sacudir el barco que lleva al Señor mismo; ni tampoco debemos esperar que el mar será menos borrascoso alrededor de nuestro barquito. Si vamos con Jesús hemos de estar satisfechos de viajar como viaja Él, y cuando las olas sean borrascosas para Él, lo serán también para nosotros. Es en medio de la tempestad y de las sacudidas que llegamos a tierra, mientras Él va delante de nosotros. Cuando la tormenta sacudía el mar de Galilea, en todos los rostros se dibujaba la preocupación, y todos los corazones temían el naufragio. Cuando toda ayuda humana era vana, se levantó el Salvador, y con una palabra transformó la tempestad en calma. Entonces tanto los otros barquitos, como aquel en que viajaba el Señor, tuvieron bonanza. Jesús es la estrella del mar. Y aunque haya aflicción en la mar, si Jesús está en ella hay gozo también. Que nuestros corazones hagan de Jesús su ancla, su timón, su faro, su bote salvavidas y su puerto. Su Iglesia es el navío del Almirante. Sigamos sus movimientos y alentemos a sus oficiales con nuestra presencia. El Almirante mismo es la gran atracción. Sigamos siempre su estela, observemos sus señales, guiémonos por su carta de navegación, y mientras Él esté en la borrasca, no temamos, ningún barco del convoy naufragará. El Gran Jefe de escuadra conducirá a cada uno de ellos en seguridad al puerto deseado. Por fe soltaremos amarras para navegar otro día, y nos daremos a la vela con Jesús en un mar de tribulación. Él está siempre en medio de los azotados por la tormenta. Regocijémonos en Él. Su barco llegó al puerto, el nuestro llegará también.

No temiendo turbaciones ni sobresaltos

*No tendrá temor alguno
de malas noticias*
(Salmos 112:7)

La Biblia en un año:
• Proverbios 22–24
• 2 Corintios 8

Cristiano tú no debes temer la llegada de malas noticias, porque si te afliges por ellas, *¿qué más haces que los otros hombres?* Los otros hombres no tienen como tú a Dios, a quien acudir; no han probado su fidelidad, como lo has hecho tú, y no hay que admirarse si ellos se abaten con sobresaltos y se acobardan con temor. Pero tú profesas ser de otro espíritu; has sido engendrado otra vez en esperanza viva, y tu corazón vive en el cielo y no en las cosas terrenales. Si estás turbado, ¿cuál es el valor de la gracia que profesas haber recibido? ¿Dónde está la dignidad de esa nueva creación que pretendes poseer? Además, si como los otros, estás lleno de sobresaltos, *serás inducido a cometer los pecados que cometen ellos, cuando están pasando por penosas circunstancias.* Los impíos, al ser sorprendidos *por* malas noticias, se rebelan contra Dios, murmuran y piensan que Dios los trata duramente. ¿Quieres caer tú en el mismo pecado? ¿Quieres provocar al Señor como hacen ellos? Además, los inconversos recurren con frecuencia a medios erróneos para escapar de sus dificultades, y tú, sin duda, harás lo mismo si te rindes a la presión de la presente dificultad. Confía en el Señor y espera pacientemente en Él. El mejor rumbo que puedes tomar es hacer lo que hizo Moisés ante el mar Rojo: «Estar quedo y ver la salvación de Dios». Porque si das cabida al temor cuando oyes malas noticias, serás incapaz de hacer frente a la aflicción, con aquella serena tranquilidad, que te da fuerzas para cumplir con el deber y te sostiene en la adversidad. ¿Cómo puedes glorificar a Dios si haces el papel del cobarde? Los santos han cantado frecuentemente en el fuego las mejores alabanzas de Dios, ¿y tú quieres, como si nadie te ayudara que tus dudas y desalientos magnifiquen al Altísimo? Anímate, pues, y confía en la fidelidad de Dios.

16 septiembre

Somos hechos a su imagen y semejanza

*Participantes
de la naturaleza divina*
(2 Pedro 1:4)

La Biblia en un año:
• Proverbios 25–26
• 2 Corintios 9

Ser participante de la naturaleza divina no es, por supuesto, convertirse en Dios. Eso no puede ser. De la esencia de la Deidad no puede participar la criatura. Entre criatura y Creador habrá siempre un golfo, en cuanto a la esencia; pero como el primer hombre, Adán, fue hecho a la imagen de Dios, así nosotros, por la renovación del Espíritu Santo, somos, en un sentido aun más sublime, hechos a imagen del Altísimo, y somos además participantes de la naturaleza divina. Somos, por su gracia, hechos semejantes a Dios. «Dios es amor», y nosotros nos convertimos en amor, pues «el que ama es nacido de Dios». Dios es verdad, y nosotros llegamos a ser verdaderos, y amamos al que es verdadero. Dios es bueno, y nos hace buenos por su gracia, de modo que lleguemos a ser los de limpio corazón que verán a Dios. Además, nosotros llegamos a ser participantes de la naturaleza divina en un sentido aun más elevado que éste, tan elevado como pueda concebirse, excepto el ser divinos absolutamente. ¿No hemos llegado a ser miembros del cuerpo de la divina persona de Cristo? Sí, la misma sangre que corre por la cabeza corre también por las manos. Y la misma vida que anima a Cristo anima a los suyos, pues «vosotros muertos sois, y vuestra vida está escondida con Cristo en Dios». Y más: pues, como si eso no fuera suficiente, nosotros estamos desposados con Cristo. Él nos ha desposado en justicia y fidelidad, y el que está unido al Señor es un espíritu con Él. ¡Oh maravilloso misterio! Lo contemplamos, pero ¿quién lo entenderá? ¡Uno con Jesús; uno con Él de tal modo que el sarmiento no está más unido a la vid de lo que nosotros lo estamos a nuestro Señor, Salvador y Redentor! Y al regocijarnos en esto, recordemos: los que son hechos partícipes de la naturaleza divina deben manifestar ese alto y santo parentesco en su comunicación con los demás.

Con desesperación, el decepcionado padre se volvió de los discípulos al Maestro. Su hijo estaba en la peor condición posible, y todos los medios habían fracasado, pero el pobre niño fue pronto librado del maligno, cuando el padre obedeció, con fe, el pedido de Jesús: «Traédmelo». Los hijos son dones preciosos de Dios, pero nos producen ansiedades. Pueden ser

septiembre 17

No decepcionemos a tan buen Padre

Traédmelo
(Marcos 9:19)

La Biblia en un año:
• Proverbios 27–29
• 2 Corintios 10

motivo de gran gozo, o de gran amargura, para sus padres; pueden estar llenos del Espíritu de Dios o poseídos de un espíritu malo. En todos los casos, la Palabra de Dios nos da una receta para la cura de todos los males: «Traédmelo». ¡Dios nos enseñe a elevar oraciones más agonizantes en favor de nuestros hijos mientras son pequeños! El pecado está en ellos, empecemos a atacarlo con oración. El clamor en favor de nuestros vástagos debiera preceder a los lamentos que anuncian su venida a este mundo de pecado. En los días de su juventud veremos tristes señales de aquel espíritu mudo y sordo, que ni orará rectamente ni oirá la voz de Dios al alma, pero aun en ese caso Jesús nos manda: «Traédmelo». Cuando sean adultos, quizás se revuelquen en el pecado y echen espumarajos de enemistad contra Dios; entonces, cuando nuestros corazones estén quebrantados, recordemos la palabra del Médico: «Traédmelo». No debemos cesar de orar hasta que dejen de respirar. Ningún caso es irremediable mientras viva Jesús. El Señor permite a veces que los suyos sean puestos en un callejón sin salida para que conozcan por experiencia cuánto le necesitan. Los hijos impíos, al mostrarnos nuestra impotencia contra la depravación de sus corazones, nos obligan a ir al Fuerte para adquirir fuerzas, siendo de gran bendición. Que la necesidad que experimentamos hoy, nos lleve, cual fuerte corriente, al océano del amor divino. Jesús quitará pronto nuestra aflicción; y Él nos confortará.

18 septiembre

La fe no puede estar desligada de la verdadera piedad

Si vivimos por el Espíritu, andemos también por el Espíritu
(Gálatas 5:25)

> **La Biblia en un año:**
> • Proverbios 30–31
> • 2 Corintios 11:1-15

Las dos cosas más importantes de nuestra santa religión son la vida de fe y la conducta de fe. El que entiende correctamente estas cosas no está lejos de ser un maestro en teología experimental, pues ellas son puntos vitales para el cristiano. Nunca hallarás la verdadera fe desligada de la verdadera piedad. Por otra parte, nunca hallarás una vida verdaderamente santa que no tenga por fundamento una fe viva en la justicia de Cristo. ¡Ay de quienes buscan lo uno sin lo otro! Hay algunos que cultivan la fe y se olvidan de la santidad. Estos quizá estén muy arriba en ortodoxia, pero estarán muy abajo en la condenación, pues «detienen la verdad con injusticia». Hay otros que se han esforzado en busca de la santidad, pero han negado la fe, a semejanza de los fariseos de la antigüedad, de quienes el Maestro dijo que eran «sepulcros blanqueados». Debemos tener fe, pues ella es el fundamento, pero debemos también tener santidad de vida porque la santidad es el edificio. ¿De qué le sirven al hombre, en días de tormenta, los simples cimientos de un edificio? ¿Puede refugiarse en ellos? Lo que él necesita es una casa que lo proteja, la que, a su vez, tenga sólidos cimientos. Así también nosotros necesitamos el edificio de la vida espiritual si queremos tener fortaleza en el día de la duda. Pero no procures una vida santa sin fe, pues eso sería como levantar una casa que no puede dar un abrigo permanente, por no estar fundada sobre una roca. Pongamos juntas la fe y la vida, y ellas, a semejanza de los dos estribos de un arco, harán que nuestra piedad sea permanente. Así como la luz y el calor proceden del mismo sol, la fe y la vida están igualmente llenas de bendiciones; y, como los dos pilares del templo, están puestas para gloria y belleza. ¡Oh Señor!, danos hoy vida interior y ella se manifestará en lo exterior para tu gloria.

Pidiéndole supla todo aquello que nos falta

La libertad con que Cristo nos hizo libres
(Gálatas 5:1)

La Biblia en un año:
- Eclesiastés 1–3
- 2 Corintios 11:16-33

Esta «libertad» nos da libre acceso a la constitución del cielo, que es la Biblia. Creyente, ahí va un pasaje selecto: «Cuando pasares por las aguas, yo seré contigo». Tienes acceso a esa promesa. Aquí tienes otro: «Los montes se moverán y los collados temblarán; mas no se apartará de ti mi misericordia». Tienes acceso a esta otra promesa. Tú eres un huésped bienvenido en la mesa de las promesas. La Biblia es una caja fuerte llena de ilimitadas provisiones de gracia. Es el banco del cielo. Puedes sacar de allí, sin estorbo ni obstáculo, cuanto te plazca. Ven con fe a participar de todas las bendiciones del pacto y serás bienvenido. Ninguna de las promesas de la Palabra te será negada. Haz que esta libertad te consuele cuando estés pasando por las profundidades de la tribulación, te anime en la aflicción y sea tu solaz en la angustia. Esta libertad es la prenda de amor que te otorga tu Padre. Tienes acceso a ella siempre. Y libre acceso al trono de la gracia. Tener acceso al Padre Celestial es privilegio del creyente. Cualesquiera sean nuestros deseos, dificultades, y necesidades, somos libres de presentar todo delante de Él. No importa si hemos pecado mucho; podemos pedirle perdón y esperarle. No importa si somos muy pobres; podemos pedir que, conforme a su promesa, nos supla todo lo que nos falta. Tenemos permiso de acercarnos a su trono en todo tiempo: a medianoche o a mediodía. ¡Oh creyente!, ejerce tus derechos y goza de tus privilegios. Tienes libre acceso a todo lo que está atesorado en Cristo: sabiduría, justicia, santificación y redención. No importa cuál sea tu necesidad, pues hay en Cristo abundantes provisiones para ti. ¡Oh, qué libertad es la tuya! Libertad de la condenación, libertad de gozar las promesas, libertad de acercarte al trono de la gracia, y, por fin, libertad para entrar en los cielos.

20 septiembre

Nada podemos por nosotros mismos

¡La espada de Jehová y de Gedeón!
(Jueces 7:20)

> **La Biblia en un año:**
> • Eclesiastés 4–6
> • 2 Corintios 12

Gedeón ordenó a sus hombres dos cosas: que ocultaran una tea en un cántaro, y que, a una señal convenida, lo rompieran para que la tea alumbrara, y entonces tocaran la corneta gritando: «¡Por la espada de Jehová y de Gedeón!». Eso es justo lo que todo cristiano debe hacer. Primero debes resplandecer. Rompe el cántaro que esconde tu luz. Arroja a un lado el almud que ha escondido tu luz, y resplandece. Que tu luz resplandezca delante de los hombres. Que tus obras sean tales que cuando las vean conozcan que tú has estado con Jesús. Después, seguirá el sonido, el toque de la trompeta. Debe haber esfuerzos diligentes para ganar a pecadores por la predicación de Cristo crucificado. Llévales el Evangelio; lleva el Evangelio a sus puertas y ponlo en sus caminos; no permitas que huyan de él. Toca la trompeta justo a sus oídos. Recuerda que el verdadero grito de guerra de la Iglesia es la consigna de Gedeón: «*La espada de Jehová y de Gedeón*». Dios hará esa obra, pues es suya.

Pero nosotros no tenemos que estar ociosos; el instrumento para hacer la obra debe ser usado: «*La espada de Jehová y de Gedeón*». Si solo gritamos: «La espada de Jehová», seremos culpables de ociosa arrogancia; y si gritamos: «La espada de Gedeón», manifestaremos una confianza idolátrica en un brazo de carne. Tenemos, pues, que combinar las dos expresiones en virtual armonía y decir: «La espada de Jehová y de Gedeón». No podemos hacer nada por nosotros mismos, pero con la ayuda de Dios podemos hacer cualquier cosa. Resolvámonos, pues, a salir personalmente en su nombre. Sirvamos de ejemplo, teniendo encendida nuestra tea; y demos testimonio, tocando fuertemente nuestra trompeta. Dios estará con nosotros y Madián será puesto en confusión, y el Señor de los ejércitos reinará para siempre.

Sus delicias son con los hijos de los hombres

Me alegraré con ellos, haciéndoles bien
(Jeremías 32:41)

La Biblia en un año:
• Eclesiastés 7–9
• 2 Corintios 13

¡Cuán alentador es para el creyente el gozo que Dios tiene en sus santos! No vemos razón alguna por la que el Señor deba regocijarse en nosotros; tampoco podemos regocijarnos en nosotros mismos, pues a menudo gemimos agravados, conscientes de nuestra pecaminosidad y deplorando nuestra infidelidad. Además, tememos que el pueblo de Dios no pueda tomar mucho placer en nosotros, pues sus componentes conocen tantas de nuestras imperfecciones y locuras, que lamentarán nuestras debilidades antes que admirar nuestros dones. Pero queremos descansar en esta preciosa verdad, en este glorioso misterio: «Como el gozo del esposo con la esposa, así se gozará con nosotros nuestro Señor». No leemos en ninguna parte que Dios se plazca en las altísimas montañas o en las rutilantes estrellas, pero leemos que «Él se huelga en la parte habitable de la tierra y sus delicias son con los hijos de los hombres». Tampoco está escrito que los ángeles dan placer a su alma, ni dice, de los querubines y serafines: «Serás llamada Hephzibah, porque Jehová se deleita en ti». Pero Él dice todo esto a criaturas caídas como nosotros, degradadas y depravadas por el pecado, que han sido salvadas, exaltadas y glorificadas por la gracia de Dios. ¡Cuán vigoroso es el lenguaje en que el Señor expresa el deleite que tiene en su pueblo! ¡Quién pensó que el Eterno prorrumpiría en un canto así! Sin embargo está escrito: «Se gozará sobre ti con alegría callará de amor, se regocijará sobre ti con cantar». Al mirar el mundo que había creado dijo que «era bueno», pero al contemplar a los comprados con la sangre de Jesús, parece como si su gran corazón no pudiera contenerse más, pues se desbordó en divinas exclamaciones de gozo. ¿No deberíamos expresar gratitud a esta declaración de amor, y cantar: «Me alegraré en Jehová, y me gozaré en el Dios de mi salud»?

22 septiembre

No me gozo en lo que Dios es, sino en lo que hizo

Alégrese Israel en su Hacedor (Salmos 149:2)

> **La Biblia en un año:**
> • Eclesiastés 10–12
> • Gálatas 1

Está alegre de corazón, oh creyente; pero cuida de que tu alegría tenga su origen en el Señor. Tú tienes muchos motivos para alegrarte en tu Dios, porque puedes cantar con David: «Dios, alegría de mi gozo» Alégrate de que Jehová reine y de que el Señor sea el Rey. Regocíjate porque Él está sentado sobre el trono y lo rige todo. Cada atributo de Dios debiera ser un nuevo rayo en el sol de nuestra alegría. Si reconocemos nuestra propia necedad, hemos de alegrarnos de que Él sea *sabio;* si temblamos ante nuestra debilidad, debemos regocijarnos de que Él sea *poderoso; si* sabemos que nos marchitamos como la hierba, nos alegraremos de que Él sea *eterno;* si a cada instante cambiamos, debemos gozarnos de que Él sea *inmutable.* Nos alegraremos también porque Él está lleno de gracia, y que esa gracia nos la dio a nosotros en su pacto; y porque Él nos limpia, nos guarda, nos santifica, nos perfecciona y nos lleva a la gloria. Esta alegría en Dios es como un río profundo. Hasta ahora solo hemos tocado la orilla, conocemos poco de su límpida hermosura y sus corrientes celestiales, pero más adelante la profundidad es mayor y la corriente es más impetuosa en su gozo. El cristiano sabe que puede gozarse no solo en lo que Dios *es,* sino también en todo lo que Dios *ha hecho* en el pasado. Los salmos muestran que el antiguo pueblo de Dios solía pensar mucho en las obras de Dios y tenía un canto para cada una de ellas. ¡Que el pueblo de Dios refiera también ahora las obras del Señor! ¡Que cuente sus poderosos hechos, y «cante al Señor que triunfó gloriosamente!» Que no cese de cantar, pues así como las nuevas bendiciones le son dadas cotidianamente, también debe, en incesante acción de gracias, manifestar su alegría por las obras de amor que el Señor obró en su providencia. Alegraos, hijos de Sion, y gozaos en el Señor vuestro Dios.

Somos aceptos en quien ha vencido a los poderes del mal

Aceptos en el amado
(Efesios 1:6)

> **La Biblia en un año:**
> • Cantares 1–3
> • Gálatas 2

¡Qué situación de privilegio! La aceptación incluye nuestra justificación, pero este término significa en griego mucho más que eso. Significa que nosotros somos los objetos de la *complacencia divina;* más aún: del gozo *divino.* ¡Cuán maravilloso es que nosotros, gusanos, mortales, pecadores, seamos los objetos del amor divino! Pero esto lo logramos solo «en el Amado». Algunos cristianos parecen ser aceptos solo en su propia experiencia; ése es al menos su temor. Cuando sus espíritus están animados y sus esperanzas son evidentes, entonces piensan que Dios los aceptó, pues en esos momentos se sienten muy exaltados, muy impregnados de cielo, muy lejos de la tierra. Pero si sus almas están pegadas al polvo, son víctimas del temor de que ya no sean aceptos. Si solo comprendieran que el desbordante gozo no los enaltece y que el profundo desaliento no los deprime ante la presencia del Padre, sino que permanecen aceptos en uno que no cambia, que es siempre el Amado de Dios siempre perfecto, sin mancha ni arruga o cosa semejante, ¡cuán felices serían, y cuánto más honrarían al Salvador! Creyente, regocíjate, pues, en esto: eres acepto en el Amado. Miras tu corazón y dices: «*Aquí* no hay nada aceptable». Mira a Cristo, y ve si *allí* no son aceptables todas las cosas. Tus pecados te atormentan, pero Dios ha echado tus pecados a sus espaldas, y tú quedas así acepto en el Justo. Tienes que luchar con la corrupción y pelear con la tentación, pero ya eres acepto en el que ha vencido a los poderes del mal. El demonio te tienta; ten coraje, él no te puede destruir, pues tú eres acepto en el que ha quebrado la cabeza de Satán. Conoce con plena seguridad tu gloriosa posición. Las almas glorificadas no son más aceptas que tú. Fueron aceptadas en el cielo únicamente «en el Amado», y tú eres ahora mismo acepto en Cristo en la misma forma.

24 septiembre

Desconfiando de los medios

La manos de nuestro Dios es para bien sobre todos los que le buscan; mas su poder y su furor, contra todos los que le abandonan
(Esdras 8:22)

La Biblia en un año:
• Cantares 4–5
• Gálatas 3

Por muchos motivos hubiera sido deseable que la compañía de peregrinos tuviese una escolta, pero una vergüenza santa no permitió que Esdras la consiguiera. El temía que el rey pagano pensara que sus profesiones de fe en Dios, eran meras hipocresías, o que imaginara que el Dios de Israel no era capaz de preservar a sus adoradores. Esdras no podía decidirse a confiar en un brazo de carne, para un asunto en el cual tan evidentemente intervenía el Señor, y, por lo tanto, la caravana salió sin protección visible, pero guardada por el que es la espada y el escudo de su pueblo. Tememos que sean pocos los creyentes que sienten este santo celo por Dios. Aun aquellos que, en alguna manera, marchan por fe, empañan el brillo de sus vidas, implorando la ayuda del hombre. Es mucho mejor no tener apoyo ni sostén, sino estar en pie sobre la Roca de los Siglos, sostenidos solo por el Señor. ¿Buscarían los creyentes subvenciones del estado para la Iglesia si recordaran que, pidiendo ayuda al César, afrentan al Señor? ¡Como si el Señor no pudiese suplir las necesidades de su propia causa! ¿Recurriríamos tan apresuradamente a los amigos y a las relaciones en busca de ayuda, si recordáramos que únicamente magnificamos al Señor cuando ponemos en su brazo toda nuestra confianza? Alma mía, espera solo en Dios. «Pero» –dirá alguno– «¿no se pueden usar los medios?». Es muy posible que sí. Pero nuestra falta rara vez reside en la omisión de los medios. Con mucha más frecuencia reside en que neciamente confiamos en ellos, en lugar de confiar en Dios. Pocos son los que dejan de confiar en la ayuda humana; en cambio, son muchos los que pecan grandemente confiando en ella. Aprende, querido lector, a glorificar a Dios.

Justificados por la fe tenemos paz para con Dios. La conciencia no acusa más. El juicio se decide ahora en favor del pecador. La memoria recuerda con profundo dolor los pecados pasados, pero no teme ningún castigo, pues Cristo ha pagado la deuda de su pueblo hasta la última jota y el último tilde, y ha recibido la aprobación divina. A menos que Dios sea

¿Quién acusará a los escogidos de Dios si Él los justifica?

Justo, y el que justifica al que es de la fe de Jesús
(Romanos 3:26)

> **La Biblia en un año:**
> • Cantares 6–8
> • Gálatas 4

tan injusto como para demandar un pago doble por una deuda, ninguna alma, por la cual Cristo murió como sustituto, puede jamás ser echada al infierno. Creer que Dios es justo parece ser uno de los fundamentos de nuestra naturaleza iluminada. Sabemos que esto debe ser así. Al principio nos causaba terror pensar en esto. Pero, ¡qué maravilla, que esta misma creencia de que Dios es justo, llegara a ser más tarde, el pilar en que se apoyaría nuestra confianza y nuestra paz! Si Dios es justo, yo, pecador sin sustituto, debo ser castigado. Pero Jesús ocupa mi lugar y es castigado por mí. Y ahora, si Dios es justo, yo, que soy un pecador que está en Cristo, no puedo perecer. Dios cambia de actitud frente a un alma, cuyo sustituto es Jesús; y no hay ninguna posibilidad de que esa alma sufra la pena de la ley. Así que, habiendo Jesús tomado el lugar del creyente, habiendo sufrido todo lo que el pecador debía haber sufrido a causa de su pecado, el creyente puede exclamar triunfalmente: «¿Quién acusará a los escogidos de Dios?». No lo hará Dios, pues Él es el que nos justifica; tampoco lo hará Cristo, pues Él es el que murió, «más aún el que también resucitó». No tengo esta esperanza porque no sea pecador, sino porque soy un pecador por quien Cristo murió. No creo que yo sea un santo, pero creo que, aunque soy impío, Él es mi justicia. Mi fe no descansa en lo que soy, sino en lo que Cristo es, en lo que Él ha hecho, y en lo que está haciendo ahora por mí.

26 septiembre

La paz de Dios guarda corazón y mente de sus hijos

Los mirtos que había en la hondura
(Zacarías 1:8)

> **La Biblia en un año:**
> • Isaías 1–2
> • Gálatas 5

La visión de este capítulo describe la condición de Israel en los días de Zacarías. Pero si lo interpretamos en relación a nosotros, esta visión describe a la Iglesia de Dios tal cual está ahora en el mundo. La Iglesia es comparada a una arboleda de mirtos que florece en un valle. Esa arboleda está *oculta,* inadvertida, escondida. No busca gloria, ni atrae la atención del indiferente espectador. La Iglesia, como su Cabeza, tiene una gloria, pero está encubierta de los ojos carnales, pues aún no ha llegado el tiempo en que se presentará en todo su esplendor. También se nos sugiere aquí la idea de *apacible seguridad,* pues la arboleda de mirtos, en el valle, permanece quieta y sosegada, mientras la tormenta pasa por la cima de las montañas. Las tempestades desencadenan su furia sobre los escarpados picos de los Alpes, pero allá abajo, donde corre el río que alegra la ciudad de Dios, los mirtos crecen junto a las mansas aguas, sin ser movidos por los impetuosos vientos. ¡Cuán grande es la tranquilidad interior de la Iglesia de Dios! Aun cuando es combatida y perseguida, tiene una paz que el mundo no puede dar, y que, por tanto, no puede quitar. La paz de Dios que sobrepuja todo entendimiento, guarda los corazones y las mentes de los hijos de Dios. ¿No describe también esta metáfora el crecimiento tranquilo y perpetuo de los santos? El mirto no pierde sus hojas; está siempre verde. Y la Iglesia, aun en sus peores tiempos, tiene un bendito verdor de gracia en derredor de sí. Más aún: algunas veces ha mostrado *mucho* verdor, cuando su invierno era intenso. La Iglesia ha prosperado más cuando sus adversarios fueron para con ella más severos. El mirto es el emblema de la paz y también un símbolo de *triunfo.* Las sienes del conquistador se ceñían con mirto y laurel. Y la Iglesia es siempre victoriosa. ¿No es cada cristiano más que vencedor por medio de aquel que lo amó?

El que afirma que el cristianismo hace miserables a los hombres, demuestra que lo desconoce enteramente. ¡Es en verdad, extraño que nos haga miserables, si consideramos *la alta posición a la cual nos alerta!* Él nos hace hijos de Dios. ¿Crees tú que Dios ha de dar a sus enemigos toda su felicidad, y reservará para su propia familia todo el dolor? ¿Tendrán sus enemigos alegría y gozo y los nacidos en su casa heredarán aflicción y desdicha? ¿El pecador que no conoce a Cristo se tendrá por rico y feliz, y nosotros iremos lamentándonos como si fuéramos miserables mendigos? ¡No! Nosotros nos gozaremos en el Señor siempre, y nos gloriaremos en nuestra herencia, pues nosotros «no hemos recibido el espíritu de servidumbre para estar otra vez en temor; mas hemos recibido el espíritu de adopción, por el cual clamamos: «Abba, Padre». La vara de la disciplina tiene que estar sobre nosotros en cierta proporción, pues ella nos trae dulces frutos de justicia. De modo que, con la ayuda del divino Consolador, nosotros, «el pueblo salvado por el Señor», nos gozaremos en el Dios de nuestra salvación. Nosotros nos hemos desposado con Cristo. ¿Permitirá el sublime Esposo que su esposa se consuma en un constante dolor? Nuestros corazones están unidos a Él; nosotros somos sus miembros, y aunque por un tiempo suframos, como una vez sufrió nuestra Cabeza, sin embargo, aún ahora somos bendecidos en Él con toda bendición espiritual. Tenemos las arras de nuestra herencia en los consuelos del Espíritu, que no son pocos ni insignificantes. Herederos de gozo sempiterno, gustamos anticipadamente de nuestra porción. Hay destellos de esa luz de gozo que nos anuncian el amanecer de nuestro eterno día. Nuestras riquezas están allende el mar; nuestra ciudad de sólidos fundamentos está de la otra parte del río.

septiembre 27

Nuestra herencia, los consuelos del Espíritu

Bienaventurado tú, oh Israel. ¿Quién como tú, pueblo salvo por Jehová?
(Deuteronomio 33:29)

La Biblia en un año:
• Isaías 3–4
• Gálatas 6

28 septiembre

Su solicitud admirable

Desde los cielos miró Jehová; vio a todos los hijos de los hombres
(Salmos 33:13)

La Biblia en un año:
• Isaías 5–6
• Efesios 1

Quizás ninguna otra figura de dicción represente a Dios desde un punto de vista más grato que aquella que lo representa como bajándose de su trono y descendiendo del cielo para atender las necesidades de la humanidad y ver sus gemidos. Amamos a aquel que, cuando Sodoma y Gomorra estaban llenas de iniquidad, no quiso destruirlas hasta que las visitó personalmente. Nosotros, en demostración de afecto, no podemos por menos que derramar los corazones delante del Señor, que inclina su oído desde la magnífica gloria y lo pone en los labios del agonizante pecador, cuyo débil corazón ansía ser reconciliado. ¿Qué otra cosa podemos hacer que amarlo, cuando sabemos que Él cuenta todos nuestros cabellos, marca nuestra senda y ordena nuestros caminos? Esta gran verdad está en especial cerca de nuestro corazón, al recordar cuán solícito es Él no solo en los intereses materiales de sus criaturas, sino en los espirituales. Aunque median leguas de distancia entre la finita criatura y el infinito Creador, hay, empero, eslabones que los unen. Cuando de tus ojos cae una lágrima, no pienses que Dios no la mira, porque «como el padre se compadece de los hijos, se compadece Jehová de los que le temen». Tu suspiro puede conmover el corazón del Señor. Tu murmullo puede inclinar hacia ti su oído. Tu oración puede detener su mano; tu fe puede mover su brazo. No pienses que Dios está sentado en lo alto sin cuidar de ti. Recuerda, aunque seas pobre y necesitado, sin embargo, Dios piensa en ti. «Porque los ojos de Jehová contemplan toda la tierra, para corroborar a los que tienen corazón perfecto para con él.»

En el afán y en el dolor,
Dios cuidará de ti;
En el peligro, tu Señor,
Sí, cuidará de ti.

Este reglamento parece muy raro, y, sin embargo, había en él sabiduría, pues el hecho de expeler la enfermedad demostraba que la constitución física del paciente era sana. Puede ser bueno para nosotros, esta mañana, ver la enseñanza típica de este precepto tan singular. Nosotros también somos leprosos y podemos leer la ley del leproso como aplicable a nosotros mismos. Cuando un hombre se ve enteramente perdido y arruinado, todo cubierto con la contaminación del pecado y sin ningún miembro libre de corrupción; cuando renuncia a todos sus derechos y se confiesa culpable delante del Señor, entonces el tal es limpio por la sangre de Jesús y por la gracia de Dios. La iniquidad oculta, no sentida ni confesada, es una verdadera lepra, pero cuando el pecado es manifiesto y sentido, recibe un golpe mortal, y el Señor mira con ojos de compasión al alma afligida por el mal. Nada es más grave que la justicia propia, ni nada nos trae más esperanza que la contrición. Hemos de confesar que no somos «otra cosa más que pecado», pues ninguna otra confesión será verdadera. Si el Espíritu Santo obra en nosotros, convenciéndonos de pecado, no tendremos dificultad en hacer esa confesión, pues brotará espontáneamente de nuestros labios. ¡Qué aliento trae este texto a los que están bajo una profunda convicción de pecado! El pecado lamentado y confesado, aunque sea horrible y repugnante, nunca impedirá que el hombre se acerque al Señor Jesús. El que a Jesús va, Él no lo echa fuera. Aunque sea deshonesto como el ladrón, impúdico como la mujer pecadora, impetuoso como Saulo de Tarso, cruel como Manasés y rebelde como el hijo pródigo, el gran corazón de amor atenderá al hombre que siente que en él no hay nada sano, y lo declarará limpio cuando confíe en Jesús crucificado. Ven, pues, a Él, cargado pecador.

septiembre 29

El pecado no impide acercarnos al Señor

Si la lepra hubiere cubierto todo su cuerpo, declarará limpio al llagado
(Levítico 13:13)

La Biblia en un año:
• Isaías 7–8
• Efesios 2

30 septiembre

Es justo alabar a Dios y bendecir su nombre

Cantad la gloria de su nombre; poned gloria en su alabanza (Salmos 66:2)

La Biblia en un año:
• Isaías 9–10
• Efesios 3

No se ha dejado a nuestra propia elección el alabar o no alabar a Dios. La alabanza es el más justo tributo debido a Dios, y cada cristiano, como recipiente de la gracia divina, está obligado a alabar a Dios todos los días. Es cierto que no tenemos ningún precepto dogmático en cuanto a la alabanza diaria, no tenemos mandamientos que nos señalen determinadas horas para dedicarlas al canto y a la acción de gracias, pero la ley escrita en el corazón nos enseña que es justo alabar a Dios. El mandamiento no escrito viene a nosotros con tanta fuerza como si hubiese sido registrado en las tablas de piedra, o enviado a nosotros desde la cumbre del Sinaí. Sí, es *deber* del cristiano alabar a Dios. No solo es un ejercicio agradable, sino una absoluta obligación de su vida. No pienses tú, que siempre te estás lamentando, que en esto eres inocente; ni supongas que puedes cumplir con tu deber para con Dios, sin elevar cantos de alabanza. Tú estás obligado por los vínculos de su amor a bendecir su nombre mientras vivas, y su alabanza debiera estar siempre en tu boca; pues tú eres bendecido con el fin de que bendigas su santo nombre. «Este pueblo crié para mí —dice el Señor—; mis alabanzas publicará.» Si tú no alabas a Dios, no estás dando el fruto que el Divino Labrador tiene derecho a esperar de tu manos. No cuelgues, pues, tu arpa sobre los sauces, sino bájala, y procura, con corazón agradecido, hacerle producir su mejor música. Levántate y canta sus alabanzas. Con el amanecer de cada mañana, eleva tus notas de acción de gracias; y que cada puesta del sol sea seguida con tu canción. Ciñe la tierra con tus alabanzas, y cércala con una atmósfera melodiosa, y Dios, desde los cielos, escuchará tu música y la aceptará.

Yendo a Él, vamos del destierro al hogar

*Levántate, oh amiga mía,
hermosa mía, y ven*
(Cantares 2:10)

La Biblia en un año:
• Isaías 11–13
• Efesios 4

¡He aquí, oigo la voz de mi Amado! ¡Él me habla! El buen tiempo se presenta sonriente sobre la faz de la tierra, y Jesús no quiere tenerme dormido espiritualmente mientras la naturaleza despierta del sueño invernal. Él me ruega que me levante; y tiene razón, pues he estado mucho tiempo entre las ollas de la mundanalidad. Él se levantó, y yo me levanté en él. ¿Por qué pues tengo que estar apegado al polvo? De los amores, de los propósitos y de las aspiraciones inferiores quiero elevarme a Él. Él me llama con el dulce nombre de «amiga mía», y me considera hermosa. Éste es un buen motivo para que me levante. Si tanto me elevó y me trata tan amablemente, ¿cómo puedo permanecer en las tiendas de Cedar y hallar agradables compañías entre los hijos de los hombres? Él me dice: «Vente». Él me llama para ir lejos, muy lejos de todo lo que es egoísta, rastrero, mundano, pecador; sí, me llama del mundo exteriormente religioso, que no Le conoce y no simpatiza con el misterio de la vida superior. «Vente» no suena en mis oídos desagradable, pues, ¿qué hay en este desierto de vanidad y pecado que pueda sostenerme? ¡Oh, Señor mío! tú quieres que vaya a ti; pero yo estoy preso entre las espinas y no puedo zafarme de ellas como deseo. Yo quisiera, de ser posible, no tener ojos, ni oídos, ni corazón para el pecado. Me llamaste a ti diciendo: «Vente», y es en verdad un llamado melodioso. Ir a ti es ir del destierro al hogar; es llegar a tierra salvado de furiosa tormenta; es ir al descanso tras mucho trabajo; es ir a la meta de mis deseos y a la cumbre de mis anhelos. Pero, Señor, ¿cómo puede una piedra levantarse, cómo puede una masa de barro salir del horrible abismo? ¡Oh, levántame, atráeme! Tu gracia puede hacerlo. Envía a tu Santo Espíritu a encender la sagrada llama de tu amor en mi corazón, y seguiré levantándome.

2 octubre

El gozo del Señor es nuestra fortaleza

La esperanza que os está guardada en los cielos
(Colosenses 1:5)

La Biblia en un año:
• Isaías 14–16
• Efesios 5:1-16

Nuestra esperanza en Cristo para el futuro es la causa principal y el apoyo más importante de nuestro gozo en este mundo, que animará nuestros corazones a pensar frecuentemente en el cielo, pues allí se promete todo lo que podamos desear. Aquí estamos cansados y rendidos, allá está el lugar de reposo, donde el sudor del trabajo no mojará más la frente del trabajador y la fatiga desaparecerá para siempre. Nos encontramos siempre en el campo de batalla; estamos tan tentados interiormente y tan atormentados por los enemigos de afuera, que casi no tenemos paz. Pero en el cielo gozaremos de la *victoria,* cuando la bandera flamee en lo alto triunfalmente, cuando la espada sea envainada y cuando oigamos decir a nuestro Capitán: «Bien, buen siervo y fiel». Hemos sufrido desgracia tras desgracia, pero estamos en camino hacia el país del Inmortal, donde los sepulcros son cosas desconocidas. Aquí el pecado nos causa constante aflicción, pero allí seremos perfectamente santos, pues no entrará nada que corrompa. La cicuta no brotará en los surcos de los campos celestiales. ¿No es para ti un motivo de gozo, saber que no serás desterrado para siempre, ni quedarás eternamente en este desierto, sino que pronto heredarás la Canaán? Sin embargo, que nunca se diga que estamos soñando en el *futuro* y olvidando el *presente;* hagamos que el futuro santifique el presente para los fines elevados. Por el Espíritu de Dios, la esperanza del cielo es la fuerza más poderosa para producir la virtud; es una fuente de alegre actividad; es la piedra angular de gozosa santidad.

El hombre que tiene esta esperanza, va a su trabajo con vigor, pues el gozo del Señor es su fortaleza. Lucha ardorosamente contra la tentación, porque la esperanza del mundo venidero rechaza los encendidos dardos del adversario.

El Señor, la mejor defensa

¿No son todos los espíritus ministradores, enviados para servicio a favor de los que serán herederos de la salvación?
(Hebreos 1:14)

La Biblia en un año:
- Isaías 17–19
- Efesios 5:17-33

Los ángeles son los invisibles servidores de los santos de Dios, puesto que ellos nos llevan en sus manos para que nuestro pie no tropiece en piedra. La lealtad a su Señor los guía a tomar un profundo interés en los hijos de su amor. Se regocijan cuando el pródigo vuelve a la casa de su padre aquí, y dan la bienvenida al creyente cuando llega al palacio del Rey en las alturas. En la antigüedad, los hijos de Dios fueron favorecidos con la aparición de los ángeles, y ahora, aunque invisibles a nuestra vista, los cielos están todavía abiertos, y los ángeles de Dios suben y descienden sobre el Hijo del Hombre, con el fin de visitar a los herederos de la salvación. Los serafines vuelan aún con carbones encendidos tomados del altar, para tocar los labios de los hombres muy amados. Si nuestros ojos estuviesen abiertos, veríamos los caballos de fuego y los carros de fuego en derredor de los siervos del Señor, pues nos hemos llegado a una innumerable compañía de ángeles, todos los cuales son custodios y protectores de la simiente real.

¡A qué augusta dignidad son elevados los escogidos de Dios, que los brillantes cortesanos del cielo llegan a ser sus voluntarios servidores! ¡A qué gloriosa comunión se nos eleva, pues tenemos relaciones con los inmaculados habitantes del cielo! ¡Cuán bien defendidos estamos, pues veinte mil carros de Dios están armados para nuestro rescate! ¿A quién debemos todo esto? Que el Señor Jesucristo sea siempre querido por nosotros, pues por Él se nos ha hecho sentar en lugares celestiales, sobre todo principado y potestad. Él acampa en derredor de los que le temen. Él es el verdadero Miguel, cuyo pie está sobre el dragón. ¡Salve, Jesús, ángel de la presencia de Jehová! A ti esta familia ofrece sus votos matutinos.

4 octubre

Para muchos santos, la vejez es la época más preciosa

Al caer la tarde habrá luz
(Zacarías 14:7)

> La Biblia en un año:
> • Isaías 20–22
> • Efesios 6

Solemos mirar adelante presintiendo el *tiempo de la vejez*, olvidando que a la tarde habrá luz. Para muchos santos, la vejez es la época más preciosa de sus vidas. Un aire más balsámico acaricia la mejilla del marinero, mientras se acerca a las playas de la inmortalidad; menos olas agitan su mar; la quietud reina profunda, suave y solemne. Las llamaradas del fuego de la juventud desaparecen del altar de la vejez, pero queda la llama más real del sentimiento fervoroso. Los peregrinos han llegado a Beulah, ese feliz país, cuyos días son como los días del cielo sobre la tierra. Los ángeles la visitan, brisas celestiales pasan por ella, allí crecen las flores del paraíso y el aire está impregnado de música seráfica. Algunos quedan aquí por muchos años, otros quedan solo horas, pero éste un Edén terrenal. Podemos ansiar el tiempo de descansar en sus umbrosas arboledas y nos satisfaremos con esperanza, hasta que venga el tiempo del refrigerio. El sol parece mayor cuando se pone que cuando está en el cenit, y un esplendor de gloria tiñe las nubes que circundan al sol en su ocaso. El dolor no rompe la calma del suave crepúsculo de la vejez, pues la potencia, que se ha hecho perfecta en la flaqueza, soporta el dolor paciente. Los frutos maduros de escogida experiencia se cosechan en la tarde de la vida como preciosa comida, y el alma se prepara para el descanso. El pueblo del Señor gozará de luz también en *la hora «de la muerte»*. La incredulidad llora: Las sombras caen, la noche viene, la existencia termina. ¡Ah, no!, grita la fe: La noche ha pasado y ha llegado el día. La luz viene, la luz de la inmortalidad, la luz del rostro del Padre. ¡Adiós!, amado; te vas; haces señas con tu mano. ¡Ah! Ahora estás en la luz. Las puertas de perla se han abierto, brillan las calles de oro. ¡Adiós!, hermano, tú tienes luz en la tarde que nosotros aún no tenemos.

Forteciéndonos con el pan celestial

Se levantó, y comió y bebió; y fortalecido con aquella comida caminó cuarenta días y cuarenta noches
(1 Reyes 19:8)

La Biblia en un año:
• Isaías 23–25
• Filipenses 1

Toda la fortaleza que nos da el bondadoso Dios, nos la da para servir, no para el libertinaje o para la jactancia. Cuando el profeta Elías, estando debajo del enebro, halló una torta cocida sobre las ascuas y vio, a su cabecera, un vaso de agua, no debía, como hacen algunos, satisfacerse con delicadas comidas, para, después, desperezarse relajadamente. Todo lo contrario, se le ordenó caminar, con la fortaleza de esa comida, cuarenta días y cuarenta noches, dirigiéndose a Horeb, el monte de Dios. Cuando el Maestro invitó a los discípulos a «ir y comer» con Él, dijo a Pedro después de haber comido: «Apacienta mis corderos». Más adelante añade: «Sígueme». Así pasa con nosotros. Comemos el pan del cielo para emplear después nuestra fortaleza en el servicio del Maestro. Nos allegamos a la pascua y comemos el cordero pascual con los lomos ceñidos, y el bordón en la mano, para partir en seguida cuando nuestra hambre quede satisfecha. Algunos cristianos viven *de* Cristo, pero no están ansiosos de vivir *para* Él. La tierra debe ser una preparación para el cielo. El cielo es el lugar donde los santos comen más y trabajan más. Se sientan a la mesa del Señor y lo sirven día y noche en su templo. Comen del alimento celestial y prestan servicio perfecto. Creyente, con la fortaleza que diariamente consigues de Cristo, trabaja para Él. Algunos de nosotros tenemos todavía mucho que aprender en cuanto al propósito del Señor, al darnos su gracia. No tenemos que retener los preciosos granos de verdad, como las momias de Egipto retienen por siglos el grano de trigo, sin darle oportunidad de crecer. Tenemos que sembrarlo y regarlo.

El Señor alimenta y refrigera nuestras almas, para que después usemos nuestras renovadas fuerzas para la promoción de su gloria.

6 octubre

Tomando de balde, del agua de la vida

El que bebiere del agua que yo le daré, no tendrá sed jamás
(Juan 4:14)

La Biblia en un año:
• Isaías 26–27
• Filipenses 2

El creyente en Jesús halla en su Señor lo suficiente para satisfacerse ahora, y para satisfacerse eternamente. El creyente no es un hombre cuyos días le son fastidiosos por falta de aliciente, pues halla en su religión tal fuente de gozo y de satisfacción, que se siente contento y feliz. Ponlo en un calabozo, y él hallará buena compañía; colócalo en un desierto estéril, y él comerá pan del cielo; prívalo de amistades, y él hallará al «amigo que es más conjunto que el hermano». Sécale la calabacera, y él hallará sombra debajo de la Roca de los siglos; mínale el fundamento de sus esperanzas terrenales, y su corazón permanecerá firme, confiando en el Señor. Hasta que entre Jesús, el corazón sigue tan insaciable como el sepulcro; pero, después, es una copa que rebosa. En Cristo hay tal plenitud, que Él solo es el todo del creyente. El verdadero santo está tan enteramente satisfecho con la omnisuficiencia de Jesús, que ya no tiene más sed, salvo aquella sed que ansía tragos más profundos de la fuente viva. Creyente, esta clase de sed es la que tú sentirás. No es una sed de ansiedad, sino de afectuoso deseo. Te resultará agradable el desear con ansias goces más profundos del amor de Jesús. Dijo alguien en cierta ocasión: «He hundido frecuentemente mi balde en el pozo, pero ahora mi sed de Jesús ha llegado a ser tan insaciable, que ansío poner el pozo mismo en mis labios y seguir bebiendo». Creyente, ¿es éste ahora el sentir de tu corazón? ¿Sientes que todos tus deseos están satisfechos en Jesús, y que ahora no tienes ninguna necesidad, salvo la de conocer más de Él y tener con Él más íntima comunión? Ven, entonces, frecuentemente, al manantial, y toma del agua de la vida de balde. Jesús nunca pensará que tomas demasiado, sino te recibirá con gozo, diciendo: «Bebed, sí, bebed abundantemente, mis bien amados».

Confiando en Él, incluso cuando todo vaya mal

*¿Por qué has hecho mal
a tu siervo?*
(Números 11:11)

> **La Biblia en un año:**
> • Isaías 28–29
> • Filipenses 3

Nuestro Padre celestial nos envía frecuentes aflicciones *para probar nuestra fe*. Si nuestra fe vale algo, soportará la prueba. El oropel teme al fuego, pero el oro no. Las joyas de imitación temen ser tocadas por el diamante, pero las joyas genuinas no temen la prueba. Es una fe pobre la que solo puede confiar en Dios cuando los amigos son leales, cuando el cuerpo está sano y los negocios van bien. Pero es una fe verdadera la que cuando los amigos desaparecen, cuando el cuerpo está enfermo, el espíritu abatido y la luz del rostro de nuestro Padre oculta, se mantiene firme por la fidelidad del Señor. Una fe que, en la prueba más terrible, pueda decir: «Aunque me matare, en Él confiaré», es una fe de origen celestial. El Señor aflige a sus siervos para que lo *glorifiquen*, pues Él es grandemente glorificado en su pueblo, que es hechura de sus manos. Cuando «la tribulación produce paciencia, y la paciencia experiencia, y la experiencia esperanza», el Señor es glorificado con el desarrollo de estas virtudes. Nunca conoceríamos la música del arpa, si no tocásemos sus cuerdas; ni saborearíamos el zumo de la uva, si no fuese pisada en el lagar; ni descubriríamos el suave perfume de la canela, si no la moliésemos; ni sentiríamos el calor del fuego, si los carbones no se consumiesen. La sabiduría y el poder del gran Artífice se ven en las pruebas a través de las cuales permite que pasen sus vasos de misericordia. Las aflicciones presentes *tienden a aumentar el gozo futuro*. Para que la belleza de las luces de un cuadro resalten, debe tener sombras. ¿Podríamos en el cielo ser felices en el más alto grado si no conociéramos la maldición del pecado y las amarguras de la tierra? ¿No es más dulce la paz tras la lucha, y el descanso tras del trabajo? ¿No encarece el recuerdo de los sufrimientos pasados la felicidad de los glorificados? Meditemos en esto todo el día.

8 octubre

Los medios son, en sí mismos, enteramente inútiles

Boga mar adentro, y echad vuestras redes para pescar (Lucas 5:4)

La Biblia en un año:
• Isaías 30–31
• Filipenses 4

De este relato aprendemos que necesitamos *la mediación humana*. La pesca de peces fue milagrosa; sin embargo, ni el pescador, ni el barco, ni la red fueron pasados por alto; todo fue usado para conseguir peces. Así también, para salvar almas, Dios usa medios; y mientras dure la presente dispensación de gracia, Dios se complacerá en salvar a los creyentes por la locura de la predicación. Cuando Dios obra sin emplear medios, es sin duda glorificado, pero, sin embargo, Él determinó usarlos, pues por ellos Él es muy magnificado sobre la tierra. *Los medios son en sí mismos enteramente inútiles.* «Maestro, habiendo trabajado toda la noche, nada hemos tomado.» ¿Por qué? ¿No desempeñaban bien su oficio de pescadores? En verdad ellos no eran novicios, conocían el trabajo. ¿Emprendieron sin maña su labor? No. ¿Les faltó diligencia? No; ellos habían *trabajado.* ¿Les faltó perseverancia? No; ellos habían trabajado *toda la noche.* ¿Había en la mar escasez de peces? Por supuesto que no, pues en cuanto vino el Maestro una gran multitud de ellos entró en la red. ¿Por qué, entonces, no habían pescado en toda la noche? Porque los medios en sí, sin la presencia de Jesús, no valen nada. «Sin Él nada podemos hacer.» Pero con Jesús lo podemos hacer todo. *La presencia de Cristo nos da éxito.* Jesús se sentó en el barco de Pedro, y su voluntad, por una influencia misteriosa, atrajo los peces a la red. Cuando Jesús es exaltado en su Iglesia, su presencia constituye el poder de la misma; la aclamación de un rey está en medio de ella. «Y yo, si fuere levantado de la tierra, a todos traeré a mí mismo.» Salgamos esta mañana a pescar almas, mirando arriba con fe y en derredor nuestro con solemne ansiedad. Trabajemos hasta que llegue la noche; y no lo haremos en vano, pues el que nos manda echar la red la llenará de peces.

En cierto sentido el camino al cielo es muy seguro; pero, por otra parte, no hay un camino más peligroso, pues está rodeado de dificultades. Un solo paso mal dado (¡cuán fácil es darlo si la gracia no está con nosotros!) basta para que caigamos. ¡Qué resbaladizo es el camino por el cual algunos de nosotros debemos andar! ¡Cuántas veces hemos de exclamar

octubre 9

¡Qué resbaladizo es el camino por donde andamos!

*Poderoso
para guardaros sin caída*
(Judas 24)

La Biblia en un año:
• Isaías 32–33
• Colosenses 1

con el salmista: «Casi se deslizaron mis pies; por poco resbalaron mis pasos». Si fuésemos fuertes y diestros alpinistas, no importaría mucho; pero, ¡cuán *débiles somos!* En los mejores caminos *pronto titubeamos,* y en los más llanos pronto tropezamos. Nuestras débiles rodillas apenas pueden sostener nuestro tambaleante cuerpo. Una paja puede hacernos caer, y una piedrecita herirnos. Somos simples niños dando trémulamente los primeros pasos. Nuestro Padre nos sostiene de los brazos; de lo contrario, pronto caeríamos. Si nos guarda sin caídas, ¡cómo debemos bendecir al paciente poder que nos vigila día por día! Pensemos cuán propensos somos a pecar, cuán prontos a escoger el peligro, cuán fuerte es nuestra tendencia al desaliento, y estas reflexiones nos harán cantar más suavemente: «Gloria al que es poderoso para guardarnos sin caída». *Tenemos muchos enemigos* que procuran derribarnos. El camino es escabroso y nosotros débiles; pero, aparte de esto, los enemigos se esconden en emboscadas, salen cuando menos los esperamos, y se esfuerzan por hacernos caer o por echarnos en el precipicio más próximo. Solo un brazo todopoderoso puede preservarnos de estos invisibles enemigos, que buscan destruirnos. Ese brazo está empeñado en nuestra defensa. Fiel es el que prometió; Él es poderoso para guardarnos sin caída. Así que, con un claro concepto de nuestra entera debilidad, tengamos firme confianza en la perfecta seguridad que tenemos en Jesús.

10 octubre

¿Somos irreprochables delante de Dios?

*Delante de su gloria
con gran alegría*
(Judas 24)

> **La Biblia en un año:**
> • Isaías 34–36
> • Colosenses 2

Medita en esta admirable palabra: *irreprensible*. Nosotros estamos ahora muy lejos de serlo; pero, como el Señor no carece de perfección en su obra de amor, algún día lo alcanzaremos. El Señor, que guardará a su pueblo hasta fin, se lo «presentará también para sí como una Iglesia gloriosa, sin mancha, ni arruga, ni cosa semejante, sino santa y sin mancha». Todas las gemas de la corona del Salvador son de primera agua y sin una sola falla. Todas las damas de honor que acompañan a la esposa del Cordero son vírgenes castas, sin mancha ni tacha. Pero, ¿cómo nos hará Jesús irreprensibles? Nos lavará de nuestros pecados en su propia sangre hasta que seamos tan blancos y hermosos como el más puro ángel de Dios. Seremos vestidos con su justicia, esa justicia que hace que el santo que la vista sea positivamente irreprensible, y perfecto en la presencia de Dios. Seremos irreprensibles e irreprochables aun en sus ojos. Su ley no solo no nos acusará, sino que será magnificada en nosotros. Además, la obra del Espíritu Santo en nosotros será completa. Nos hará tan perfectamente santos que desaparecerá de nosotros la tendencia a pecar. El juicio, la memoria, la voluntad; cada una de las facultades y cada uno de los sentimientos serán librados de la esclavitud del mal. Seremos santos como Dios es santo, y estaremos en su presencia para siempre. Los santos no estarán en el cielo fuera de ambiente; su belleza será tan sublime como la belleza del lugar que se les ha preparado. ¡Oh, cuál será el éxtasis de esa hora cuando las puertas eternas se levanten, y nosotros, aptos ya para la herencia, habitemos con los santos en luz! El pecado quitado, Satanás cerrado, la tentación eliminada y nosotros irreprochables delante de Dios. ¡Esto en realidad será un cielo! Alegrémonos, mientras ensayamos el canto de eterna alabanza.

El acto de la oración *nos enseña nuestra indignidad,* lo cual constituye una lección muy saludable para seres tan orgullosos como somos nosotros. Si Dios nos diese bendiciones sin constreñirnos a pedírselas en oración, nunca conoceríamos cuán pobres somos; en cambio, una sincera oración es como un catálogo de necesidades, como una revelación de pobreza ocul-

Una oración sincera es como un catálogo de necesidades

Levantemos nuestros corazones y manos a Dios en los cielos
(Lamentaciones 3:41)

> **La Biblia en un año:**
> • Isaías 37–38
> • Colosenses 3

ta. La oración, al mismo tiempo que es una solicitud de la riqueza divina, *es* también una confesión de la vanidad humana. El estado más saludable en que pueda encontrarse un cristiano, es estar siempre vacío de sí mismo y depender de las provisiones del Señor; es considerarse siempre pobre en sí, pero rico en Jesús.

La oración, aparte de las respuestas que nos trae, es muy beneficiosa para el cristiano. Como el corredor, por el ejercicio diario, obtiene fuerzas para el día de la carrera, así también nosotros, por el santo ejercicio de la oración, adquirimos energías para la gran carrera de la vida. La oración coloca plumas en las alas de los aguiluchos, para que aprendan a elevarse sobre las nubes. La oración ciñe los lomos de los soldados de Dios y los envía al combate con los nervios vigorizados y con los músculos fortalecidos. El que ruega con fervor, sale de su cámara secreta como «sale el sol de su tálamo oriental, y alégrase cual gigante para correr el camino». La oración es la mano levantada de Moisés que derrota a los amalecitas más que la espada de Josué; es la saeta tirada desde la ventana de Eliseo que presagia la derrota de los sirios. La oración ciñe la debilidad humana con fortaleza divina; transforma la necedad del hombre en sabiduría celestial, y da la paz de Dios a los turbados mortales. No conocemos nada que la oración no pueda hacer. Te damos gracias, oh Dios, por el propiciatorio. Ayúdanos hoy a servirnos de él acertadamente.

12 octubre

La digestión de la verdad consiste en meditarla

En tus mandamientos meditaré
(Salmos 119:15)

La Biblia en un año:
• Isaías 39–40
• Colosenses 4

A veces, la soledad es mejor que la compañía y el silencio más sabio que la conversación. Seríamos mejores cristianos si estuviésemos más solos, esperando en Dios y acumulando fuerzas, por la meditación de su Palabra, para usarlas en su servicio. Hemos de meditar en las cosas de Dios, para obtener de ellas el verdadero alimento. La verdad es semejante a un racimo de uva; si queremos obtener vino de él, tenemos que machacarlo, estrujarlo y exprimirlo muchas veces. Los pies del que machaca tienen que caer sobre los racimos, de lo contrario el zumo no saldrá; y deben pisar bien las uvas; si no, gran parte del precioso líquido se desperdiciará. Así también nosotros debemos, por la meditación, pisar los racimos de la verdad, si de ellos queremos conseguir el vino de la consolación. Nuestros cuerpos no se sostienen con poner meramente los alimentos en la boca. El proceso por el cual se alimentan los músculos, los nervios y los tendones es el proceso de la digestión. Es por la digestión que asimilamos los alimentos. Nuestras almas no se alimentan atendiendo un poco a ésta, otro poco a ésa y otro poco a aquella parte de la verdad divina. Es necesario que el oír, el leer, el marcar y el aprender sean digeridos para que resulten verdaderamente provechosos; y la digestión de la verdad consiste, en su mayor parte, en meditarla. ¿Por qué algunos cristianos hacen tan lentos progresos en la vida espiritual, a pesar de oír tantos sermones? Porque descuidan sus oraciones privadas y no meditan a conciencia la Palabra de Dios. Les gusta el trigo, pero no lo muelen; les agrada la mies, pero no van al campo a cosecharla. La fruta pende del árbol, pero no la arrancan; el agua fluye a sus pies, pero no se inclinan para beberla. ¡Oh, Dios, líbranos de esta insensatez! Sea ésta nuestra resolución, esta mañana:

«En tus mandamientos meditaré».

Fijando un ojo sobre el pecado y el otro sobre la cruz

El dolor que es según Dios, produce arrepentimiento
(2 Corintios 7:10)

La Biblia en un año:
• Isaías 41–42
• 1 Tesalonicenses 1

El dolor genuino y espiritual por el pecado es obra del Espíritu de Dios. El arrepentimiento es una flor muy delicada para que pueda crecer en el jardín natural. Las perlas se forman naturalmente en las ostras, pero el arrepentimiento nunca se manifiesta en los pecadores, a menos que la gracia divina lo obre en ellos. Si tienes una partícula de sincero odio al pecado, es porque Dios te lo ha dado, pues los abrojos de la naturaleza humana nunca producen un solo higo. «Lo que es nacido de la carne, carne es.» El verdadero arrepentimiento alude claramente al Salvador. Cuando nos arrepentimos hemos de fijar un ojo sobre el pecado y el otro sobre la cruz, o quizás sea mejor fijar los dos sobre Cristo y ver nuestras transgresiones solamente a la luz de su amor.

El dolor por el pecado es eminentemente práctico. Ningún hombre puede decir que odia el pecado si vive en él. El arrepentimiento nos hace ver el mal del pecado, no solo teóricamente, sino experimentalmente, así como un niño que se ha quemado teme al fuego. Nosotros temeremos al pecado en la misma forma en que un hombre, recientemente asaltado y despojado, teme al ladrón; y lo esquivaremos –lo esquivaremos en todas las cosas–; no solo en las cosas grandes, sino también en las pequeñas, así como los hombres esquivan tanto las víboras pequeñas como las grandes serpientes.

El sincero dolor por el pecado nos hará celosos de nuestras lenguas para que no digamos malas palabras. Vigilaremos con diligencia nuestras acciones diarias para no ofender en nada, y cada noche cerraremos el día con una sentida confesión de nuestras faltas, y cada mañana nos despertaremos con ansiosas oraciones a fin de que Dios nos sostenga ese día para no pecar contra Él. El arrepentimiento sincero es continuo.

14 octubre

Si le conocemos, hemos de amarlo

Estimo todas las cosas como pérdida por la excelencia del conocimiento de Cristo Jesús, mi Señor
(Filipenses 3:8)

> **La Biblia en un año:**
> • Isaías 43–44
> • 1 Tesalonicenses 2

El conocimiento espiritual de Cristo ha de ser un conocimiento personal. No podemos conocer a Jesús por el conocimiento que de Él tenga otra persona. No; debo conocerlo por mí mismo; he de conocerlo por mi propia cuenta. Éste será un conocimiento inteligente; tengo que conocerlo no como el visionario lo sueña, sino como la Palabra lo revela. Debo conocer sus naturalezas, la divina y la humana. Tengo que conocer sus oficios, atributos, obras, su afrenta y su gloria. Debo meditar en Él hasta «que comprenda con todos los santos cuál sea la anchura y la largura y la profundidad y la altura, y conozca el amor de Cristo que excede a todo conocimiento». Será éste un conocimiento afectuoso. Si realmente lo conozco, debo amarlo. Una onza de conocimiento cordial vale más que una tonelada de erudición mental. Nuestro conocimiento de Él será un conocimiento que satisface. Cuando conozca a mi Salvador, mi mente estará llena hasta el borde; sabré que tengo lo que mi espíritu ansiaba. Este es aquel pan del cual si alguien comiere no tendrá hambre jamás. Este será, al mismo tiempo, un conocimiento estimulante. Cuanto más conozca de mi Amado más desearé conocer; cuanto más alto suba tanto más altas estarán las cumbres que estimulan mis ansiosos pasos. Cuanto más obtenga, más querré. Igual que el tesoro del avaro, mi oro me hará codiciar más. En resumen: Este conocimiento de Cristo Jesús será un conocimiento muy feliz; sí, será un conocimiento tan animador que a veces hará que me sobreponga enteramente a todas las pruebas, dudas y aflicciones; y mientras disfrute de Él, me hará algo más que «hombre nacido de mujer, corto de días y harto de sinsabores». Este conocimiento esparcirá en torno mío la inmortalidad del eterno Salvador y me ceñirá con el áureo cinto de su eterno gozo. Ven, alma mía, siéntate a los pies de Jesús.

Para sus amados, Jesús es desde ya su refinador

¿Y quién podrá soportar el tiempo de su venida?
(Malaquías 3:2)

La Biblia en un año:
• Isaías 45–46
• 1 Tesalonicenses 3

Su primera venida se efectuó sin pompa ni ostentación de poder, sin embargo eran pocos los que, en realidad, pudieron soportar siquiera el experimento de su potencia. Herodes y Jerusalén con él se turbaron ante las noticias del admirable nacimiento. Los que suponían que lo esperaban fueron justo los que lo rechazaron, demostrando así la falacia de lo que profesaban ser. Cristo, cuando estaba sobre la tierra, puso a prueba (como lo hace un aventador) al gran montón de profesiones religiosas, y muy pocas pudieron soportar esa prueba. Pero, ¿qué será su segunda venida? «Él herirá la tierra con la vara de su boca, y con el espíritu de sus labios matará al impío.» Si cuando estaba en su humillación, con solo decir a los soldados: «Yo soy», éstos cayeron a tierra, ¿cuál será el terror de sus enemigos cuando Él se manifieste plenamente como el «Yo soy»? Si cuando murió tembló la tierra y se oscureció el cielo, ¿cuál será el terrible esplendor de aquel día cuando el viviente Salvador reúna delante de Él a los vivos y a los muertos? ¡Oh! que los terrores del Señor persuadan a los hombres a dejar sus pecados y a besar al Hijo para que no se enoje. Aunque Él es un Cordero, es también el león de la tribu de Judá que despedaza a la presa; y aunque no quiebra la caña cascada, quebrará, empero, a sus enemigos con vara de hierro, y los desmenuzará como vaso de alfarero. Ninguno de sus enemigos podrá parar ante la furia de su ira o esconderse de su terrible indignación. Pero sus amados, lavados por su sangre, esperan su venida con gozo y esperanza, y la reciben sin temor. Para ellos, Jesús es desde ya su refinador, y cuando Él los haya probado, saldrán como oro. Examinémonos a nosotros mismos esta mañana, y hagamos firme nuestra vocación y elección, de modo que la venida del Señor no nos cause presentimientos tristes.

16 octubre

Somos, en su mesa, un pan y una copa

Les dijo Jesús: Venid, comed
(Juan 21:12)

> **La Biblia en un año:**
> • Isaías 47–49
> • 1 Tesalonicenses 4

En estas palabras el creyente está invitado a tener una santa intimidad con Jesús. «Venid, comed», significa la misma mesa y el mismo alimento; y a veces significa sentarse a su lado y apoyar nuestra cabeza en el pecho del Salvador. Y significa ser llevados a la «casa del banquete», donde flamea la bandera del amor que redime. «Venid, comed» nos da una visión de la unión con Jesús, pues la única comida que podemos comer, cuando comemos con Jesús, es *Él mismo*. ¡Qué unión es ésta! Que nosotros nos alimentemos así de Jesús constituye, para la razón, un misterio impenetrable. «El que come mi carne y bebe mi sangre, en mí permanece y yo en él.» Es también una invitación a gozar de la comunión con los santos. Los cristianos pueden tener distintas opiniones sobre muchos asuntos, pero todos tienen un apetito espiritual. Si no podemos *sentir* del mismo modo, podemos, sin embargo, *alimentarnos* del mismo modo del pan de vida que descendió del cielo. En la mesa de la comunión con Jesús, somos un pan y una copa. Mientras la copa pasa de mano en mano nos brindamos cordialmente unos a otros. Acércate más a Jesús, y te hallarás más y más ligado a los que, como tú, se sostienen con el mismo maná celestial. Si estuviésemos más cerca de Jesús, estaríamos más cerca unos de otros. En estas palabras vemos, además, la fuente de fortaleza para todo cristiano. Mirar a Cristo es vivir; pero para tener fuerzas con que servirle, hemos de «venir y comer». Es por olvidar este precepto que gemimos bajo una debilidad innecesaria. Ninguno de nosotros necesita ponerse a dieta; al contrario, hemos de nutrirnos del meollo y la grosura del Evangelio, para acumular fuerzas y ponerlas totalmente al servicio del Maestro. Si quieres, pues, tener intimidad y unión con Jesús y amor a su pueblo, y obtener fuerzas de Jesús, «ven y come» con Él por fe.

El pensamiento del corazón de David en esta ocasión era un pensamiento falso, pues no tenía motivos para pensar que la unción que Dios le había dado por medio de Samuel estaba destinada a ser puesta de lado como un acto vano y sin significación. El Señor no lo había abandonado en ninguna ocasión. Con gran frecuencia, David había sido colocado en situaciones

Las pruebas son para provecho

Dijo luego David en su corazón: Al fin seré muerto algún día por la mano de Saúl
(1 Samuel 27:1)

La Biblia en un año:
• Isaías 50–52
• 1 Tesalonicenses 5

peligrosas, pero en ninguna ocasión la mediación divina dejó de librarlo. Las pruebas a las cuales había sido expuesto eran muy variadas; no habían tomado una sola forma, sino muchas, sin embargo, en cada caso, el que había enviado la prueba dispuso también la salida. David no podía poner su dedo sobre ninguna parte de su agenda y decir: «Aquí es evidente que el Señor me abandonará», pues todo el curso de su vida pasada era una prueba de lo contrario. Teniendo en cuenta lo que Dios había hecho con él, David tenía que llegar a la conclusión de que Dios lo defendería hasta el fin. Pero, ¿no dudamos nosotros, precisamente de la misma manera de la ayuda de Dios? ¿No es ésa una desconfianza que no tiene razón de ser? ¿Hemos tenido alguna vez el más insignificante motivo para dudar de la bondad de nuestro Padre? ¿No han sido «estupendas sus misericordias»? ¿Ha dejado Dios de cumplir en alguna ocasión? ¡No!; Dios nunca nos abandonó. Hemos tenido noches oscuras, pero la estrella del amor brilló en medio de las tinieblas. Nos hemos hallado en terribles conflictos, pero sobre nuestras cabezas Dios levantó el escudo de nuestra defensa. Hemos pasado por muchas pruebas, pero nunca para nuestro perjuicio, sino siempre para nuestro provecho. Y el resultado de nuestra experiencia pasada es que el que ha estado con nosotros en seis pruebas, no nos dejará en la séptima. Lo que ya conocemos de nuestro fiel Señor nos prueba que Él nos guardará hasta el fin.

18 octubre

Sentémonos siempre bajo la sombra de Jesús

Tus nubes destilan grosura
(Salmos 65:11)

> **La Biblia en un año:**
> • Isaías 53–55
> • 2 Tesalonicenses 1

Muchas son las huellas del Señor que dan fuerza, pero una de las principales es la oración. Ningún creyente que permanezca en oración privada, necesitará clamar: «¡Mi flaqueza, mi flaqueza, ay de mí!». Las almas hambrientas viven lejos del propiciatorio, y se asemejan a campos quemados en tiempo de sequía. La oración insistente y fervorosa hace al creyente fuerte y feliz. El lugar más próximo a la puerta del cielo es el trono de la gracia celestial. Permanece mucho a solas con Jesús, y tendrás mucha firmeza; pero si permaneces poco, tu religión será superficial, se contaminará con dudas y temores, y no brillará con el gozo del Señor. En vista de que la senda de la oración que enriquece al alma está abierta aun para el más débil de los santos; en vista de que no se requiere instrucción superior para andar en ella, y en vista de que no eres invitado a venir por ser un creyente aventajado, sino simplemente por ser creyente, procura, querido lector, estar a menudo en la senda de la devoción privada.

Otra de las huellas principales que derraman grosura a quienes andan por ella es la comunión privada. ¡Oh cuán deseables son las delicias de la comunión con Jesús! La tierra no tiene palabras que puedan expresar la santa calma del alma que se recuesta en el seno de Jesús. Pocos cristianos entienden esto; viven en un nivel bajo y rara vez suben a la cumbre del monte Nebo. Viven en el atrio de afuera, no entran en el santo palacio, y no echan mano del privilegio del sacerdocio. Desde cierta distancia miran el sacrificio, pero no se sientan con el sacerdote a comer con él y a disfrutar del sebo del holocausto. Tú, lector, siéntate siempre bajo la sombra de Jesús. Súbete a la palma y tómate de sus ramos. Que tu amado sea para ti como el manzano entre los árboles silvestres y tú te saciarás con meollo y grosura. ¡Oh Jesús, visítanos con tu salvación!

Creyente, ¿te lamentas de que tu vida cristiana sea tan débil y de que tu fe y amor sean tan frágiles? ¡Anímate!, pues tienes motivo para estar agradecido. Recuerda *que en algunas cosas eres igual al más grande y desarrollado cristiano*. Tú y él han sido comprados con sangre y adoptados como hijos de Dios. Un bebé es tan hijo de sus padres como lo es el hombre crecido.

Soy menos que nada pero me regocijaré en el Señor

Niños en Cristo
(1 Corintios 3:1)

La Biblia en un año:
• Isaías 56–58
• 2 Tesalonicenses 2

Tú estás tan justificado como cualquier creyente, pues la justificación no se da por grados. Tu escasa fe te ha limpiado por completo. Tú tienes tanto derecho a las cosas preciosas del pacto como lo tienen los creyentes más aventajados, pues tu derecho a la misericordia del pacto no depende de tu desarrollo, sino del pacto en sí. Tu fe en Jesús no es la medida de tu herencia, sino su prenda. Tú eres tan rico como el más rico, si no en solaz, al menos en efectiva posesión. La estrella más pequeña está puesta en el cielo y el rayo de luz más débil tiene relación con el sol. En el registro familiar de la gloria tanto el más pequeño como el más grande están inscritos con la misma pluma. Para el corazón del Padre tú eres tan querido como el mayor de la familia. Jesús cuida mucho de tus sentimientos. Tú eres semejante al pábilo que humea. Alguno de espíritu tosco diría: «quita ese pábilo que humea, pues llena la pieza con un olor desagradable». Pero Jesús no apagará al pábilo que humea. Tú eres como una caña cascada. Una mano menos tierna que la del Músico Principal la despreciaría y la tiraría, pero Jesús no quebrará la caña cascada. En vez de abatirte por lo que eres, tendrías que gloriarte en Cristo. ¿Soy yo pequeño en Israel? Sin embargo, en Cristo, se me ha sentado en lugares celestiales. ¿Soy pobre en fe? Sin embargo, en Jesús soy heredero de todas las cosas. Aunque soy menos que nada, sin embargo me regocijaré en el Señor y me gloriaré en Dios mi salvador.

20 octubre

Reflejando muy alto sus rayos sobre los demás

Crezcamos en todo en aquel que es la cabeza (Efesios 4:15)

La Biblia en un año:
• Isaías 59–61
• 2 Tesalonicenses 3

Muchos cristianos permanecen enanos en las cosas espirituales, de manera que siempre tienen el mismo aspecto. No se ve en ellos ninguna señal de progreso o perfección. *Existen,* pero no «crecen en todas las cosas». ¿Estaremos satisfechos con permanecer en la «hierba», si podemos dar un paso adelante y ser «espiga», y transformarnos, con el tiempo, en «grano lleno en la espiga»? ¿Quedaremos satisfechos con creer en Cristo y decir: «Estoy seguro», sin desear, por experiencia propia, conocer más de la plenitud que hay en Él? No debería ser así. Como buenos negociantes del mercado del cielo tendríamos que anhelar ser enriquecidos con el conocimiento de Jesús. Es muy bueno cuidar la viña de los otros hombres, pero no debemos descuidar nuestro crecimiento y madurez espiritual. ¿Por qué en nuestro corazón ha de ser siempre invierno? Precisamos, es cierto, una estación para la sementera, pero ansiamos que lleguen también la primavera y el verano, que traen la promesa de una cosecha temprana. Si queremos ser maduros en la gracia hemos de vivir cerca de Jesús, en su presencia, madurados por la luz de su rostro. Tenemos que mantener con Él dulce comunión, dejar de mirar su rostro desde lejos y acercarnos a Él, como hizo Juan, y recostar nuestra cabeza en su seno. Entonces iremos progresando en santidad, amor, fe, y esperanza; sí, en cada uno de los preciosos dones. Así como el sol presenta al ojo del viajero uno de los espectáculos más encantadores, cuando alumbra al salir los picos de las montañas y los circunda de luz, también uno de los cuadros más preciosos del mundo espiritual lo tenemos cuando contemplamos la brillantez de la luz del Espíritu sobre la cabeza de algún creyente, hasta que refleje los rayos del Sol de Justicia, en primer lugar, sobre los escogidos, y después, lleve ese reflejo bien alto para que todos lo vean.

¿Cuánto debes a mi Señor? ¿Cuánto ha hecho Él por ti? ¿Te ha perdonado los pecados? ¿Te ha cubierto con el manto de justicia? ¿Ha puesto tus pies sobre una roca? ¿Enderezó tus pasos? ¿Ha preparado el cielo para ti? ¿Ha escrito tu nombre en el libro de la vida? ¿Te ha dado innumerables bendiciones? ¿Ha acumulado para ti un depósito de misericordias, que

octubre 21

Mejor es represión manifiesta que amor oculto

El amor de Cristo nos constriñe
(2 Corintios 5:14)

La Biblia en un año:
• Isaías 62–64
• 1 Timoteo 1

ojo no vio ni oído oyó? Haz, pues, algo por Jesús que sea digno de su amor. No des al agonizante Redentor una mera ofrenda de palabras. ¡Cómo te sentirás cuando venga tu Maestro, si has de confesar que nada has hecho por Él, sino que has guardado encerrado tu amor, cual pozo estancado, que no fluye ni para bien de los necesitados ni para bien de la obra de Dios! ¡Afuera con un amor de ese calibre! ¿Qué piensan los hombres de un amor que no se manifiesta en obras? Esto: «Mejor es represión manifiesta que amor oculto».

¡Quién aceptará un amor tan débil que ni siquiera te mueve a realizar una simple obra de generosidad, heroísmo o celo! ¡Piensa en cómo Él te amó y se entregó a sí mismo por ti! ¿Conoces el poder de aquel amor? Entonces, permite que cual poderoso viento quite de tu alma las nubes de la mundanalidad y disipe las nieblas del pecado. «Por amor a Cristo» sea ésta la lengua de fuego que se asiente sobre ti. «Por amor a Cristo» sea éste el divino éxtasis y la celestial inspiración que te eleven de sobre la tierra, y sea, además, el divino espíritu que te haga valiente como león y veloz como águila en la obra de tu Señor. El amor debiera dar alas a tus pies y fuerzas a tus brazos para trabajar. Firmes en Dios con una perseverancia sin titubeos, resueltos a honrarlo con una determinación sin vacilar, y empujados con un ardor que no disminuirá, manifestemos al mundo que el amor de Cristo nos constriñe. Que el divino imán nos atraiga al cielo junto a Él.

22 octubre

El pacto de gracia no tiene ninguna limitación

Los amaré de pura gracia
(Oseas 14:4)

La Biblia en un año:
• Isaías 65–66
• 1 Timoteo 2

Este pasaje es un sistema de teología en miniatura. El que entiende su significado es un teólogo y el que puede profundizar en su plenitud es un verdadero maestro en Israel. Este pasaje es una condensación del glorioso mensaje de salvación que nos fue comunicado en Cristo Jesús, Redentor nuestro. Su significado gira en torno de las palabras: «de pura gracia». Éste es el medio glorioso, apropiado y divino por el cual el amor baja del cielo a la tierra; es éste un amor espontáneo que fluye para los que ni lo merecen, ni lo compraron, ni lo buscaron. Ésta es, en realidad, la única manera en que Dios puede amar a semejantes criaturas como nosotros. Este texto es un golpe mortal a toda suerte de pretendidas aptitudes. «Los amaré *de pura gracia*.» Ahora bien, si en nosotros hubiese alguna aptitud necesaria, entonces Él no nos amaría *de pura gracia;* a lo menos, esa aptitud le quitaría a esta gracia algo de su valor. Pero el pasaje dice: «Los amaré *de pura gracia*». Nosotros nos lamentamos diciendo: «Señor, mi corazón es muy duro». Y el Señor responde: «Te amaré de pura gracia». –«Pero, yo no siento, como quisiera, la necesidad que tengo de Cristo.» –«Yo no te amaré porque sientas tu necesidad; yo te amaré de pura gracia.»–«Pero, yo no siento aquel enternecimiento de espíritu que quisiera sentir.»

Recuerda: el enternecimiento de espíritu no es una condición para ser amado, pues no hay condiciones. El pacto de gracia no tiene ninguna limitación, de suerte que sin ninguna aptitud que nos recomiende, dispongámonos a confiar en la promesa de Dios que Él nos hizo en Cristo Jesús, cuando dijo: «El que en Él cree no es condenado». Es una bendición saber que la gracia de Dios se nos ofrece gratuitamente en todos los tiempos, sin preparación, sin aptitud, sin dinero y sin precio. «Los amaré de pura gracia.»

No cambies nunca tu «amigo» de siempre

¿Queréis acaso iros también vosotros?
(Juan 6:67)

La Biblia en un año:
• Jeremías 1–2
• 1 Timoteo 3

Muchos han dejado a Cristo. Pero, ¿qué motivos tienes tú para hacer un cambio? ¿Ha habido en *el pasado* algún motivo para ello? ¿No ha demostrado Jesús ser omnisuficiente? Él te dice esta mañana: «¿He sido un desierto para ti?» Cuando tu alma ha confiado únicamente en Jesús, ¿se ha visto confundida alguna vez? ¿No has hallado siempre a tu Señor compasivo y generoso? La fe que has depositado en Él, ¿no te dio toda la paz que tu espíritu podría desear? ¿Puedes siquiera soñar en un amigo mejor que Él? Entonces no cambies al amigo antiguo y no procures uno nuevo y falso. Y en cuanto *al presente*, ¿hay algo en Él que te obligue a dejar a Cristo? Cuando estamos duramente acosados por este mundo o por las más severas pruebas dentro de la Iglesia, es muy agradable recostarnos en el seno de nuestro Salvador. Este es el gozo que tenemos hoy: somos salvos en Él. Y si este gozo nos causa satisfacción, ¿por qué hemos de pensar en hacer un cambio? ¿Quién cambia el oro por la escoria? No dejaremos la luz del sol hasta hallar una luz mejor, ni dejaremos al Señor hasta que aparezca un amigo más ilustre; y ya que esto nunca puede ser, lo asiremos con fuerza y ataremos, como un sello, su nombre en nuestro brazo. Y en cuanto *al futuro*, ¿puedes insinuar algo que pueda sobrevenir que hará necesario que te rebeles o desertes de la antigua bandera para servir bajo las órdenes de otro capitán? Pienso que no. Aunque la vida sea larga, Él no cambia. Si somos pobres, ¿qué mejor que tener a Cristo para que nos haga ricos? Cuando estamos enfermos, ¿qué más queremos que Jesús haga suave nuestro lecho de dolor? Cuando muramos, ¿no está escrito: «ni la muerte ni la vida, ni lo presente ni lo porvenir nos podrá apartar del amor de Dios, que es en Cristo Jesús Señor nuestro»? Digamos con Pedro: «Señor, ¿a quién iremos?»

24 octubre

Nuestra raíz es Cristo Jesús

*Se llenan de savia
los árboles de Jehová*
(Salmos 104:16)

> **La Biblia en un año:**
> • Jeremías 3–5
> • 1 Timoteo 4

Sin savia, los árboles no pueden florecer, ni existir. La vitalidad es esencial para el cristiano. Para poder ser árboles del Señor debe, en nosotros, haber vida –ese principio vital que nos comunica el Espíritu Santo–. El mero nombre de cristiano es solo cosa muerta; tenemos que estar llenos del espíritu de la vida divina. Esta vida es misteriosa. No entendemos la circulación de la savia; no conocemos la fuerza por la cual asciende ni esa por la que desciende. También la vida que está en nosotros es un sagrado misterio. La regeneración es obrada por el Espíritu Santo, que entra en el hombre y llega a ser su vida. Esta vida divina en el creyente se nutre, después, de la carne y de la sangre de Cristo, y se sostiene así con alimento divino, pero nadie puede explicarnos de dónde viene y adónde va. ¡Qué cosa secreta es la savia! Las raíces se introducen en el suelo con sus fibras, pero no podemos verlas absorbiendo los diversos gases o trasformando el mineral en vegetal. Esta obra se realiza oculta bajo tierra. Nuestra raíz es Cristo Jesús, y nuestra vida está escondida en Él; éste es el secreto del Señor. La raíz de la vida cristiana es, como la vida misma un secreto. ¡Cuán permanentemente activa es la savia en el cedro! En el cristiano, la vida divina está siempre llena de energía, pero esa energía no siempre lleva fruto, si no obra interiormente. Los dones del creyente no están en constante actividad, pero su vida interior nunca cesa de latir. El creyente no siempre trabaja por el Señor, pero su corazón vive siempre en él. Como la savia se manifiesta produciendo las hojas y los frutos del árbol, así los dones de un verdadero cristiano se exteriorizan en su conducta y en su conversación. Si hablas con él, no puede dejar de hablar de Jesús. Si observas sus actos, verás que ha estado con Jesús. Tiene en su interior tanta savia, que debe llenar con vida su conducta y conversación.

octubre 25

La verdad, el mejor alimento para todos

*A causa de la verdad que
permanece en nosotros,
y estará para siempre
con nosotros*
(2 Juan 2)

La Biblia en un año:
• Jeremías 6–8
• 1 Timoteo 5

Una vez que la verdad de Dios logra entrar en el corazón humano, sometiendo enteramente al hombre, ningún poder humano o infernal puede, después, desalojarla. No consideramos esa verdad como un simple huésped, sino, como la dueña de la casa. Éste es un requisito cristiano necesario. No es cristiano el que no piensa así. Los que sienten el poder del Evangelio y experimentan la potencia del Espíritu Santo mientras Él expone, aplica y sella la Palabra del Señor, preferirían ser deshechos antes que apartarse del Evangelio que les trajo salvación. En la seguridad de que la verdad estará con nosotros perpetuamente, hay miles de bendiciones. Esa verdad será para nosotros sostén en la vida, aliento en la muerte, canto en la resurrección y eterna gloria. Esta verdad es, además, un privilegio cristiano, sin el cual nuestra fe poco valdría. Algunas verdades ya las hemos sobrepasado y dejado atrás, pues son solo rudimentos y lecciones para principiantes, pero no podemos considerar en la misma manera a la verdad divina, pues aunque es dulce alimento para niños, es también, en el más alto grado, sólida vianda para adultos. La verdad de que somos pecadores se nos presenta insistentemente para humillarnos y ponernos en guardia. La verdad más bendita de que «el que cree en el Señor Jesús será salvo», permanece con nosotros como nuestra esperanza y nuestro gozo. Nuestra experiencia, lejos de hacernos soltar las doctrinas de la gracia, nos las ha hecho tomar más fuertemente. Nuestros motivos para creer en Cristo son ahora más poderosos y más numerosos que nunca; además, tenemos motivos para esperar que seguirá siendo así hasta que, al morir, recibamos al Salvador en nuestros brazos. Donde veamos este amor, estamos obligados a ejercer el nuestro. Ningún círculo estrecho puede contener nuestras simpatías.

26 octubre

Seamos dadivosos

Buscáis mucho, y halláis poco; y encerráis en casa, y yo lo disiparé en un soplo. ¿Por qué?, dice Jehová ... mi casa está desierta, y cada uno de vosotros corre a su propia casa (Hageo 1:9)

> **La Biblia en un año:**
> • Jeremías 9–11
> • 1 Timoteo 6

Cualquier alma avara escatiman sus contribuciones hacia la obra pastoral y misionera, y considera ese ahorro como una buena economía. Los tales no se dan cuenta de que, obrando así, más bien se están empobreciendo. Se excusan diciendo que tienen que cuidar sus propias familias, pero olvidan que la manera más segura de llevar a la ruina sus hogares es olvidando la casa de Dios. Nuestro Dios tiene un método por el cual, o bien puede hacer prosperar nuestros esfuerzos más allá de lo que esperamos, o puede hacerlos fracasar para nuestra confusión y congoja. Con una simple vuelta dada por su mano puede conducir nuestro barco por un canal ventajoso o también encallarlo en la pobreza y en la bancarrota. La Biblia enseña que el Señor enriquece al dadivoso, pero que abandona al mezquino para que descubra que el no dar conduce a la pobreza. He podido notar, después de una amplia observación, que los cristianos más generosos han sido siempre los más felices y –casi sin variación– los más prósperos. He visto al dador liberal elevarse a una riqueza en la que nunca soñó, y he visto también al mezquino descender a la pobreza por la misma tacañería con la cual pensaba enriquecerse. Los hombres confían a los buenos mayordomos grandes sumas de dinero; y de esa manera obra también el Señor. Dios da por carretadas a los que dan por fanegas. En los casos en que las riquezas no han sido concedidas, el Señor hace que lo poco sea mucho, por medio de la satisfacción que el corazón santificado siente en una porción cuyo diezmo ha sido dedicado al Señor. El egoísmo atiende primero la casa, pero la piedad busca primero el reino de Dios y su justicia. Sin embargo, a la larga, el egoísmo es pérdida, y la piedad es una gran ganancia.

Pablo tiene cuatro de estas «palabras fieles». La primera está en 1 Timoteo 1:15, y dice: «Palabra fiel y digna de ser recibida de todos: que Cristo Jesús vino al mundo para salvar a los pecadores». La segunda, en 1 Timoteo 4:8, y dice: «La piedad para todo aprovecha, pues tiene promesa de esta vida presente y de la venidera. Palabra fiel es esta, y digna de ser recibi-

octubre 27

Sean sus «palabras» nuestra guía y nuestro consuelo

Palabra fiel es ésta
(2 Timoteo 2:11)

La Biblia en un año:
• Jeremías 12–14
• 2 Timoteo 1

da de todos». La tercera se halla en 2 Timoteo 2:11, y dice: «Es palabra fiel: ... si sufrimos, también reinaremos con Él». Y la cuarta, en Tito 3:8, y dice: «Palabra fiel: ... que los que creen a Dios procuren gobernarse en buenas obras». Podemos señalar la conexión que hay entre estas «palabras fieles». La primera pone el fundamento de nuestra eterna salvación, como se muestra en la misión del Gran Redentor. La segunda afirma la doble beatitud que obtenemos por medio de esta salvación –las bendiciones de las fuentes de arriba y las de las de abajo– del tiempo y la eternidad. La tercera nos muestra uno de los deberes al cual el pueblo elegido es llamado. Se nos ordena sufrir por Cristo con la promesa de que «si sufrimos, también reinaremos con él». La cuarta expone la actividad del servicio cristiano, exhortándonos con diligencia a gobernarnos por buenas obras. De este modo, tenemos la raíz de la salvación en la gratuita gracia; los privilegios de esa salvación en la vida presente y en la venidera, y, además, las dos grandes ramas (sufrir con Cristo, y vivir con Cristo) llenas de frutos del Espíritu. Atesora estas palabras fieles. Que sean ellas las guías de nuestras vidas, nuestro consuelo y nuestra instrucción. El apóstol de los gentiles comprobó que eran fieles, y siguen siendo fieles hasta ahora; ninguna palabra fracasará. Ellas son dignas de ser recibidas de todos. Aceptémoslas ahora y probemos su fidelidad. Que las cuatro palabras fieles sean escritas en las cuatro esquinas de mi casa.

28 octubre

Reconocer fiador a Cristo Jesús, nos da tranquilidad

Yo os elegí del mundo
(Juan 15:19)

La Biblia en un año:
• Jeremías 15–17
• 2 Timoteo 2

Aquí hay una gracia que honra y una consideración que enaltece, pues algunos son los objetos del amor divino; no temas detenerte en la sublime doctrina de la elección. Si estás triste y deprimido, hallarás que esta doctrina es como un rico cordial. Los que dudan de las doctrinas de la gracia o las echan al olvido, pierden los más ricos racimos de Escol; pierden también los «vinos bien refinados, de tuétanos gruesos y purificados, y los manjares pingües de mucho meollo». No hay bálsamo en Galaad comparable a éste. Si la miel de la vara de Jonatán, con solo gustarla, le esclareció los ojos, la miel de esta doctrina iluminará tu corazón para amar y aprender los misterios del reino de Dios. Come y no temas indigestarte; vive de este exquisito bocado y no temas que sea una comida demasiado delicada. La vianda de la mesa del Rey no hará mal a ninguno de sus cortesanos. Ansía tener mayor capacidad mental para comprender más y más el eterno amor de Dios, que enaltece. Tras haber ascendido al alto monte de la elección, detente en el monte del pacto de la gracia. Los contratos del pacto son las fortificaciones de estupenda roca detrás de las cuales estamos atrincherados. Los contratos del pacto, con el fiador, Cristo Jesús, constituyen el tranquilo lugar de reposo de los espíritus temblorosos.

En la tormenta es mi sostén, el pacto que juró y selló.
Su amor es mi supremo bien,
su amor que mi alma redimió.

Si Jesús se comprometió a llevarme a la gloria, y si el Padre prometió que yo seré dado al Hijo como parte de la infinita recompensa del trabajo de su alma, entonces, alma mía, puedes descansar segura. Cuando David saltaba delante del Arca, dijo a Mical que la elección lo había movido a obrar así. Ven, alma mía, regocíjate ante el Dios de la gracia y salta de gozo.

La oración más perfecta y sublime

*Vosotros, pues, oraréis así:
Padre nuestro
que estás en los cielos*
(Mateo 6:9)

> **La Biblia en un año:**
> • **Jeremías 18–19**
> • **2 Timoteo 3**

Esta oración empieza donde deben empezar todas las verdaderas oraciones, o sea, en el espíritu de *adopción:* «Padre nuestro». La oración no será aceptable hasta que digamos: «Me levantaré e iré a mi Padre». Este espíritu dócil percibe pronto la grandeza del Padre que está «en los cielos», y pasa a la *fervorosa adoración:* «Santificado sea tu nombre». El balbuceo infantil: «Abba, Padre» se cambia en el clamor de los querubines: «Santo, santo, santo». Hay solo un paso entre el culto inspirador y el *ardiente espíritu misionero,* que es el seguro resultado del amor filial y la adoración reverente: «Venga tu reino; sea hecha tu voluntad, como en el cielo, así también en la tierra». A continuación tenemos la sentida expresión de nuestra *dependencia* de Dios: «Danos hoy nuestro pan cotidiano». Además, siendo iluminado por el Espíritu, descubre que no solo es dependiente, sino pecador y entonces *implora misericordia:* «Perdónanos nuestras deudas como también nosotros perdonamos a nuestros deudores».

Tras haber sido perdonado, de obtener la Justicia de Cristo y conocer que ha sido aceptado por Dios, pide humilde al Señor que le dé *perseverancia:* «No nos metas en tentación». El que ha sido perdonado ansía no pecar más; la posesión de la justificación lo lleva a desear la santificación. «Perdónanos nuestras deudas»: esto es justificación. «No nos metas en tentación, mas líbranos del mal»: esto es santificación en su forma positiva y negativa. Como resultado de todo, sigue una *triunfante alabanza:* «Tuyo es el reino, y el poder, y la gloria, por todos los siglos. Amén». Nos gozamos de que nuestro Rey reine ejerciendo su providencia; y también de que reinará manifestando su gracia «desde el río hasta los cabos de la tierra» y de su reino no habrá fin. Este breve modelo de oración conduce al alma desde la adopción a la comunión con Jesús.

30 octubre

Descuidar la alabanza es rehusar nuestro beneficio

Te alabaré, oh Jehová
(Salmos 9:1)

La Biblia en un año:
• Jeremías 20–21
• 2 Timoteo 4

La alabanza debiera siempre seguir a la oración contestada, como la niebla de la gratitud terrestre se eleva cuando el sol del amor celestial calienta el suelo. ¿Ha sido el Señor misericordioso para contigo y ha inclinado su oído a la voz de tu súplica? Entonces alábalo mientras vivas. Deja que el fruto maduro caiga al fértil suelo de donde extrajo su vida. No niegues un canto al que contestó tu oración y te dio el deseo de tu corazón. Callar frente a las bendiciones de Dios es incurrir en la ingratitud; es obrar tan vilmente como los nueve leprosos, quienes, después de curados, no volvieron para dar gracias al Señor que los había sanado. Descuidar la alabanza a Dios es rehusar beneficiarnos a nosotros mismos, pues la alabanza, igual que la oración, es un poderoso medio para estimular el crecimiento en la vida espiritual. La alabanza nos ayuda a quitar nuestras cargas, alentar nuestra esperanza y acrecentar nuestra fe. La alabanza es un ejercicio saludable y vigorizador que aviva el pulso del creyente, y le da fuerzas para realizar nuevas hazañas en el servicio del Maestro. El bendecir a Dios por las bendiciones recibidas es, además, el medio para beneficiar a nuestros prójimos: «Lo oirán los mansos y se alegrarán». Otros, que han pasado por las mismas circunstancias, tomarán aliento si podemos decir: «Engrandeced a Jehová conmigo, y ensalcemos su nombre a una. Busqué a Jehová y Él me oyó». Los corazones débiles se fortalecerán y los creyentes desanimados se reanimarán mientras escuchan nuestros «cánticos de liberación». Sus dudas y temores se sentirán censurados mientras nos enseñamos y amonestamos unos a otros «con salmos, con himnos y canciones espirituales». Ellos también «cantarán de los caminos de Jehová», cuando nos oigan magnificar su santo nombre. La alabanza es el más sublime de los deberes cristianos.

Si el que se ha apartado del Señor, aún tiene un átomo de vida, gemirá deseando su restauración. En esta renovación se requiere el mismo ejercicio de gracia que se necesitó en nuestra conversión. Entonces tuvimos necesidad de arrepentimiento; ahora también lo necesitamos. Ahora como entonces necesitamos fe para acercarnos a Cristo. Ahora como entonces nece-

Sentándonos junto a los caminos del Señor

Renueva un espíritu recto dentro de mí
(Salmos 51:10)

La Biblia en un año:
- **Jeremías 22–23**
- **Tito 1**

sitamos una palabra del Altísimo, una palabra de los labios del Amado que ponga fin a nuestros temores. Ningún hombre puede ser renovado sin una manifestación del poder del Espíritu Santo, que sea tan real y verdadera como la que sentimos al principio, porque la obra es muy grande, y la carne y la sangre incomodan ahora como incomodaron antes. ¡Oh cristiano!, que tu debilidad personal sea un poderoso motivo para que ores a tu Dios fervorosamente, pidiéndole ayuda. Recuerda que cuando David se sintió impotente, no se cruzó de brazos ni cerró los labios, sino que fue apresuradamente al trono de la gracia con esta plegaria: «Renueva un espíritu recto dentro de mí». Que la doctrina de que sin ayuda no puedes hacer nada no te haga dormir, sino te sirva, más bien, como aguijón en tu costado, que te conduzca con gran diligencia al fuerte Auxiliador de Israel. ¡Ojalá tengas la gracia de suplicar a Dios como si suplicases por tu misma vida, diciendo: «Señor, renueva un espíritu recto dentro de mí!». El que sinceramente pide a Dios le conceda esto, demostrará su honestidad usando los medios por los cuales obra Dios. Permanece en oración; aliméntate de la Palabra de Dios; mata las concupiscencias que te apartaron de Dios. Observa con diligencia al pecado en todo intento de futura sublevación. El Señor tiene sus propios caminos; siéntate junto a ellos, y, cuando Él pase por allí, estarás listo. Prosigue en todos los medios de gracia, que nutrirán y fortificarán tu débil vida.

1 noviembre

Con Jesús, en continua primavera

Sus mejillas, como una era de especias aromáticas, como fragantes flores
(Cantares 5:13)

La Biblia en un año:
• Jeremías 24–26
• Tito 2

He aquí, el mes de las flores ha llegado. Los vientos de septiembre y las lluvias de octubre han pasado y toda la tierra se ha ataviado de belleza. Ven, alma mía, ponte tus vestidos de fiesta y sal a recoger guirnaldas de pensamientos celestiales. Tú sabes adónde ir, pues para ti «las eras de especias» son bien conocidas; además, has percibido tan frecuentemente el perfume de «las fragantes flores», que irás en seguida a tu bien amado y hallarás en Él encanto y gozo. Aquellas mejillas, una vez tan rudamente heridas con una vara, tan frecuentemente regadas con lágrimas de compasión y manchadas con saliva; aquellas mejillas, digo, son a mi corazón, mientras sonríen, como fragante aroma.

¡Oh, Señor Jesús!, tú no escondiste tu rostro de la vergüenza y del desprecio, por lo tanto mi mayor placer será alabarte. Aquellas mejillas fueron surcadas con el arado del dolor y enrojecidas con rojas líneas de sangre que bajaban de sus sienes coronadas de espinas. Estas señales de inmenso amor atraen a mi alma mucho más que «los pilares de perfume». Si no pudiese ver todo su rostro, me agradaría ver sus mejillas, pues el más insignificante vislumbre de Cristo vivifica mi espíritu y le trae diversidad de deleites. En Jesús no solo encuentro fragancia, sino «eras de especias»; no solo una flor, sino toda clase de «fragantes flores». Él es mi rosa, mi lirio, mi pensamiento y mi racimo de copher. Cuando Él está conmigo todo el año es primavera, y mi alma sale a lavarse el rostro en el rocío matutino de su gracia, y a solazarse con el canto de los pájaros de sus promesas. ¡Precioso Señor Jesús, déjame conocer la felicidad que hay en una permanente comunión contigo! Soy un pobre indigno, cuyas mejillas tú te has dignado besar. Permite, en retribución, que te bese con los besos de mis labios.

La más grande estabilidad: Su inalterabilidad

Yo, Jehová, no cambio
(Malaquías 3:6)

La Biblia en un año:
• Jeremías 27–29
• Tito 3

Es bueno para nosotros que en medio de toda la inestabilidad de la vida, haya uno a quien los cambios no puedan afectarlo; uno cuyo corazón no pueda ser alterado por el tiempo; uno en cuya frente la mutabilidad no pueda hacer arrugas. Por otra parte, todas las cosas han cambiado y siguen cambiando. El sol mismo se oscurece con el tiempo; el mundo se envejece. El envolvimiento de la ropa gastada ha empezado; los cielos y la tierra han de perecer pronto; perecerán y se envejecerán como envejece un vestido. Pero hay uno «quien sólo tiene inmortalidad», de cuyos años no hay fin y en cuya persona no hay cambio. El placer que experimenta el marinero cuando, después de haber sido sacudido por muchos días pone otra vez su pie en tierra, es como la satisfacción que experimenta el cristiano cuando, en medio de todos los cambios de esta turbulenta vida, pone el pie de su fe en esta verdad: «Yo, Jehová, no cambio». La estabilidad que da el ancla a la nave cuando, por fin, se aferra en un lugar firme, es semejante a la estabilidad que la esperanza cristiana le da al creyente, cuando se prende de esa gloriosa verdad. En Dios «no hay mudanza ni sombra de variación». Lo que sus atributos fueron en lo antiguo lo son también ahora. Su poder, su sabiduría, su justicia y su verdad son igualmente inalterables. Él siempre ha sido el refugio y la fortaleza de su pueblo en el día de la angustia; y aun ahora sigue siendo su seguro Auxiliador. Él es inalterable en su amor. Ha amado a su pueblo con un amor eterno. Los ama ahora tanto como los amó siempre, y cuando todas las cosas terrestres se deshagan en la última conflagración, su amor perdurará aún en toda su fuerza. ¡Preciosa es la seguridad de que Él no cambia! La rueda de la providencia gira alrededor del eje del amor eterno.

3 noviembre

Él nunca se olvida del clamor de los afligidos

He aquí, él ora
(Hechos 9:11)

> **La Biblia en un año:**
> • Jeremías 30–31
> • Filemón

Las oraciones son oídas instantáneamente en el cielo. Cuando Saulo empezó a orar el Señor lo oyó. Aquí hay aliento para el alma afligida que ora. Un pobre atribulado dobla a menudo sus rodillas, pero solamente puede expresar su lamentación en el lenguaje de los suspiros y de las lágrimas. Sin embargo, aquel gemido ha hecho que todas las arpas del cielo vibrasen con música, y aquellas lágrimas fueron recogidas por Dios y atesoradas en el lacrimatorio del cielo. «Pusiste mis lágrimas en tu redoma», significa que fueron recogidas mientras caían. El suplicante, cuyos temores impiden sus palabras, será bien entendido por el Altísimo. Él sólo puede rogar con ojos humedecidos, pero «la oración es la caída de una lágrima». Las lágrimas son los diamantes del cielo; los suspiros forman una parte de la música del séquito de Jehová, y están contadas entre «las más sublimes melodías que llegan hasta la majestad en las alturas». –No pienses que tu oración, aunque sea débil o temblorosa, será desatendida–. La escala de Jacob es alta, pero nuestras oraciones se apoyarán en el Ángel del pacto, y así subirán por sus brillantes peldaños. Nuestro Dios no solo oye la oración, sino que le agrada oírla. «Él no se olvida del clamor de los afligidos.» Él no atiende, es verdad, a los de rostro altivo y a los que usan palabras altisonantes; no le gustan la pompa y el fausto de reyes; no escucha la música marcial; no presta atención a la vanagloria y a la ostentación del hombre. Pero donde haya un corazón lleno de tristeza, un par de labios que se estremecen de angustia, un profundo gemido o un suspiro de arrepentimiento el corazón de Jehová se abre. Él anota ese caso en el libro de su memoria; pone nuestras oraciones, como si fueran pétalos de rosa, entre las páginas de su libro de recuerdos y cuando, al fin, ese libro se abra, saldrá de él preciosa fragancia.

Nuestra vaciedad, una preparación para ser llenos

Porque mi poder se perfecciona en la debilidad
(2 Corintios 12:9)

La Biblia en un año:
• Jeremías 32–33
• Hebreos 1

Un requisito elemental para servir a Dios con algún éxito y poder realizar bien y triunfalmente su obra, es tener conciencia de nuestra propia debilidad. Cuando el soldado de Dios marche a la batalla confiando en sus fuerzas, cuando diga jactanciosamente: «Sé que saldré vencedor; mi brazo y mi espada me llevarán a la victoria», entonces su derrota es segura. Dios no acompañará al hombre que marche confiando en sus propias fuerzas. El que confía vencer en esa forma está muy equivocado, pues, como está escrito, «no con ejército ni con fuerza, sino con mi espíritu, ha dicho Jehová de los ejércitos». Los que salen a luchar jactándose en su valentía, volverán arrastrando sus banderas en el polvo y con sus armas cubiertas de ignominia. Los que sirven a Dios deben servirlo como Él lo dispone y con las fuerzas que da Él, de lo contrario Dios nunca aceptará sus servicios. Lo que los hombres hacen sin ayuda divina, Dios nunca lo puede reconocer. Él desecha los simples frutos de la tierra; únicamente cosecha el grano cuya semilla fue sembrada por el cielo, regada por la gracia y madurada por el sol del amor divino. Antes de poner en ti lo que es suyo, Dios sacará afuera lo que es tuyo; antes de llenar tus alfolíes con el trigo más fino, los limpiará. El río de Dios está lleno de agua, pero ninguna de sus gotas procede de fuentes terrenales. Dios usará en sus batallas solamente las fuerzas que Él imparte.

¿Estás lamentándote de tu debilidad? Ten ánimo, pues tienes que tener conciencia de tu debilidad antes de que el Señor te dé la victoria. Tu vaciedad es una preparación para que puedas, después, ser lleno; y tu abatimiento es una preparación para que puedas, más tarde, estar animado. «Cuando soy flaco, entonces soy poderoso.»

5 noviembre

Abogando por el derrocamiento de las falsas doctrinas

Ninguna arma forjada contra ti prosperará
(Isaías 54:17)

La Biblia en un año:
• Jeremías 34–36
• Hebreos 2

Este día es notable en la historia de Inglaterra por las dos grandes liberaciones que Dios obró en nuestro favor. Este día de 1605, se descubrió el complot de los papistas para destruir las Cámaras del Parlamento. «Mientras ellos preparaban en profundas cavernas una trampa para nuestros gobernantes, Dios arrojó del cielo un penetrante rayo y la tenebrosa traición salió a la luz.» En segundo lugar, hoy es el aniversario del desembarco del rey Guillermo III en Torbay, en 1688, con lo cual la esperanza del poder papal se desvaneció y la libertad religiosa quedó asegurada. Este día debe ser celebrado no con el libertinaje de los jóvenes, sino con el canto de los santos. Nuestros puritanos antecesores, con mucha devoción, hicieron de este día una ocasión especial de acción de gracia. Matthew Henry predicó varios sermones sobre este día. Nuestros sentimientos protestantes y nuestro amor a la libertad tendrían que hacernos observar esta fecha con santa gratitud. Que nuestros corazones y nuestros labios exclamen: «con nuestros oídos hemos oído, nuestros padres nos han contado, la obra que hiciste en sus días en los tiempos antiguos, oh Dios». Tú has hecho de esta nación el hogar del Evangelio, y cuando el enemigo se ha levantado contra ella, tú la has protegido. Ayúdanos a ofrecerte repetidos cantos por tus reiteradas liberaciones. Concédenos más y más odio contra el Anticristo y apresura el día de su completa destrucción. Hasta entonces, y continuamente, creemos en esta promesa: «Ninguna arma forjada contra ti tendrá éxito». ¿No tendría todo amante del Evangelio de Cristo que abogar hoy por el derrocamiento de las falsas doctrinas y por la propagación de la verdad de Dios? ¿No sería bueno que escudriñásemos nuestros corazones, y sacásemos de él el estorbo de la justicia propia que quizás está escondido en él?

Desbordados por las riquezas de la gracia

Yo derramaré aguas sobre el sequedal
(Isaías 44:3)

La Biblia en un año:
• Jeremías 37–39
• Hebreos 3

Cuando un creyente ha caído en el abatimiento y la melancolía, procura, con frecuencia, levantarse de ese estado, maltratándose con tristes y lúgubres temores. No es ése sin embargo el camino para levantarse del polvo, sino para seguir en él. El mismo efecto que produciría una cadena en las alas del águila cuando la queremos hacer volar, es el que produce la duda cuando queremos crecer en la gracia. No es la ley, sino el Evangelio lo que salva al alma arrepentida, y no es la servidumbre legal, sino la libertad del Evangelio la que puede restaurar al creyente desalentado. No son los temores serviles los que hacen volver al que se apartó de Dios, sino la dulce invitación de amor que lo atrae hacia el seno de Jesús. ¿Tienes esta mañana sed del Dios vivo, y te sientes desdichado por no poder hallarlo para deleite de tu corazón? ¿Has perdido el gozo de la fe y oras diciendo: «Vuélveme el gozo de tu salud»? ¿Te sientes estéril como tierra seca? ¿No rindes a Dios los frutos que Él tiene derecho a esperar de ti? ¿Sientes que no eres ni en la iglesia ni en el mundo tan útil como debieras ser? Entonces aquí está la promesa que necesitas: «Yo derramaré agua sobre el sequedal». Recibirás la gracia que tanto buscas, y la tendrás al alcance de tus necesidades. El agua refrigera al sediento; tú, pues, serás refrigerado y tus deseos serán satisfechos. El agua aviva la adormecida vida vegetal; tu vida será vivificada con nueva gracia. El agua hincha los brotes y madura los frutos; tú también tendrás la gracia que hace fructificar, y serás fructífero en los caminos del Señor. Cualquiera de las buenas cualidades de la gracia divina la gozarás plenamente. Recibirás en abundancia toda riqueza de la divina gracia; estarás como empapado en ellas. Y como las praderas a veces se inundan por el desbordamiento de los ríos, y los campos se convierten en lagunas, así serás tú.

7 noviembre

Nuestras dudas y temores infundados causan sorpresa

He aquí que en las palmas te tengo esculpida
(Isaías 49:16)

La Biblia en un año:
• Jeremías 40–42
• Hebreos 4

No hay duda, una parte de la admiración que contienen las palabras: «He aquí» es producida por la incrédula lamentación del versículo 14. Sion dijo: «Me dejó, Jehová, y el Señor se olvidó de mí». ¡Cuán asombrada parece estar la mente divina ante esta impía incredulidad! No hay otra cosa que sorprenda más que las dudas y los temores infundados del favorecido pueblo de Dios. Las amorosas palabras de reproche que pronuncia el Señor debieran sonrojarnos. Dicen así: «¿Cómo puedo olvidarte si te tengo esculpida en las palmas de mis manos? ¿Cómo te atreves a dudar de que te recuerdo constantemente, si tu memoria está puesta en mi mismo ser?». ¡Oh incredulidad, qué extraña maravilla eres tú! No sabemos de qué admirarnos más, si de la fidelidad de Dios o de la incredulidad de su pueblo. Él cumple mil veces su promesa, y, sin embargo, la próxima dificultad que nos viene, nos hace dudar de Él. Él nunca falla, nunca se halla cual fuente exhausta, ni como sol que se pone, ni como vapor que se disipa; sin embargo, nosotros estamos siempre acosados con ansied, atormentados con desconfianza y turbados con temores, como si Dios fuera el espejismo del desierto. «He aquí» es una expresión que se aplica para excitar la admiración. Aquí, en realidad, hay motivo para maravillarnos. Los cielos y la tierra bien pueden sorprenderse de que los rebeldes hayan logrado acercarse tanto al corazón del amor infinito como para ser esculpidos en las palmas de sus manos. «Te tengo esculpida.» No dice: «Tengo esculpido tu nombre». El nombre está también, pero eso no es todo: «A ti, te tengo esculpida». ¡Mira cuánto significa esto! He esculpido tu persona, tu imagen, tus circunstancias, tentaciones, debilidades, necesidades y obras. ¿Dirás otra vez que Dios te ha olvidado, sabiendo que has sido esculpido en sus propias palmas?

Somos vasos vacíos, donde se derrama su salvación

De la manera que habéis recibido al Señor Jesucristo
(Colosenses 2:6)

La Biblia en un año:
• Jeremías 43–45
• Hebreos 5

La vida de fe está representada como recibiendo; acto éste que denota precisamente lo opuesto a todo lo que signifique mérito. Es sencillamente la aceptación de un don. Como la tierra embebe la lluvia, y el mar recibe los ríos, y la noche acepta la luz de las estrellas, así nosotros, no dando nada, participamos gratis de la gracia de Dios. Los santos, por naturaleza, no son fuentes ni manantiales, sino solo cisternas en las que fluye el agua viva. Son vasos vacíos en los que Dios derrama su salvación. La idea de recibir denota tener sentido de la realidad. No se puede recibir una sombra; recibimos lo que es real. Así es con la vida de fe; por ella Cristo llega a ser real para nosotros.

Mientras estamos sin fe, Cristo es para nosotros un mero nombre, una persona que vivió hace mucho tiempo, y, por tanto, su vida es ahora para nosotros solo una historia. Por un acto de fe Cristo llega a ser, en nuestro corazón, una persona real. Pero recibir significa también tomar posesión de algo. Cuando recibo a Jesús, Él se convierte en mi Salvador, tan mío que ni la vida ni la muerte me podrán apartar de Él. Todo esto significa recibir a Cristo: recibirlo como el gratuito don de Dios, tener conciencia de su presencia en mi corazón y apropiármelo como mío. La salvación puede describirse como el ciego que recibe la vista, el sordo que recibe la facultad de oír, el muerto que recibe la vida. Pero nosotros no solo recibimos estas bendiciones, sino que recibimos a Jesucristo mismo. Es verdad que Él nos dio vida y perdón, y nos atribuyó su justicia. Todas éstas son cosas preciosas, pero no estamos satisfechos con ellas; nosotros hemos recibido a Cristo mismo. El Hijo de Dios ha sido derramado en nosotros, y nosotros lo hemos recibido y nos hemos apropiado de Él. ¡Qué corazón debe de tener Jesús, pues ni aun el cielo lo pudo contener!

9 noviembre

Llevando a la práctica todo aquello que creemos

Andad en Él
(Colosenses 2:6)

La Biblia en un año:
• Jeremías 46–47
• Hebreos 6

Si hemos recibido a Cristo en el corazón, nuestra nueva vida manifestará el íntimo conocimiento que tiene de Él, observando una *conducta de fe en Él*. Andar denota *acción*. Nuestra religión no tiene que aprisionarse en nuestra cámara secreta; tenemos, más bien, que llevar a la práctica lo que creemos. Si un hombre anda en Cristo obrará como obraría Cristo, pues estando Cristo en él, con su esperanza, su amor, su gozo y su vida, el tal es el reflejo de la imagen de Jesús, y los hombres dicen de él: «Es igual a su Maestro; vive como Jesucristo». Andar significa *progreso*. «Así andad en Él.» Creyente, avanza de gracia en gracia; corre adelante hasta lograr el más alto grado de conocimiento, en cuanto a nuestro Amado. Andar denota *permanencia*. Hemos que gozar de una perpetua permanencia en Cristo. ¡Cuántos cristianos piensan que solo por la mañana y por la noche deben tener comunión con Jesús, y que después, pueden dar sus corazones al mundo durante el día! Es ésa una forma muy pobre de vivir. Tendríamos que estar siempre con Él, andar en sus pisadas y hacer su voluntad. Andar denota también *hábito*. Al hablar de la conducta y la conversación de un hombre nos referimos a sus hábitos y al constante tenor de su vida. Ahora bien; si nosotros por un tiempo gozamos de Cristo, y después lo olvidamos; si a veces decimos que es nuestro, y luego lo abandonamos, entonces no tenemos perseverancia, no andamos en Él. Hemos de estar constantemente unidos a Él, no abandonándolo jamás. Tenemos que «vivir y tener nuestro ser en Él». Persevera, cristiano, en el mismo camino en el que has empezado a andar, y como al principio Jesús fue la esperanza de tu fe, la fuente de tu vida, el motivo de tus actos y el gozo de tu espíritu, que lo siga siendo hasta el fin. Y que lo sea cuando pases por el valle de la sombra de la muerte y entres en el descanso eterno.

noviembre 10

En Dios vivimos, nos movemos y tenemos nuestro ser

El eterno Dios es tu refugio
(Deuteronomio 33:27)

La Biblia en un año:
• Jeremías 48–49
• Hebreos 7

La palabra refugio puede ser traducida por «mansión» o «casa», que da la idea de que *Dios es nuestra morada y nuestro hogar*. En esta metáfora hay plenitud y dulzura, pues el hogar, aunque sea una humilde choza o una reducida casulla, es, sin embargo, querido a nuestro corazón; y mucho más querido es nuestro bendito Dios, en quien «vivimos, nos movemos y tenemos nuestro ser». Es en el hogar donde nos sentimos seguros; dejamos fuera al mundo, y permanecemos en tranquila seguridad. Así también cuando estamos con nuestro Dios, no tememos al mal. Él es nuestro escudo, asilo y permanente refugio. En el hogar *descansamos*. Allí hallamos reposo tras los trabajos y fatigas del día. De la misma forma, nuestros corazones hallan descanso en Dios cuando, cansados con las luchas de la vida, nos volvemos a Él y reposamos tranquilos. En el hogar, *dejamos nuestros corazones en libertad*. No tememos ser mal entendidos ni que alguien tuerza el sentido de nuestras palabras. Así también cuando estamos con Dios, podemos conversar libremente con Él, pues si «el secreto de Jehová es para los que le temen», los secretos de los que le temen deben ser y tienen que ser para su Señor. El hogar es, además, el lugar de nuestra *más pura y verdadera felicidad*. En Él tenemos un gozo que sobrepuja todo otro gozo. *Es también en favor de nuestro hogar que trabajamos y obramos*. Pensando en nuestro hogar, recibimos fuerzas para soportar las cargas diarias y cumplir con nuestro cometido. Aun en este sentido podemos decir que Dios es nuestro hogar. El amor a Él nos fortalece. Lo recordamos en la persona de su Hijo. Un vislumbre del rostro del Redentor nos constriñe a trabajar en su causa. Sabemos que hemos de trabajar, pues tenemos hermanos que aún no son salvos y, por tanto, debemos alegrar el corazón de nuestro Padre, llevando al hogar a los hijos pródigos.

11 noviembre

No temamos caer bajo pues Él está con nosotros

Acá abajo están los brazos eternos
(Deuteronomio 33:27)

> **La Biblia en un año:**
> • Jeremías 50
> • Hebreos 8

Dios —el eterno Dios— es nuestro sostén en todos los tiempos, especialmente si estamos sumergidos en profunda aflicción. Hay ocasiones cuando el cristiano *se sume en profunda humillación*. Bajo un profundo sentimiento de su perversidad, se humilla a tal punto que apenas sabe cómo orar, pues, en su concepto, aparece muy indigno. Hijo de Dios, recuerda que cuando estás en lo peor de esa aflicción, «abajo» de ti «están los brazos eternos». El pecado te puede arrastrar a ese bajo nivel, pero la gran expiación de Cristo está, sin embargo, debajo de ti. Quizás hayas descendido a las profundidades, pero no puedes haber caído «hasta lo sumo», porque Él salva «hasta lo sumo». Además, el cristiano se hunde a veces en *terribles pruebas que le vienen de afuera*. Le quitan toda ayuda terrenal. ¿Qué hacer en ese caso? Debajo de él aún están los brazos eternos. No puede descender tan profundamente en la angustia y la aflicción sin que la gracia del pacto del siempre justo Dios no lo rodee aun allí. El cristiano puede también sumergirse en la aflicción que procede de su ser, por las luchas que sostiene, pero aun en ese caso no puede descender más allá del alcance de «los brazos eternos», pues ellos están debajo de él; y mientras esté sostenido por ellos, todo esfuerzo del diablo para dañarlo no prosperará. La seguridad de ser sostenido es un aliciente a cualquier *débil pero fervoroso obrero* que está ocupado en el servicio de Dios. Esto significa una promesa de fortaleza para cada día, la gracia para cada necesidad, y la fuerza para el cumplimiento de cada deber. Además, *cuando venga la muerte*, la promesa aún subsistirá. Cuando estemos en medio del Jordán, diremos con David: «No temeré mal alguno porque tú estarás conmigo». Descenderemos al sepulcro, pero no más allá, porque los «brazos eternos» nos sostendrán.

Las contrariedades hacen fuerte nuestra débil fe

A prueba de vuestra fe
(1 Pedro 1:7)

La Biblia en un año:
• Jeremías 51–52
• Hebreos 9

La fe no probada puede ser fe genuina, pero es, sin duda, una fe débil, y posiblemente mientras esté sin pruebas ha de permanecer enana. La fe nunca prospera más que cuando todas las cosas le son contrarias; las tormentas son sus entrenadores y los relámpagos sus iluminadores. Si en el mar reina calma, extiende como quieras las velas, la nave no marchará hacia el puerto, pues en un mar dormido la quilla también duerme. Deja que los vientos soplen furiosamente y que las aguas se agiten, pues es así como el barco podrá llegar al puerto deseado, aunque se balancee de un lado al otro, y aunque su cubierta se lave con las olas, y el mástil cruja bajo la presión de las infladas velas. Ninguna flor tiene un azul tan hermoso como las que crecen al pie de los helados ventisqueros. Ninguna estrella brilla más que las del cielo polar; ninguna agua tiene un gusto más agradable que la que corre por el desierto de arena, y ninguna fe es tan preciosa como la que vive y triunfa en la adversidad. Si no hubieses estado obligado a pasar por los ríos, no habrías creído en tu debilidad; si no hubieses sido sostenido en medio de las aguas, nunca habrías conocido la potencia de Dios. La fe, cuanto más se ejercita en la tribulación, más crece en firmeza, seguridad e intensidad. La fe es preciosa, y su prueba es preciosa también.

Que esto, sin embargo, no desanime a los que son jóvenes en la fe. Tú tendrás, sin buscarlas, suficientes pruebas; la porción completa la tendrás a su debido tiempo. Entretanto, si aún no puedes hablar de los resultados de una larga experiencia, agradece a Dios por la que tienes; alaba a Dios por el grado de confianza que has alcanzado. Anda conforme a esa norma, y tú tendrás más y más de las bendiciones de Dios, hasta que tu fe desarraigará las montañas y superará las imposibilidades.

13 noviembre

Fuera de Cristo no tenemos fruto, ni gozo

El pámpano no puede llevar fruto por sí mismo
(Juan 15:4)

La Biblia en un año:
• Lamentaciones 1–2
• Hebreos 10:1-18

¿Cuándo empezaste a llevar fruto? Cuando viniste a Jesús, confiaste en su gran expiación y descansaste en su perfecta justicia. ¡Ah, qué fruto llevabas entonces! ¿Recuerdas esos primeros días? Entonces, en verdad, la vid florecía, las tiernas uvas aparecían, las *granadas* germinaban y las eras de especias daban su fragancia. ¿Has decaído desde entonces? Si es así, te exhortamos a que recuerdes aquel tiempo *de* amor, *que te* arrepientas y hagas las primeras obras. Ocúpate continuamente en aquellas cosas que te acercan más a Cristo, pues es *de Él de* quien proceden todos tus frutos. Cualquier actividad que te acerque a Él, te ayudará a llevar fruto. El sol es, sin duda, un gran obrero que produce frutos entre los árboles del huerto; y Jesús los produce en mayor proporción entre los árboles del huerto de su gracia. ¿Cuándo has sido más infructífero? ¿No ha sido cuando has vivido muy lejos del Señor Jesucristo, cuando has descuidado la oración, cuando te has apartado de la sencillez de tu fe, cuando tus dones en lugar de tu Señor han absorbido tu atención, cuando has dicho: «Mi montaña permanece firme; yo nunca seré movido», y has olvidado dónde reside tu poder? ¿No fue entonces cuando dejaste de llevar fruto? A algunos de nosotros se nos ha enseñado que fuera de Cristo no tenemos nada, y esto por causa de la terrible degradación de nuestro corazón delante del Señor. Y cuando hemos visto la completa esterilidad y la muerte de toda potencia humana, hemos exclamado angustiosamente: «De Él proceden todos mis frutos; yo, por mí mismo, jamás pude producir uno». La experiencia nos ha enseñado que cuanto más sinceramente dependamos de la gracia de Dios en Cristo y atendamos al Espíritu Santo, más frutos llevaremos para Dios. ¡Que el Señor nos enseñe a confiar en Jesús tanto para llevar fruto como para gozar de vida!

El hombre de doblado ánimo es aborrecible

Cortaré a aquellos adoradores que juran por Jehová y juran por Milcom
(Sofonías 1:5)

La Biblia en un año:
• Lamentaciones 3–5
• Hebreos 10:19-39

Estas personas se creían seguras porque estaban con ambas partes. Iban con los seguidores de Jehová y al mismo tiempo se inclinaban a Milcom. Pero la duplicidad es abominable a Dios, y su alma odia la hipocresía. El idólatra que abiertamente se entrega a su dios falso, tiene un pecado menos que el que ofrece su profano y detestable sacrificio en el templo del Señor, mientras que su corazón está con el mundo y con sus pecados. En las cosas comunes de la vida diaria el hombre de doblado ánimo es despreciado; pero, en religión, es aborrecible hasta el último grado. El castigo pronunciado en este pasaje es terrible; pero es bien merecido, pues, ¿cómo es posible que la justicia divina perdone al pecador que conoce lo recto, que lo aprueba y profesa seguirlo, y, sin embargo, ama continuamente al pecado y le entrega el dominio de su corazón?

Alma mía, examínate esta mañana, y mira si eres culpable de esta doblez. ¿Profesas ser un seguidor de Jesús? ¿Lo amas en verdad? ¿Es tu corazón recto para con Dios? ¿Eres de la familia del anciano Padre Honesto o eres un pariente del señor Interés Particular? Tener nombre que vivimos vale poco, si estamos muertos en delitos y pecados. Tener un pie en la tierra de la verdad y el otro en el mar de la falsedad, significará una caída terrible y una ruina total. Cristo será todo o nada. Dios llena todo el universo, de ahí que no haya lugar para otro dios. Si Él reina en mi corazón, entonces no habrá lugar para otro poder. ¿Descanso sólo en Jesús crucificado y vivo únicamente por Él? ¿Es mi deseo que sea así? ¿Se esfuerza mi corazón en obrar así? Si es así, bendita sea la poderosa gracia que me guió a la salvación; y si no es así, perdona, oh Señor, mi terrible ofensa y une mi corazón para temer tu nombre.

15 noviembre

Voluntariamente suyos por elección, y por compra

La porción de Jehová es su pueblo
(Deuteronomio 32:9)

> **La Biblia en un año:**
> • Ezequiel 1–2
> • Hebreos 11:1-19

¿Por qué son suyos? Por su soberana *elección*. Él los escogió y puso en ellos su amor. Esto lo hizo independientemente de cualquier bondad que haya habido en ellos o que haya previsto en ellos. Él tuvo misericordia del que quiso, y «ordenó para vida eterna» a una escogida compañía, de modo que son suyos por voluntaria elección. No solo son suyos por elección, sino también por *compra*. Él los compró, y pagó por ellos hasta el último centavo; no puede, pues, haber discusión sobre su título de propiedad. La parte de Jehová no ha sido redimida con cosas corruptibles, como oro o plata, sino con la preciosa sangre de Cristo. No hay hipoteca sobre sus bienes; ningún pleito puede ser suscitado por ningún demandante, pues el precio fue pagado en pleno tribunal, y la Iglesia es la absoluta y eterna propiedad del Señor. Mira la marca de sangre que está sobre todos sus escogidos; son invisibles a los ojos humanos, pero conocidas por Cristo, pues «el Señor conoce a los que son suyos». Él no olvida a ninguno de los que redimió de entre los hombres. Cuenta las ovejas por las cuales puso su vida, y recuerda distintamente a la Iglesia por la que se dio a sí mismo. Son suyos, también, por *conquista*. ¡Qué batalla tuvo que sostener en nosotros antes de ganarnos! ¡Cuánto tiempo sitió nuestros corazones! ¡Cuán a menudo nos envió condiciones de capitulación! Mas nosotros atrancamos nuestras puertas y custodiamos murallas contra Él. ¿No recordamos aquella gloriosa hora cuando Jesús tomó por asalto nuestros corazones, cuando colocó su cruz contra la muralla y subiendo a ella colocó sobre nuestra plaza fuerte la bandera encarnada de su omnipotente misericordia? Sí, somos en verdad los cautivos conquistados por su omnipotente amor. Siendo nosotros escogidos, comprados y conquistados, los derechos que Él tiene sobre nosotros son inalienables.

No dice: «El Señor es *en parte* mi porción», ni: «El Señor está en mi porción», porque Él mismo constituye la suma total de la herencia de mi alma. Dentro del perímetro de aquel círculo está todo lo que poseemos o deseamos. El Señor es mi parte. No meramente su gracia, ni su amor, ni su pacto, sino Jehová mismo. Él nos escogió a nosotros como su parte, y nosotros lo hemos elegido a Él como nuestra parte. Es verdad, el Señor debe primero elegir nuestra herencia en nuestro lugar, de lo contrario, por nosotros mismos, nunca la elegiremos. Si realmente somos llamados de acuerdo con el propósito de la elección de amor podemos decir: «Dios me amó. Yo, por mi parte, ardo de amor por Él. Dios, antes que empezara el tiempo, me eligió. Yo, a mi vez, lo elijo a Él».

El Señor es nuestra *omnisuficiente parte.* Dios satisface; y si Dios en sí mismo es suficiente, debe también *ser* suficiente para nosotros. No es fácil satisfacer los deseos de un hombre. Cuando se imagina que está satisfecho, en seguida se da cuenta de que aún hay algo más allá, y la sanguijuela de su corazón clama, al instante: «Trae, trae». Pero todo lo que podemos desear es ser hallados en nuestra divina porción, de suerte que digamos: «¿A quién tengo en el cielo, sino solo a ti?». Y añadamos: «Aparte de ti, no deseo nada de lo que hay en la tierra». Bien podemos nosotros «gozarnos en el Señor», que nos permite beber del torrente de sus delicias. Nuestra fe extiende sus alas y asciende como águila al cielo del divino amor, donde está su refugio. «Las cuerdas nos cayeron en lugares deleitosos, y es hermosa la heredad que nos ha tocado.» Gocémonos en el Señor siempre. Mostremos al mundo que formamos un pueblo bienaventurado y feliz, y los induciremos a exclamar: «Nosotros iremos contigo, porque hemos oído que Dios está contigo».

noviembre 16

El forma la suma total de la herencia de mi alma

Mi porción es Jehová, dijo mi alma
(Lamentaciones 3:24)

La Biblia en un año:
• Ezequiel 3–4
• Hebreos 11:20-40

17 noviembre

Cualquier deseo estará subordinado a su gloria

A Él sea la gloria por los siglos. Amén
(Romanos 11:36)

> **La Biblia en un año:**
> • Ezequiel 5–7
> • Hebreos 12

«A Él sea la gloria por los siglos.» Éste debiera ser el único deseo del cristiano. Todos los otros deseos deben estar subordinados a éste. El cristiano puede anhelar prosperidad en sus negocios, pero solo hasta donde ese anhelo le ayude a promover lo que dice este versículo: «A Él sea la gloria por los siglos». Puede desear tener más dones, pero con la finalidad de que «a él sea gloria por los siglos». No estás obrando como debes cuando lo haces impulsado por otro motivo que no sea el de la gloria de Dios. Como cristiano, eres «de Dios y por mediación de Dios»; vive, pues, «para Dios».

Que nada haga latir tu corazón tan fuertemente como el amor a Dios. Que esta ambición inflame tu alma; que sea el fundamento de todas tus empresas y la fuerza que te sostenga cuando tu celo se enfríe. Haz de Dios tu único objeto y depende de Él, pues donde empieza el yo, empieza la aflicción. Que tus deseos en favor de la gloria de Dios crezcan. En tu juventud, lo has alabado; no te satisfagas ahora con las alabanzas que le tributaste en tu juventud. ¿Te ha prosperado Dios en tus negocios? Como Él te dio más, tribútale tú también mayores alabanzas. ¿Te ha dado experiencia? Alábalo, pues, por poseer ahora una fe más poderosa. ¿Ha crecido tu conocimiento? Entonces canta más melodiosamente. ¿Gozas ahora de tiempos más felices de los que has gozado tiempo atrás? ¿Te has restablecido de alguna enfermedad y tu tristeza ha tornado en gozo y paz? Entonces canta más a menudo a su nombre. Pon más brasas y más incienso limpio en el incensario de tu alabanza. En tu vida práctica da a Dios la gloria debida a su nombre. Con tu servicio personal y con tu creciente santidad, pon el «Amén» a esta doxología tributada a tu misericordioso Señor.

El corazón del cristiano es la fuente reservada para Jesús

Fuente cerrada, fuente sellada
(Cantares 4:12)

La Biblia en un año:
• Ezequiel 8–10
• Hebreos 13

En esta metáfora, que se refiere a la vida íntima del creyente, tenemos expresada muy claro la idea del secreto: Es una fuente cerrada, como eran las fuentes de Oriente sobre las que se levantaba un edificio, de modo que nadie podía llegar hasta ellas, salvo los que conocían la entrada secreta. Así es el corazón del creyente cuando es renovado por la gracia; hay en él una vida misteriosa que ningún arte puede tocar. Éste es un secreto que ningún otro hombre conoce; más aún: que el mismo hombre que lo posee no puede revelarlo a su prójimo. El texto no solo incluye secreto, sino también separación. Ésta no es la fuente común de la que puede beber todo transeúnte, sino una fuente guardada y preservada. Es una fuente que lleva una marca, un sello real, de suerte que todos puedan conocer que no es una fuente pública, sino una fuente que tiene dueño, y, por eso mismo, está sola. Así pasa con la vida espiritual. Los escogidos de Dios fueron separados por decreto eterno; fueron separados por Dios en el día de la redención; son separados porque poseen una vida que los otros no tienen. Es imposible que se sientan cómodos en el mundo o que hallen satisfacción en sus placeres. Aquí tenemos también la idea de santidad. La fuente cerrada es preservada para uso de alguien en especial. Y lo mismo acontece con el corazón del cristiano, la fuente reservada para Jesús. Todo cristiano debiera saber que tiene sobre sí el sello de Dios, y debería estar en condiciones de decir con Pablo: «De aquí adelante nadie me sea molesto; porque yo traigo en mi cuerpo las marcas del Señor Jesús». Otra idea prominente en el texto es la de seguridad. ¡Cuán segura es la vida interior del creyente! Aunque los poderes de la tierra y del infierno se combinaran contra ella, esa vida inmortal seguiría existiendo, pues el que la dio brindó su vida para que fuese preservada.

19 noviembre

Ocupemos nuestros talentos en algo provechoso

Evita las cuestiones necias (Tito 3:9)

La Biblia en un año:
• Ezequiel 11–13
• Santiago 1

Nuestros días son pocos y, si hacemos bien, los usamos mucho mejor que cuando disputamos sobre asuntos que, en el mejor de los casos, son de menor importancia. Los antiguos escolásticos ocasionaron mucho mal con sus incesantes discusiones sobre asuntos que carecían de importancia práctica. Nuestras iglesias padecen mucho de discusiones sin importancia sobre puntos oscuros y cuestiones insignificantes. Una vez todo lo que podía decirse se ha dicho, ninguno de los dos bandos resulta más sabio que el otro y, en consecuencia, la discusión no fomenta el conocimiento ni el amor. Es absurdo sembrar en terreno tan estéril. Cuestiones sobre detalles que la Biblia calla, sobre misterios que pertenecen solo a Dios, sobre profecías de dudosa interpretación y sobre maneras de observar ceremonias humanas son todas cuestiones necias que los hombres sabios evitan. Nuestra tarea no es preguntar ni responder cuestiones necias, sino evitarlas enteramente. Y si observamos el precepto del apóstol (Tit. 3:8.) de procurar gobernarnos por buenas obras, nos ocuparemos en trabajos provechosos, y así no tomaremos mucho interés en contenciones indignas e inútiles. Hay, sin embargo, cuestiones que no son necias y que no deben ser evitadas, sino imparcial y honestamente encaradas. He aquí algunas: ¿Creo en el Señor Jesucristo? ¿Ha sido renovado mi espíritu? ¿Ando yo, no según la carne, sino según el Espíritu? ¿Estoy creciendo en la gracia? ¿Adorna mi conversación la doctrina de Dios mi Salvador? ¿Espero la venida del Señor y estoy velando como un siervo que aguarda a su amo? ¿Qué más puedo hacer por Jesús? Preguntas como éstas demandan nuestra urgente atención. Si hemos estado entregados a cavilaciones, ocupemos desde ahora nuestros talentos en trabajos más provechosos. Seamos pacificadores y enseñemos a otros a «evitar cuestiones necias».

Observa cuán positiva-
mente habla el profeta. No
dice «Espero, confío, pienso algunas veces que Dios
ha abogado las causas de
mi alma», sino que habla
del asunto como de una
realidad indiscutible. «Abogaste la causa de mi alma.»
Librémonos, con ayuda del
Consolador, de estas dudas
y temores que tanto perjudi-
can nuestra paz y bienes-
tar. Pidamos a Dios que nos

noviembre 20

Cultivando siempre un espíritu de gratitud

*Abogaste, Señor,
la causa de mi alma*
(Lamentaciones 3:58)

La Biblia en un año:
• **Ezequiel 14–15**
• **Santiago 2**

conceda vernos libres de la desagradable y gruñona
voz de la sospecha y del recelo, y que nos enseñe a
hablar con la clara y melodiosa voz de la plena seguridad. Observa con cuánta gratitud habla el profeta,
atribuyendo la gloria solo a Dios. No hay aquí ni una
sola palabra tocante a sí mismo o a su defensa. Él no
atribuye su rescate a ningún hombre, y mucho menos
a sus propios méritos. El profeta dice, más bien, lo
siguiente: «Tú, oh Señor, tú abogaste la causa de mi
alma, tú redimiste mi vida». El cristiano debiera cultivar
siempre un espíritu de gratitud; y, especialmente después de haber sido librados de alguna prueba, tendríamos que cantar a nuestro Dios. La tierra debiera estar
llena de cantos, entonados por santos agradecidos; y
cada día debiera ser un incensario, en el que arda el
incienso de la acción de gracias. ¡Cuán alegre parece
estar Jeremías mientras recuerda la bendición de Dios,
y cuán triunfalmente eleva el tono! Él había estado en
la mazmorra y, hasta ahora, no era otra cosa que el
profeta llorón; sin embargo, en el mismo libro llamado
Lamentaciones, sonora como el canto de María cuando
tocaba el pandero, penetrante como el tono de Débora
cuando salió al encuentro de Barac con exclamaciones
de victoria oímos la voz de Jeremías que, subiendo al
cielo, dice: «Tú abogaste, Señor, la causa de mi alma;
tú redimiste mi vida». ¡Oh, hijos de Dios!, procurad
tener una experiencia vital de la bondad del Señor; y
cuando la tengáis, hablad de ella con certeza.

21 noviembre

Nada intentemos sin la mediación del Espíritu

No contristéis al Espíritu Santo
(Efesios 4:30)

> **La Biblia en un año:**
> • Ezequiel 16–17
> • Santiago 3

Todo lo que el creyente tiene debe venir de Cristo, pero viene únicamente por el canal del Espíritu de toda gracia. Además, así como todas las bendiciones van a ti por medio del Espíritu Santo, también los pensamientos santos, el culto fervoroso y los actos de bondad no pueden salir de ti sin la obra santificadora del mismo Espíritu. Aun la buena simiente (si fuese sembrada en ti) no germinaría si el Espíritu no obrara en ti «así el querer como el hacer por su buena voluntad». ¿Deseas hablar por Jesús? ¿Cómo lo podrás hacer si el Espíritu Santo no toca tu lengua? ¿Quieres orar?, ¡qué pesada resulta esta obra si el Espíritu no intercede por ti! ¿Deseas vencer el pecado? ¿Quieres ser santo? ¿Quieres imitar a tu Maestro? ¿Deseas ascender a las más encumbradas alturas de la espiritualidad? ¿Anhelas ser como los ángeles de Dios: lleno de celo y ardor por la causa del Maestro? Sin el Espíritu no puedes hacer nada de esto. «Sin mí, nada podéis hacer.» ¡Oh, pámpano de la vid, tú no puedes llevar fruto sin la savia! ¡Oh, hijo de Dios, aparte de la vida que Dios te da por medio de su Espíritu, no tienes vida en ti mismo! No lo contristes, pues, ni provoques su ira con tus pecados. No lo apaguemos en ninguna de las delicadísimas operaciones que lleva a cabo en nuestras almas; cumplamos cada una de sus sugestiones y estemos prestos a obedecer todos sus impulsos. Si el Espíritu es en realidad tan poderoso, no intentemos nada sin Él. No empecemos ningún proyecto, ni prosigamos ninguna empresa, ni cerremos ningún trato sin implorar su bendición. Convenzámonos de que sin Él somos enteramente débiles, y dependamos solo de Él, haciendo nuestra esta oración: «Abre tú mi corazón y todo mi ser para que puedas entrar, y susténtame con tu libre Espíritu cuando yo lo haya recibido en mi corazón».

Respondió por todas sus ovejas

Israel sirvió para adquirir mujer, y por adquirir mujer fue pastor
(Oseas 12:12)

La Biblia en un año:
• Ezequiel 18–19
• Santiago 4

Jacob describe así sus fatigas mientras alterca con Labán: «Estos veinte años he estado contigo. Nunca te traje lo arrebatado por las fieras; yo pagaba el daño; lo hurtado así de día como de noche, de mi mano lo requería. De día me consumía el calor, y de noche la helada, y el sueño se huía de mis ojos». La vida terrenal del Salvador fue mucho más fatigosa que la de Jacob. Él guardó todas sus ovejas hasta dar este último informe: «De las que me diste, no perdí ninguna». Su cabello fue mojado con rocío y sus guedejas con las gotas de la noche. El sueño huyó de sus ojos pues toda la noche estuvo en oración, luchando en favor de su pueblo. Una noche rogó por Pedro; luego intercedió por otro. Ningún pastor podría jamás proferir, por la dureza de su trabajo, lamentos semejantes a los que hubiera podido proferir Jesucristo por la dureza de los que Él realizó para conseguir a su esposa. «Las frías montañas y el aire de medianoche fueron testigos del fervor de su oración. El desierto conoció sus tentaciones, sus conflictos y también su victoria.» Labán exigió a Jacob todas las ovejas. Es agradable detenernos a considerar el paralelo espiritual de este hecho. Si las ovejas eran arrebatadas por las fieras, Jacob tenía que pagarlas. Si alguna de ellas moría, él tenía que responder por ella, pues era fiador de todas. ¿No fueron los trabajos de Jesucristo por su Iglesia, los trabajos de uno que estaba bajo las obligaciones de fiador, y que, por lo tanto, tenía que llevar salvos a todos los creyentes a las manos de aquel que se las confió a su custodia?

Mira al fatigado Jacob y ve en él una representación de aquel de quien leemos esto: «Él, como pastor, apacentará su rebaño».

23 noviembre

El discípulo no tiene que ser más que su Maestro

Comunión con Él
(1 Juan 1:6)

> **La Biblia en un año:**
> • Ezequiel 20–21
> • Santiago 5

Cuando por la fe fuimos incorporados a Cristo pasamos a tener una comunión tan íntima con Él que llegamos a ser uno. Sus intereses y los nuestros se hicieron mutuos e idénticos. Nosotros tenemos comunión con Cristo en su *amor*. Lo que Él ama, lo amamos nosotros. Él ama a los santos; nosotros también. Él ama a los pecadores; nosotros igual. Él ama a la pobre especie humana, que está pereciendo, y desea ver los desiertos de la tierra transformados en jardín del Señor; y así lo deseamos nosotros. Nosotros tenemos comunión con Él en sus *deseos*. Él desea la gloria de Dios; y nosotros trabajamos para lo mismo. Él desea que los santos estén donde Él está; y nosotros deseamos estar con Él. Él desea derrotar al pecado; y nosotros luchamos bajo su bandera. Él desea que el nombre de su Padre sea amado y adorado por todas sus criaturas; y nosotros oramos a diario: «Venga tu reino, Sea hecha tu voluntad, como en el cielo, así también en la tierra». Nosotros tenemos comunión con Cristo en sus *sufrimientos*. No somos clavados en la cruz ni morimos de muerte cruel, pero si Él es vituperado, lo somos igualmente nosotros. Nos es muy agradable ser afrentados por su causa, ser despreciados por seguir al Maestro y tener el mundo en contra de nosotros. El discípulo no tiene que ser más que su Maestro. Dentro de nuestra capacidad también tenemos comunión con Él en sus *labores*, ministrando a los hombres con la palabra de verdad y con las obras de amor. Nuestra comida y bebida, como fue la de Él, es hacer la voluntad del que nos envió y acabar su obra. También tenemos comunión con Cristo en sus *goces*. Somos felices en su felicidad y nos gozamos en su exaltación. Creyente, ¿has probado alguna vez aquel gozo? No hay en la tierra placer más puro y conmovedor que tener en nosotros el gozo de Cristo, para que nuestro gozo sea cumplido.

Él nos provee
de toda necesidad

*Será Jehová para con
nosotros... lugar de ríos,
de arroyos muy anchos*
(Isaías 33:21)

La Biblia en un año:
• Ezequiel 22–23
• 1 Pedro 1

Los ríos y arroyos anchos traen a la tierra fertilidad y abundancia. Los lugares que están cerca de los ríos anchos son notables por la variedad de sus plantas y lo abundante de sus cosechas. Dios es todo esto para su Iglesia. Teniendo a Dios, la Iglesia tiene *abundancia*. ¿Qué puede ella pedir que Él no le dé? ¿Qué necesidad puede mencionar, que Él no supla? «Jehová de los ejércitos hará en este monte a todos los pueblos convite de engordados.» ¿Necesitas el pan de vida? Ese pan cae del cielo como el maná. ¿Necesitas arroyos refrescantes? La roca te sigue, y esa Roca es Cristo. Si padeces de alguna necesidad es por culpa tuya. Si «estás estrecho, no estás estrecho en Él, sino en tus propias entrañas». Los ríos y arroyos anchos indican *comercio*. Nuestro glorioso Señor es para nosotros un lugar de mercadería celestial. Por medio de nuestro Redentor comerciamos con el pasado. Las riquezas del Calvario, los tesoros del pacto, las riquezas de la elección y los depósitos de la eternidad han llegado hasta nosotros por el amplio arroyo de nuestro bondadoso Señor. Comerciamos también con el futuro. ¡Qué galeras cargadas hasta el borde llegaron a nosotros del milenio! ¡Qué visiones hemos tenido de los días del cielo sobre la tierra! Por medio de nuestro Señor comerciamos con los ángeles; tenemos comunión con los brillantes espíritus, lavados en la sangre, que cantan delante del trono; más aún: tenemos comunión con el Infinito. Los ríos y arroyos anchos están especialmente destinados a exponer la idea de *seguridad*. Antiguamente los ríos eran una defensa. ¡Oh amados, qué defensa es Dios para su Iglesia! El demonio no puede cruzar este amplio río de Dios. ¡Cómo le gustaría desviar la corriente! Pero no temas, pues Dios permanece inmutablemente el mismo. Satán puede angustiarnos, pero no destruirnos.

25 noviembre

Libertad justa, perpetua y gratuita

A pregonar libertad a los cautivos
(Lucas 4:18)

La Biblia en un año:
• Ezequiel 24–26
• 1 Pedro 2

Ninguno, excepto Jesús, puede liberar a los cautivos. La verdadera libertad viene solo de Él. Es ésta una libertad *justamente otorgada*, pues el Hijo, heredero de todas las cosas, tiene derecho a libertar a los hombres. Los santos veneran la justicia de Dios, que ahora les asegura la salvación. Esta libertad fue *comprada a un precio elevado.* Cristo habló de ella con su poder, pero la compró con su sangre. Él te hace libre, pero a costa de su prisión; te liberta porque Él llevó tu carga; te pone en libertad porque Él sufrió en tu lugar. Pero, aunque esa libertad la compró a un precio elevado, te la da, sin embargo, *gratuitamente.* Jesús no pide nada de nosotros como preparación para recibir la libertad. Nos ve sentados en saco y en ceniza y pide que nos pongamos los bellos atavíos de la libertad. Él nos salva tal como somos, y lo hace todo sin nuestra ayuda y sin nuestros méritos. Cuando Jesús nos pone en libertad, esa libertad está *perpetuamente asegurada,* ninguna cadena nos atará otra vez. Es suficiente que el Maestro diga: «Cautivo, yo te he libertado», para que yo quede libre para siempre. Satán procurará esclavizarnos, pero si el Señor está a nuestro lado, ¿a quién temeremos? El mundo con sus tentaciones buscará engañarnos, pero el que está por nosotros es más poderoso que los que están contra nosotros. Las maquinaciones de nuestro engañoso corazón nos acosarán, pero el que empezó en nosotros la buena obra, la proseguirá y perfeccionará hasta el fin. Los enemigos de Dios y los enemigos del hombre pueden reunir sus huestes y venir en contra de nosotros con renovada furia, pero si Dios nos liberta, ¿quién nos puede condenar? El águila que asciende hasta su nido y se remonta hasta las nubes, no es más libre que el alma libertada por Cristo. Si no estamos bajo la ley, libres de su maldición, *exhibamos en forma práctica* nuestra libertad, sirviendo a Dios con gratitud.

Buscando toda fuerza y ayuda en Él

*Todo lo que te viniere a la
mano para hacer,
hazlo según tus fuerzas*
(Eclesiastés 9:10)

> **La Biblia en un año:**
> • Ezequiel 27–29
> • 1 Pedro 3

«Todo lo que te viniere a la mano para hacer» se refiere a los trabajos que son *posibles*. Hay muchas cosas que nuestro *corazón* halla para hacer, que no haremos nunca. Está bien que ellas estén en nuestro corazón, pero si queremos ser eminentemente útiles, no hemos de estar satisfechos con hacer proyectos en nuestro corazón y hablar de ellos, sino tenemos que llevarlos a cabo. Una buena obra vale más que mil brillantes teorías. No aguardemos experiencias excepcionales ni una clase distinta de obras, sino hagamos día por día «lo que nos viniere a la mano para hacer». Nosotros no tenemos otro tiempo que el presente en que vivir. El pasado se ha ido; el futuro no ha llegado; nunca, pues, tendremos otro tiempo que el *presente*. No esperes, entonces, hasta que tu experiencia entre en la madurez antes de intentar servir a Dios. Esfuérzate en llevar fruto. Sirve a Dios ahora, pero mira bien cómo realizas aquello que te viniere a la mano para hacer: *«hazlo según tus fuerzas»*. No desperdicies tu vida pensando en lo que te propones hacer mañana, como si eso pudiera compensar el ocio de hoy. Ningún hombre sirvió jamás a Dios «haciendo cosas mañana». Glorificamos a Cristo y recibimos bendiciones de Él por las cosas que hacemos *hoy*. Cualquier cosa que hagas por Cristo, pon en ella toda tu alma. No presentes a Cristo una obra desganada, hecha de vez en cuando como algo común. Cuando lo sirvas, sírvele, más bien, con todo tu corazón, toda tu alma y toda tu fuerza. Pero ¿dónde está la fuerza de un cristiano? No en sí mismo, pues él es una perfecta debilidad. Su fuerza reside en el Señor de los ejércitos. Busquemos, pues, su ayuda. Obremos con oración y con fe; y cuando hayamos terminado lo que nuestras manos hallaron para hacer, esperemos una bendición del Señor. Lo que hagamos así, estará bien hecho.

27 noviembre

Todo lugar es ahora templo de Dios

Al sumo sacerdote Josué, el cual estaba delante del ángel de Jehová
(Zacarías 3:1)

La Biblia en un año:
- Ezequiel 30–32
- 1 Pedro 4

En Josué, el gran sacerdote, vemos una imagen de todos los hijos de Dios, los cuales han sido hechos cercanos por la sangre de Cristo y enseñados a servir en las cosas santas y a entrar hasta dentro del velo. Jesús nos ha hecho reyes y sacerdotes para Dios, y aun aquí en la tierra ejercemos el sacerdocio de una vida consagrada y de un servicio santificado. Pero se dice que este gran sacerdote «*estaba* delante de Jehová»; esto es, estaba para ministrar. Ésta debiera ser la perpetua posición de todo verdadero creyente.

Todo lugar es ahora templo de Dios, y los creyentes pueden servir al Señor tanto en sus ocupaciones diarias como en sus casas. Ellos están siempre «ministrando», ofreciendo sacrificios espirituales de oración y alabanza, y presentándose como «sacrificio vivo». Ahora bien, observa dónde estaba Josué para ministrar: «estaba *delante del ángel* de Jehová». Es solo por medio de un mediador que nosotros, impuros pecadores, podemos llegar a ser sacerdotes para Dios. Lo que tengo lo presento delante del mensajero, el ángel del pacto, el Señor Jesús; y por medio de Él mis oraciones, ocultas en las suyas, son aceptadas, y mis alabanzas se hacen fragantes al ser atadas con los manojos de mirra, áloes y casia del jardín de Cristo. Si no le puedo llevar otra cosa que lágrimas, Él las pondrá con las suyas en su redoma, pues Él también lloró una vez. Si no le puedo llevar otra cosa que gemidos y suspiros, Él los aceptará como sacrificio acepto, pues una vez Él también sintió quebrantado su corazón y gimió profundamente en espíritu. Yo mismo, estando delante de Él, soy acepto en el Amado; y todas mis contaminadas obras, aunque en sí mismas solo merecen el aborrecimiento divino, son empero recibidas de tal modo que Dios percibe en ellas olor de suavidad. Él está satisfecho y yo soy bendecido.

El cristiano
no niega la verdad

*Mucho me regocijé cuando
vinieron los hermanos y dieron
testimonio de tu verdad,
de cómo andas en la verdad*
(3 Juan 3)

La Biblia en un año:
• Ezequiel 33–34
• 1 Pedro 5

La verdad estaba en Gaio y Gaio andaba en la verdad. Si lo primero no hubiese sido cierto no habría ocurrido lo segundo; y si lo segundo no se hubiese podido decir, lo primero habría sido una mera pretensión. La verdad debe entrar en el alma, penetrar en ella y saturarla, de lo contrario no tiene valor alguno. Las doctrinas que solo se profesan como credo, son semejantes al pan en la mano: no suministran alimento al cuerpo. Pero la doctrina aceptada por el corazón es como el alimento digerido, que, por asimilación, sostiene y vigoriza el cuerpo. La verdad debe ser en nosotros una fuerza viva, una energía activa, una realidad permanente y una parte de la trama y urdiembre de nuestro ser. Si la verdad está *en nosotros,* no podremos, en adelante, deshacernos de ella. Un hombre puede perder sus vestidos o los miembros de su cuerpo, pero sus órganos interiores son vitales, y no pueden ser arrancados sin la pérdida de la vida. Un cristiano puede morir, pero no puede negar la verdad. Es una ley de la naturaleza que lo interno afecta lo externo. La luz resplandece desde el centro del farol a través del vidrio. Cuando la verdad se enciende dentro del corazón, su resplandor pronto se manifiesta en la vida y en la conversación. Se dice que los alimentos de ciertos gusanos dan color al capullo de seda que ellos hacen. De la misma manera el alimento del cual vive el hombre interior da a sus palabras y obras un tinte peculiar. Andar en la verdad denota una vida de integridad, santidad, fidelidad y sinceridad, que es el resultado de los principios de verdad que nos enseña el Evangelio y que el Espíritu Santo nos permite recibir. ¡Oh Espíritu de gracia!, permítenos ser hoy regidos y gobernados por tu santa autoridad, de suerte que nada falso o pecador reine en nuestros corazones.

29 noviembre

Poniendo freno a nuestra lengua

No andarás chismeando entre tu pueblo... razonarás con tu prójimo, para que no participes de su pecado (Levítico 19:16, 17)

La Biblia en un año:
• Ezequiel 35–36
• 2 Pedro 1

El chismoso despide un veneno triple, pues daña al que cuenta el chisme, al que lo oye y a aquel a quien se refiere. Por este precepto de la Palabra de Dios se nos prohíbe divulgar el rumor, sea éste verdadero o falso. La reputación de los hijos de Dios tiene que ser para nosotros muy preciosa, y tendríamos que considerar como afrenta el ayudar al diablo a deshonrar a la Iglesia y al Señor. Algunas lenguas necesitan un freno. Muchos se gozan en denigrar a sus hermanos, como si, obrando así, se enaltecieran. Los hijos prudentes de Noé cubrieron la desnudez de su padre con un manto, pero el que se expuso a mirarla recibió una espantosa maldición. Quizás nosotros mismos, al pasar alguna vez por esos tristes días, necesitemos que nuestros hermanos nos muestren clemencia y guarden silencio. Procedamos, pues, de ese modo con aquellos que ahora están en esa situación.

Sin embargo, el Espíritu Santo nos permite censurar el pecado y nos enseña la manera cómo hacerlo. Debemos hacerlo reprendiendo a nuestro hermano en su cara y no hablando mal de él a sus espaldas. Esta forma de reprender es varonil, fraternal y cristiana, y con la bendición de Dios será provechosa. ¿La carne no quiere obrar así? Entonces tenemos que prestar más atención a la conciencia y ceñirnos estrictamente a la obra, no sea que por tolerar el pecado en nuestro amigo nos hagamos participantes de él. Centenares de personas han sido libradas de graves pecados por las exhortaciones hechas a tiempo, con prudencia y amor por los pastores y otros hermanos fieles. En la amonestación dada a Pedro, en la oración que la precedió y en la humildad con que soportó su arrogante negación, nuestro Señor nos dio un ejemplo de cómo tratar a los que yerran.

Sin ninguna deuda

Amasías dijo al varón de Dios: ¿Qué, pues, se hará de los cien talentos que he dado al ejército de Israel? Y éste respondió: Jehová puede darte mucho más que esto
(2 Crónicas 25:9)

> La Biblia en un año:
> • Ezequiel 37–39
> • 2 Pedro 2

Parece ser que ésta era una pregunta muy importante para el rey de Judá, y posiblemente es aún más importante para el cristiano tentado y probado. Perder dinero no es agradable en ningún tiempo, y aun cuando estén en juego los principios, la carne no siempre está dispuesta a hacer sacrificios. «¿Por qué perder lo que puede ser provechosamente empleado? La verdad misma, ¿no puede resultar demasiado cara? ¿Qué haremos sin el dinero? Tengamos presente a los hijos y nuestra escasa entrada.» Todas estas cosas y mil más podrían tentar al cristiano a extender su mano a ganancias injustas, y a dejar de poner en obra sus convicciones, cuando éstas implican serias pérdidas. No todos los hombres pueden ver estas cosas a la luz de la fe, y aun entre los seguidores de Jesús la doctrina de «nosotros tenemos que vivir» tiene mucho peso.

De Jehová es darte mucho más que esto, es una respuesta muy satisfactoria para esa ansiosa pregunta. Nuestro Padre tiene la llave de nuestra caja y lo que perdemos por su causa Él lo reintegra con mil tantos. Obedezcamos su voluntad y estemos seguros de que Él nos proveerá lo necesario. El Señor nunca tendrá deudas con ningún hombre. Los santos saben que un grano de tranquilidad vale más que una tonelada de oro. El que tiene buena conciencia ha ganado una riqueza espiritual mucho más deseable que todo lo que ha perdido, aunque tenga que vestirse con un traje gastado. Un calabozo con la aprobación del Señor es suficiente para un corazón veraz, pero un palacio sin su aprobación sería un infierno. Deja que suceda lo peor, que se pierdan todos los talentos, nosotros no hemos perdido nuestro tesoro, pues está en el cielo donde está Cristo a la diestra de Dios.

1 diciembre

Verano e invierno en el alma

Y fue la tarde y la mañana un día
(Génesis 1:5)

La Biblia en un año:
• Ezequiel 40–41
• 2 Pedro 3

¿Era así también en el principio? ¿La luz y las tinieblas se dividían el reino del tiempo en el primer día? Entonces no debo admirarme si también yo experimento cambios en mis circunstancias, desde el mediodía de la prosperidad hasta la medianoche de la adversidad. No siempre tendré en mi alma la brillante luz del mediodía; tengo que esperar que vengan tiempos en que tenga que llorar la ausencia de mis gozos anteriores y en que busque a mi Amado en la noche. Y esto no es solo para mí, pues todos los amados del Señor tuvieron que cantar el canto de juicio mezclado con misericordia, de aflicción mezclado con salvación, de lamento mezclado con placer. Ésta es una de las disposiciones de la divina providencia: que el día y la noche no cesen ni en lo espiritual ni en lo natural, hasta que lleguemos «a donde no habrá noche». ¿Qué, pues, alma mía, te conviene hacer?

Aprende primero a contentarte con lo dispuesto por Dios, y dispónte a recibir, como Job, lo bueno y lo malo de las manos del Señor. Procura, después, «hacer alegrar las salidas de la mañana y de la tarde». Alaba al Señor por el sol de gozo cuando sale, como por la tristeza de la tarde cuando el sol se pone. Hay belleza en la salida y en la puesta del sol; canta, pues, y glorifica al Señor. Canta a todas horas, como el ruiseñor. Cree que la noche es tan útil como el día. El rocío de la gracia cae lentamente en la noche de la angustia. Las estrellas de la promesa alumbran es-plendorosamente en medio de las tinieblas de la aflicción. Cumple con tu cometido en cualquier circunstancia. Si durante el día trabajas, por la noche procura vigilar. Cada hora tiene su deber; continúa en tu llamamiento como siervo del Señor hasta que Él aparezca en su gloria. Alma mía, la tarde de tu vejez y de tu muerte se acerca; no la temas, pues es una parte del día.

Los creyentes gozan de una justicia positiva

*Toda tú eres hermosa,
amiga mía*
(Cantares 4:7)

La Biblia en un año:
• **Ezequiel 42–44**
• **1 Juan 1**

La admiración que el Señor siente por su Iglesia es muy admirable, y la descripción que hace de su belleza es muy vehemente. No solo es *hermosa*, sino *toda* hermosa. Él la mira en sí mismo, lavada en su sangre expiatoria y vestida con su justicia, y la considera llena de gracia y hermosura. No hay por qué admirarse de que sea así, pues lo que Él admira es solo la perfección de su propia excelencia. Porque la santidad, la gloria y la perfección de su Iglesia no son otra cosa que sus propios vestidos puestos sobre su bien amada esposa. La Iglesia no es simplemente pura y bien formada, sino atractiva y hermosa. Tiene un mérito real. Las deformidades que le produjo el pecado se quitaron; más aún: ella obtuvo por medio de su Señor una justicia meritoria, por la que se le ha conferido una belleza real. Los creyentes tienen una justicia positiva, que les fue dada cuando llegaron a ser «aceptos en el Amado». La Iglesia no es simplemente hermosa: es *muy hermosa*. Su Señor la llama «la más hermosa de todas las mujeres». Ella tiene una dignidad real que no puede ser competida por ninguna nobleza o realeza del mundo. Si Jesús tuviese oportunidad de cambiar a su elegida esposa por todas las reinas y emperatrices de la tierra o aun por los ángeles del cielo, no lo haría, pues Él la tiene por «la más hermosa de todas las mujeres». A semejanza de la luna, ella excede en brillantez a las estrellas. Jesús no se avergüenza de emitir esta opinión, e invita a todos los hombres a que la oigan. Él coloca un «he aquí» delante de esa opinión, para llamar y fijar la atención. «*He aquí* que tú eres hermosa, amiga mía; *he aquí* que tú eres hermosa» (Cnt. 4:1).

Él publica ahora su opinión a los cuatro vientos, y un día, desde el trono de su gloria, manifestará esta verdad ante todos. «Venid, benditos de mi Padre» será la solemne confirmación de la belleza de su elegida.

3 diciembre

Somos limpios aun de la más leve mancha

En ti no hay mancha
(Cantares 4:7)

La Biblia en un año:
• Ezequiel 45–46
• 1 Juan 2

Habiendo declarado a su Iglesia realmente bella, el Señor confirma su alabanza con una preciosa negación: «En ti no hay mancha». Como si hubiese pensado que el mundo criticador podría insinuar que Él sólo había mencionado las partes bellas de su esposa, pero que, a propósito, había omitido las deformadas y manchadas, el Esposo resume todo, declarándola total y enteramente bella y completamente exenta de mancha. Una mancha se puede quitar pronto, y, entre todo lo que puede desfigurar la belleza, la mancha es lo más pequeño, pero aun de ella queda libre el creyente delante de la presencia del Señor. Si hubiese dicho que no tiene ninguna fea cicatriz, ninguna deformidad, ni úlcera mortal, aun en ese caso habríamos podido maravillarnos. Pero al decir que ella está libre aun de la más leve mancha, incluye en esto a todas las otras grandes manchas, con lo cual nuestra admiración se acrecienta. Si solo hubiese prometido quitar en seguida todas las manchas, hubiéramos tenido un eterno motivo para gozarnos; pero al decir que las manchas ya están quitadas, ¿quién es capaz de contener las intensas emociones de satisfacción y placer? ¡Alma mía!, aquí hay para ti meollo y grosura; come en abundancia y satisfácete con los bocados reales. Cristo Jesús no tiene querella con su esposa. Ella a menudo vaga lejos de Él y contrista a su Espíritu Santo, pero Él no permite que sus faltas afecten el amor que le profesa. A veces la reprende, pero lo hace siempre en la forma más tierna y con la mejor intención. Aun en este caso la llama «mi amada». No recuerda nuestras faltas ni abriga malos pensamientos en contra de nosotros; nos perdona y ama igual antes que después de haber cometido la ofensa. Es bueno que sea así, pues si Jesús recordara las injurias como lo hacemos nosotros, no podríamos tener relaciones con Él.

Dios tiene
que poseer a
los que son suyos

*Yo tengo mucho pueblo
en esta ciudad*
(Hechos 18:10)

La Biblia en un año:
• Ezequiel 47–48
• 1 Juan 3

Esto debe servirnos de estímulo para hacer lo bueno, pues Dios tiene entre los más viles, entre los más viciosos, entre los más pervertidos y entre los más borrachos, un pueblo elegido que *debe* ser salvo. Cuando tú les llevas la Palabra, lo haces porque Dios te ha ordenado que seas para las almas el mensajero de vida, y *ellas deben recibir* esa vida pues así lo ha ordenado el Señor. Estos impíos, como los santos que están delante del trono, son redimidos por la sangre de Cristo, y, por lo tanto, pertenecen a Él. Quizás hasta ahora amen la cantina y odien la santidad, pero si Jesucristo los ha comprado, los poseerá. Dios no es infiel para olvidar el precio que pagó su Hijo, y no permitirá que su sustitución sea algo inútil o estéril. Decenas de miles de redimidos no están aún regenerados, pero *tienen que estarlo*. Esto debe animarnos, pues, cuando les anunciamos la Palabra de Dios. Más aún: Cristo ora por estos impíos delante del trono. «No ruego solamente por éstos –dijo el gran Intercesor–, sino también *por los que han de creer en mí* por la palabra de ellos.» Aunque ellas no lo sepan, Jesús ora por esas pobres almas. Sus nombres están en su pectoral, y, antes de mucho, deben doblar sus inflexibles rodillas, exhalando delante del trono de la gracia un suspiro de arrepentimiento. «El tiempo de higos aún no ha llegado.» El momento señalado no ha venido aún, pero cuando llegue, *obedecerán*, pues Dios tiene que poseer a los que son suyos. Ellos *deben* obedecer, pues el Espíritu Santo, cuando viene en la plenitud de su poder, no puede ser resistido; ellos *tienen* que llegar a ser siervos voluntarios del Dios vivo. «Mi pueblo lo *será* de buena voluntad en el día de mi poder.» «Él justificará a muchos.» «Del trabajo de su alma verá.» «Yo le daré parte con los grandes y con los fuertes repartirá despojos.»

5 diciembre

Nada que pueda sernos útil se nos negará

Pedid, y se os dará
(Mateo 7:7)

La Biblia en un año:
• Daniel 1–2
• 1 Juan 4

Conozco un lugar de Inglaterra, en el que se da un pedazo de pan a todo transeúnte que desee pedirlo. Sea quien quiera el que pide, no tiene más que llamar a la puerta del Hospital de la Cruz, y allí hay para él un pedazo de pan. Jesucristo amó de tal manera a los pecadores que edificó un Hospital de la Cruz, para que cualquier pecador que tenga hambre llame a la puerta y satisfaga sus necesidades. Él ha hecho algo mejor: puso en este Hospital de la Cruz un cuarto de baño para que cuando un alma esté sucia o manchada, vaya allí y se lave. La fuente está siempre llena, y sus aguas son siempre eficaces. Ningún pecador fue a esa fuente y volvió sin poder lavar sus manchas. Los pecados han desaparecido, y el pecador quedó más blanco que la nieve. Como si esto no fuera suficiente, Jesús puso en ese Hospital de la Cruz un guardarropa, y el pecador que se dirige a Él tal cual es, será vestido de pies a cabeza. Si desea ser un soldado, puede lograr no un mero traje ordinario, sino una perfecta armadura que lo cubrirá desde las plantas de los pies hasta la mollera de la cabeza. Si pide una espada, tendrá espada y escudo. Nada que le sea útil se le negará. Mientras viva, tendrá dinero para gastar, y al entrar en el gozo de su Señor, tendrá una herencia eterna de gloriosas riquezas. Si todas estas cosas se pueden conseguir con solo golpear en la puerta de la misericordia, entonces golpea fuerte, esta mañana, y pide a tu generoso Señor muchas cosas. No dejes el trono de la gracia hasta que todas tus necesidades hayan sido presentadas ante el Señor, y hasta que, por fe, tengas la firme esperanza de que serán suplidas. Cuando Jesús invita, ninguna timidez debe detenernos; cuando Jesús promete, ninguna incredulidad debe estorbarnos; cuando tan preciosas bendiciones pueden obtenerse, ninguna insensibilidad debe impedirnos.

El mayor honor: nuestra unión con Cristo

Cual el celestial, tales también los celestiales
(1 Corintios 15:48)

> **La Biblia en un año:**
> • Daniel 3–4
> • 1 Juan 5

La cabeza y los miembros son de una misma naturaleza, y no como aquella monstruosa imagen que Nabucodonosor vio en su sueño. La cabeza era de oro fino; pero sus pechos eran de plata; su vientre y muslos, de metal; sus piernas, de hierro; y sus pies, en parte de hierro y en parte de barro cocido. Pero el cuerpo místico de Cristo no es una absurda combinación de elementos opuestos. Los miembros eran mortales, y por eso Jesús murió; la glorificada cabeza es inmortal, y, por tanto, el cuerpo también inmortal, pues está escrito: «Porque yo vivo, vosotros también viviréis». Como es nuestra amorosa cabeza, así es el cuerpo y cada uno de sus miembros. Hay, pues, una cabeza elegida con miembros elegidos; una cabeza acepta con miembros aceptos; una cabeza viviente con miembros vivientes. Si la cabeza es de oro puro, todas las partes del cuerpo son también de oro puro. Tenemos así una doble unión como base de una comunión más íntima. Deténte aquí, lector, y ve si puedes contemplar, sin absorta admiración, la infinita condescendencia del Hijo de Dios, al exaltar así tu miseria a la bendita unión con su gloria. Tú eres tan despreciable que, al recordar tu mortalidad, bien puedes decir a la corrupción: «Tú eres mi padre», y a los gusanos: «Tú eres mi hermana». Pero en Cristo eres tan glorificado que puedes llamar al Altísimo: «Abba, Padre»; y al Dios encarnado: «Tú eres mi hermano y mi esposo». Si el parentesco con las familias nobles y antiguas hace a los hombres enaltecerse, nosotros, que tenemos a Dios por Padre, hemos de gloriarnos sobre las cabezas de todos ellos. Que los creyentes más pobres y despreciados retengan este privilegio; que la insensata indolencia no impida descubrir su genealogía, y que no permitan que el apego a las vanidades presentes ocupe sus pensamientos y excluya de su mente el honor de la unión con Cristo.

7 diciembre

El amor transforma al peor vil en el mejor siervo

Y lo vil del mundo y lo menospreciado escogió Dios
(1 Corintios 1:28)

La Biblia en un año:
• Daniel 5–7
• 2 Juan

Anda por las calles a la luz de la luna, si te atreves, y verás pecadores; mira con atención cuando la noche es oscura, cuando el viento ruge y cuando el ladrón aplica la ganzúa a la puerta, y verás pecadores. Ve a la cárcel, y mira a los hombres que tienen cejas espesas y amenazantes, y allí verás pecadores. Ve a los reformatorios y observa a los que exhiben una desenfrenada perversión juvenil, y allí verás pecadores. Cruza los mares y ve al lugar donde un hombre roe un hueso sobre el cual humea carne humana, y allí tendrás pecadores. Ve adonde quieras; no necesitas explorar la tierra para hallar pecadores, pues abundan en todas partes. Los puedes hallar en las calles o en las sendas de cualquier ciudad, pueblo, villa o aldea. Es por los tales que Jesús murió. Si me traes al más vil de todos los pecadores, aun de él tendré esperanza, porque Jesucristo vino a buscar y a salvar a los *pecadores.* El amor ha elegido a algunos de los peores para transformarlos en los mejores.

Los guijarros del arroyo de la gracia se transforman en joyas para la corona del Rey. Dios transforma en oro puro la inútil escoria. El amor divino ha apartado a muchos de los peores pecadores para que constituyan el galardón del sacrificio del Salvador. La gracia llama a muchos de los más viles, a sentarse a la mesa de la misericordia; que ninguno desespere, pues.

Lector, por el amor que arranca lágrimas de los ojos de Jesús; por el amor que fluye de sus sangrantes heridas; por ese amor fiel, fuerte, puro, desinteresado y permanente; por el corazón y las entrañas de compasión del Salvador, te rogamos que no te vayas hoy de tu casa, como si esto no significase nada para ti, sino cree en Él ahora, y serás salvo. Confía tu alma a Él, y Él la llevará a la diestra de su Padre, en la gloria eterna.

Entendemos que esto se refiere a la *justificación*. «Andarán en vestiduras blancas», es decir, gozarán de una constante conciencia de su justificación por la fe; sabrán que la justicia de Cristo les es imputada, que han sido lavados y emblanquecidos más que la nieve. Además, este pasaje se refiere al gozo y *a la alegría*, pues las vestiduras blancas eran, entre los judíos, vestidos de fiesta.

Vistámonos de fiesta

Pero tienes unas pocas personas en Sardis que no han manchado sus vestiduras; y andarán conmigo en vestiduras blancas, porque son dignas
(Apocalipsis 3:4)

La Biblia en un año:
• Daniel 8–10
• 3 Juan

Los que no han ensuciado sus vestiduras tienen sus rostros siempre alegres. Ellos entenderán lo que Salomón quiere decir en el siguiente pasaje: «Anda y come tu pan con gozo, y bebe tu vino con alegre corazón. En todo tiempo sean blancos tus vestidos, porque tus obras ya han sido aceptadas por Dios». El que es aceptado por Dios usará, mientras anda en dulce comunión con el Señor Jesús, los blancos vestidos del gozo y de la alegría. ¿De dónde proceden tantas dudas, tanta miseria y tanto dolor? Muchos son los creyentes que ensucian sus vestiduras con el pecado y con el error, y a causa de esto pierden el gozo de su salvación y la consoladora comunión con el Señor Jesús es decir, no andan en vestiduras blancas. Esta promesa se refiere también a los que *andan en vestiduras blancas delante del trono de Dios*. Los que no han ensuciado sus vestiduras aquí, andarán ciertamente en ropas blancas allá, donde las huestes vestidas de blanco cantan al Altísimo perpetuas aleluyas. Poseerán inconcebible gozo, felicidad no soñada, bienaventuranza inimaginable y una felicidad mayor de la que puedan desear. Los «perfectos de camino» tendrán todo esto, no por mérito ni por obras, sino por gracia. Ellos andarán con Cristo en vestiduras blancas porque Él los ha hecho dignos. En su grata compañía beberán de las fuentes de aguas vivas.

9 diciembre

Toda demora aviva y acrecienta nuestros deseos

Por tanto, Jehová esperará para tener piedad de vosotros (Isaías 30:18)

> **La Biblia en un año:**
> • Daniel 11–12
> • Judas

Dios tarda frecuentemente en responder a las oraciones. En las Escrituras tenemos varios ejemplos de esto. Jacob no obtuvo la bendición del ángel «hasta que rayaba el alba»; para conseguirla tuvo que luchar toda la noche. La pobre sirofenicia esperó mucho antes de que su petición fuese contestada. Pablo rogó *tres veces* al Señor que le quitase el «aguijón en la carne», y no recibió seguridad de que le sería quitado, pero, en cambio, recibió la promesa de que la gracia de Dios le bastaría. Si has estado llamando a la puerta de la misericordia y no has recibido respuesta, ¿debo decirte por qué el poderoso Hacedor no ha abierto esa puerta para dejarte entrar? Nuestro Padre tiene sus razones para hacernos esperar. A veces lo hace para manifestar su poder y su soberanía, a fin de que los hombres sepan que Jehová tiene derecho a dar o a rehusar. La demora redunda muy frecuentemente en nuestro provecho. Quizás Dios te mantiene esperando para que tus deseos sean más fervientes. Dios sabe que la demora avivará y acrecentará tus deseos, que si Él te hace esperar verás más claramente tu necesidad y procurarás con más fervor satisfacerla, y que, por haber demorado tanto, apreciarás mucho más la bendición pedida. Quizás haya en ti algún mal que debe ser quitado antes de que se te conceda el gozo del Señor. Quizás tus opiniones acerca del Evangelio sean confusas, o acaso estés confiando un poco en ti mismo, en lugar de confiar enteramente en Jesús. También puede ser que Dios te haga esperar un poco de tiempo para mostrarte al fin, con mayor plenitud, las riquezas de su gracia. Todas tus oraciones están anotadas en el cielo, y aunque no sean contestadas de inmediato, puedes estar seguro de que no han sido olvidadas, sino que Dios dentro de poco las contestará para tu gozo y satisfacción.

La muerte es, en verdad, una ganancia

Así estaremos siempre
con el Señor
(1 Tesalonicenses 4:17)

La Biblia en un año:
• Oseas 1–4
• Apocalipsis 1

¡Cuán breves y transitorias son las gratísimas visitas de Cristo! Por un momento nuestros ojos lo ven y nos regocijamos con gozo inefable y glorificado, pero al instante no lo vemos más, porque nuestro amado se aparta de nosotros. Semejante al gamo o al cabrito de los ciervos, salta Él sobre los montes escarpados. Nuestro amado se ha ido al país de las especias y no apacienta más entre los lirios. ¡Oh cuán agradable es esperar aquel tiempo cuando no lo contemplaremos más desde cierta distancia, sino que lo veremos cara a cara; cuando no será como un viajante que permanece sólo una noche, sino que nos abrazará eternamente en el seno de su gloria; cuando no lo veremos por un corto tiempo, sino que «nuestros ojos por millones de años contemplarán absortos las bellezas del Redentor, y por miríadas de siglos lo adoraremos por los portentos de su amor!» En el cielo no habrá interrupciones a causa de la ansiedad o del pecado; las lágrimas no empañarán más nuestros ojos; los negocios terrenales no distraerán nuestros felices pensamientos; nada nos impedirá contemplar con infatigables ojos al Sol de Justicia,

¡Oh!, si es tan agradable verlo aquí de vez en cuando, ¡cuánto más agradable será contemplar eternamente aquel bendito rostro, sin que jamás se interponga nube alguna y sin que tengamos que apartar de Él nuestros ojos para fijarlos en un mundo de fatiga y de ayes! ¡Bendito día!, ¿cuándo amanecerás? ¡Levántate, oh Sol de Justicia! Los goces de los sentidos pueden abandonarnos cuando les gusten, pues eso nos dará cumplida satisfacción. Si morir es entrar en ininterrumpida comunión con Jesús, entonces la muerte es en verdad una ganancia, y la gota negra desaparece en un mar de victoria.

11 diciembre

Confiando en su promesa: «Yo soy contigo»

Fiel es el que os llama, el cual también lo hará
(1 Tesalonicenses 5:24)

> **La Biblia en un año:**
> • Oseas 5–8
> • Apocalipsis 2

El cielo es un lugar donde no pecaremos más; un lugar donde dejaremos de vigilar constantemente contra el infatigable enemigo, pues allí no habrá tentador que ponga trampas a nuestros pies. Allí el impío deja de molestar, y el fatigado descansa. El cielo es la «herencia incorruptible», es el reino de perfecta santidad y de completa seguridad. Pero ¿no gustan también los santos que están en la tierra de esa bendita seguridad? La Palabra de Dios enseña que cuantos permanecen unidos al Cordero están seguros, que todos los rectos perseverarán en sus caminos y que los que han confiado sus almas al cuidado de Cristo, lo hallarán fiel e inmutable preservador. Sostenidos por esta doctrina, aun en la tierra podemos gozar de seguridad; no, por cierto, de aquella sublime y gloriosa seguridad que nos liberta de todo error, sino de aquella que nos viene de la segura promesa de Jesús: que ninguno de los que en Él creen se perderá, sino estará con Él donde Él está. Creyente, pensemos a menudo en la doctrina de la perseverancia de los santos, y glorifiquemos la fidelidad de nuestro Dios, depositando en Él una santa confianza. Que nuestro Dios te haga sentir la seguridad que tienes en Cristo Jesús, que te convenza de que tu nombre está esculpido en sus manos y que te recuerde esta promesa: «No temas, que yo soy contigo». Mira a Jesús, que es el gran Fiador del pacto, fiel y verdadero, y que por tanto, está interesado y empeñado en presentarte delante del trono de Dios en compañía de toda la familia elegida. Y al estar en tan dulce contemplación, beberás el zumo de las granadas del Señor y gustarás los delicados frutos del Paraíso.

Si puedes creer sin vacilación que «fiel es el que os ha llamado, el cual también lo hará», gozarás de forma anticipada de los placeres que encantan a las almas de los santos.

El error engendra decadencia y trae ruina

Sus caminos son eternos
(Habacuc 3:6)

> **La Biblia en un año:**
> • Oseas 9–11
> • Apocalipsis 3

Lo que Dios ha hecho una vez lo hará aun otra vez. Los caminos del hombre son variables, pero los caminos de Dios son eternos. Hay muchas razones que nos convencen de esta consoladora verdad. Entre ellas están: Los caminos del Señor son *el resultado de su sabia deliberación.* La acción humana es frecuentemente la precipitada consecuencia de la pasión o del temor, y es seguida por el pesar y la mudanza. Pero no hay nada que pueda sorprender al Todopoderoso, ni que suceda distintamente de como Él lo ha previsto. Sus caminos son *el resultado de su inmutable carácter,* y en ellos pueden verse claro los eternos atributos de Dios. A menos que el Eterno experimente algún cambio, sus caminos, que no son otra cosa que Él mismo puesto en acción, han de permanecer por siempre los mismos. ¿Es Él, eternamente justo, misericordioso, fiel, sabio y tierno? Entonces sus caminos tienen que distinguirse por las mismas excelencias. Los seres obran de acuerdo con su naturaleza. Cuando esa naturaleza cambia, varía también su conducta; pero ya que Dios no puede conocer ni sombra de variación, sus caminos permanecerán eternamente los mismos. Además no hay causa exterior que pueda trastornar los caminos divinos, pues ellos son *la personificación de un poder irresistible.* El profeta dice que cuando sale para salvar a su pueblo, la tierra se hiende con los ríos, los montes tiemblan, la hondura alza sus manos y el sol y la luna se paran en su estancia. ¿Quién puede detener su mano o decirle: qué haces? Pero no es solo el poder lo que da estabilidad. Los caminos de Dios son *la manifestación de los eternos principios de la justicia,* y, por tanto, nunca pueden perecer. El error engendra decadencia y trae ruina, pero la verdad y el bien tienen en sí mismos una vitalidad que los siglos no pueden reducir. Acerquémonos confiados esta mañana a nuestro Padre Celestial.

13 diciembre

La mucha gracia trae mucho gozo

Sal sin medida
(Esdras 7:22)

> **La Biblia en un año:**
> • Oseas 12–14
> • Apocalipsis 4

La sal se usaba en toda «ofrenda encendida a Jehová»; y, por sus propiedades preservativas y purificadoras, era la sal un grato emblema de la gracia divina en el alma. El hecho de que Artajerjes haya dado al sacerdote Esdras sal sin medida, es digno de nuestra atenta consideración; y cuando el Rey de reyes distribuya dones entre su real sacerdocio, no disminuirá la cantidad. Nosotros estamos a menudo estrechos en nosotros mismos, pero nunca en el Señor. El que desee juntar mucho maná, comprobará que puede juntar todo lo que quiera. No hay tal hambre en Jerusalén que a sus ciudadanos les sea necesario comer el pan por peso y beber el agua por medida. Pero, en la dispensación de la gracia, hay algunas cosas que se miden. Por ejemplo: Nuestra hiel y nuestro vinagre se nos dan con tal precisión que nunca tenemos una gota demás, pero, en cuanto a la sal de la gracia, se nos da sin ninguna restricción. «Pide todo lo que quisieres y te será hecho.» Los padres tienen que guardar en el armario las frutas y los dulces, pero no necesitan guardar el salero, pues pocos niños comerán con gusto la sal. Un hombre puede tener demasiado dinero o demasiada fama, pero no puede tener gracia por demás. Cuando Jeshurun engrosó en la carne, dio coces contra Dios, pero no hay temor de que un hombre llegue a estar demasiado lleno de gracia. Un *exceso* de gracia es imposible. Las muchas riquezas traen muchas ansiedades, pero la mucha gracia trae mucho gozo. Cuando aumenta el saber aumenta la aflicción, pero cuando hay abundancia del Espíritu, hay plenitud de gozo. Creyente, ve al trono y pide una abundante provisión de sal celestial. La sal sazonará tus aflicciones, pues sin sal son insípidas. La sal preservará tu corazón de la corrupción y matará tus pecados. Tú necesitas mucha sal; busca mucha y tendrás mucha.

«Irán de fortaleza en fortaleza.» Hay varias traducciones de estas palabras, pero todas contienen la idea de progreso. Nuestra versión dice: «Irán de fortaleza en fortaleza»; es decir, se fortalecerán más y más. Por lo regular, si caminamos, vamos de fortaleza en debilidad; empezamos, descansados y con buena disposición, pero en seguida el camino se presenta escabroso, el sol quema y nos detenemos junto al camino. Momentos después, proseguimos penosamente nuestro fatigoso camino. Pero el peregrino cristiano, que ha obtenido nuevas provisiones de gracia, está tan vigoroso después de varios años de fatigoso viaje, como cuando empezó. Quizás no se halle tan animado, ni sea tan ferviente y decidido en su celo como lo era una vez, pero, sin embargo, es mucho más fuerte en todo aquello que constituye un poder real; y aunque viaja más lentamente, viaja, sin embargo, con mayor seguridad. Algunos canosos veteranos han sido tan firmes en retener la verdad y tan celosos en difundirla como lo eran en sus días juveniles. Pero, ¡ay!, hemos de confesar que no en todos los casos ha sido así, pues el amor de muchos se enfría y la iniquidad abunda, pero esto se debe al pecado de ellos y no a la promesa, que continúa en toda su fuerza: «Los mancebos se fatigan y se cansan; los mozos flaquean y caen. Mas los que esperan a Jehová tendrán nuevas fuerzas; levantarán las alas como águilas, correrán y no se cansarán, caminarán y no se fatigarán».

Los espíritus malhumorados se detienen y se afligen acerca del futuro, diciendo: ¡Ay!, iremos de aflicción en aflicción». Tienes razón, hombre de poca fe, pero irás también de fortaleza en fortaleza. Nunca hallarás un manojo de aflicción que no contenga suficiente gracia. Dios nos dará las suficientes fuerzas para llevar las cargas.

diciembre 14

Los que esperan a Jehová tendrán nuevas fuerzas

Irán de fortaleza en fortaleza
(Salmos 84:7)

La Biblia en un año:
• Joel 1–3
• Apocalipsis 5

15 diciembre

El beso «exterior» es muy fácil y vale poco

Orfa besó a su suegra, mas Rut se quedó con ella (Rut 1:14)

> **La Biblia en un año:**
> • Amós 1–3
> • Apocalipsis 6

Las dos amaban a Noemí; por eso salieron con ella cuando volvía a la tierra de Judá. Pero llegó la hora de la prueba. Noemí puso delante de cada una de ellas, muy desinteresadamente, las pruebas que les aguardaban, y les pidió que si deseaban tranquilidad y comodidad, se volviesen a sus amigos moabitas. Al principio las dos declararon que deseaban echar sus suertes con el pueblo de Dios. Pero después de una nueva consideración, Orfa, con mucho dolor y con un respetuoso beso, dejó a su suegra y, con ella, a su pueblo y a su Dios. En cambio Rut se entregó de todo corazón al Dios de su suegra. Una cosa es amar los caminos del Señor cuando todo nos va bien, y otra cosa es permanecer en ellos cuando estamos pasando por desalientos y dificultades. El beso de la profesión exterior es muy fácil y vale poco, pero la íntima unión con el Señor, que se manifiesta decididamente en favor de la santidad y de la verdad, vale mucho.

¿Cuál es nuestra posición ante esta verdad? ¿Está nuestro corazón unido a Cristo Jesús? «¿Hemos atado sacrificios con cuerda a los cuernos del altar?» ¿Hemos calculado el costo y nos hemos dispuesto formalmente a sufrir pérdidas terrenales por causa del Maestro? Si es así, lograremos una abundante recompensa, pues los tesoros de Egipto no pueden ser comparados con la gloria que ha de ser revelada. No sabemos nada más de Orfa. En medio de grata tranquilidad y de placeres idolátricos, su vida desaparece en la oscuridad de la muerte. Pero Rut vive en la historia y en el cielo, pues la gracia la ha colocado en la noble línea de donde vino el Rey de reyes. Serán benditas entre las mujeres las que por amor a Cristo renuncian a todo. Pero olvido y peor que olvido recibirán las que en la hora de la tentación fuerzan sus conciencias y vuelven al mundo.

El clamor de la religión cristiana está encerrado en esta dulce palabra: «Ven». La ley judaica dice duramente: «Ve, y mira bien por dónde caminas; si quebrantas los mandamientos, perecerás; si los guardas, vivirás». La ley era una dispensación de terror que atraía a los hombres con castigos, pero el Evangelio los atrae con cuerdas de amor. Jesús es el buen pastor que va

diciembre 16

Jesús va siempre delante, abriéndonos camino

Venid a mí
(Mateo 11:28)

La Biblia en un año:
• Amós 4–6
• Apocalipsis 7

delante, rogando a las ovejas que lo sigan y atrayéndolas con esta dulce invitación: «Ven». La ley aleja, el Evangelio atrae. La ley muestra la distancia que hay entre Dios y el hombre; el Evangelio pone un puente sobre aquel espantoso precipicio, y persuade al pecador a que lo cruce. Desde el comienzo de tu vida espiritual hasta que entres en la gloria, Cristo te dirá: «Ven, ven a mí». Jesús es como una madre que extiende su dedo a su hijito y lo invita a caminar diciéndole: «Ven». Él siempre va delante de ti, rogándote que lo sigas como sigue el soldado a su capitán. Jesús irá siempre delante de ti para abrirte el camino y quitar los estorbos de tu sendero, y tú oirás su animadora voz que te invita a seguirlo por toda la vida. Y en la solemne hora de la muerte, éstas serán las dulces palabras con las que te introducirá en el mundo celestial: «Ven, bendito de mi Padre».

Aún más: Esta invitación que Él te hace a ti, será (si eres creyente) la que tú le harás a Él: «Ven, ven». Tú anhelarás su segunda venida; dirás continuamente: «Ven presto, Señor Jesús». Ansiarás tener una comunión más íntima con Él. Cuando su voz te diga «ven», tú le responderás: «Ven, Señor, habita en mí. Ven, ocupa tú solo el trono de mi corazón; reina en él sin rival, y conságrame por completo a tu servicio».

17 diciembre

Recordándolo, también, con mucho afecto

Me he acordado de ti
(Jeremías 2:2)

La Biblia en un año:
• Amós 7–9
• Apocalipsis 8

Notemos que Cristo se goza en pensar en su Iglesia y contemplar su belleza. Como el pájaro vuelve a menudo a su nido y el viajante se apresura para llegar a su hogar, así también la mente va siempre en busca del objeto de su preferencia. No podemos contemplar demasiado a menudo el rostro que amamos; deseamos tener siempre delante de nuestra vista las cosas que nos son queridas. Pasa lo mismo con el Señor Jesús. Desde la eternidad «sus delicias eran con los hijos de los hombres». Sus pensamientos se trasladaron al tiempo cuando sus elegidos nacerían en el mundo. Los vio en el espejo de su presciencia. Él dice: «En tu libro estaban escritas todas aquellas cosas que fueron luego formadas, sin faltar una de ellas». Cuando el mundo fue formado, Él estaba allí: «Él estableció los términos de los pueblos según el número de los hijos de Israel». Antes de su encarnación descendió muchas veces a este suelo en semejanza de hombre; en el valle de Mamre (Gn. 18:1); junto al vado de Jaboc (32:24-30); bajo los muros de Jericó (Jos. 5:13) y en el horno de fuego ardiendo (Dn. 3:19, 25), el Hijo del Hombre visitó a su pueblo. Su alma se deleita en los suyos, no vive tranquilo lejos de ellos, pues los ama entrañablemente. Nunca estuvieron ausentes del corazón de Jesús, pues Él ha escrito sus nombres en sus manos y los ha grabado en su costado. Como el pectoral –con los nombres de las tribus de Israel– era el adorno más brillante que llevaba el sumo sacerdote, así los nombres de los elegidos de Cristo constituyen sus joyas más preciosas que resplandecen en su corazón. Quizás nosotros olvidemos a menudo meditar en las perfecciones del Señor, pero Él nunca deja de recordarnos. Reprendámonos por este olvido y pidamos a Dios que nos dé la gracia para recordarlo con mucho afecto. Señor, graba en los ojos de mi alma la imagen de tu Hijo.

Las observancias exteriores dan consuelo temporal

*Raspad vuestros corazones
y no vuestros vestidos*
(Joel 2:13)

La Biblia en un año:
• Abdías
• Apocalipsis 9

La rotura de vestidos y otros signos exteriores de emoción religiosa son cosas fáciles de hacer y frecuentemente resultan hipócritas. Pero sentir arrepentimiento sincero es más dificultoso y, por tanto, menos común. Los hombres atenderán con buena disposición las multiplicadas y minuciosas regulaciones ceremoniales, pues son cosas que agradan a la carne, pero la religión verdadera les resultará demasiado humillante, demasiado escrutadora del corazón y franca en demasía. Prefieren algo más pomposo, frívolo, y mundano. Las observancias exteriores traen un consuelo temporal. En ellas se engorda la vanidad, se hincha la justicia propia y se satisfacen la vista y el oído pero, al fin, esas observancias resultan engañosas, ya que en la muerte y en el juicio el alma necesitará confiar en algo que sea más real que las ceremonias y los ritos. Aparte de la piedad verdadera toda religión es completamente vana. Toda forma de culto que no se ofrece sinceramente es una solemne farsa.

El quebrantamiento del corazón es una obra que realiza Dios y que el hombre siente profundamente. Es un dolor misterioso que se experimenta *personalmente,* no como una mera formalidad, sino como una profunda y conmovedora obra que el Espíritu realiza en lo íntimo del corazón de cada creyente. Este no es un asunto del que meramente debe hablarse y en el que splo hay que creer, sino es algo que debe ser vivamente sentido por cada uno de los hijos de Dios. El texto ordena rasgar nuestros corazones, pero éstos, de natural, son duros como el mármol. ¿Cómo, pues podrán ser rasgados? Llevémoslos al Calvario. Con la voz del agonizante Salvador las rocas se hendieron. Esa voz aún tiene poder. ¡Oh bendito Espíritu!, haznos oír esa voz de Jesús y nuestros corazones se rasgarán como los hombres rasgan sus vestidos en el día de su lamentación.

19 diciembre

... todo lo demás nos será añadido...

La suerte se echa en el regazo; mas de Jehová es la decisión de ella
(Proverbios 16:33)

La Biblia en un año:
• Jonás
• Apocalipsis 10

Si la decisión de las suertes es de Jehová, ¿de quién es la disposición de nuestra vida? Si el Señor guía el simple echar suertes, ¿cuánto más guiará los eventos de nuestra vida, especialmente si tenemos en cuenta lo que dijo el Salvador: «Vuestros cabellos están todos contados; ni un pajarillo cae a tierra sin vuestro Padre»? Querido amigo, el recuerdo de esta promesa debiera llevar a tu ánimo una calma santa; debiera quitar de tu mente la ansiedad, a fin de que así puedas andar en paciencia, en calma y en alegría. Cuando un hombre está dominado por la ansiedad no puede orar con fe; cuando se siente turbado con las cosas del mundo, no puede servir al Maestro, pues sus pensamientos lo están sirviendo a él y no a su Señor. «Si tú buscaras primeramente el reino de Dios y su justicia todas las demás cosas te serían añadidas.» Cuando te angustias por tu suerte y por tus circunstancias, te estás entremetiendo en los asuntos de Cristo y estás descuidando los tuyos. Has estado procurando «proveerte» de trabajo, y has olvidado que lo que a ti te corresponde es obedecer. Sé sabio y procura obedecer, deja a Cristo la tarea de proveer. Ven a inspeccionar los depósitos de tu Padre y pregúntale si, después de haber almacenado tanta abundancia, te dejará morir de hambre. Contempla su clemente corazón, a ver si es posible que alguna vez se muestre cruel; contempla su inescrutable sabiduría, a ver si es posible que se halle alguna vez confundida. Sobre todo, mira a Jesucristo, tu Intercesor, y mientras Él intercede por ti, pregúntate si es posible que tu Padre te trate sin compasión. Si Él recuerda a los pajarillos, recordará también al más humilde de sus hijos. «Echa sobre Jehová tu carga, y Él te sustentará; no dejará para siempre caído al justo.»

Su amor, si bien no visible, es del todo evidente

Con amor eterno te he amado
(Jeremías 31:3)

> **La Biblia en un año:**
> • Miqueas 1–3
> • Apocalipsis 11

Algunas veces el Señor Jesús manifiesta a su Iglesia sus pensamientos amorosos. Él no considera suficiente manifestar esos pensamientos a espaldas de su Iglesia, sino lo hace en su misma presencia diciendo: «Tú eres hermosa, amiga mía». En realidad, no es ésta su manera corriente de proceder. Él es un amante sabio y sabe cuándo *retener* la declaración de amor y cuándo expresarla. Pero hay veces cuando no hace de ella un secreto, veces cuando la declara abiertamente a las almas de su pueblo». A menudo y en forma muy agradable el Espíritu Santo da testimonio del amor de Jesús a nuestros espíritus. Él toma de las cosas de Cristo y nos las hace saber. Aunque no oímos ninguna voz de las nubes, ni vemos ninguna visión en la noche, sin embargo, tenemos un testimonio más seguro que el que esas manifestaciones podrían darnos. Si un ángel descendiera del cielo y enterase a algún creyente acerca del amor que le profesa el Salvador, el testimonio que tendría con esa declaración no sería ni un ápice mayor que el que le da el Espíritu Santo. Pregunta a los creyentes que han vivido más cerca de las puertas del cielo, y te dirán que han tenido momentos cuando el amor que Cristo les profesa ha sido para ellos un hecho tan evidente y seguro que para dudarlo les sería menester dudar de sus propias existencias. Sí, amado creyente, tú y yo hemos tenido «tiempos de refrigerio de la presencia del Señor», y entonces nuestra fe ha ascendido a la cumbre de las alturas de la seguridad. Hemos tenido fe para apoyar nuestras cabezas en el seno de nuestro Señor, y, a semejanza de Juan cuando estaba en aquella postura, no hemos dudado del amor de Jesús. Él nos ha besado con los besos de su boca y con un fuerte abrazo mató nuestras dudas. Su amor ha sido a nuestras almas más dulce que el vino.

21 diciembre

Su pacto eterno es firme, sin principio ni fin

Sin embargo, Él ha hecho conmigo pacto perpetuo
(2 Samuel 23:5)

> **La Biblia en un año:**
> • Miqueas 4–5
> • Apocalipsis 12

Este pacto es de origen divino. «Él ha hecho conmigo pacto perpetuo.» ¡Cuán grande es la palabra Él! ¡Deténte, alma mía! Dios, el eterno Padre, ha hecho, sin duda, un pacto contigo. Sí, aquel Dios que creó el mundo con una palabra, se inclinó desde su majestad, tomó fuertemente tu mano e hizo contigo un pacto. ¿No es éste un hecho cuya estupenda afabilidad puede (si realmente lo entendemos) encantar para siempre nuestros corazones? «Él ha hecho conmigo un pacto.» Aunque eso sería algo, no ha sido un rey el que ha hecho un pacto conmigo, sino el Príncipe de los reyes de la tierra, Shaddai, el Señor Omnipotente, Jehová de los siglos, el eterno Elohim. «Él ha hecho conmigo pacto perpetuo.» Pero mira que este pacto es *particular en su aplicación.* «Sin embargo, Él ha hecho *conmigo* pacto perpetuo.» En esto precisamente consiste la bondad de este pacto para cada creyente. A mí no me aprovecha nada que Él haya hecho la paz con el mundo; lo que necesito saber es si Él ha hecho la paz *conmigo.* A mí me vale poco que haya hecho un pacto; lo que yo necesito saber es si Él ha hecho un pacto *conmigo.* ¡Bendita es la seguridad de que Él ha hecho un pacto conmigo! Si el Espíritu Santo me da esta seguridad, entonces su salvación es mía, su corazón es mío, Él mismo es mío: *Él es mi Dios.* Este pacto es *eterno en su duración.* Un pacto eterno significa un pacto que no tiene principio y que no tendrá fin jamás. ¡Cuán agradable es saber, en medio de todas las incertidumbres de la vida, que «el fundamento de Dios está firme», y que ésta es su promesa: «No olvidaré mi pacto, ni mudaré lo que ha salido de mis labios». A semejanza de David proclamaré este pacto, aunque mi casa no esté en tan buena relación con Dios como lo desea mi corazón.

Nuestra fuerza no podrá nunca vencer su poder

Yo soy tu Dios que te esfuerzo
(Isaías 41:10)

La Biblia en un año:
• Miqueas 6–7
• Apocalipsis 13

Dios cuenta con una importante reserva de fuerzas para cumplir con sus compromisos, pues Él puede hacer todas las cosas. Creyente, hasta que no agotes el océano de la omnipotencia, hasta que no rompas en pedazos las elevadas montañas de su fuerza todopoderosa, no tienes necesidad de temer. No pienses que la fuerza del hombre podrá alguna vez vencer al poder de Dios. Mientras permanezca la tierra, tienes suficiente motivo para estar firme en la fe. El mismo Dios que hace andar la tierra en su órbita, que mantiene encendido el fuego del sol y que aderezа las lámparas del cielo, ha prometido darte diariamente las fuerzas que necesitas. Mientras Él sea capaz de sostener el universo, no temas que resulte incapaz de cumplir con sus promesas. Recuerda lo que hizo en los días de la antigüedad, en las generaciones pasadas. Recuerda cómo Él habló y fue hecho, mandó y quedó firme. Él que creó el mundo, ¿se fatigará? Él cuelga el globo sobre la nada. El que hizo esto, ¿será incapaz de sostener a sus hijos? ¿Dejará de cumplir su palabra por falta de poder? ¿Quién es el que detiene la tempestad? ¿No es Él el que cabalga sobre las alas del viento, el que hace de las nubes su carroza y tiene el océano en la palma de su mano? ¿Cómo, pues, te puede faltar? Ya que Él ha puesto en su Palabra una promesa tan fiel como ésta, ¿por qué deseas dar cabida en tu mente al equivocado pensamiento de que Él ha prometido más de lo que podía, y que en sus promesas ha ido más allá de lo que puede cumplir? ¡Oh!, no, tú no puedes dudar más. ¡Oh tú, que eres mi Dios y mi fortaleza, yo creo que esta promesa se cumplirá, pues los ilimitados alfolíes de tu gracia nunca quedarán exhaustos, y los rebosantes depósitos de tu poder nunca podrán ser vaciados por tus amigos ni robados por tus enemigos!

23 diciembre

Acercándonos reverentes al trono de la gracia

Amigo, sube más arriba
(Lucas 14:10)

La Biblia en un año:
• Nahúm
• Apocalipsis 14

Es cierto que cuando empieza en el alma la vida de gracia, nos acercamos a nuestro Dios, pero lo hacemos con gran temor y temblor. El alma, consciente de su culpa y humillada por ella, se siente intimidada ante lo solemne de su posición; y consciente también de la magnificencia de Jehová, ante cuya presencia se halla, cae a tierra en profunda humildad. Ocupa así con sincera modestia el lugar más humilde. Pero en la vida subsiguiente, a medida que el cristiano crezca en la gracia, el temor perderá su terror y se transformará en santa reverencia; y esto se realizará sin que el cristiano olvide lo solemne de su posición ni pierda aquel santo temor que debe acompañar al creyente cuando esté en la presencia de Dios. El cristiano es invitado a subir más arriba, a tener más amplio acceso a Dios por Cristo Jesús. Entonces el hombre de Dios, andando en medio de los esplendores de la Deidad, y cubriendo su rostro como los gloriosos querubines con aquellas dos alas, que son la sangre y la justicia de Jesús, se acercará reverente e inclinado en espíritu al trono de la gracia, y viendo allí a un Dios de amor, de bondad y de misericordia, percibirá más bien el pacto de Dios que su absoluta Deidad. Verá en Dios su bondad más bien que su grandeza; su amor más bien que su majestad. Entonces el alma, inclinándose aún, tan humildemente como antes, gozará de una más sagrada libertad de intercesión, pues mientras se postra delante de la gloria del Dios Infinito será confortada sabiendo que está en la presencia de la ilimitada misericordia y del infinito amor, y que es acepta en el Amado. Así, pues, al creyente se le invita a subir más arriba y se le capacita para ejercer el privilegio de regocijarse en Dios, y de acercarse a Él con santa confianza, diciéndole: «Abba, Padre».

El Señor Jesucristo fue eternamente rico, glorioso y exaltado, pero «por amor a vosotros se hizo pobre, siendo rico». Como el creyente rico no puede ser sincero en su comunión con sus hermanos pobres, a no ser que con sus bienes ministre sus necesidades, así también (ya que rige una misma ley tanto para la cabeza como para los miembros) es imposible que

diciembre 24

Siendo pobre, nos hizo partícipes de sus riquezas

Por amor a vosotros
se hizo pobre
(2 Corintios 8:9)

La Biblia en un año:
• Habacuc
• Apocalipsis 15

nuestro Señor Jesucristo pueda haber tenido comunión con nosotros, a no ser que nos haya hecho partícipes de sus abundantes riquezas y se haya hecho pobre para hacernos ricos. Si Él hubiese permanecido en su trono de gloria y nosotros hubiésemos seguido en las ruinas de la caída, sin salvación, la comunión habría sido imposible por ambas partes. Nuestra posición de hombres caídos hace tan imposible que (fuera del pacto de gracia) haya comunión entre nosotros y Dios, como que la haya entre Cristo y Belial. Para que esa comunión pueda ser lograda, es necesario que el pariente rico otorgue sus bienes a sus parientes pobres, que el justo Salvador dé su perfección a sus hermanos pecadores y que nosotros, pobres y culpables criaturas, podamos tomar de su plenitud, gracia por gracia. Y así, dando y recibiendo, el uno desciende de las alturas y el otro asciende de las profundidades y pueden así abrazarse en sincera y cordial comunión. La pobreza, antes de aventurarse a tener comunión, será enriquecida por aquel en quien están los tesoros infinitos; y la culpa, antes de que el alma pueda andar en comunión con la pureza, desaparecerá en la justicia impartida. Jesús ha de vestir a su pueblo con sus propios vestidos, de otro modo, no puede admitirlo en su gloria; Jesús debe lavar a los suyos en su propia sangre, de otro modo, no podrán recibir su abrazo de comunión. ¡Oh creyente!, aquí hay amor. Por amor a ti Jesús se hizo pobre para elevarte a la comunión con Él.

25 diciembre

Celebrando la venida del Salvador

He aquí que la virgen concebirá, y dará a luz un hijo, y llamará su nombre Emanuel
(Isaías 7:14)

La Biblia en un año:
• Sofonías
• Apocalipsis 16

Vayamos hoy a Belén, con los pastores y los magos veamos al que ha nacido Rey de los judíos, pues nosotros, por la fe, podemos afirmar que tenemos interés en Él y cantar: «Un niño *nos* ha nacido, hijo *nos* es dado». Jesús es Jehová encarnado, es nuestro Señor y nuestro Dios; y al mismo tiempo es nuestro hermano y nuestro amigo. Adorémoslo y admirémoslo. Notemos, en primer lugar, su *milagrosa concepción*. Nunca antes se había oído que una virgen concibiera y diera a luz un hijo. «Jehová ha creado una cosa nueva sobre la tierra; una mujer obtendrá un varón.» La primera promesa dice así: «La simiente de la mujer»; no dice: «el vástago del hombre». Ya que la osada mujer introdujo el pecado que nos trajo como consecuencia el Paraíso perdido, ella misma es la que por su Hijo nos introduce al Paraíso recuperado. Nuestro Salvador, aunque era verdadero hombre, era, en lo referente a su naturaleza humana, el Santo de Dios. Por el poder del Espíritu Santo, nació de la virgen sin la mancha del pecado original que pertenece a todos los que son nacidos de la carne. Inclinémonos reverentemente ante el Santo Niño, cuya inocencia devuelve a la naturaleza humana su antigua gloria. Oremos para que Él, que es la esperanza de gloria, pueda ser formado en nosotros. No dejes de notar su humilde parentela. El pasaje de esta mañana describe a su madre como una simple «virgen»; no como una princesa, o como una profetisa, o como una matrona de cuantiosa fortuna. Es cierto que su linaje no era despreciable, pues sangre de reyes corría por sus venas; y que su mente no era frágil ni ignorante, pues pudo cantar muy dulcemente un cántico de alabanza, pero, a pesar de esto, ¡cuán humilde era su posición, cuán pobre el hombre de quien era prometida y cuán miserables las comodidades ofrecidas al Rey recién nacido! Así la pobreza quedó consagrada y los hombres de condición humilde son elevados a una posición de honor. Todo creyente es un retrato de Cristo, pero un creyente pobre es el retrato mismo, puesto en el mismo marco de pobreza que rodea la imagen del Maestro. Nosotros juzgamos iguales todos los días, sin embargo, ya que el tiempo y la costumbre general traen hoy a nuestras mentes pensamientos relacionados con Jesús recordemos con gozo el glorioso nacimiento de nuestro querido Redentor. Para el alma renovada cada día debiera ser el cumpleaños del Salvador. En medio de todo lo que en las circunstancias del nacimiento de Emanuel es humillante hay mucho que es honorable. ¿El nacimiento de quién fue alguna vez anunciado por una larga serie de profecías o ansiado por tantos corazones? ¿Quién sino Él puede gloriarse de tener un precursor que lo señale como el Hombre que había de venir? ¿Cuándo los ángeles cantaron a medianoche o cuando Dios puso en el cielo una nueva estrella? ¿A la cuna de quién acudieron espontáneamente los ricos y los pobres, para llevar ofrendas sinceras y voluntarias? ¡Bien puede regocijarse la tierra; bien pueden los hombres dejar sus trabajos para celebrar el gran cumpleaños de Jesús! ¡Oh Belén, casa de pan, nosotros vemos en ti, satisfechas para siempre, nuestras esperanzas! Él, el Salvador prometido tiempo ha, nos introduce en la edad de oro. Que la alegría reine en este momento; que los cánticos sagrados y la dulce música del corazón acompañen a nuestras almas en sus éxtasis de gozo. El precioso nombre *«Emanuel»* es indeciblemente encantador. Es éste un nombre apropiado para labios de querubines, pero, por la maravillosa condescendencia de Dios, solo los hombres lo pueden pronunciar. Él no está tanto con los serafines como está *con nosotros*. Dios está con nosotros, en nuestra naturaleza, en nuestra aflicción, en la obra de nuestra vida, en nuestra pena, en nuestro sepulcro y ahora, o más bien, nosotros estamos con Él en la resurrección, en la ascensión, en el triunfo y en la segunda gloriosa venida. Que tengamos todo este día comunión espiritual con Emanuel.

26 diciembre

La justicia de Adán fue nuestra, y nuestro también fue su pecado

El postrer Adán
(1 Corintios 15:45)

> **La Biblia en un año:**
> • Hageo
> • Apocalipsis 17

Jesús es la cabeza representativa de sus elegidos. Como todo heredero de carne y de sangre tiene en Adán un interés personal, por ser él la cabeza representativa del linaje humano desde el punto de vista de la ley de las obras, así también bajo la ley de la gracia toda alma redimida es una con el Señor del cielo, puesto que Él es el Segundo Adán, el Fiador y Sustituto de los elegidos en el nuevo pacto de amor. El apóstol Pablo declara que Leví estaba en los lomos de Abraham cuando Melquisedec le salió al encuentro. Es también verdad que el creyente estaba en los lomos de Jesucristo, el Mediador, cuando en la remota eternidad los convenios del pacto de gracia fueron decretados, ratificados y asegurados para siempre. Así, todo lo que Cristo ha hecho, lo ha hecho en favor de toda su Iglesia. Somos crucificados con Él y sepultados con Él (Col. 2:10-13), y para hacer esto aún más admirable, resucitamos con Él y ascendemos con Él a las alturas (Ef. 2:6). Es así como la Iglesia ha cumplido la ley y es «acepta en el Amado». Es así como es mirada con complacencia por el Justo Jehová, pues Él la mira en Jesús y no como separada de su cabeza representativa. Como el Ungido Redentor de Israel, Jesucristo no tiene nada que sea distinto de su Iglesia. Todo lo que Él tiene, lo tiene para ella. La justicia de Adán fue nuestra mientras Él la mantuvo, y, cuando pecó, su pecado fue también nuestro. De la misma manera, y por el hecho de ser nuestro representante, todo lo que el Segundo Adán es o hace, pertenece tanto a Él como a nosotros. Aquí está el fundamento del pacto de gracia. Este bondadoso sistema de representación y de sustitución que movió a exclamar a Justino mártir: «¡Oh bendito cambio, oh dulce permuta!», es la base misma del Evangelio de nuestra salvación y tiene que ser recibido con fe inquebrantable y con extático gozo.

El junco es esponjoso y hueco, y lo mismo es el hipócrita: no hay en él ni sustancia ni consistencia. El junco es sacudido de un lado a otro por todo viento, y el formalista se rinde a toda influencia. Por esta razón el junco no se rompe con la tempestad, ni los hipócritas se turban con la persecución. Yo no quisiera ser ni engañador ni engañado. Quizás el texto de

diciembre 27

No crezcamos en el lodo del favor y la ganancia

¿Crece el junco sin lodo?
(Job 8:11)

La Biblia en un año:
• Zacarías 1–4
• Apocalipsis 18

esta mañana me ayude a examinarme a mí mismo para ver si soy o no un hipócrita. El junco, por naturaleza, vive en el agua, y debe su existencia al lodo y a la humedad. En cuanto el lodo se seca, inmediatamente se seca también el junco. Su verdor depende enteramente de las circunstancias; si hay mucha agua florece, y si no la hay se seca. ¿Es éste mi caso? ¿Sirvo a Dios sólo cuando me hallo entre buena compañía o cuando la religión resulta productiva y respetable? ¿Amo a Dios únicamente cuando recibo de sus manos comodidades temporales? Si es así, soy un vil hipócrita, y, a semejanza del junco, pereceré cuando la muerte me prive de los goces exteriores. ¿Puedo yo afirmar honestamente que cuando las comodidades corporales han sido escasas y cuando las circunstancias han sido, para la gracia, más bien adversas que propicias, he mantenido firme mi integridad? Entonces tengo esperanza de que haya en mí una piedad genuina y vital. El junco no puede crecer sin lodo, pero los árboles plantados por la diestra de Jehová florecen aun en los años de sequía. El hombre piadoso crece mejor cuando sus recursos terrenales decaen. El que sigue a Cristo por la bolsa es un Judas; los que le siguen por los panes y los peces son hijos del diablo; pero los que lo siguen por amor son sus amados. Señor, haz que mi vida se encuentre en ti, y no en el lodo del favor y de la ganancia de este mundo.

28 diciembre

Latiendo con un solo pulso

Lo que ahora vivo en la carne, lo vivo en la fe del Hijo de Dios
(Gálatas 2:20)

> **La Biblia en un año:**
> • Zacarías 5–8
> • Apocalipsis 19

Cuando el Señor en su misericordia pasó cerca de nosotros y nos vio en nuestros pecados, lo primero que dijo fue: «Vive»; dijo esto primero porque su vida es una de las cosas absolutamente esenciales en los asuntos espirituales, y hasta que ella no nos sea concedida, somos incapaces de participar de las cosas del reino. Ahora bien, la vida que la gracia confiere a los santos, en el instante de su despertamiento espiritual, no es otra cosa que la vida de Cristo, que, a semejanza de la savia, corre del tronco a las ramas, que en este caso somos nosotros, y establece una viva conexión entre nuestras almas y Jesús. La fe es la gracia que conoce esta unión, pues ha procedido de ella como su primer fruto. La fe es el cuello que une el cuerpo de la Iglesia con su gloriosa Cabeza. La fe se prende del Señor Jesús con firmeza y determinación. Ésta conoce su excelencia y su valor, y ninguna tentación podrá inducirla a poner su confianza en otro lugar.

Jesucristo se complace tanto en esta gracia celestial, que nunca deja de fortalecerla y sustentarla con el abrazo de amor y con el poderoso apoyo de sus eternos brazos. Aquí se establece luego una viva, sensible y agradable unión que deja correr ríos de amor, de confianza, de simpatía, de complacencia y de gozo, de los cuales tanto la esposa como el esposo les gusta beber. Cuando el alma puede comprender claramente esta unidad entre Cristo y ella, puede sentir como si un solo pulso latiera para ambos y una sola sangre corriera por las venas de los dos. Entonces el corazón está tan cerca del cielo, como este puede estarlo de la tierra, y se prepara para gozar de la comunión más sublime y espiritual.

El que nos ayudó, nos ayudará hasta el fin de la jornada

Hasta aquí nos ayudó Jehová
(1 Samuel 7:12)

> **La Biblia en un año:**
> • Zacarías 9–12
> • Apocalipsis 20

La expresión «hasta aquí» se asemeja a una mano que señala el pasado. Transcurrieron 20 o 60 años, sin embargo, «hasta aquí nos ayudó Jehová». A través de la pobreza, la riqueza, la enfermedad y la salud; en la patria, en el extranjero; en la tierra, en el mar; en honra y en deshonra; en perplejidad, en gozo, en aflicción, en triunfo, en oración y en tentación, «hasta aquí nos ayudó Jehová». Nos place mirar una extensa avenida de árboles. Es agradable contemplar de un extremo a otro la extensa perspectiva, parecida a un templo verde con sus pilares de ramas y sus arcos de hojas. Es igualmente agradable contemplar la larga avenida de tus años junto a las verdes ramas de misericordia que están arriba, y mirar los sólidos pilares de bondad y fidelidad que sostienen tus alegrías. ¿No hay en las lejanas ramas ningún pájaro que cante?

Pero esta expresión apunta también hacia adelante. Cuando un hombre levanta cierta señal y escribe en ella «hasta aquí», indica que aún no llegó al fin y que, por lo tanto, tiene todavía que recorrer cierta distancia. Más pruebas, más alegrías; más tentaciones, más triunfos; más oraciones, más respuestas; más fatigas, más fuerzas; más luchas, más victorias. Después vienen las enfermedades, los achaques y la muerte. ¿Y con esto se termina todo? ¡No!; hay más aún: el despertar a la semejanza de Jesús, los tronos, las arpas, los cantos, los salmos, los vestidos blancos, el rostro de Jesús, la compañía de los santos. La gloria de Dios, la plenitud de la eternidad y la inmensidad de la gloria. Anímate, creyente, y con agradecida confianza levanta tu Ebenezer, pues el que te ayudó hasta aquí, te ayudará hasta el fin de la jornada. ¡Cuán maravilloso es el panorama que la expresión «hasta aquí» presenta a nuestros ojos, cuando la consideramos a la luz del cielo!

30 diciembre

Siendo diamantes en manos del orfebre

Mejor es el fin del negocio que su principio
(Eclesiastés 7:8)

> **La Biblia en un año:**
> • Zacarías 13–14
> • Apocalipsis 21

Mira al Señor y Maestro de David. Observa su principio. «Despreciado y desechado entre los hombres; varón de dolores, experimentado en quebranto.» ¿Quieres ver el fin? Está sentado a la diestra del Padre, esperando a que sus enemigos sean puestos por estrado de sus pies. «Como Él es, así también somos nosotros en este mundo.» Tú debes llevar la cruz, de lo contrario nunca te ceñirás la corona; has de pasar a través del lodo, de lo contrario nunca andarás por las calles de oro. ¡Toma ánimo, pues, abatido cristiano! «Mejor es el fin del negocio que su principio.» ¡Mira cuán despreciable es la apariencia de aquella oruga que se arrastra! Ése es el principio de la cosa. ¡Mira aquel insecto con vistosas alas que juguetea a los rayos del sol y liba en las flores, lleno de vida y felicidad! Ése es el fin de la cosa. Esa oruga eres tú, mientras estés en la crisálida de la muerte, pero cuando Cristo aparezca serás como Él, pues lo verás como Él es. Alégrate por ser igual a Él, «gusano y no hombre», para que, como Él, te sacies cuando despertares a su semejanza. El diamante en bruto se pone en el torno del lapidario. Él lo corta en todos los lados. El diamante pierde mucho, que parece precioso. El rey es coronado; se coloca la diadema en la cabeza del monarca, con alegres toques de corneta. En esa corona centellea un brillante rayo que procede justo del diamante que, hace un rato, el lapidario trató tan despiadadamente. Puedes compararte no más a ese diamante, pues tú eres un componente del pueblo de Dios, y éste es el tiempo cuando tienes que ser tallado. Que la fe tenga su obra perfecta, pues el día cuando la corona sea puesta en la cabeza del Rey eterno, inmortal, invisible, un rayo de gloria saldrá de ti. «Ellos me serán un tesoro especial, dice Jehová, en aquel día.» «Mejor es el fin del negocio que su principio.»

Para beber no se requieren actitudes

En el último y gran día de la fiesta, Jesús se puso en pie y alzó la voz, diciendo: Si alguno tiene sed, venga a mí y beba
(Juan 7:37)

La Biblia en un año:
• Malaquías
• Apocalipsis 22

La paciencia tuvo en el Señor su obra perfecta, y hasta el último día de la fiesta alegó con los judíos, así como en este último día del año alega con nosotros y espera mostrarnos su misericordia. Admirable, en verdad, es la paciencia del Salvador, pues año tras año se muestra indulgente con algunos de nosotros, a pesar de nuestras provocaciones, de nuestras rebeliones y de nuestra resistencia contra el Espíritu Santo. ¡Es una verdadera maravilla que todavía estemos en la tierra donde se nos ofrece misericordia! *La piedad se manifestó muy claramente,* pues Jesús *clamó,* lo que no solo implica el tono elevado de la voz, sino la ternura de su acento. Él nos suplica que seamos reconciliados. «Os *rogamos,* dice el apóstol, como si Dios *rogase* por medio nuestro.»

¡Cuán ardientes y patéticas son estas palabras! ¡Cuán profundo debe de ser el amor que hace que Jesús llore por los pecadores y que, igual que hace una madre, invite a sus hijos a ir hasta su seno! Ante el llamamiento de tal clamor, nuestros corazones acudirán gustosos.

Se hizo una muy abundante provisión. Todo lo que el hombre necesita para apagar la sed de su alma, le ha sido dado. La expiación lleva paz a su conciencia; el Evangelio lleva a su entendimiento la más valiosa instrucción; la persona de Jesús es para su corazón el objeto más noble de su amor; la verdad «como *es* en Jesús» da a todo su ser el alimento más puro. La sed es terrible, pero Jesús la apaga.

Aunque el alma esté pasada de debilidad, Jesús la puede restablecer.

La proclamación se hizo para todos indistintamente. Todo el que tiene sed es bienvenido. No se hace distinción. Lo único que se requiere es tener sed. Todo el que sufra de la sed de avaricia, ambición, placer, conocimiento o descanso, es invitado. Quizás la sed sea mala en sí misma, y no tenga ningún indicio de gracia, sino más bien de excesivo pecado que ansía hallar satisfacción. Sin embargo, tenemos que tener en cuenta que el Señor Jesús no extiende la invitación porque haya algo bueno en la criatura, sino lo hace espontáneamente y sin acepción de personas.

Se proclamó muy ampliamente la personalidad de Jesús. El pecador tiene que ir a *Jesús,* y no a las obras, a los ritos o a las doctrinas. Tiene que ir a un Redentor personal, «el cual mismo llevó nuestros pecados en su cuerpo sobre el madero». La única estrella de esperanza para el pecador es el Salvador que sangra, que muere y que resucita. ¡Que Dios nos dé gracia para venir ahora y beber, antes de que se ponga el sol de este último día del año!

Aquí no se sugiere ninguna espera ni ninguna preparación. Para beber no se requiere ninguna aptitud. El necio, el ladrón, la ramera, pueden beber; y, por lo tanto, la perversidad de carácter no constituye un obstáculo para que se invite a la gente a creer en Jesús. Para llevar agua al sediento no necesitamos ni copa de oro ni cáliz adornado con piedras preciosas. La boca de la pobreza está invitada a inclinarse y a beber abundantemente de este manantial. Los labios leprosos e inmundos pueden tocar la fuente del amor divino; al hacerlo así, no solo no la contaminarán, sino que saldrán de ella purificados. Jesús es la fuente de la esperanza. Querido lector, oye la cariñosa voz del querido Redentor, mientras clama a cada uno de nosotros:

> *Si alguno tiene sed,*
> *venga a mí y beba.*